Este libro
se terminó de imprimir en
Móstoles, Madrid,
en el mes de febrero de 2025.

En el jardín de las americanas

Cristina Oñoro

En el jardín de las americanas
Una historia transatlántica
1871-1936

taurus

Papel certificado por el Forest Stewardship Council®

Penguin
Random House
Grupo Editorial

Primera edición: febrero de 2025

© 2025, Cristina Oñoro
© 2025, Penguin Random House Grupo Editorial, S. A. U.
Travessera de Gràcia, 47-49. 08021 Barcelona

Fundación

Proyecto realizado con la Beca Leonardo de Investigación Científica y Creación
Cultural 2022 de la Fundación BBVA

La Fundación BBVA no se responsabiliza de opiniones, comentarios y contenidos incluidos en el
proyecto y/o los resultados derivados del mismo, los cuales son total y absoluta responsabilidad de los autores

Printed in Spain – Impreso en España

ISBN: 978-84-306-2691-5
Depósito legal: B-21.290-2024

Compuesto en Arca Edinet, S. L.
Impreso en Impreso en Unigraf
Móstoles (Madrid)

TA26915

A mi hijo, a mi padre y a mi hermano.
A Juanma, mi amor transatlántico.
A mis abuelos

ÍNDICE

SEGUNDA PARTE
LEJOS DE CASA
1904-1936

IV
ALIANZAS
The Sisters' Room • Un nuevo florecer
de España • Una hispanista en la Armada

V
INTERCAMBIOS
Un año en Smith College • La otra orilla •
Paseando con Virginia Woolf

VI
FINALES
Un gran salpicar de aventuras • La universidad
navegante • Cuando nos volvamos a ver

POSDATA. LOS ÚLTIMOS FANTASMAS

¿Acaso no todos pensamos en el pasado cuando estamos en un jardín con hombres y mujeres recostados bajo los árboles? ¿No son ellos, acaso, nuestro pasado, todo lo que queda de él, esos hombres y mujeres, esos fantasmas tumbados bajo los árboles… nuestra felicidad, nuestra realidad?

VIRGINIA WOOLF

La cuestión del archivo no es, repitámoslo, una cuestión del pasado. Es una cuestión del futuro, la cuestión del porvenir mismo, la cuestión de una respuesta, de una promesa y de una responsabilidad para mañana.

Si queremos saber lo que el archivo habrá querido decir, no lo sabremos más que en el tiempo por venir.

JACQUES DERRIDA

Hay dos cosas que acumulo compulsivamente: documentos y amigos de confianza.

MURIEL SPARK

El verdadero sentido histórico reconoce que vivimos, sin señales ni coordenadas originarias, en miríadas de acontecimientos perdidos.

MICHEL FOUCAULT

A MODO DE INTRODUCCIÓN
VOCES EN EL ARCHIVO

DONDE SUS CARTAS CRECÍAN

1

Todo comenzó con el descubrimiento de un archivo perdido. Corrían los primeros años ochenta cuando una joven estudiante de la Universidad Complutense de Madrid le hizo una inesperada revelación a uno de sus profesores. Había llegado a sus oídos que en la calle de Fortuny, en uno de los edificios próximos al paseo de la Castellana que antaño había ocupado la Residencia de Señoritas, habían aparecido numerosos fajos de cartas, fotografías, expedientes y otros documentos anteriores a la Guerra Civil. Todo apuntaba a que aquellos viejos papeles desordenados podían haber pertenecido a la mítica institución de educación femenina, dirigida por María de Maeztu entre 1915 y 1936.[1]

Cuando se descubrió el archivo hacía tiempo que la Residencia de Señoritas había empezado a caer en el olvido. Como le sucedió también al resto de las creaciones de la Junta para la Ampliación de Estudios e Investigaciones Científicas vinculadas a la Institución Libre de Enseñanza, la dictadura franquista había tratado de borrar su memoria. No eran muchos los que recordaban que por sus aulas habían pasado mujeres pioneras como Victoria Kent, una de las primeras políticas españolas, o Dorotea Barnés, precursora en el campo de la ciencia. Se había ido olvidando que los nombres de María Goyri y Zenobia Camprubí estuvieron unidos a sus muros y que el Lyceum Club Femenino nació en sus salones. E incluso las huellas de Marie Curie y Gabriela Mistral, quienes se alojaron en sus habitaciones cuando estuvieron en Madrid, parecían haberse esfumado para siempre.

Y es que, durante décadas, pronunciar el nombre de la Residencia de Señoritas había sido como evocar un sueño roto, el proyecto fallido de una España en la que las mujeres lograron grandes avances, como el acceso a la educación superior, la posibilidad de formarse en el extranjero o el derecho al voto. A diferencia de la Residencia de Estudiantes, la institución masculina gemela que frecuentaron Lorca, Dalí y Buñuel, que en aquellos mismos años estaba en pleno proceso de refundación y reapertura gracias a un gran esfuerzo colectivo,[2] la Residencia de Señoritas solo parecía existir en el recuerdo de las mujeres que habían vivido en ella.

Repartidas por todas las provincias españolas —desde Málaga hasta Navarra, pasando por Madrid o Alicante—, o desperdigadas en las lejanas tierras del exilio —como Argentina o Estados Unidos—, muchas de aquellas alumnas y profesoras hacía tiempo que habían fallecido. Otras, era ley de vida, lo harían pronto. Sus recuerdos irían apagándose definitivamente, al igual que la tinta con la que escribieron sus cartas a María de Maeztu cuando dejaron la Residencia. Como tantas otras veces en la historia de las mujeres, en definitiva, toda una memoria generacional corría el riesgo de perderse para siempre.

Y entonces, apareció el archivo.

Nadie entendía muy bien cómo había podido sobrevivir, allí escondido, durante tanto tiempo. Estaba formado por casi treinta mil documentos. Había telegramas, postales, tarjetas de felicitación navideña, programas de mano y fotografías. Registros minuciosos de las horas de entrada y salida de las alumnas durante los años veinte y treinta, expedientes, listas de lecturas y adquisiciones de la biblioteca. El grueso documental lo componían miles de cartas, muchas de ellas intercambiadas por María de Maeztu con las familias de las residentes y otras, con grandes personalidades políticas de aquella época.[3]

También se habían conservado intactas las cartas llegadas a la Residencia con sellos de lejanas universidades de mujeres, como Smith College, en Massachusetts, firmadas por profesoras americanas con nombres extranjeros como Susan Huntington o Caroline Bourland. No faltaban tampoco los mensajes que se había intercambiado Maeztu con las directoras y secretarias de asociaciones feministas internacionales con quienes la Residencia de Señoritas había unido fuerzas a comienzos de siglo en su batalla por la educación y la emancipación femeninas. Aquellos mensajes contaban la historia de una asombrosa red transatlántica de apoyos y luchas comunes.

¿Cómo pudo el archivo librarse de un bombardeo durante la Guerra Civil? ¿Todos aquellos papeles no habían perecido en las garras de un incendio, por culpa de la humedad o víctimas de la apatía de algún bedel descuidado? ¿Y después de la guerra? ¿Cómo habían logrado sortear una censura como la franquista, poco favorable a que la Residencia de Señoritas y su modernísimo pasado permanecieran en la memoria colectiva? ¿Quién había logrado que pasaran desapercibidos o impedido que acabasen sus días destruidos en un triste cubo de basura?

Según una leyenda de lo más novelesca, había sido Eulalia Lapresta, la fiel secretaria y amiga personal de María de Maeztu, quien se había desplazado a Madrid desde Burgos en el año 1939 para esconder el archivo en un baúl.[4] Como Eulalia siguió vinculada al edificio después de la Guerra Civil, cuando el Colegio Mayor Santa Teresa abrió sus puertas tras el cierre de la Residencia, habría podido vigilar muy de cerca que nadie tirase los papeles de María. Otros archivos, como el de la Residencia de Estudiantes masculina, corrieron peor suerte, lo que haría necesario un gran esfuerzo para reconstruir aquellos fondos perdidos. Con infinito empeño, los historiadores del futuro tendrían que rescatar y reunir legados dispersos en archivos familiares.[5]

Aquel inesperado hallazgo, si se confirmaba, era una magnífica noticia. Un auténtico golpe de suerte, de los que se dan muy
pocas veces. Significaría que el pasado de la Residencia de Señoritas, cuya existencia había sido determinante para la historia
de la educación femenina en España, podría reconstruirse. Como
si fuera un fantasma o una sombra llegada del pasado, aquel
archivo resucitaría una memoria común.

Y vencería al olvido.

2

El profesor universitario a quien aquella estudiante, llamada Alicia Moreno, soltó semejante bombazo en uno de los pasillos de
la Universidad Complutense no era, ni mucho menos, una persona cualquiera. Se llamaba Vicente Cacho Viu y era un reconocido catedrático de Historia contemporánea. Fumador como
los de antes, amante de los paseos y la música, sus colegas y estudiantes lo veían como un gran conversador, dispuesto a escuchar opiniones distintas a las suyas y responderlas con delicada
paciencia.[6] Sus ideas conservadoras hacen de él un personaje al
que tal vez asombre encontrar en las primeras páginas de este
libro, protagonizado por tantas mujeres liberales y feministas,
como pronto veremos. Sin embargo, no es exagerado decir que
Cacho Viu tenía muchas papeletas para que la providencia —o un
narrador omnisciente— lo escogiera para representar en esta
historia el vistoso papel de Jano, el dios bifronte que en la mito-
logía romana custodia celosamente los umbrales y las puertas.

Y es que Vicente Cacho Viu había dedicado gran parte de
su vida al estudio de la tradición educativa liberal española, un
tema en el que era un referente incuestionable.[7] En un ya leja-
nísimo 1961 había realizado su tesis doctoral sobre la Institución
Libre de Enseñanza, un tema insólito para aquella acartonada
época. Es más, al publicarla como libro un año después, en 1962,
su investigación de entonces, de tono sereno y muy documentada,[8] había logrado un gran reconocimiento e incluso el Premio

Nacional de Literatura para ensayos históricos. Entre los intelectuales españoles de los años sesenta, muchos de ellos en el exilio, había llegado a correr el rumor de que, como le sucediera a don Quijote con las novelas de caballerías, la historia de la Institución Libre de Enseñanza le había apasionado tanto que hasta él, en las supuestas antípodas de aquel proyecto pedagógico progresista, se había llegado a contagiar del «clima moral del liberalismo».[9]

¿Quién habría podido entender mejor que Cacho Viu el inmenso valor que tenía la aparición del archivo de la Residencia de Señoritas?

Precisamente porque lo comprendía, cuentan que su primera reacción fue de gran incredulidad. Así lo recuerdan Alicia Moreno y Carmen de Zulueta en *Ni convento ni college. La Residencia de Señoritas*, un libro pionero publicado una década más tarde.[10] Al parecer, Cacho Viu no podía dar crédito a lo que decía su estudiante. Sospecho que había pasado suficientes horas de su vida trajinando entre ficheros y recortes de periódico para saber que los archivos no aparecen así como así, de un día para otro, casi medio siglo después de darlos por perdidos. Y menos aún, pensaría, un archivo tan amplio como el de la Residencia de Señoritas.

Sin embargo, a pesar de su escepticismo inicial, Cacho Viu tomó aquel día una decisión afortunada. Resolvió acercarse a la calle de Fortuny para ver con sus propios ojos qué había de cierto en aquella extravagante historia.[11] Conocía bien el lugar, pues colaboraba frecuentemente con la Fundación Ortega y Gasset, fundada a finales de los años setenta, la institución que ahora ocupaba dos de los únicos tres edificios vinculados a la Residencia de Señoritas que no habían sido demolidos durante la dictadura y que seguían orgullosamente en pie. En su día, en esa misma manzana, el grupo femenino de residentes había llegado a disponer de nueve. La Fundación Ortega y Gasset se había instalado en el del número 53 de la calle de Fortuny tras el traslado a la Ciudad Universitaria del Colegio Mayor Santa Teresa.[12]

El edificio al que se acercó aquel día Cacho Viu, por la verja de la entrada de Fortuny, estaba recién reformado.[13] Su estilo, que se había respetado durante las obras, era decimonónico, un hotel de época isabelina, con una bella galería acristalada, que sobresalía con distinción hacia el exterior. Lo rodeaba un jardín de aire romántico, con una hermosa fuente de hierro fundido en la que aún se escuchaba el canto del agua. Este inmueble, envuelto en una elegancia de otro tiempo, contrastaba con la modernidad del edificio anexo, aún sin reformar. Conocido como el Arniches por el nombre de su arquitecto, era una construcción vanguardista de la Segunda República, muy representativa del estilo racionalista que caracterizó los edificios de la Institución Libre de Enseñanza, con sus líneas austeras y depuradas.[14]

Existen diferentes versiones sobre cómo Cacho Viu descubrió el archivo. La primera de ellas, muy cinematográfica, la cuentan Alicia Moreno y Carmen de Zulueta. En las páginas de su libro, vemos a Cacho Viu caminando por el jardín de Fortuny aquel día, atestado de cajas llenas de polvo y cachivaches de otra época por las obras. Es tan vívido el relato que, por momentos, casi podemos escuchar sus pasos al cruzar la cancela de hierro y avanzar, como un guardián mitológico, por el sendero que atraviesa el jardín, justo antes de pasar por la fuente y adentrarse en el Arniches. Es allí donde se topa con lo que le parecen unas cartas desperdigadas por el suelo. A cámara lenta, se agacha para recoger una de ellas y distingue la firma puntiaguda de María de Maeztu. Lo seguimos de cerca poco después, cuando observa de nuevo a su alrededor y sus ojos se posan en otro documento arrugado. Al examinarlo de cerca reconoce que está redactado por Luis Araquistáin, el célebre escritor y político socialista de la Segunda República.[15]

La segunda versión de los hechos también es de película. La transmite Rosa María Capel, otra testigo de excepción, pues es una de las historiadoras que más tarde dirigiría uno de los primeros proyectos que permitirían catalogar el archivo de la Residencia de Señoritas.[16] En su relato, Cacho Viu también descubre los documentos de manera fortuita, casi por casualidad. Pero no se los encuentra en el suelo, sino en unos armarios y ficheros abandonados en una esquina del jardín, no muy lejos de la fuente. Al parecer, cuando llegó a Fortuny aquel día estaban a punto de ser retirados como material inservible.[17] Se conoce que los habían dejado allí al organizar el traslado del Colegio Mayor Santa Teresa a la Ciudad Universitaria, en Moncloa.

Este otro relato nos hace preguntarnos con un escalofrío qué habría pasado si la documentación se hubiera perdido. Logra que nos imaginemos la destrucción de miles de cartas y el silenciamiento súbito de las voces de sus autoras, incluidas las de aquellas profesoras americanas. Esta segunda historia nos recuerda que la palabra «archivar» no solo significa almacenar y custodiar documentos para el futuro, dejando la memoria en suspenso, abierta al porvenir. También puede expresar el gesto contrario, aquel que da un asunto por terminado y lo *archiva* con el fin de borrar sus huellas, cediendo así a la pulsión de muerte y destrucción que también sobrevuela, paradójica y silenciosamente, cualquier colección de legajos y ficheros.[18] «No habría deseo de archivo —escribe el filósofo Jacques Derrida— sin la posibilidad de un olvido».[19]

Tanto si lo encontró desparramado en el suelo del Arniches como si fue en una esquina del jardín, a Cacho Viu debió de acelerársele el corazón. «¡Entonces era cierto! —pensaría—. ¡Eulalia los escondió! ¡Aquí siguen los papeles de María de Maeztu medio siglo después!».

El libro que estás empezando a leer nace de un poderoso deseo de archivo. También es un eco de aquel emocionante hallazgo.

3

A comienzos del mes de junio de 2021 me encontraba en Madrid trabajando en una semblanza literaria sobre Marie Curie. Habían transcurrido cuatro décadas desde el descubrimiento del archivo. Varios grupos de investigadores habían logrado ordenar todos aquellos papeles. Diferentes libros y proyectos habían ido dando a conocer el pasado de la institución, como la exposición *Mujeres en vanguardia. La Residencia de Señoritas en su centenario (1915-1936)*, comisariada por Almudena de la Cueva y Margarita Márquez Padorno. Y el propio archivo estaba conservado en la Fundación Ortega y Gasset (ahora Ortega y Gasset-Marañón), en el edificio que había ocupado la Residencia de Señoritas, a disposición de quienes necesitaran consultarlo.

Una de aquellas mañanas de primavera, mientras leía sobre la estancia de Marie Curie en Madrid, empecé a fantasear con la idea de ir a visitarlo. Como no soy historiadora, nunca había trabajado ni en el archivo de la Residencia de Señoritas ni en ningún otro, pero el pasado feminista de la institución me apasionaba. Empecé a imaginarme a mí misma caminando por el jardín de Fortuny con una libreta y una cámara colgada al hombro, atravesando la misma verja que Cacho Viu el día que lo descubrió. Había visto imágenes en blanco y negro donde aparecían una hermosa glicinia trepadora en la verja de la entrada, el sendero que recorría ondulante el jardín entre frondosos árboles y la fuente de hierro fundido, tan distinguida. La idea de visitar un espacio cargado de memoria y de perderme entre miles de papeles empezó a resultarme cada vez más sugerente, muy literaria, el tipo de excéntrica aventura que le sucedería a un personaje de Henry James. Con el pretexto de querer consultar la documentación sobre la estancia de Marie Curie, concerté una cita para tres días más tarde.

El lunes amaneció muy soleado. Fue uno de esos días preciosos que anuncian la llegada del verano. Cuando me estaba acercando al archivo por la calle de Miguel Ángel me fijé en un edificio de ladrillo rojizo, con un aire a *college* americano. Pero no quise perder el tiempo y pasé de largo, dejando para más tarde, de vuelta a casa, la tarea de averiguar a qué institución pertenecía.

Al llegar al paseo de Martínez Campos y girar a la derecha para coger la calle de Fortuny, por fin pude ver la placa en la que

Fortuny 53 en una imagen de comienzos de siglo.

se recordaba que allí había estado la Residencia de Señoritas. Como si surgiera de un sueño, unos pasos más allá distinguí la verja cubierta por la glicinia trepadora. El jardín era igual que en las fotografías. Caminé por el estrecho sendero, dejando a mi izquierda la fuente. Al elevar la mirada, mis ojos se encontraron de frente con el hermoso edificio. Hipnotizada por la magia que desprendía, fui acercándome hasta la entrada. Cuando el pomo frío de la puerta giró sin dificultad contuve el aliento.

Mi viaje en el tiempo estaba a punto de empezar.

Guardo muchos recuerdos de aquella mañana. La pasé sentada en la biblioteca del archivo, leyendo cartas y más cartas, la mayoría de chicas que habían formado parte de la Residencia. Recuerdo que en una de ellas, fechada en el verano de 1917, una joven le preguntaba a María de Maeztu si iría un coche de caballos a recogerla cuando llegara a la estación de tren.[20] En otra, escrita en un papel escolar de cuadritos, un maestro aseguraba que sacrificaría lo que hiciera falta con tal de ofrecerle a su hija una educación «sana, íntegra y grande» como la que recibiría en aquella casa.[21] Otro padre, muy tierno, quería saber si su niña debía llevar las sábanas de casa.[22] Aunque las voces de aquellas personas desconocidas se hubieran apagado hacía mucho tiempo, leyéndolas, varias veces tuve la sensación de escucharlas hablar en las habitaciones de al lado. En cierto momento hasta creí oír los pasos de algunas jóvenes entre alegres risas, subiendo en tropel la gran escalera de madera que llevaba a los pisos superiores, donde un día debieron de estar sus dormitorios. Al mirar por la ventana, por un instante las imaginé jugando al tenis en el jardín. Me conmovió profundamente cómo el pasado puede resucitar de golpe.

Entre todos los mensajes en los que me sumergí aquel día, pronto me cautivaron los de las alumnas y profesoras americanas. Leí una carta de los años veinte, firmada por una estudiante de Smith College llamada Ruth Gillespie, en la que anunciaba con entusiasmo su deseo de alojarse en la Residencia: «He oído tanto de la belleza del sitio —escribía—, del ambiente bueno y de la vida estudiantil, tan apacible, que deseo hallarme allí».[23] En

Jugando al tenis en Fortuny 53, años veinte.

otra, enviada durante la Primera Guerra Mundial, la profesora Caroline Bourland le contaba a María de Maeztu: «Tengo un deseo muy vivo de ir a España, y me sentiría muy afortunada de poder vivir cerca de usted, llegando a conocerla mejor. ¡Ojalá que sea pronto [...]. Y que se arregle un poco el pobre mundo, que tan revuelto anda!».[24] Pero también me atraparon las cartas escritas en la dirección contraria, por estudiantes españolas que se fueron de intercambio a Estados Unidos a comienzos de siglo. Como esta, enviada a Maeztu por una joven llamada Margarita Mayo: «Me acuerdo tanto de mis compañeras, de mis clases y de toda esa casa —decía— que no sé si la nostalgia que tengo es de España, o si para mí España es esa vida de actividad, de bullicio, de alegría y de sol. ¡Yo no sé qué daría por estar ahora en el solar, tostándome, a pleno sol!».[25] Enseguida comprendí que en las profundidades transatlánticas de aquel archivo se escondía una parte fundamental de nuestra genealogía feminista.

Antes de recoger las cosas para irme ya había tomado la determinación de que aquel viaje al pasado durase más que una mañana. Caroline, Margarita, Ruth... Necesitaba saber muchas más cosas sobre ellas. ¿Quiénes eran? ¿Cómo habían llegado a Fortuny? Imaginé que habrían sido jóvenes emancipadas, luchadoras, con toda seguridad defensoras de la educación femenina y de los derechos de las mujeres. Me admiró su arrojo cuando las visualicé, a comienzos del siglo xx, despidiéndose de su familia desde la cubierta de un barco.

¿Cómo no iba a enamorarme de aquella historia? Cuando era pequeña no había nada que deseara más que irme a vivir a un internado femenino como los de las novelas de Enid Blyton. Vinieron a mi cabeza unos versos muy hermosos de Emily Dickinson, que me propuse hacer realidad: «Conseguí saber su nombre – sin – ganancia enorme – / conseguí caminar a través del ángulo del piso / – conseguí remover la caja – donde sus cartas crecían».[26]

Al salir a la calle deshice el camino de la mañana. Volví a subir por Martínez Campos para coger la calle de Miguel Ángel. Allí, al llegar al número 8, me detuve. En una placa dorada de la fachada leí que aquel misterioso edificio en el que me había fijado unas horas antes era el Instituto Internacional. Lo cierto es que el nombre me decía algo. Miré el reloj. Aunque se había hecho tardísimo decidí subir los peldaños de la entrada.

UNA HISTORIA TRANSATLÁNTICA

4

Al entrar en el edificio, lo primero que me encontré fue una espectacular escalera de mármol. Era doble, con una balaustrada de hierro labrado pintada de blanco. Pensé que era verdaderamente hermosa, como las que se ven en las películas ambientadas a principios de siglo. La barandilla y las finas columnas, decoradas con motivos vegetales, parecían ascender, trenzadas y ligeras, danzando entre sinuosas simetrías. Más que una escalera, aquella joya arquitectónica me recordó a un pastel de delicado merengue. En el techo había un gran lucernario por el que se colaba a raudales la preciosa luz madrileña que anuncia la inminente llegada del verano.

Estuve un buen rato recorriendo silenciosamente el edificio. En la planta baja descubrí una biblioteca, con mobiliario original y muchos libros en inglés. Al subir al primer piso miré por una de las ventanas y vi que el Instituto también tenía un bonito jardín, al que solo separaba un muro de la Residencia de Señoritas. Aquella visión me hizo intuir que ambas instituciones habrían mantenido una estrecha relación a comienzos del siglo pasado.

En las paredes de los pasillos de la primera planta había colgadas grandes fotografías en blanco y negro, así que me acerqué con curiosidad para examinarlas con más detalle. En una de ellas, un grupo de jovencitas con elegantes uniformes marineros escuchaba atentamente las explicaciones de una de las profesoras. En la pizarra había dibujado un mapa de Europa y, colocado en el suelo, un globo terráqueo. Supuse que estaban recibiendo una lección de geografía.

Clase del Instituto Internacional de Señoritas.

En otra de aquellas imágenes vi un grupo diferente de alumnas, sentadas en sillas de madera frente a sus caballetes de pintura. Debía de ser una clase de arte. La profesora, inclinada sobre el lienzo de una de ellas, parecía corregirle un descuido en el dibujo o darle instrucciones para su ejecución. A su lado, otra estudiante, vestida con camisa blanca y falda negra, estaba girada hacia la persona que me imagino que hizo la foto, con los ojos clavados fijamente en la cámara. Al observarla con atención durante un rato tuve la extraña sensación de sostenerle la mirada a través del tiempo.

Clase de dibujo en el Instituto Internacional de Señoritas.

En una última fotografía reconocí la escalera que tanto me había impresionado al entrar. Estaba idéntica, igual de bonita. A juzgar por la solemnidad de las alumnas que aparecían, posando artísticamente en los rellanos o apoyadas en el pasamanos de madera, se trataba de una ocasión importante, quizá el día de la inauguración de un nuevo curso, a comienzos de siglo.

Como me había sucedido en el archivo de la Residencia de Señoritas, al mirar aquellas imágenes antiguas también me dio la impresión de que el pasado resucitaba, abriendo sus alas para envolverme en ellas. En mi mente se agolparon nuevas preguntas. ¿Cómo habían llegado hasta allí aquellas chicas? ¿Quiénes habían fundado el Instituto Internacional? ¿Y qué relación había mantenido con la Residencia de Señoritas? Si antes había creído atisbar una fascinante historia transatlántica, ahora estaba segura de tenerla delante.

Al salir del edificio un poco más tarde vi una placa conmemorativa junto al portón. Aparecía el nombre de la fundadora: Alice Gordon Gulick. También las fechas de su nacimiento y muerte: 1847-1903. De pronto tuve un pálpito. Deduje que la

Escalera del Instituto Internacional de Señoritas.

historia que acababa de encontrar no solo se extendía hacia ambos lados del océano, sino que también se remontaba en el tiempo, hasta el siglo xix, llegando a los orígenes mismos del movimiento feminista internacional.

5

Durante los siguientes meses me vi obligada a dedicarme a otros proyectos. Sin embargo, como si fuera un espectro perseverante, el nombre de Alice Gulick venía a menudo a visitarme. Curioseando en internet y leyendo algunos libros que encontré en la biblioteca, me enteré de que había sido una misionera protestante que llegó a España procedente de Nueva Inglaterra en el último tercio del siglo xix con el objetivo de luchar por la educación superior de las mujeres. Su sueño era construir en nuestro país una universidad para mujeres similar a las que ella había conocido en Estados Unidos, como Mount Holyoke, Smith College o Wellesley. Tras décadas de esfuerzos, ese sueño se había cumplido en 1903, cuando el International Institute for Girls in Spain (su nombre en inglés) abrió por fin sus puertas en Madrid. Pero, como pronto averigüé, su historia en realidad se remontaba mucho más atrás, pues Alice había dirigido primero un internado para niñas en Santander y luego en San Sebastián. Maravillada, descubrí también que, antes de construir el edificio de la calle de Miguel Ángel, la misionera adquirió la casa emblemática de Fortuny para su colegio americano, cuando aún faltaban muchos años para que lo habitara la Residencia de Señoritas.

Mi enamoramiento fue creciendo al saber que, a comienzos del siglo xx, el Instituto Internacional había tenido una segunda etapa en la que había colaborado activamente con la Residencia de Señoritas, a la que acabaron vendiendo el edificio de Fortuny en 1923.[27] Los lazos de amistad habían sido tan profundos que en ocasiones hasta resultaba difícil distinguir ambas instituciones entre sí. Durante muchos años compartieron espacios, profesoras y proyectos. No solo no había ningún muro de separación en el jardín, sino que llegaron a unir sus bibliotecas, lo que me pareció un símbolo precioso.

En esta época, la dos instituciones colaboraron para crear los primeros programas de intercambio universitario entre alumnas españolas y americanas, muchas de ellas procedentes de *colleges* para mujeres. Me topé así con otros nombres que ya no me abandonarían, como los de Enriqueta Martín y Carmen Castilla, dos de las españolas que se atrevieron a irse a estudiar a la costa este de Estados Unidos a principios de los años veinte. María Goyri y Zenobia Camprubí, quienes elegían a las becarias, las habían empujado a ello.

Pero en aquella historia transatlántica fui descubriendo muchos más acontecimientos interesantes. Transcurría en una época convulsa, con grandes movimientos internacionales de reforma, como el abolicionismo o el feminismo, a modo de telón de fondo. Tenían lugar varias guerras —como la hispano-estadounidense del 98 o la Primera Guerra Mundial—, se inauguraban exposiciones universales —como la de Chicago del 93— e incluso se vivían intensas pasiones amorosas, como la del poeta Pedro Salinas por Katherine Whitmore, una de las profesoras americanas que llegó a Madrid para estudiar en los años treinta. Aquel amor extranjero inspiró *La voz a ti debida*, el libro de poesía que tanto me conmovió cuando lo leí a los quince años.

A diferencia de la Residencia de Señoritas, el Instituto Internacional no cerró las puertas tras la Guerra Civil, como bien evidenciaban la existencia del edificio de la calle Miguel Ángel y su magnífica escalera. Me emocionó saber que la colaboración entre las personas que habían formado parte de dichas instituciones no había cesado y que las amistades tejidas durante décadas entre aquellas mujeres fueron decisivas para facilitar el exilio en Estados Unidos de muchas y muchos españoles, entre ellos el propio Pedro Salinas, quien volvió a encontrarse con Katherine al otro lado del Atlántico.

ENCUADERNAR ES UN ACTO DE AMOR

En otoño de 2022 supe que la Fundación BBVA me había concedido una de sus becas Leonardo de creación para escribir un libro que abordara literariamente la historia del Instituto Internacional y de su amistad con la Residencia de Señoritas. Al enterarme, pasé varias noches en vela, sin pegar ojo. Aunque parecía un sueño hecho realidad, me sentía paralizada por la angustia. El proyecto exigía viajar a Estados Unidos e Inglaterra, así como consultar documentación diseminada en archivos de varios países. Tendría que leer una extensa bibliografía sobre educación femenina, hacer entrevistas e incluso sacar brillo a mi inglés para entenderme al otro lado del Atlántico. ¿Sería capaz?

Al comenzar a trabajar en el libro me propuse no dejarme nada en el tintero. Pero enseguida me di cuenta de lo inabarcable que era la historia que me proponía contar. Transcurría a lo largo de sesenta años y participaban varias generaciones de mujeres estadounidenses, españolas e inglesas. Algunas eran relativamente anónimas, pero otras habían tenido una dimensión pública y ya habían sido estudiadas en profundidad. Comprendí que tendría que escoger qué carpetas abrir y cuáles dejar cerradas, al menos por el momento. No deseaba escribir una obra panorámica, ni tampoco definitiva, sino un ensayo personal sobre mi propia búsqueda de una parte de nuestra historia feminista.

Cuando llegué al final del camino, confirmé que hubiera sido imposible incorporar todo el material que encontré, por muy valioso que fuera. En este sentido, la selección de las protagonistas y acontecimientos que narro está basada en su relevancia histórica, pero es tan subjetiva como el enfoque que siempre quise darle a mi libro. Con todo, he tratado de ser fiel a los acontecimientos y las licencias que me he permitido, por coherencia narrativa, afectan a la dimensión más personal de la obra. El hecho de haber incluido en sus páginas a Emily Dickinson, Mary Cassatt y Virginia Woolf también responde a mis simpatías y pasiones, así como al convencimiento de que estas escritoras y artistas me ayudaban a enriquecer la historia que deseaba contar.

Nunca hubiera podido escribir *En el jardín de las americanas* sin la generosa ayuda de la Fundación BBVA, pero tampoco sin el trabajo de las biógrafas e historiadores que me han precedido. Sus libros han sido imprescindibles para poder recrear literariamente la fundación del Instituto Internacional y su relación de amistad con la Residencia de Señoritas. Mi ensayo está en deuda con las obras de Elizabeth Putnam Gordon, Carmen de Zulueta, Isabel Pérez-Villanueva, Almudena de la Cueva, Margarita Márquez Padorno, Nuria Capdevila-Argüelles, Carmen de la Guardia, Pilar Piñón, Santiago López-Ríos y Encarnación Lemus López, entre otros.

Cuando estaba perdida en los archivos, a menudo fueron sus voces las que me mostraron el camino, guiándome hacia las cajas y las carpetas en las que unas manos anónimas habían trabajado contra el olvido hacía mucho tiempo. En esos instantes afortunados, cuando el archivo me entregaba sus tesoros, cobraban sentido otras palabras de Derrida: «Encuadernar es un acto de amor». Alguien a quien nunca conocería había atado aquellos papeles con un cordel para que una persona del futuro como yo los encontrara algún día.

Durante estos dos años las voces del archivo me han transportado a lugares remotos y distantes en el tiempo, pero también me han conducido al encuentro de mi propia historia, académica y familiar. Me han llevado a descubrir la genealogía femenina y feminista que posee la Universidad Complutense, antaño llamada Universidad Central, en la que un día fui estudiante y hoy soy profesora. Incluso han conseguido que mire con nuevos ojos los pupitres de las aulas donde doy mis clases, los mismos en los que se sentarán algunas de las protagonistas de las páginas que estás comenzando a leer.

La historia que he querido contar trata de un grupo de profesoras americanas que llegaron a España en el último tercio del siglo xix para luchar por la educación femenina. Pero también habla de ti y de mí. Porque siempre he sentido que recuperar las memorias de Alice Gulick, Susan Huntington o Katherine Whitmore, así como las de sus amigas españolas de la Residencia de Señoritas, significaba recobrar partes importantes de nuestro pasado. Nos esperaban pacientemente en archivos y en armarios familiares, abiertos a la investigación o guardados secretamente gracias a un gesto heroico.

PRIMERA PARTE

Pioneras de un mundo nuevo
1871-1903

COMIENZOS

DOS VIAJEROS

1

La historia de nuestras americanas empieza en el puerto de la ciudad de Boston, en el estado de Massachusetts, la fría mañana del 19 de diciembre de 1871. Bajo la nieve, que aquel día de invierno caía sin cesar, numerosos viajeros se arremolinaban en torno al S/S Siberia, un vapor de la prestigiosa naviera británica Cunard Line, conocida desde hacía años por realizar las travesías transatlánticas más rápidas, seguras y confortables del mundo. Como si estuviéramos entrando en una novela de Louisa May Alcott protagonizada por una moderna peregrina y salpicada de las escenas sentimentales tan de moda en aquella época, nuestro relato da comienzo pocos días antes de Navidad.

En el muelle, oculta tras un gran paraguas de color negro, aguardaba Alice Gordon Gulick, una joven misionera protestante de veinticuatro años. Alta y delgada, de mente despierta y risa contagiosa, estaba a punto de zarpar hacia España vía Liverpool. A su lado, sosteniendo el paraguas mientras ella se despedía de su numerosa familia, la acompañaba el reverendo William H. Gulick, su marido, un hombre de constitución fibrosa, frente despejada y poblado bigote, que ese mismo año había aceptado encargarse de una misión protestante en España. La biografía que Elizabeth Putnam Gordon escribió sobre su hermana, un libro valiosísimo para reconstruir la vida de nuestra protagonista, recuerda las palabras que el reverendo Gulick le dijo a Alice aquel otoño: «Cuando vaya a España —le había repetido parafraseando la Biblia—, iré a buscarte...».[1]

Y así había sido. Se habían casado una semana antes de embarcar.

Cualquiera que hubiera visto a Alice y William Gulick abriéndose paso por el embarcadero en medio de la masa bulliciosa de pasajeros se habría asombrado por la determinación juvenil de aquellos pioneros americanos a punto de comenzar su excéntrica luna de miel. Iban rumbo a «la romántica pero medieval España», en palabras de la hermana de Alice,[2] empujados por su fervor religioso, que sin duda les guiaba para afrontar no solo la travesía que tenían por delante, sino también su incierto futuro en una tierra tan idealizada como desconocida y hostil a la evangelización protestante. Por suerte, iban con Luther Halsey Gulick, el hermano mayor de William, y su familia, quienes ya habían sido misioneros en Micronesia.

La tempestad que contemplaron desde la cubierta del barco cuando se asomaron a la bahía les inquietó, pero ninguna tormenta hubiera podido detenerlos. «He leadeth me», el himno que habían escuchado pocos días antes en la ceremonia religiosa que les organizaron como despedida en la Shawmut Church de Boston, y que tiempo después reconocerían en el *Me pastorea* español, aún resonaba en sus oídos.[3] Ante un mar agitado, pensaría Alice recordando una de las partes centrales del himno, debía tener confianza en la misión divina que sentía que le habían encomendado. Esta tarea, que hoy nos hace sonreír por la pomposa solemnidad con la que se la tomaba, consistía en llevar a España no solo la fe protestante, sino también un pedacito de la educación que había recibido ella en Mount Holyoke Seminary, una de las primeras instituciones de Estados Unidos en ofrecer formación universitaria a las mujeres, donde había estudiado Alice en los años sesenta del siglo xix.

Es posible que aquella fría mañana de diciembre Alice se preguntara además si su vida en España, un país políticamente inestable y culturalmente atrasado en el que las mujeres no tenían acceso oficial a la universidad, sería muy distinta a la que había disfrutado entre las paredes de aquel avanzado seminario de Nueva Inglaterra. Con todo, la revolución de 1868, que pocos años antes había sacudido España poniendo fin al reinado de Isabel II, bautizada elocuentemente como «la Gloriosa», le hacía tener esperanzas en el porvenir de su misión pedagógica. La Constitución española de 1869, de corte liberal e inspirada en la de Estados Unidos, había promulgado no solo la libertad de culto que les permitiría instalarse como misioneros protestantes, sino también otros muchos avances, como el derecho de asociación o la libertad educativa.

Cuando sonó la sirena del barco anunciando la partida, Alice y William miraron por última vez hacia el muelle. La nieve les impedía ver a sus padres y hermanos, quienes, desde el embarcadero, tuvieron que conformarse con la visión borrosa de la humeante chimenea alejándose a gran velocidad de la costa.[4] Cuando el Siberia se adentró en el mar encrespado, es posible que su ánimo decayera ligeramente. El miedo a naufragar o extraviarse en medio de las heladas aguas del Atlántico era muy frecuente en los viajeros de entonces. Y también es posible que, para vencer el temor, Alice recordase las famosas palabras de Mary Lyon, fundadora de Holyoke, su *alma mater*, que tanto habían inspirado a otras mujeres intrépidas y rebosantes de idealismo como ella: «Id donde nadie más irá; haced lo que nadie más hará».

Muchos años después de esta escena, cuando Alice Gulick se haya convertido en la fundadora del prestigioso Instituto Internacional, Frederick Gulick, uno de sus hijos, pondrá música a un poema de Emily Dickinson[5] para que aquel momento en que todo había comenzado se recordara siempre con una canción:

Dos mariposas salieron al mediodía –
y bailaron sobre un arroyo –
luego volaron a través del firmamento
y se posaron, sobre un reflejo –

luego –juntas avanzaron
sobre un brillante mar –
aunque nunca, en ningún puerto –
su llegada – mencionada fue –

si el distante pájaro de ellas habló –
si halladas en etéreo mar
por fragata o barco mercantil –
ninguna noticia –me llegó – a mí–[6]

Alice Gulick.

2

Si aquellas dos mariposas hubieran podido salir volando del poema de Dickinson para contemplar lo que sucedía al otro lado del

Atlántico, a muchos kilómetros de Boston, sin duda habrían sentido una mezcla paradójica de desánimo y optimismo. La educación de las mujeres y sobre todo de las niñas se encontraba en España en un estado de desmoralizante abandono, con tasas altísimas de analfabetismo, y siempre supeditada a la del varón.[7] El destino de la mayoría de las mujeres era permanecer ignorantes, confinadas en los estrechos límites del hogar, con escasas posibilidades de acceder a una profesión para ganarse la vida.

Aun así, aquellas dos mariposas también habrían podido divisar algunas señales de esperanza en el horizonte. En la misma época en que los Gulick realizaron su viaje, se habían puesto en marcha en España un conjunto de proyectos cuyas ondas luminosas estaban en especial sintonía con la energía que envolvía al matrimonio de misioneros. A raíz de la revolución de 1868, los krausistas, un grupo de profesores liberales entre los que destacaban Julián Sanz del Río, Fernando de Castro, Gumersindo de Azcárate y Francisco Giner de los Ríos, pasaron a ocupar posiciones de poder en la universidad tras haber sido apartados de ella por sus ideas avanzadas.[8] Inspirados por el filósofo alemán Krause, estos intelectuales, profundamente descontentos con la realidad educativa, política y social española, buscaban caminos para mejorarla. Como señala la investigadora Raquel Vázquez Ramil, el krausismo ofreció a este grupo de pensadores y educadores inquietos «un programa de reforma coincidente con las líneas de la política liberal-democrática».[9] Dicho programa incluía la mejora de la educación de las mujeres, uno de los senderos que los krausistas consideraban imperativo tomar para lograr el progreso de la humanidad.

Con este espíritu reformista y liberal, el rector Fernando de Castro puso en marcha la creación del Ateneo Artístico y Literario de Señoras, el desarrollo de las Conferencias Dominicales sobre la Educación de la Mujer e inauguró la Asociación para la Enseñanza de la Mujer. Las conferencias se iniciaron el 21 de febrero de 1869 en el Paraninfo de la Universidad, ubicado en la calle de San Bernardo de Madrid. Allí acudió un público heterogéneo, tanto masculino como femenino, admirado por la solemnidad con que estaba adornado el salón e ilusionado con las perspectivas que abría la iniciativa.

Entre los asistentes se encontraba Concepción Arenal, tan idealista como Alice Gulick, quien durante aquellos mismos años libraba su propia batalla a favor de la educación de las mujeres. A pesar de las diferencias religiosas, culturales y generacionales que las separaban —Concepción Arenal nació en Ferrol en 1820 y Alice Gulick, en Boston en 1847—, las dos mujeres tenían numerosas cosas en común. Ambas deseaban contribuir a la regeneración de la sociedad y ambas creían que el progreso de la humanidad solo sería posible si cambiaba la penosa situación de las mujeres, la mitad de la población. «Bajo cualquier aspecto que se considere la vida de la mujer —escribiría Arenal en *La mujer del porvenir*, obra publicada por primera vez en 1869—, se ve la necesidad de educarla y las tristes consecuencias de que no se eduque».[10] Las dos tenían un profundo sentido religioso de la vida, así como de la misión que debían realizar en su paso por ella. En el caso de Arenal, esto no significaba que no fuera crítica con el catolicismo, omnipresente en España, y en las páginas iniciales de su libro hasta se atrevería a arremeter contra la absurda lógica de una religión que, si bien consideraba a las mujeres capaces de ser santas y mártires, y que incluso había escogido a una para ser la madre de Dios, no les permitía ejercer el sacerdocio. «Podemos estar seguros de que donde hay contradicción, hay error o impotencia»,[11] razonaría, irónica, Arenal en su libro al sopesar los argumentos de la jerarquía eclesiástica. De hecho, una de sus luchas más obstinadas fue la de tratar de conciliar dos esquemas mentales que en la España de entonces, a diferencia de lo que ocurría en el ambiente en el que creció Alice Gulick en Estados Unidos, encontraban difícil encaje: el pensamiento liberal, favorable al avance de las mujeres, y el cristianismo.

En este sentido, Concepción Arenal no pudo asistir libremente a una institución universitaria como sí lo hizo Gulick en Mount Holyoke. De hecho, en los años cuarenta del siglo xix, tuvo que vestirse como un hombre para poder entrar en las clases de la universidad sin llamar la atención, lo que creó un verdadero mito en torno a su persona. Como escribe Anna Caballé en su biografía, *Concepción Arenal. La caminante y su sombra*, desde pequeña, la joven gallega ansiaba profundamente el conocimiento y, para asombro de quienes menospreciaban la inteligencia de las niñas, casi todo le interesaba, desde la filosofía, el derecho y la literatura hasta las ciencias naturales y la medicina.[12] La joven Arenal ya rehuía entonces las formas de vestir propias de las mujeres de su época, y siempre prefirió la vestimenta masculina, sobria y oscura, a la coquetería del corsé y el miriñaque. Rechazó todos los atributos de su sexo, como la sombrilla, los guantes, las mantillas o el abanico. Así, para asistir a las clases de la universidad se puso pantalones, levita y chalina, ropas que le eran familiares y que le permitían caminar en sus largos paseos por la naturaleza sin que las enaguas le molestaran. Como escribe Anna Caballé, aquella Arenal veinteañera sin duda fue una precoz Sinsombrero. Adelantándose muchas décadas a las jóvenes de la generación del 27, también ella se descubrió con gesto rebelde la cabeza para poder pensar libremente.[13]

Con el paso del tiempo, la pasión por la reforma de la sociedad llevaría a Arenal a volcarse en proyectos humanitarios encaminados a mejorar las condiciones miserables en las que vivían los grandes olvidados. Frecuentaba a los más desfavorecidos, especialmente a los presos, las prostitutas y los mendigos, razón por la que se creó para ella la figura de «visitadora de cárceles», origen de la profesión que hoy conocemos como «trabajo social» y que ella soñó durante sus largas caminatas. Además, fue una escritora prolija, muy admirada en toda Europa por sus estudios penitenciarios, campo en el que fue una absoluta pionera, como evidencia el famoso lema que no se cansaba de repetir allá donde iba: «Odia el delito, compadece al delincuente». Desde luego, como subraya Delia Manzanero, una de sus biógrafas más recientes, se trataba de una manera de pensar rompedora para una época en que aún se ejecutaba públicamente a los condenados a muerte.[14]

Al pensar en el 21 de febrero de 1869, cuando se iniciaron las Conferencias Dominicales, me gusta imaginar a Arenal sentada en uno de los primeros bancos del Paraninfo ataviada con su oscuro traje hasta el cuello y con el brazo descansando entre los botones de la chaqueta con gesto napoleónico. Se había transformado en una mujer de cincuenta años, sólida como una roca, y su voluntad idealista de cambiar el mundo permanecía intacta. No solo había recibido con entusiasmo las iniciativas en favor de la educación de las mujeres con las que su amigo Fernando de Castro había comenzado su trayectoria de rector,[15] sino que enseguida se prestó voluntaria para escribir la crónica de las conferencias e irlas publicando en los periódicos.

En el primero de estos artículos rememora el acto de inauguración y el inicio de las conferencias. Su pluma vuela llena de ardor apasionado, como si volcara ideas largamente contenidas. Tuvo que ser muy emocionante vivir aquel momento. De haberlo presenciado desde la altura de algún cristalino reflejo, sin duda nuestras mariposas habrían podido presagiar el inminente comienzo de un mundo nuevo.

Cuando en los siglos venideros escriba un filósofo la historia del progreso en España, citará, acompañándola de reflexiones profundas, una fecha: el 21 de febrero de 1869. ¿Se ha dado en ese día alguna gran batalla en que ha triunfado la justicia? ¿Una asamblea ha promulgado como ley algún derecho hasta allí desconocido o negado? ¿Se han agitado las masas como el mar embravecido, y en las oleadas de su cólera han sepultado en el abismo algún impío error? No, el 21 de febrero no ha sucedido ninguna de estas cosas. Ni estruendo marcial, ni aclamaciones de la multitud […] Era *una idea* que iba a ser proclamada desde la tribuna, una idea de esas que son el resumen de una época y el germen de otra; una idea de las que crecen primero al calor de algunas inteligencias elevadas, para llegar a ser algún día patrimonio del sentido común. Allí iba a decirse que la mujer es un ser racional, un ser inteligente, capaz de recibir la educación y elevarse a la región del pensamiento, de infeccionarse aprendiendo y de mejorarse perfeccionándose.[16]

Concepción Arenal.

3

Cuando empecé a escribir este libro, una mañana invernal me acerqué a la Biblioteca Histórica de la Universidad Complutense para consultar las Conferencias Dominicales sobre la Educación de la Mujer. Tenemos la suerte de que estas charlas se distribuyeran impresas en papel y podamos leerlas todavía hoy. Las había estado revisando en la versión electrónica, a través del ordenador, pues la Complutense facilitaba el acceso a las copias digitales, pero pensé que sería mucho mejor tocarlas con mis propias manos. Al fin y al cabo, estas conferencias son unos de los primeros documentos sobre la educación universitaria de la mujer que conservamos en España, y si me proponía rescatar una parte de nuestra historia, lo primero que debía hacer era ir en peregrinación a presentarles mis respetos, a venerarlas como si fueran un secreto ídolo de papel.

La Biblioteca Histórica no está lejos de mi casa, así que decidí ir caminando. Al subir por la calle de San Bernardo pasé por delante del Paraninfo donde, según conmemora una placa,

Concepción Arenal cursó sus estudios de Derecho entre 1842 y 1845. Aunque hoy ya no se imparte ninguna clase allí, he tenido la suerte de estar varias veces dentro, en actos académicos o celebraciones solemnes. Me impresionó sobre todo la primera vez que crucé su puerta blanca y dorada, el 28 de enero de 2009, el día que fui a la ceremonia de investidura de los nuevos doctores con motivo de la festividad de Santo Tomás de Aquino. El salón de actos me pareció imponente, con los laterales abovedados con decoraciones de la época isabelina. Para inmortalizar el momento, mi abuela paterna enmarcó una fotografía de aquel día, donde se me ve muy sonriente, con la toga y el birrete de color azul, al inicio de mi vida académica.

Seguí caminando por San Bernardo unos metros más, hasta la entrada de la Biblioteca Histórica. Al acceder a la sala de consulta vi que la bibliotecaria ya tenía preparados en el mostrador de préstamo los ejemplares de las Conferencias Dominicales. Eran catorce cuadernitos, cada uno con la cubierta de un color diferente, lo que les daba un aspecto muy alegre. Mi primera impresión al recogerlos y llevarlos con cuidado hasta la mesa donde pasaría el día leyéndolos fue que eran extrema-

Conferencias Dominicales sobre la Educación de la Mujer en el Paraninfo de la Universidad Complutense.

damente pequeños y muy ligeros. Como sucede con muchos objetos del pasado, daba la sensación de que se hubieran encogido con el paso del tiempo. En todo caso, a pesar de su aparente fragilidad, irradiaban una fuerza y una energía especial.

Me gustó el discurso inaugural del rector Fernando de Castro, que subrayaba que el progreso de la civilización se medía por la educación de las mujeres, a las que definía como «compañeras del hombre».[17] Luego sonreí con un poco de tristeza al encontrarme con esta otra frase: «vuestro destino, como esposas y como madres, es aconsejar, influir; de ninguna manera imperar».[18] Comencé a imaginarme el Paraninfo el domingo 21 de febrero de 1869, cuando se inauguraron las conferencias, con los bancos atestados de mujeres por primera vez en su historia. En mi cabeza fueron cobrando vida las palabras de los oradores, entre los que distinguí nombres muy conocidos, como el de José Echegaray, premio Nobel de Literatura en 1904, o el de Francisco Pi y Margall, que llegaría a ser presidente de la Primera República en 1873.

Cuando empecé a leer la primera de aquellas conferencias, pronunciada por el jurista y político de ideas krausistas Joaquín María Sanromá y Creus, me llamó la atención que hiciera hincapié de forma casi exagerada en defender la *idea misma* de educar a las mujeres. «¿Sabéis por qué, á despecho de los ráncios, y arrostrando el ridículo con que ellos satirizan todo lo que tiende á separar á la mujer de ciertas prácticas rutinarias deseo yo verla aprendiendo y enseñando, no como profesión, sino como una de sus ocupaciones más nobles? —leí que comenzó preguntando aquel 21 de febrero—. Porque cuando la mujer *se instruye é instruye*, es prueba de que está en contacto con *toda* la sociedad en que vive».[19] La vehemencia de su discurso, pensé, daba cuenta de lo numerosos que debían de ser los detractores de la educación femenina en aquella época.

Aunque me emocionaron sus palabras, la verdad es que también me resultó de lo más sorprendente el curioso galanteo retórico que utilizaba, como en este significativo fragmento:

Hasta ahora veíais á la mujer, y sobre todo á la señora española, en el seno de la familia, distribuyendo su corazón en esos hermosos pedazos de la vida que se llaman hijos, hijas, esposos, padres ó hermanos; [...] elegante; ataviada; chispeante de gracia y gentileza en el bullicio de los salones; fascinadora en el teatro; gallarda y majestuosa en los paseos y en las públicas solemnidades.[20]

Con los ojos de hoy, me resultó inevitable especular con una pizca de maldad e imaginar qué pensaría realmente Concepción Arenal mientras tomaba notas aquel día de febrero. Hemos visto que fue muy entusiasta en su crónica periodística, ensalzando el calor de las inteligencias elevadas que alumbran las ideas por las que la humanidad progresa, pero es posible que por su cabeza pasaran también algunos nubarrones ante el desparpajo con el que Sanromá hacía referencia en su discurso a «la gracia chispeante» de las mujeres. Es más, al seguir leyendo la conferencia, captamos el tono paternalista que la propia Arenal debió de escuchar tantas veces en su vida:

Pero ver á la señora española humildemente en los bancos de una escuela; verla recogiendo su espíritu para hacerlo entrar en las escabrosidades de la ciencia; verla prestando toda su atención á la palabra grave, y muchas veces seca y descarnada de un profesor, y con él lanzarse á pensar, á meditar, á discurrir, á abstraer, vosotras que habéis tomado la costumbre de *sentir*; en una palabra, Señoras, veros renunciar por un momento á los atractivos de vuestro sexo para tomar el porte de un sencillo estudiante, ¡oh! éste es un espectáculo tan nuevo como magnífico en España; un espectáculo que es fruto genuino de nuestra revolución.[21]

Como pude constatar aquel día, Sanromá no fue ni mucho menos el único orador en emplear aquel tono en las Conferencias Dominicales. En realidad, en algunos momentos tuve que hacer verdaderos esfuerzos para acordarme de que aquellos hombres eran los amigos y aliados de nuestras antepasadas, quienes nos habían abierto las puertas de la universidad, oponiéndose a los prejuicios de su época. Si ellos hablaban así, ¿cómo lo harían los demás? Por ejemplo, en su conferencia dedicada a la misión de la mujer en la sociedad, Pi y Margall les había lanzado desde el púlpito algunas perlas como esta: «No niego yo á la mujer grandes facultades intelectuales, lo que sí creo es que no es ésa la senda por donde puede cumplir su misión en el mundo».[22] O José Echegaray, en la charla dedicada a las ciencias físicas, hizo esta broma de gracia dudosa: «Todo vibra en la naturaleza, todo se agita, y podría deciros para valerme de comparaciones familiares, pero en confianza, sin que lo oigan los que á este lado se sientan, y sin que tampoco os sirva de estímulo, que la naturaleza no es otra cosa que un inmenso ataque de nervios».[23]

Se trata de un tono rimbombante que no encontramos en la prosa de la propia Arenal, sobria y cortante como un cuchillo, que por el contraste con estas florituras lingüísticas llama aún más la atención. En *La mujer del porvenir*, libro en el que se haría eco de las principales ideas debatidas en las conferencias —todas pronunciadas por oradores varones, por cierto—, Arenal utiliza un lenguaje sin adornos, inflexible en su examen metódico y racional de los argumentos fisiológicos, éticos e históricos que sostenían los médicos, juristas y educadores españoles a propósito de la inferioridad física y moral de las mujeres.

Llevaba horas entregada a la lectura, y cuando quise darme cuenta casi se había hecho de noche. Deposité los cuadernitos de las conferencias de vuelta en el mostrador y me despedí de la bibliotecaria. Salí a la calle y me dirigí hacia la plaza de España, ya que quería regresar a casa por el paseo de Pintor Rosales. A la altura de la calle de Ferraz distinguí a lo lejos a Paula, una de mis mejores alumnas de la universidad. Se paró enseguida y charlamos un rato animadamente. Me contó todos los planes que tenía para el siguiente curso, incluido un viaje a Inglaterra con una beca para estudiar literatura.

Volví a casa pensando en cuánto le debían nuestros sueños a Concepción Arenal.

LA BATALLA DE LAS MUJERES

4

Es muy posible que a Alice Gulick no se le hubiera pasado nunca por la imaginación que su «destino» fuera acabar viviendo como misionera en España. Pero lo cierto es que, desde que tenía uso de razón, se había sentido atraída por las misiones. Su padre, James Gordon, cajero en el Columbian National Bank de Boston, también fue durante muchos años el tesorero de la Junta Americana de Comisionados para las Misiones Extranjeras. Creada en 1810, la ABCFM (sus siglas en inglés) era una organización religiosa que se dedicaba a enviar misiones evangélicas protestantes por el mundo. Además, James Gordon era un miembro muy activo de la iglesia congregacional de Auburndale, la pequeña población situada a orillas del Charles River, a unos veinte kilómetros de la ciudad de Boston, en la que vivía la familia. Durante los años anteriores a la guerra civil estadounidense (1861-1865), Alice y sus seis hermanos crecieron en un clima afable y marcadamente espiritual en una de las hermosas casas de madera con tejado a dos aguas del pueblo, a la que se accedía por un caminito de grava flanqueado por frondosos árboles.

Nueva Inglaterra, la región del nordeste de Estados Unidos a la que pertenece Auburndale, poseía una larga tradición religiosa que se remontaba a los primeros colonos norteamericanos, los llamados Pilgrim Fathers o padres peregrinos. Se conoce por este nombre a los peregrinos calvinistas que arribaron a la bahía de Plymouth, en Massachusetts, a bordo del barco Mayflower en 1620.[24] Llegaron procedentes de Holanda, huyendo de las persecuciones de la Iglesia anglicana de Inglaterra, contra la que se rebelaron al defender una visión reformada, «pura» del cristianismo, exenta de elementos superfluos, de ahí que se emplee el término «puritano» para referirse a ellos. Entre todas las iglesias que, con el tiempo, fueron arraigando en suelo estadounidense, la congregacional fue una de las más importantes de

Nueva Inglaterra, donde dejó una impronta profunda y duradera.[25] Esta Iglesia, que imitaba a las pequeñas comunidades cristianas originarias, se caracterizaba por organizarse —congregarse— de forma muy sencilla, sin jerarquías, y por exigir a sus fieles un estilo de vida austero y rígido, pero también dominado por ideas aterradoras sobre la predestinación, el infierno y la ira divina.[26]

Durante el primer tercio del siglo XVIII, cien años después de la llegada del Mayflower con los padres peregrinos a bordo, tuvo lugar un fenómeno conocido como *Great Awakening*, el Gran Despertar, que consistió en una impresionante revitalización de la actividad religiosa. El movimiento recorrió todo el mundo, no solo Estados Unidos. En Nueva Inglaterra, los predicadores de las diferentes iglesias protestantes convocaban a masas de seguidores en eventos en los que se producía una verdadera explosión teatral de la fe. En medio de sermones improvisados, salpicados de aparatosos alaridos, sacudidas lacrimógenas y gritos, oradores como Jonathan Edwards y Gilbert Tennent provocaban un gran número de conversiones. Se trataba de declaraciones públicas de la fe exigidas a los fieles para ser considerados verdaderos cristianos.[27]

A comienzos del siglo XIX, a esta primera oleada de *revivals*, nombre que reciben los despertares masivos del fervor religioso, siguió en Nueva Inglaterra un Segundo Gran Despertar. Este dio lugar a múltiples movimientos de reforma social, como el abolicionismo, la mejora de las prisiones o la defensa de la abstinencia en el consumo de bebidas alcohólicas. Las causas de su éxito podemos encontrarlas en las profundas transformaciones sociales y económicas que estaba viviendo Estados Unidos, marcadas por la explosión demográfica, la expansión territorial hacia el Oeste y la industrialización, siderúrgica y textil fundamentalmente, que provocaban inquietudes y descontento por las modernas condiciones de vida, deshumanizadoras y precarias para la mayoría. Entre 1815 y 1860, la población prácticamente se cuadriplicó, pasando de 8 a 31 millones de habitantes,[28] un crecimiento tan llamativo como el hecho de que Nueva York se convirtiera a mediados de siglo en la tercera ciudad más grande del mundo, solo por detrás de Londres y París.[29]

Este ambiente de grandes cambios, que implicaba la desaparición progresiva de modos de vida tradicionales, provocó una oleada de nuevas formas de religiosidad, como el espiritismo, pero también el auge de iglesias «populares» y «emotivas», como las confesiones baptista, metodista y presbiteriana,[30] y al mismo tiempo de otras críticas con la tradición, como la corriente unitaria, o de movimientos radicales, algunos de ellos de carácter utópico, que buscaban la regeneración social a través de una vuelta a las raíces.[31] Uno de aquellos movimientos radicales, con gran influencia en la historia de Estados Unidos, fue el trascendentalismo, en el que participaron algunos de los «padres» de la literatura norteamericana, como Ralph Waldo Emerson, Henry David Thoreau y Nathaniel Hawthorne, pero también alguna de sus «madres», como Louisa May Alcott, quien se codeó con todos ellos en sus reuniones de Concord, cerca de Boston, donde vivía con sus hermanas.[32]

Influidos por el idealismo alemán y el romanticismo inglés, los trascendentalistas reivindicaban un ideal de vida sencillo, cerca de la naturaleza, y defendían la libertad inalienable del individuo, así como su derecho a guiarse moralmente por sus propios valores. Como vemos, se trata de principios, de raigambre idealista y romántica, muy afines a los que circulaban en aquellos mismos años entre los pensadores krausistas españoles. Al igual que ellos, los trascendentalistas deseaban reformar la educación para mejorar la sociedad, convencidos de que el proceso de aprendizaje no se limitaba a la instrucción escolar, sino a la formación del carácter en el sentido pleno de la palabra. En sus reuniones, la terrible institución de la esclavitud, emblema del modo de vida de los estados del Sur, se cuestionaba con firmeza, lo que impulsó el movimiento antiesclavista en Nueva Inglaterra que ya promovían desde finales del siglo XVIII los cuáqueros y otros grupos religiosos.

Como recuerda Carmen de Zulueta en su estudio *Misioneras, feministas, educadoras. Historia del Instituto Internacional*, fue en este clima, previo a la guerra civil estadounidense, de reforma social y exaltación religiosa, pero también de expansión económica, crecimiento industrial y desarrollo de las tecnologías del transporte y las comunicaciones, como el ferrocarril, el barco de vapor y el telégrafo, en el que surgió el movimiento misionero norteamericano y la Junta para las Misiones, a la que Alice y William Gulick decidieron dedicar su vida.[33]

En su biografía, Elizabeth Putnam Gordon reproduce una carta enviada por Alice a su padre cuando solo tenía ocho años. Si leemos entre líneas, detrás del tono tierno e infantil, es posible distinguir la determinación de la futura misionera que dedicará grandes esfuerzos a recaudar fondos para la fundación del Instituto Internacional en España:

Boston, 8 de junio de 1855

Mi querido padre:

He pensado en escribirle. He mirado en el almanaque para ver cuándo caía mi cumpleaños. Cae en miércoles. Tengo tres cartas que responder. Madre dice que, algún día, podré bajar al cuarto de las misiones cuando usted se quede un rato. Vendrán de visita algunos niños pequeños y lo invitaré a usted también. Creo que pasaremos un muy buen rato juntos. Voy a intentar ser una niña muy buena, por supuesto. Muchas gracias por el bonito papel que me ha dado. Voy a ganar algo de dinero para ponerlo en la caja de las misiones. ¿Le gustaría que estuviera con usted? La prima Sarah dice que a lo mejor vendrá este otoño. Querría verla, ¿y usted? Me atrevo a decir que sí. ¿Me llevará pronto al cuarto de las misiones? Me gustaría que lo hiciera. Reciba mi amor y además un beso de su cariñosa hija,

ALICE[34]

Unos años más tarde, esta niña que ya entonces fantaseaba con aportar su granito de arena al trabajo de su padre quedó deslumbrada por la figura de Eliza Walker, una conocida misionera que regresó a Massachusetts en 1866 después de pasar varios años trabajando en la región de Diyarbekir, situada en lo que hoy es Turquía. A una joven como Alice, las historias del antiguo y remoto Imperio otomano que contaba Walker debían de parecerle muy atractivas por su gran exotismo. Tiempo después de su llegada, Eliza Walker creó en el vecindario de Auburndale la Walker House, un centro de reunión en el que los misioneros podían vivir cuando retornaban de sus destinos o dejar a sus hijos si preferían que no los acompañaran al extranjero. Allí, en aquella comunidad vibrante y especial, Alice pudo entrar en contacto con muchos niños que habían vivido en otros países y, según escribió Elizabeth Putnam Gordon en su biografía, fue entonces cuando empezó a escuchar de primera mano las hipnóticas historias de viajes que alimentaron su impresionable imaginación.[35]

Partir como misionera era sin duda un destino excepcional para una jovencita, pero no imposible. De hecho, tras la guerra civil se produjo en Estados Unidos un gran auge de las sociedades misioneras femeninas, un movimiento que los historiadores conectan con el despegue del imperialismo y que continuaría creciendo hasta después de la Primera Guerra Mundial. En 1915 nada menos que tres millones de mujeres pertenecían a alguna de estas sociedades, lo que las convierte en uno de los grupos de mujeres más numerosos de todo el siglo xix. Su cometido principal era apoyar el envío de misioneras al exterior, quienes partían no en calidad de predicadoras sino de profesoras, doctoras y trabajadoras sociales.[36] Emma Dorothy Eliza Nevitte Southworth y Kate Douglas Wiggin, autoras de ficción muy populares, emplearon su atractiva figura en sus respectivas novelas *Fair Play* (1868) y *Rebecca of Sunnybrook Farm* (1903), que gozaron de gran éxito entre las pequeñas lectoras. Esta última fue un auténtico best seller, con distintas adaptaciones al teatro y al cine en años posteriores, protagonizadas por actrices como Mary Pickford o Shirley Temple.[37]

En otro pasaje de la biografía de Alice, Putnam Gordon recurre al universo literario de Harriet Beecher Stowe para reflejar el ambiente doméstico, alegre e idealizado de la infancia que compartió con su hermana. Como en una de las narraciones de la célebre autora de *La cabaña del tío Tom*, uno de los libros más vendidos de todo el siglo XIX, los niños Gordon, escribe Elizabeth, a menudo jugaban animadamente en la calle con sus vecinos de enfrente. Al parecer, les encantaba subirse a los árboles para coger manzanas, patinar y navegar entre risas por el río, uno de los grandes atractivos de la zona. Alice destacaba sobre todo en los deportes al aire libre y disfrutaba enormemente remando por el río Charles y patinando sobre hielo. Los giros, acrobacias y saltos que era capaz de hacer deslizándose sobre la superficie helada dejaban maravillado a quien la observase. Su otra gran pasión, por la que siempre sería recordada, era la música. Tenía una voz preciosa y en las reuniones familiares acostumbraba acaparar mucha atención. Con el tiempo se hizo muy amiga de otras tres niñas de su edad, con las que formaba un pequeño grupo conocido como «las cuatro de Auburndale».[38]

Fue en esa época infantil cuando Alice trabó amistad con Emilia Innerarity, una niña que procedía de una rica familia de Cuba, que por aquel entonces aún formaba parte de España. Se conocieron en la Lasell Seminary, una pequeña escuela a la que ambas asistieron en Auburndale, donde se contarían historias divertidas y hablarían de sus distintos orígenes familiares. Como veremos, muchos años más tarde, aquel cruce hispanoamericano en la tranquila población de Auburndale se revelará providencial para el éxito de los proyectos educativos de Alice en España. A menudo, el encuentro azaroso y casual de una primera amiga marca el rumbo de toda una vida.

También en su casa recibía estímulos: la familia Gordon imaginaba divertidos pasatiempos, como la creación de la Popcorn Society, una sociedad compuesta por pequeños y mayores que se reunía una vez por semana para hacer palomitas junto a la chimenea, cantar alegres canciones y enfrascarse en ocurrentes conversaciones metafísicas de las que extraer enseñanzas morales para la vida. Formaban parte del grupo otros niños del vecindario, como Polly, la hija de un capitán de barco que entretenía a sus pequeños amigos narrando apasionantes historias sobre la vida en el mar.

Al imaginar a Alice y sus hermanos imitando con grandilo-
cuencia la reunión de esas sociedades seretas tan típicas de la
época, sentados muy serios con sus mazorcas de maíz y la boca
llena de palomitas, es imposible no pensar en el Club Pickwick
creado por Louisa May Alcott en *Mujercitas* como homenaje a
la novela de Charles Dickens. A diferencia de la novela de Alcott, en la que Laurence, el vecino de las hermanas March, pro-
voca una divertida discusión entre las chicas cuando pide ser
admitido entre sus ilustres miembros,[39] los hermanos Gordon
se mostraban poco exigentes a la hora de abrir las puertas de su
exclusivo club. Incluso llegaron a invitar a Quiltam Qualter, el
gato de la familia, a sus reuniones. Según recordaría con nitidez
su hija Anna, James Gordon se había encargado de hacer todos
los honores: «Quiltam Qualter, de ahora en adelante eres admitido como miembro de la Reddale Popcorn Society. Ahora
álzate sobre las patas traseras y saluda educadamente a los niños»,
contaba Anna que había dicho su padre, aclarándose solemnemente la voz para gran satisfacción de los niños. Al parecer, James
Gordon levantó entonces entre los dedos una palomita que olía
a mantequilla con la que tentar a Quiltam Qualter. Ante el rego-
cijo de su auditorio, el gato se irguió obedientemente como si
fuera un pequeño canguro y, en medio de un estallido de carcajadas infantiles, sacudió las patitas para atrapar el delicioso premio
con una encantadora y cómica reverencia.[40]

Del mismo modo que Jo March recordaría las desternillantes
reuniones del Club Pickwick en el desvencijado desván de su
casa durante toda su vida, Alice trataría de imprimir al Instituto
Internacional el espíritu de alegre camaradería de la Popcorn
Society de la que formó parte en su juventud.

5

En todo caso, en aquel tiempo de conversiones estrambóticas y
hogares idealizados, el severo puritanismo religioso no estaba
reñido con el feminismo. Es más, el grupo de mujeres avanzadas

Ilustraciones de la novela *Mujercitas*, de Louisa May Alcott.

que Alice Gulick conoció en el entorno universitario privilegiado al que tuvo acceso en Nueva Inglaterra es un ejemplo excelente de esta combinación de rigidez moral y defensa a ultranza de la mujer que hoy, varias olas feministas más tarde, nos resulta un tanto extraña.

Al igual que los evangelistas protestantes pronunciaban sermones sobre la ira de Dios con los que convertían a masas de población, algunas de las mujeres que nos iremos encontrando en este libro, como la activista Frances Willard, gran abanderada de la ley Seca, la educadora Alice Freeman Palmer o la poeta Katharine Lee Bates, todas ellas puritanas y feministas igual que su amiga Alice Gulick, predicaban con idéntica pasión sobre la educación superior femenina. El camino lo habían allanado otras mujeres irrepetibles, entre ellas, la ya mencionada Mary Lyon, fundadora de Holyoke, Emma Willard, hermana de Frances, y Catharine Beecher, hermana a su vez de Harriet. Cuando miramos las gastadas fotografías en blanco y negro que han quedado de estas educadoras del siglo XIX, por ejemplo, las de Catharine Beecher, es imposible no admirarse de que fueran mujeres como aquella anciana menuda, con su vestido de mangas abullonadas y el pelo peinado bien tirante, con la raya en medio

Catharine Beecher.

y unos pequeños tirabuzones a los lados, quienes impulsaran la educación superior femenina en Estados Unidos cual si de una auténtica cruzada se tratase.

Pero la lucha por la educación no fue la única causa que movilizó a las primeras feministas americanas del siglo xix. Algunas de ellas, como Lucretia Mott y Elizabeth Cady Stanton, comenzaron militando en el abolicionismo, un movimiento que contó con numerosas mujeres en sus filas, aunque no siempre se las tuviera en cuenta en la toma de decisiones. De hecho, fue en una de las convenciones mundiales antiesclavistas, la que tuvo lugar en Londres en 1840, donde Mott y Stanton decidieron empezar a luchar por los derechos de las mujeres. El detonante fue comprobar que los organizadores de la convención habían decidido separar sus asientos de los de los hombres allí presentes por medio de una cortina. Conscientes de que ellas mismas estaban tan segregadas como los esclavos, sin voz ni voto en la causa en la que tanta energía habían invertido, a su regreso a Estados Unidos se propusieron crear su propio movimiento de reforma, comprometiéndose con la lucha por los derechos civiles de las mujeres. Según apunta Carmen de la Guardia, aunque estas pioneras aún no luchaban por los derechos políticos, como el derecho al voto, sus reivindicaciones son una de las semillas del feminismo contemporáneo.[41]

El 19 y el 20 de julio de 1848, Mott y Stanton lanzaron un llamamiento desde Seneca Falls, una pequeña población del estado de Nueva York, para discutir sobre la penosa situación de las mujeres. No parece casual que la reunión se celebrara precisamente el mismo año en que otros grandes movimientos revolucionarios, de inspiración romántica, habían sacudido Europa. A la convocatoria, que tuvo mucho éxito, acudieron hombres y mujeres implicados en distintas causas, como el abolicionismo, pero también en el movimiento por la templanza, del que hablaremos más adelante. Fue allí donde Mott y Stanton redactaron la célebre Declaración de Seneca Falls, también llamada Declaración de los Sentimientos, una reescritura de la Declaración de Independencia de Estados Unidos en la que denunciaban sin ambages el modo en que se había sometido a las mujeres a lo largo de la historia, privándolas de educación, propiedades o autonomía económica.

Los firmantes, hombres y mujeres, reivindicaban que las mujeres se consideraran iguales a los hombres, así como el reconocimiento de que la búsqueda de la felicidad, un derecho consagrado en la Declaración de Independencia, fuera también inalienable para ellas. A diferencia de otras vindicaciones semejantes, como la escrita por Mary Wollstonecraft a finales del siglo XVIII, la Declaración de Seneca Falls fue una obra colectiva, cuya promulgación marcó el inicio del feminismo como movimiento civil y ciudadano. Aunque en principio este punto causó rechazo, Stanton se empeñó en que la declaración exigiera el derecho político al voto, de modo que aquella convención fue asimismo el inicio del movimiento sufragista estadounidense, en el que durante las siguientes décadas participarían destacadas mujeres de la talla de Lucy Stone o Susan B. Anthony.

Uno de los grandes enemigos de estas activistas y reformadoras sociales era el doctor Edward H. Clarke, profesor de la Universidad de Harvard, quien protagonizó un gran escándalo en diciembre de 1872,[42] exactamente un año después de que Alice y William Gulick se embarcaran hacia España. Como tuvo oportunidad de contar el propio doctor Clarke en el libro que decidió publicar a raíz del jaleo que se armó en Massachusetts, *Sex in Education or a Fair Chance for the Girls*, que por cierto se agotó de manera fulminante en cuanto salió de la imprenta, todo empezó al recibir la invitación de uno de los numerosos clubes de mujeres que proliferaron en aquella época, el New England Women's Club de Boston, para impartir una charla sobre la relación entre el sexo femenino y la educación superior.[43] Sin duda era uno de los temas más candentes del momento, pues hacía pocos años que las mujeres habían comenzado a ser admitidas en los centros de enseñanza superior. La población estadounidense se encontraba dividida entre quienes militaban a favor de permitir su acceso a la universidad y quienes censuraban duramente los efectos perniciosos de tales avances.

¿Quién se haría cargo de educar a los niños si ellas se aventuraban en carreras universitarias?, se preguntaban algunas voces de los sectores más conservadores de Nueva Inglaterra. Cuando se hubiesen convertido en farmacéuticas o arquitectas, ¿querrían las mujeres seguir casándose?, apostillaban otras. Por otro lado, ¿qué efectos tendría sobre su salud, física y mental, estudiar con los mismos programas académicos que los varones? ¿Era recomendable? Y, en caso de que finalmente ganasen la batalla, ¿qué era preferible, educarlas en *colleges* exclusivamente para mujeres o fomentar la coeducación en las universidades estatales?

Fue en medio de este debate cuando intervino el doctor Clarke, un hombre de mirada penetrante y facciones angulosas. Atractivo y seguro de sí mismo, era un experto en fisiología femenina. Sin dudarlo, aceptó la invitación para pontificar sobre el tema propuesto.

Entre las mujeres que acudieron a escucharlo aquel día de diciembre de 1872 se encontraban nada menos que Lucy Stone y Julia Ward, dos de los rostros más visibles del movimiento abolicionista y sufragista, quienes sospecho que se quedaron de piedra al poco rato de comenzar la conferencia. Si bien las primeras palabras del doctor Clarke fueron bastante prometedoras, pues afirmó, con cita de la *República* de Platón incluida, que tanto los hombres como las mujeres tenían derecho a la educa-

Edward H. Clarke.

ción superior, enseguida empezaron a salir por su boca algunas de las frases que tanto revuelo causarían. Por ejemplo, en cuanto cogió un poco de confianza, contempló a las damas que se habían congregado para oírlo y dijo que se le rompía el corazón al ver que, en Estados Unidos, a diferencia de Europa, todas las mujeres estaban pálidas, anémicas perdidas y eran víctimas de la neuralgia. La culpa, no cabía ninguna duda, era la manía de los centros escolares estadounidenses de «educar niñas como si fueran niños».[44] Parecían mucho más sanas las europeas, argumentaba, con sus mejillas sonrosadas y sus cuerpos generosos, al estilo de los cuadros de Rubens y Murillo. Daba gusto verlas pasear por los parques de sus ciudades.

A juzgar por las numerosas críticas que recibió, puedo imaginar a Lucy Stone y Julia Ward con los ojos abiertos como platos, observando escandalizadas la barbita al estilo Lincoln del doctor Clarke mientras este se iba inflamando como una hidra en sus proclamas misóginas. Merece la pena leer sus propias palabras:

> Ejemplos [de estas mujeres enfermizas] pueden hallarse en todas las etapas de la vida. En los lujosos canapés de Beacon Street; en los palacios de la Quinta Avenida; en las clases de nuestros centros privados, públicos y normales de enseñanza; entre las mujeres graduadas de nuestros *colleges*; detrás de los mostradores de Washington Street y Broadway; en efecto, en nuestras fábricas, talleres y hogares pueden encontrarse innumerables niñas y mujeres pálidas, débiles, neurálgicas, dispépticas, histéricas, víctimas de la amenorrea y la dismenorrea.[45]

Por si estas perspectivas no fueran lo suficientemente angustiosas para las mujeres interesadas en recibir una formación superior, el doctor Clarke se animó también a presentar algunos casos clínicos que conocía, dijo, por su propia experiencia en el ejercicio de su profesión médica. Habló entonces de una estudiante sana que había ingresado con quince años en uno de los seminarios para mujeres del estado de Nueva York, parecido al que había asistido Alice Gulick. Aquella jovencita, se lamentaba el doctor Clarke torciendo el gesto, de tanto estudiar como si fuera un hombre, había acabado poseída por el temido baile de san Vito, un electrizante y patológico movimiento espasmódico en rostro y cara.[46] Una de sus causas evidentes, estaba seguro, habían sido las panzadas de estudio que se pegaba en época de exámenes. ¿Cómo demonios se le ocurría? Habían hecho falta varios viajes por Europa, Egipto y Asia para lograr una mejoría pequeña, ni mucho menos completa. Su incapacidad para tener hijos, ahora que finalmente había entrado en razón y se había casado, concluyó el doctor Clarke muy serio, era otra de las pruebas del efecto pernicioso e irreversible que tantas horas de estudio habían tenido en su frágil constitución femenina.

Nada más lejos de estas historias para no dormir que la experiencia única y transformadora de Alice en Mount Holyoke Seminary, igual que las de la inmensa mayoría de las mujeres que tuvieron la suerte de estudiar en centros como Vassar o Smith. Alice recordaría en numerosas ocasiones que aquellos fueron algunos de los mejores años de su vida. Y es que, si bien en su entrañable hogar había recibido numerosos estímulos, su vida dio un giro cuando, una mañana de otoño de 1863, con apenas dieciséis años, traspasó por primera vez las puertas del Seminary Hall. Situado en South Hadley, un pequeño pueblo del condado de Hampshire, a unos ciento veinte kilómetros de su casita con tejado a dos aguas de Auburndale, Holyoke era el sueño de cualquier joven que buscara esa curiosa combinación de educación cristiana e ideales feministas avanzados.

6

Mount Holyoke Seminary había sido fundado en 1837, tres décadas antes de que Alice estudiara allí, por la educadora Mary Lyon, una auténtica leyenda entre las estudiantes, quienes contemplaban su retrato colgado en el vestíbulo del centro con respeto reverencial, como si fuera el icono centelleante de una santa. Su mirada severa, recordaba Elizabeth Putnam Gordon en la biografía de su hermana, intimidó a Alice el día de su llegada, y aunque no pudo conocerla en persona, pues ya había fallecido cuando ingresó en la institución, el recuerdo de su imagen causó un efecto imborrable en su persona.[47]

Hija de unos modestos granjeros, Mary Lyon había luchado lo indecible por fundar una escuela superior en la que la formación tuviera la misma calidad que la que recibían los varones en Harvard o Yale sin por ello renunciar a los valores cristianos puritanos tan arraigados en la tradición de los peregrinos de Nueva Inglaterra.[48] El movimiento por la educación femenina había comenzado unos años antes, en la década de 1820, con la creación de otros seminarios, como el Bradford Seminary o la Adams Female Academy, pero estos no gozaban de muy buena reputación y se pensaba que el nivel no era demasiado alto.

Una parte esencial de estos valores cristianos era el ya mencionado culto a lo doméstico, la idealización del hogar y la exaltación de la maternidad. Mount Holyoke, pensaba Mary Lyon, no sería solo una institución educativa, un colegio interno frío y anónimo, sino que debía ser un verdadero refugio para

Mary Lyon.

las mujeres del nordeste de Estados Unidos.[49] Una comunidad exclusivamente femenina que, respetando la separación de los sexos en distintas esferas propia de la ideología victoriana de la época, ampliara el universo físico y mental de las mujeres. Que fueran madres abnegadas, razonaba Mary Lyon, no significaba que tuvieran que vivir confinadas en su ignorancia ni tampoco asfixiadas por la estrechez de miras. Aunque su principal objetivo consistía en educar a las jóvenes de clase media como Alice para que, en el hogar, su lugar natural e incuestionable, tuvieran mayor autoridad como guías espirituales de la familia, lo cierto es que muchas de ellas se animaban a estudiar en Holyoke o en otros seminarios para poder ganarse la vida, fundamentalmente como profesoras, sacudiéndose así la ansiedad económica que suponía para las mujeres de la época la perspectiva de quedarse solteronas. Otras optaron por continuar con la tarea que Mary Lyon había iniciado, convirtiéndose en misioneras y «trabajadoras sociales»,[50] una profesión que —como haría Arenal en España— en Estados Unidos inventaría la generación de mujeres con las que Alice estableció profundos lazos de amistad en el ambiente de Holyoke.

Desde que se levantaba hasta que se ponía el sol, Alice dedicaba cada hora de su vida en el seminario al estudio, la oración y el trabajo comunitario. El programa académico era muy ambicioso e incluía lectura, escritura, gramática, matemáticas, composición, aritmética, historia, geografía, francés, latín e historia natural. Por supuesto, también leía la Biblia, su libro de cabecera, pues las rígidas normas de conducta y disciplina la obligaban a dedicarle mucho tiempo a diario. Para no elevar los costes de la matrícula, los trabajos de limpieza y la preparación de la comida se repartían entre las internas. Todas estas actividades, perfectamente organizadas como en un convento, se anunciaban tocando una campanita, lo que enseñaba a las estudiantes a respetar los horarios con puntualidad férrea.[51] Cuando al final del día la campana sonaba por última vez, imagino que Alice se quedaba tendida en su cama, mirando al techo, pensando en la Popcorn Society de Auburndale, agotada pero feliz tras la extenuante jornada. Un sepulcral silencio invadía entonces las austeras habitaciones de Holyoke.

Aunque al principio se había sentido intimidada, pronto asomarían su magnetismo personal y sus dotes de liderazgo, los rasgos de carácter que más recordarían de Alice sus compañeras de clase y que la harían destacar entre las trescientas estudiantes que convivieron con ella en Holyoke. Sus compañeras tampoco olvidarían su tendencia a reírse de casi todo, a menudo en momentos en los que la risa estaba fuera de lugar, y a llevar de una forma alegre y divertida su fuerte inclinación religiosa.[52] Fue en Holyoke donde conoció en persona a Fidelia Fisk, una de las primeras estudiantes de Mary Lyon. Un día, en el Seminary Hall, charló con las nuevas generaciones sobre su vida de misionera en Urmía, en la lejana Persia, al noroeste de lo que hoy es Irán. Según contaba una alumna tiempo después, ella y Alice habían llorado escuchando sus aventuras, embrujadas con el relato de cómo había creado el Fiske Seminary, la primera escuela para niñas en Irán.[53]

La historiadora Lynn D. Gordon señala que este ambiente exclusivamente femenino, que hoy podría parecernos opresivo y sectario, fue de una enorme riqueza para la mayoría de las mujeres que pasaron por las aulas de Holyoke.[54] Es cierto que, a diferencia de las mujeres de las siguientes generaciones, estas jóvenes no desafiaron la separación entre sexos; de hecho, abrazaron la idea de vivir separadas de los hombres con gran entusiasmo y exaltaron modelos de feminidad esencialistas vertebrados por la maternidad y la familia patriarcal. Sin embargo, no es menos cierto que, al mismo tiempo, ampliaron los límites de su esfera desde dentro, creando en aquellos seminarios una cultura femenina potente que luego lograrían expandir más allá de las fronteras de sus hogares. Apenas unas décadas más tarde, Holyoke no solo sería el modelo a partir del cual construiría Alice su Instituto Internacional, sino que también serviría de ejemplo en la creación de los *colleges* para mujeres de Nueva Inglaterra.

Así, las jóvenes que acudieron a estos seminarios no se pusieron enfermas, como temía el doctor Clarke, pero tampoco tuvieron que abrirse paso a codazos en un mundo masculino. A diferencia de las estudiantes de Estados Unidos que asistieron a universidades para hombres entre 1860 y 1890, a menudo ridiculizadas, ignoradas y aisladas,[55] Alice y sus compañeras crearon vínculos de amistad y apoyo, lazos que serían profundos y duraderos. Aprendieron a colaborar, a escucharse y a darse ánimos. A creer las unas en las otras.

Será precisamente a mujeres como ellas a quienes Alice no dudará en llamar muchos años después, en los años noventa. Convertidas en profesoras, escritoras y trabajadoras sociales, serán sus queridas Alice Palmer y Katharine Lee Bates, sus amigas en este ambiente avanzado y feminista, quienes la apoyarán económica y moralmente para fundar su Instituto Internacional.

7

Pasado un tiempo desde mi visita a la Biblioteca Histórica de la Complutense, quise continuar mi peregrinación e ir a conocer la Asociación para la Enseñanza de la Mujer.[56] Como vimos, el rector Fernando de Castro la había creado en 1870, a raíz del éxito que tuvieron las Conferencias Dominicales. Aunque la asociación cerró sus puertas hace mucho tiempo, hoy es la sede de la Fundación Fernando de Castro, que se ocupa de preservar y difundir su legado, así como de conservar sus archivos. Cuando miré en internet dónde se encontraba, vi que estaba al lado del Museo del Romanticismo, en los mismos edificios en los que se instaló en 1893. Antes de salir de casa me aseguré de meter en el bolso un cuaderno de flores, donde quería ir dejando constancia de mis aventuras entre viejos legajos y papeles olvidados.

El director de la fundación me recibió en su despacho para darme la bienvenida, dispuesto a responder todas mis preguntas. Aunque acabara de llegar, ya tenía muchas, sobre todo relacionadas con el edificio, que ha mantenido el mobiliario y la decoración originales. Me contó que se había construido entre 1892 y 1893, cuando las antiguas dependencias de la Asociación para la Enseñanza de la Mujer en la calle de la Bolsa se quedaron pequeñas para albergar las diferentes escuelas femeninas que se habían ido creando progresivamente tras su fundación. Entre ellas destacaban la Escuela de Institutrices, la Escuela de Correos y Telégrafos y la Escuela de Comercio. Era un edificio de estilo ecléctico, aunque el uso del hierro y el cristal evidenciaba la influencia que el racionalismo había tenido en las construcciones vinculadas al krausismo y a la Institución Libre de Enseñanza, fundada en 1876.

El director me acompañó a la biblioteca para presentarme a Juanjo, el archivero, que enseguida me facilitó un inventario con la documentación que tenían y me llevó a una sala aledaña para consultas. En la lista vi que se conservaba un documento con un enorme valor histórico, la Declaración de Libertad de Religión, de 1868, semilla de la promulgación de la libertad de culto que recogería la Constitución de 1869 y que precisamente permitiría a los Gulick viajar como misioneros protestantes a España. Aunque no fueran tan importantes, también había otros muchos papeles que enseguida quise pedir. Por ejemplo, los cuadernos y los herbarios de las alumnas que habían estudiado en las escuelas de la asociación a finales del siglo xix. Entre las alumnas figuraban algunas estudiantes muy célebres, como María Lejárraga o María Goyri. Me divertía la idea de leer alguno de sus exámenes.

Recuerdo que cuando me quedé sola en aquella habitación esperando a que Juanjo trajera los documentos, tuve que pellizcarme varias veces para asegurarme de que no me estaba convirtiendo definitivamente en un personaje de las novelas de Henry James. Las paredes estaban cubiertas de cuadros, numerosos relojes de época y armarios llenos de libros antiguos, muchos de ellos primeras ediciones. En lo alto de una estantería había un busto de escayola con la nariz rota. Un gran retrato de Fernando de Castro reposaba sobre un caballete, como si una de las estudiantes de las clases de pintura lo acabara de terminar unos minutos antes. Me acerqué con curiosidad a un armario blanco con puertas de cristal. Dentro me pareció distinguir unos frascos, de los que se usan en los laboratorios. Comprobé asombrada que en su interior todavía flotaba el esqueleto de un gran insecto. ¿Cuánto tiempo llevaría allí?, me pregunté.

Durante los siguientes meses volví varias veces a la Fundación Fernando de Castro. En cada ocasión, cuando traspasaba el portón de la entrada y enfilaba hacia la biblioteca, tuve la impresión de que, por aquella galería con baldosas blancas y negras, acababa de pasar, camino de clase, un grupo de alegres institutrices o mecanógrafas. Lo mejor de estas visitas era charlar con Juanjo. Siempre me contaba anécdotas interesantes sobre los documentos que dejaba en mis manos, como la lista manuscrita de los oradores que pronunciaron las Conferencias Dominicales o la famosa Declaración de la Libertad de Religión. Me fijé en que el primero en firmarla había sido Gumersindo de Azcárate. «¿Te imaginas? —me dijo Juanjo un día—. Cuando se instalaron en este edificio, en 1893, un señor con traje de época y reloj de oro atravesaría la misma puerta por la que has entrado tú. Bajo el brazo, llevaría un cartapacio lleno de estos legajos».

Entre todos los papeles que me enseñó, algunos me conmovieron especialmente. Por ejemplo, el herbario de una alumna de 1890, atado con un cordón rojo, del que fotografié un ejemplar de flor crucífera, conservado en perfecto estado. O el examen de una jovencísima María Lejárraga, fechado el 6 de junio de 1891, en el que la futura escritora y feminista desarrollaba la lección número 20, dedicada a la organización comercial de Portugal.

No obstante, fue el diario de las clases de primaria superior de 1897, del que se ocupaban las propias alumnas, lo que más me enterneció leer. En una de sus páginas, escrita el jueves 23 de diciembre, una niña llamada América Moreno apuntó que el termómetro marcaba una temperatura de 10 grados y 9 décimas y que, por ser el último día antes de Navidad, habían pedido a la profesora que les dejara terminar de coser una hora antes de lo habitual para poder ir a jugar. «A la una y cuarto empezamos a cantar en la clase de música, hasta las tres y cuarto que nos fuimos a nuestras casas muy contentas»,[57] terminaba América su relato de aquel día de clase, tan cercano como si yo misma hubiera estado allí con ella. Parecía mentira que hubiera transcurrido hacía más de ciento veinte años.

CIUDADES FLOTANTES

8

Volvamos ahora a las dos mariposas que, como en el poema de Emily Dickinson, volaron un día por el firmamento y juntas atravesaron el mar rumbo a Europa. Regresemos a la Navidad de 1871 y a la Alice Gulick de entonces, joven y llena de idealismo, como una de las hermanas March de *Mujercitas*. La habíamos dejado recién casada, a bordo del Siberia, a punto de llegar a España por primera vez, cuatro años después de graduarse en Holyoke.

La decisión de dedicarse a las misiones la había tomado poco tiempo antes, el año anterior, durante una reunión dominical en la iglesia congregacional de Boston. Cuando pasaron el cepillo para recaudar fondos para las misiones, depositó un pequeño papel en el que ofreció su propia persona allí donde pudiera ser más necesaria. «And myself when counted worthy», había escrito con su letra firme y estirada.[58]

Ya sabemos que Alice frecuentaba desde pequeña el ambiente de las misiones y, en el momento de ofrecer su vida, estaba decidida a seguir los pasos de Eliza Walker o Fidelia Fisk. Aun así, necesitaba un compañero con el que emprender el viaje. Unos meses más tarde, en octubre de 1871, William Gulick acudiría a la reunión de la Junta para las Misiones en Salem, Massachusetts, donde aceptaría la misión que le ofrecieron en España. Cuando los miembros de la junta le preguntaron a Alice por qué debía acompañarlo, ella respondió muy segura de sí misma: «Porque es la voluntad de mi Señor».[59]

Alice viajó a España gracias a la financiación del Woman's Board, una división especial de la Junta para las Misiones dedicada a ayudar a jóvenes en el extranjero. Creada en Boston en 1868, solo tres años antes de la partida de Alice, inicialmente se pensó como un departamento auxiliar, pero, con el tiempo, esta división femenina fue ganando autonomía y profesionalización, lo que dio alas al movimiento evangélico protagonizado por mujeres durante el último tercio del siglo xix.[60]

Aunque ante los miembros de la junta había mostrado un gran aplomo, en Auburndale, la noche del 12 de noviembre, apenas un mes antes de casarse y embarcar, en una carta dirigida a su íntima amiga Emily Perrin y hoy conservada en Holyoke, Alice escribía con letra temblorosa:

> Queridísima Emily:
>
> [...] esta noche quiero contarte un gran cambio en mis planes de vida. He decidido ir a España como misionera con el reverendo Gulick [...].
> No puedo contarte las presiones que he tenido que atravesar para tomar la decisión de dar este paso. [...] ¡Reza por mí![61]

Al casarse con William Gulick, Alice pasó a relacionarse con una de las sagas de misioneros más importantes de la historia de Estados Unidos. Peter y Fanny Gulick, los padres de William y fundadores del clan, habían formado parte del tercer grupo de protestantes que llegaron a las volcánicas islas de Hawái en 1827, donde tuvieron ocho hijos.[62] Todos ellos, así como sus numerosos descendientes, continuaron dedicándose a la evangelización en el exterior. Para Alice, en definitiva, emparentar con los Gulick (pronunciado en inglés *Gyew-licks*) era como entrar a formar parte de un equipo de primera división en el mundillo de las misiones.

De hecho, Alice había oído hablar de esta conocida familia desde que era muy pequeña, y uno de los acontecimientos que más recordaba de su infancia la conectaba directamente con ella.

Cuatro hermanos Gulick. William, el marido de Alice, es el que aparece
sentado a la derecha.

Junto con otros diez mil niños, Alice había contribuido con sus
exiguos ahorros a la construcción del Morning Star, un barco que
había servido al matrimonio Gulick y a otros misioneros para
navegar y moverse por las islas del Pacífico.[63] Los promotores de
la construcción del barco los habían convencido de lo importante que era poseer uno para hacerles llegar comida y garantizar el
envío de correo postal en un tiempo razonable. El misionero
Snow, por ejemplo, había tardado dos años en enterarse de que
su madre había muerto. ¿Podían imaginar algo más absurdo?[64]

Cada uno de los niños que, como Alice, habían participado
en aquella campaña que hoy llamaríamos de *crowdfunding* recibió un certificado en el que figuraba una ilustración del Morning Star. Iba firmado por James Gordon, padre de Alice y
secretario de la Junta para las Misiones. Más tarde, Alice aprendió geografía recorriendo con el dedo un mapa de Micronesia
en el que seguía la línea de los trayectos marítimos de aquel
buque, del que se sentía un poco propietaria, por las islas Mar-
shall, Carolinas y Gilbert. Se habría quedado asombrada si hubiese sabido que, algún día, muchos años después, ella misma

Contribución de diez céntimos para el Morning Star.

visitaría Hawái para conocer el lugar donde había nacido su
marido y recaudar fondos para el Instituto Internacional.

Según contaba su hermana, aquel certificado llenaba de orgullo a Alice, que se pasaba las horas mirándolo embelesada,
como si fuera un tesoro. Tanto es así que lo conservó con mimo
durante toda su infancia. Pero ni siquiera ella, que creía con
firmeza en la predestinación divina, habría podido imaginar que
en aquel diploma con un barquito de vela blanca en el centro
estaba escrito su propio destino.[65]

9

En 1871, el viaje entre Estados Unidos y Europa era razona-
blemente agradable, sobre todo si lo comparamos con las incomodidades que suponía adentrarse en los océanos cuando Peter
y Fanny Gulick viajaron a las islas Hawái en 1827, medio siglo
antes.[66] De hecho, por mucho que Alice y William Gulick nos
parezcan unos osados pioneros cuando los imaginamos en medio de las aguas del Atlántico, su aventura era casi un juego de
niños mimados al lado de la travesía de los padres de William,
que tardaron nada menos que cinco meses en llegar a Honolulu.
En aquella otra ocasión, su travesía y la de los treinta y nueve
pasajeros que zarparon con ellos a bordo del Parthian sí que fue
una odisea, en la que no me resisto a detenerme.

Cuando Peter y Fanny Gulick llegaron al puerto de Boston
el 3 de noviembre de 1827, los estaba esperando un nutrido
grupo de admiradores liderados por los célebres abolicionistas

John Tappan y Theodore Dwight, quienes querían ver a la veintena de personas, entre ellas cuatro jóvenes matrimonios, que la Junta para las Misiones enviaba a las islas del Pacífico. Aquel día, en el muelle, el broche emotivo lo puso Lyman Beecher,[67] el predicador más famoso del momento y padre de trece hijos, entre ellos Harriet Beecher Stowe, quien por aquel entonces no era más que una adolescente, y su hermana Catharine Beecher, la defensora de la educación femenina, ya enredada en la fundación de seminarios para mujeres.

Pero la euforia inyectada en el muelle a los jóvenes misioneros por el exaltado sermón de Lyman Beecher duró poco. Antes de que el capitán Richard Blinn diera orden de levar ancla, los pasajeros del Parthian ya se habían mareado, como podemos leer en las notas que escribieron en sus diarios. Aquellos jóvenes inexpertos lanzados a la aventura de «cristianizar el mundo»

Peter y Fanny Gulick.

iban apiñados en el poco espacio que dejaban libre los infinitos fardos, bolsas y mercancías que transportaban en el pequeño buque, entre los que destacaban unos aparatosos troncos de madera para la construcción de las casas de la misión en Hawái y una imprenta, aliada fundamental de su labor evangélica. Durante los primeros días, con un impresionante vendaval pegando de frente, apenas pudieron levantarse de las literas de los minúsculos camarotes sin ventilación que compartían; cuando por fin lograron hacerlo, el capitán Blinn, un «lobo de mar áspero y blasfemo», en palabras de Peter Gulick,[68] les hizo saber de mala manera que no tenía órdenes, ni intención alguna, de compartir su mesa con ellos ni tampoco de cocinar y servirles la comida. Solo les suministraría agua.

Así que, durante los 148 días que pasaron hacinados a bordo, aquellos misioneros tuvieron que apañárselas como pudieron para cocinar ellos mismos las provisiones que llevaban encima, por otro lado muy abundantes, continuamente bamboleados por los tremendos temporales que atravesaron. O, mejor dicho, tuvieron que apañárselas *ellas* mismas, pues, después de pasar varios días en medio de una alocada anarquía alimenticia,[69] los misioneros organizaron un cónclave en cubierta y, tras una larga reflexión con sus barbas y cabellos al viento, decidieron que serían las mujeres quienes se ocuparían de cocinar. Llegaron a esa conclusión tras reconocer con turbación que a la hora del almuerzo se habían comportado como verdaderos salvajes y no como portadores de la civilización occidental. ¿Cómo habían podido degradarse de ese modo?, se debieron de preguntar avergonzados, toqueteando los lacitos negros de sus corbatas mientras se miraban los unos a los otros por el rabillo del ojo. Habían comido como si fueran animales, se lamentaron, metiendo directamente las manos en el plato. De hecho, la expresión exacta que utilizó el médico Gerrit Parmele Judd en su diario para describir la forma en que se habían conducido fue «como si fueran cerdos».[70] Al parecer, hasta tres personas utilizaron el mismo cuchillo que el «miserable capitán Blinn» accedió a darles después de numerosas súplicas.

De modo que resolvieron firmemente cambiar de actitud: los hombres se encargarían, por turnos, de guiar las oraciones, resguardados en el camarote si hacía mal tiempo, mientras sus esposas se ocupaban de la limpieza y alimentaban un día tras otro a veinte personas. Los hawaianos que viajaban con ellos para trabajar en la misión podrían echarles una mano, les dijeron. Esta división del trabajo sin duda resulta muy poco piadosa, sobre todo si tenemos en cuenta que algunas de estas mujeres, como Fanny Gulick, tardaron poco tiempo en mostrar los signos de una incipiente barriguita bajo sus rígidos vestidos puritanos. Además, tampoco parece que los varones tuvieran mucho éxito en sus tareas evangélicas, pues, según quedó constancia en sus diarios, en cuanto Peter Gulick o uno de sus compañeros abrían la Biblia con intención de sermonear a los miembros de la tripulación, ellos miraban hacia otro lado haciéndose los locos. El más hostil de todos era el capitán Blinn. Peter Gulick recordaba que huía de él y de sus sentidos discursos «como de la peste».[71]

Menos mal que las condiciones marítimas mejoraron cuando rodearon el Cabo de Hornos y se adentraron, bajo un sol radiante, en las tranquilas aguas del Pacífico.[72] Sin embargo, los misioneros pronto empezaron a sentirse mortalmente aburridos, encerrados la mayor parte del día en el pequeño camarote compartido, siempre con la sensación de estar unos encima de otros. Acordaron no hablar en absoluto durante ciertos periodos del día, aunque, tal como constatan las notas que tomaron, fue necesario dispensar en algunos momentos a las mujeres, incapaces de cumplir aquella norma.[73] También decidieron dedicar media hora diaria a reunirse para cantar bajo la dirección del reverendo Andrews, uno de los misioneros, quien había sido profesor de música en Estados Unidos. En cuanto juntaban sus cabecitas y empezaban a entonar himnos religiosos como «O land, O land», el capitán Blinn y algunos de los miembros de la tripulación aprovechaban para cantar a voz en grito las canciones más soeces, libertinas y blasfemas que conocían.[74]

El domingo 30 de marzo de 1828, el Parthian atracó finalmente en Honolulu. Ante la sorpresa del capitán Blinn y del resto de la tripulación, los misioneros no descendieron de inmediato a tierra. Era domingo y había que respetarlo. A pesar de las incomodidades que habían sufrido, esperaron con paciencia hasta el día siguiente. La mayoría de los integrantes del grupo permanecería en Hawái el resto de su vida. Peter y Fanny Gulick fundarían allí su dinastía misionera, en la que Alice se integraría al casarse con William Gulick días antes de embarcarse rumbo a España.

En todo caso, su viaje medio siglo más tarde a bordo del *Siberia*, un barco tan seguro, cómodo y veloz como todos los de la Cunard Line, fue sin duda muy distinto al de sus padres políticos.

10

La historia de la Cunard Line, creada en 1838, se desarrolló en paralelo a la de las comunicaciones postales.[75] Su fundador, Samuel Cunard, agente de la Compañía Británica de las Indias Orientales, firmó sus primeros contratos comerciales con el Gobierno británico para ocuparse del traslado del correo de su majestad en barcos de vapor entre el Reino Unido y América; hasta entonces, las cartas viajaban en lentos buques de vela dentro de unas cajas que recibían el nombre de «ataúdes», y su llegada dependía de las poco predecibles tormentas. Para gran desesperación de quienes las esperaban al otro lado del océano, oteando el horizonte desde los fondeaderos de Nueva York o Boston, las noticias urgentes tardaban enormemente en llegar. En aquella época, el misionero Snow de Micronesia no fue el único en angustiarse esperando una carta.

Aunque hacía casi dos décadas que los barcos propulsados por la máquina de vapor habían cruzado el Atlántico desde distintos puertos europeos, la posibilidad de desarrollar líneas regulares entre ambos continentes no se abrió paso en el esquema mental de hombres con la visión comercial de Samuel Cunard hasta los años cuarenta. «Correctamente construido y tripulado

—decía a menudo—, el vapor podrá salir y llegar a su destino con la misma puntualidad que el ferrocarril».[76] La tecnología del vapor, muy superior a la de la vela, permitía completar el viaje en un tiempo mucho más reducido, por no hablar de que los horarios estimados de llegada, esenciales en el transporte de correo, eran mucho más previsibles.

El primer barco que botó la Cunard Line con el fin de transportar el correo fue el RMS Britannia, un vapor construido en 1840 que medía 63 metros de largo, con capacidad de cargo de 225 toneladas y 115 camarotes para pasajeros. Zarpó de Liverpool con 63 pasajeros el 4 de julio, el día de la gran fiesta estadounidense y cumpleaños de Samuel Cunard, quien pensó que no podía haber mejor augurio para el lanzamiento de su empresa. Y no se equivocaba. A una velocidad de ocho nudos y medio por hora, el Britannia llegó al puerto de Boston catorce días y ocho horas más tarde, batiendo así todos los récords del momento.[77] Alice Gulick solo tenía siete años por aquel entonces, pero es posible que a sus oídos llegase la explosión de entusiasmo con la que los bostonianos aplaudieron las posibilidades que abría semejante éxito de la navegación. Como escribió un periodista unos años después en *The Times*, parecía que, con el transatlántico, Inglaterra le tendiese una mano a América para situarla en el lugar que le correspondía en la comunidad de las naciones.[78] Los habitantes de Boston lo celebraron con un sonado banquete al aire libre, y cuenta la leyenda que, en las siguientes veinticuatro horas, el señor Samuel Cunard, que había viajado en el vapor con su hija Ann y llegó exultante por el logro, recibió mil ochocientas invitaciones para cenar.

Con los años, la Cunard Line fue ampliando su flota y, además del correo, se ocupó de transportar todo tipo de mercancías, como máquinas de hierro, productos textiles, bebidas, sedas francesas y codiciados artículos de París. Pronto se convirtió también en la favorita de los pasajeros para sus viajes transatlánticos, pues Samuel Cunard presumía de extremar las medidas de seguridad. «La velocidad no es nada. Llevadlo a salvo, traedlo a salvo. La seguridad es lo más importante», repetía.[79] Su exceso de prudencia, sin embargo, no le impidió hacerse en numerosas ocasiones con la ansiada Blue Riband, el distintivo azul concedido al transatlántico más veloz, ni tampoco evitó que algunos de sus buques, como el Oregon o el Malta, se hundieran en medio de las aguas.[80]

En la época en que los Gulick la escogieron para su viaje a Europa, tres décadas después de su fundación, la Cunard poseía veintidós buques y realizaba anualmente ciento veintitrés viajes de ida y vuelta en la línea Liverpool-Boston. En 1874, su abultada flota transportó por el océano Atlántico nada menos que 59.000 pasajeros, cifra semejante a la de toda la población de la isla de Jersey, un número bastante impresionante que ascendía al doble si se contaba a los miembros de las tripulaciones.[81] Según las estimaciones de la Cunard, el 80 por ciento de los pasajeros eran americanos que visitaban Europa o regresaban a casa, y el 20 por ciento restante estaba compuesto por europeos que iban o volvían de América.[82] Pero todo parecía anunciar que esta desproporción se corregiría en poco tiempo, pues cada día iba en aumento el interés de los europeos por el gran continente americano.

El largo viaje Boston-Liverpool se desarrollaba en tres etapas. Los primeros días se navegaba por la costa norteamericana, desde Massachusetts hasta Nueva Escocia. Al llegar a la isla de Terranova y alcanzar el paralelo 50, el barco comenzaba a cruzar el Atlántico de verdad. Empezaba entonces la segunda parte de la travesía, en mar abierto, sin tierra a la vista. Cuando divisaban la señal luminosa del faro Fastnet, en el sur de Irlanda, los pasajeros respiraban por fin aliviados, pues su parpadeo evidenciaba que ya solo quedaba continuar por el canal de San Jorge hasta llegar al puerto de Liverpool.[83]

Además de por su fama de compañía fiable, la Cunard Line destacaba también por su sofisticada oferta de servicios a bordo. Alice y William eran dos austeros puritanos de Nueva Inglaterra que simpatizaban con el movimiento contra el consumo de bebidas alcohólicas, así que es difícil imaginarlos llevando una vida disipada en el Siberia, aunque sin duda habrían podido celebrar su luna de miel por todo lo alto si hubieran querido. A diferencia de sus padres, que se sonrojaban al recordar que habían comido con las manos en el Parthian, en el elegante *saloon* del transatlántico de la Cunard, los pasajeros de las clases superiores podían desayunar salmón ahumado, comer pato o una cabeza de cabrito y degustar en compañía de los otros comensales una deliciosa *apple pie*.[84] El *champagne* y el vino de primera calidad eran bebidas habituales para quien pudiera permitírselas.

Si deseaban matar el aburrimiento, este sí parecido al de sus padres, los caballeros como William Gulick o su hermano Luther Halsey iban a fumar y tomar café en la *smoking-room*, adornada con distinguidos tapices. También se podía jugar a las cartas, leer libros en el gabinete para las damas, escuchar música y asistir a los servicios religiosos, cuya lectura estaba a cargo del comandante. Cuando el tiempo era favorable, los pasajeros se entretenían con juegos al aire libre en la cubierta o descansaban tranquilamente en una hamaca si el ruido de las máquinas y las hélices lo permitía. Es posible que a Alice le gustara observar a otros viajeros, como parece indicar un pequeño boceto de dos personas mirando el mar desde la cubierta que realizó en la esquina de una hoja de papel y que, asombrosamente, ha sobrevivido en los archivos de Holyoke.

El escritor y periodista George Augustus Sala, quien realizaba a menudo la travesía continental en la época de los Gulick, solía decir que, por el mero hecho de convertirse en pasajero de la Cunard, uno quedaba alegremente liberado de la gran mayoría de las tediosas responsabilidades de la vida diaria. En un divertido texto publicado en la guía oficial de la compañía en 1878, afirmaba que lo único que debían temer quienes, como Alice y William, subían a bordo de un *cunarder* era resbalar en la cubierta o tropezarse estúpidamente al descender por la empinada escalera del buque al llegar a tierra firme.[85] Del resto, aseguraba, se ocuparían el capitán, sus oficiales, el cocinero y los camareros. A diferencia del viejo e intratable capitán Blinn, estos cuidarían de los viajeros como si fueran impedidos en un hospital flotante. En clara oposición a los promotores del Morning Star, opinaba que lo mejor de la travesía era el enorme

Dibujo de dos pasajeros en la cubierta de un transatlántico.

descanso que suponía no tener que leer los periódicos ni poder enviar o recibir cartas.[86] Sus comentarios sobre el gran alivio de estar unos días en alta mar sin enterarse de absolutamente nada nos recuerdan a nuestra sensación de agradable liberación, hoy, cuando nos vemos obligados a activar el «modo avión» al menos durante unas cuantas horas.

En todo caso, para compensar la interrupción de las comunicaciones, intolerable según el parecer de algunos viajeros decimonónicos, la Cunard Line se enorgullecía de poner a disposición de sus impacientes pasajeros una pequeña oficina de telégrafos a bordo bien provista de formularios para escribir telegramas en cualquier momento. Estos mensajes eran apresuradamente expedidos a una de las cinco mil oficinas postales del

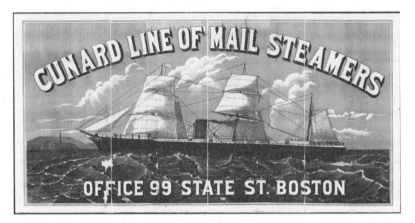

Publicidad de la Cunard Line.

Reino Unido por los diligentes miembros de la tripulación en cuanto el buque tocaba el primer puerto.[87] Como escribió Henry James en *Los papeles de Aspern*, durante la segunda mitad del siglo XIX, «la era de los periódicos, de los telegramas, de las fotografías y de las entrevistas»,[88] era prácticamente imposible desvanecerse del todo. Ni siquiera a bordo de un transatlántico.

Al llegar a Londres, la Cunard desaconsejaba a sus clientes que se precipitasen de forma irresponsable a las calles de la ciudad en el estado de bochornosa ignorancia en el que llegaban del viaje; se invitaba a los pasajeros a detenerse, siquiera brevemente, en su salón para fumadores, situado en sus oficinas del número 28 de West End, en el Pall Mall, donde encontrarían una selección de los principales periódicos y revistas británicos, americanos y continentales.[89] Hoy diríamos que allí, sentados confortablemente, los trotamundos «actualizaban las noticias» para ponerse al día de lo sucedido durante el paréntesis transatlántico antes de lanzarse a los brazos de la gran metrópoli.

Aunque las diferencias entre su viaje y el de los padres de William a Honolulu fueron numerosas, existió un punto en común entre ellos, además del aburrimiento. Alice descubrió en aquella primera travesía que se mareaba muchísimo con el movimiento de las olas. Como lamentaba el escritor George Augustus Sala, poco importaba si era su primer viaje o había cruzado el Atlántico cientos de veces, pues en realidad uno nunca sabía cuándo iba a marearse. El único consejo que él podía dar a viajeros como Alice era el de que trataran de no pensar en la posibilidad misma del mareo. ¿Por qué los bebés rara vez se mareaban?, se preguntaba en el texto publicado en la guía de la Cunard.[90] Por la sencilla razón de que no pensaban en ello. Por eso él desaconsejaba firmemente darle demasiada importancia a la cuestión. Le parecía contraproducente recurrir a la hipnosis, el consumo de pastillas o, para asombro de quienes hoy leemos su texto, el cannabis; su único efecto, aseguraba como si fuera un gran experto, era un terrible letargo que dejaba luego un dolor insoportable de cabeza. Aunque parece dudoso que Alice empleara alguno de estos remedios, lo que sabemos con seguridad es que, de haberlos usado, no tuvieron ningún efecto.

Como la mayoría de sus contemporáneos, Julio Verne también quedó extasiado ante los transatlánticos, criaturas marinas forjadas por la tecnología humana que parecían emerger de las profundidades de su fantástico universo literario. El mismo año en que Alice y William Gulick llegaron a España a bordo del Siberia, el autor francés publicó *Una ciudad flotante*, novela de aventuras que transcurre durante un viaje entre Liverpool y Nueva York a bordo del gigantesco vapor Great Eastern, que existió realmente. Era cinco veces más grande que cualquier otro buque que se hubiera construido hasta entonces, con seis palos y capacidad para cuatro mil pasajeros.[91] «Es más que un barco —leemos en las primeras páginas—, es una ciudad flotante, un pedazo de condado desprendido del suelo inglés y que, después de haber atravesado el mar, debía soldarse al continente americano».[92] La mera visión de estas «obras maestras de la arquitectura naval»[93] hacía que Verne se las imaginase arrastradas sobre las olas, luchando contra el viento, estables e indiferentes en medio del elemento que las sacudía. Pero aquellos colosos oceánicos no solo eran para el visionario escritor unas grandiosas máquinas náuticas, sino también, paradójicamente, auténticos microscopios que llevaban todo un mundo con ellos. A pequeña escala, bajo su lente de aumento, en el Great Eastern imaginado por Verne, o en el Siberia a bordo del cual llegaron a Liverpool los Gulick, se desplegaba un vasto teatro ambulante en el que podían encontrarse «todos los instintos, todas las pasiones y todo el ridículo de los hombres».[94]

11

Desde pequeña, siempre me han encantado los barcos. Cada año tenía la suerte de viajar en uno toda una noche, cuando íbamos a Menorca en vacaciones. A comienzos de los ochenta, la isla era un paraíso menos conocido que hoy, con sus calas vírgenes y desiertas bañadas por un mar transparente. Veranear allí, cuando el avión no era tan habitual, poseía la magia añadida del largo trayecto necesario para llegar desde Madrid, primero por carretera y luego por mar. A finales de julio, mis padres llenaban el coche hasta los topes con maletas y cubos para la playa, y poníamos rumbo a Barcelona para coger un barco de la compañía Transmediterránea.

Solo había una cosa que me hipnotizaba más que llegar al puerto, bajar la ventanilla y divisar el Ciudad de Palma, que yo veía tan enorme como un transatlántico, esperándonos en el muelle: observar a los pasajeros mientras subían a bordo, en medio de un gran barullo, con sombreros de paja y camisetas de colores. Me quedaba hechizada oyendo las conversaciones, que entendía a medias, y enseguida empezaba a imaginar historias, hilando las frases y los gestos de aquellos desconocidos, que me parecían personajes de una novela de misterio.

Como hacía Alice en el Siberia, mis ojos infantiles seguían escudriñando a los pasajeros cuando se instalaban en la cubierta, solos o en pequeños grupos, concentrada en aquel teatro ambulante, como escribe Verne, en el que cualquier detalle, incluido el mobiliario náutico, me llamaba poderosamente la atención. Aún me acuerdo de las pequeñas mesas, redondas y bajas, que había en el salón de pasajeros, en las que mi madre colocaba la cena. Me maravillaba el borde dorado tan alto que tenían, como si fueran el decorado de una película en la que se hubieran alterado las proporciones. Eran así, me explicó una vez al ver mi cara extrañada, para evitar que cayeran al suelo los ceniceros o los platos en el caso de que el barco fuera vapuleado bruscamente por el oleaje. También recuerdo que se organizaba un ruidoso bingo entre los pasajeros y que mi padre me avisaba de que estábamos en alta mar porque dejábamos de ver gaviotas. Pero ninguna emoción era comparable a la del momento en que apagábamos las luces del diminuto camarote, con mis padres jóvenes en las literas superiores, prácticamente pegados al techo, y mi hermano y yo en las de abajo, sintiéndonos más protegidos que nunca bajo las sábanas. Aunque el corto trayecto por el Mediterráneo distara mucho de las aventuras marítimas del siglo XIX, para mí conserva lo esencial de su espíritu. Cada año me enseñaba que la travesía podía ser tan interesante como el destino al que nos dirigíamos, o incluso más.

Desde luego, la pasión por los barcos me venía de familia. La primera viajera fue mi bisabuela paterna, Hilaria, quien en 1912 se embarcó en Barcelona rumbo a Buenos Aires, buscando una vida mejor a la que le ofrecía la España rural de aquel entonces. Se había casado por poderes unos días antes, pues mi bisabuelo había partido a Argentina hacía tiempo, acompañado de su hermano gemelo, con el fin de ir abriéndose camino; así que Hilaria no solo llegó al altar sin su marido presente, sino que también atravesó el océano sola, un hecho que me sigue impresionando cada vez que lo pienso. Viajó en tercera clase apenas unos meses antes de que naufragara el Titanic, una época dorada para los transatlánticos a pesar de la tragedia, con los buques de cuatro chimeneas rompiendo las olas con miles de pasajeros a bordo. «Yo he cruzado el ancho», cuenta mi padre que decía su abuela cuando rememoraba semejante hazaña en su pueblo de Burgos, con sus primas y vecinas escuchando boquiabiertas, sentadas bajo un almendro. Con todo, a mis bisabuelos no debió de irles demasiado bien en Buenos Aires, pues regresaron al cabo de pocos años sin haber hecho fortuna, y nunca más se les volvió a ocurrir lanzarse en otra aventura como aquella.

Así que, en realidad, fue mi abuelo, su hijo, el verdadero trotamundos de la familia. En Madrid, cerca de su trabajo, había una agencia de viajes. Un día, a finales de los años sesenta, al pasar por delante del escaparate quedó deslumbrado por la publicidad de un transatlántico. En aquella época, la navegación aérea estaba desplazando la marítima, y los grandes colosos, que habían dejado de ser rentables como barcos de pasajeros, buscaban reinventarse como cruceros turísticos. Durante la siguiente década llegarían a ofrecer un sinfín de lujos y entretenimientos que habrían hecho enmudecer a los Gulick, como piscinas, teatros, casinos para jugar a la ruleta, clases de golf y multitud de restaurantes.[95]

Mi abuelo se prometió a sí mismo ahorrar lo suficiente para, algún día, poder dar la vuelta al mundo en uno de aquellos hoteles sobre el agua. Era un hombre hecho a sí mismo, que aprendió idiomas por correspondencia, y siempre lograba lo que se proponía. Cuando se jubiló no dudó a qué dedicar el tiempo que le quedaba. El mismo día que recogió el escritorio de su despacho —papeles, una lupa y unas gafas— se sentó en su sillón de cuero negro con los pasajes en la mano. Una semana más tarde, tras hacer noche en el hotel Astoria de San Remo, se embarcaba con mi abuela en el Danae, fondeado en el puerto de Génova. Había sido diseñado como carguero por el astillero Harland & Wolff, el mismo que construyó el Titanic, antes de convertirse en un crucero. Juntos, mis abuelos recorrieron los cinco continentes.

Todos sus hijos y sus nietos heredamos su pasión viajera. «Estoy buscando a alguien para hacer el Transmongoliano», fue una de las primeras cosas que le dije en Madrid a un chico que me gustaba, pocos meses después de habernos conocido en Nueva York. Mientras medía el impacto que causaban mis palabras, añadí: «Es el tren que va de Moscú a Pekín, parando en Siberia y en Ulán Bator». Aquella aventura de más de siete mil kilómetros acabaría siendo nuestra luna de miel, tan excéntrica como la de los Gulick, en la que sobrevivimos a base de unas sopas de miso que hacíamos con el agua caliente de un samovar que había al final del pasillo del vagón. Aquellos días, mirando por la ventanilla la estepa infinita, pude confirmar que el trayecto es el verdadero destino.

Supimos que mi abuelo estaba perdiendo la cabeza precisamente durante un viaje. Fue en el año 2003, en el aeropuerto de Málaga, donde había llegado tras un crucero a Casablanca. «Enseña los pasaportes», le dijo a mi abuela al cruzar el control. Ella lo miró sorprendida. «¿Los pasaportes? —le preguntó—. Pero ¡si no hacen falta!». Él insistió, farfullando algo sobre Londres. No sabía dónde estaba.

Mi abuela lo sobrevivió dos décadas, durante las que continuó viajando a menudo. Unos días después de que ella muriera fui a su casa. La estaban vaciando mi padre y sus hermanas. Mi abuela paterna era extremadamente ordenada y tiraba todo lo que podía. Era muy cariñosa, pero confiaba más en el teléfono que en las cartas para comunicarse, y su única concesión a la acumulación y a la nostalgia era rodearse de montones de fotografías. De hecho, el día que empezaron a organizar sus cosas, en el trastero de la casa en la que había vivido más de cuarenta años, mis tías solo encontraron unos rollos de papel de cocina y un cartón de leche. En su armario, los trajes estaban colgados por colores, y en los cajones de la cómoda había guardado los objetos por categorías: carteras, mecheros, bolígrafos. De modo que no me costó dar con ellos. Me llevé su colección de pasaportes, llenos de bonitos sellos. También la etiqueta para el equipaje con su nombre escrito a mano. Había dado la vuelta al mundo con ella.

12

El 31 de diciembre de 1871, a las nueve en punto de la mañana, los Gulick al fin entraron en Liverpool. Tras desembarcar del Siberia fueron directamente al hotel Washington, un alojamiento confortable en el que disfrutaron de lo que les parecieron grandes comodidades después de tantos días en alta mar. Por la tarde aprovecharon para pasear a orillas del río Mersey, admirados por los nobles edificios de la ciudad, y a la mañana siguiente acudieron a escuchar los servicios religiosos en una iglesia baptista.[96] Tras pasar unos días con Luther Halsey y su familia en Birmingham, Oxford y Warwick, donde visitaron el castillo medieval, llegaron a Stratford-upon-Avon, la famosa ciudad natal de Shakespeare, y allí se decantaron por un pequeño hotel bautizado en su honor. En estas ciudades recibieron consejo de otros evangélicos protestantes, quienes conformaban un grupo supranacional que se prestaba ayuda mutua en el extranjero.[97]

Como le escribió el reverendo Gulick a su hermana Julie en una preciosa carta desde Stratford, fue en un agradable saloncito de aquel Shakespeare Hotel, iluminado por el fuego de la chimenea, donde, por fin, los recién casados pudieron sentarse a solas por primera vez desde el día de la boda. «Nos sentimos como en casa —escribió—, leyendo y charlando tranquilos».[98] Unos días más tarde cruzaron el Canal de la Mancha, viajando nuevamente en barco desde Southampton hasta Francia. Durante el trayecto en tren hasta París fueron mirando por la ventanilla, con su guía de viajes en las manos, tratando de identificar los lugares por los que iban pasando.[99]

En París escogieron el hotel Chatham, muy céntrico, situado en las inmediaciones de la place Vendôme y del boulevard des Capucins. A comienzos de 1872, la capital francesa acababa de atravesar el gran proceso de remodelación urbanística, que duró décadas, dirigido por Haussmann durante el Segundo Imperio. El nuevo diseño arquitectónico de París, con sus bulevares, tiendas y jardines, los admiró. Con los ojos muy abiertos, pues era su primer viaje al continente, pasearon por la avenida de los Campos Elíseos, visitaron el jardín de las Tullerías y recorrieron el Louvre. Al imaginarlos curioseando por las galerías del museo, deteniéndose ante los cuadros de iconografía religiosa, me resulta imposible no acordarme de Christopher Newman, el protagonista de *El americano*, la novela de Henry James ambientada en París. Aunque se publicó en 1877, la acción transcurre unos años antes, en 1868, una fecha muy cercana al viaje de nuestros misioneros. En las primeras páginas vemos a Newman en el Louvre, admirando la Inmaculada Concepción de Murillo, conocida como la *Madonna de la luna*, recostado en un gran diván circular con su guía Baedeker, como podrían perfectamente haber hecho William y Alice.

Aun así, según le confesó también William a su hermana en la carta, por mucho que París les pareciera una ciudad maravillosa, elegante y moderna, el deseo de llegar a España para comenzar su trabajo les apremiaba en todo momento. A finales del mes de enero cruzaron la frontera. Antes de elegir la ciudad en la que fundarían su hogar y la misión, Alice y William emprendieron un largo viaje para conocer mejor su país de adopción. Visitaron Madrid, Valladolid, Ávila, Zaragoza, Tarragona, Barcelona, Valencia y Alicante, así como Andalucía, donde recorrieron Málaga, Sevilla, Córdoba, Granada y Jerez de la Frontera. Desde todos estos lugares enviaron cartas a su familia y amigos, lo que nos permite conocer con todo detalle

HOTEL CHATHAM,

HOLZSCHUCH, Proprietor.

PLACE VENDÔME.   **67 Rue Nve. St. Augustin,**   BOULEVARD

RUE DE LA PAIX.   **PARIS.**   DES CAPUCINES.

los primeros pasos que dieron a su llegada. Gracias a que William hablaba español, pues lo había aprendido durante su trabajo misionero previo en América Latina, lograron hacerse entender en los lugares por los que fueron pasando. Sin duda era tranquilizador, pues, como escribió Alice a sus padres desde Barcelona en el mes de mayo de 1872, pronto tendría que emplear la lengua española en sus sermones.[100]

Aunque les gustó mucho la ciudad de Bilbao, comercial y floreciente, los Gulick la descartaron para asentarse. La tercera guerra carlista, que tuvo lugar entre 1872 y 1876, volvía la idea descabellada, pues el ejército de los partidarios de Carlos bloqueaba las comunicaciones. Como se desprende de su correspondencia, en la que hacen menciones constantes al conflicto, todo habrían sido dificultades. Finalmente escogieron Santander, la ciudad marítima de playas elegantes que por aquel entonces estaba convirtiéndose en uno de los destinos turísticos preferidos de la corte. La costa cantábrica les pareció de lo más pintoresca, con olas rompiendo en los acantilados y el cielo tan cambiante, mudando del gris al azul en apenas unos minutos.[101] En una hermosa carta, Alice recordaría la impresión que le causó la ciudad cuando llegaron a comienzos de agosto bajo la lluvia:

> Recuerdo muy bien la noche de 1872 cuando llegamos a la estación de tren de Santander. La lluvia caía en un flujo constante y el estado de los caminos evidenciaba que no se trataba de una mera llovizna. La noche era oscura; tan oscura que las luces parpadeantes de las casas de la ladera parecían estrellas en lugar del destello de las velas.[102]

Sin embargo, lejos de haber llegado a su destino, la aventura de Alice, nuestra primera americana, no había hecho más que empezar.

II

ENCUENTROS

DOÑA ALICIA

1

34, muelle de Calderón
Santander, España
3 de octubre de 1872

Mi querida Emily:

¡Qué encantadora has sido escribiéndome una carta de cumpleaños! No te puedes imaginar cuánto la he disfrutado [...] como yo, tú también te encuentras a veces lejos de los amigos y de nuestra costumbre de celebrar los cumpleaños. [...]

Por el encabezamiento de mi carta puedes ver que, por fin, estamos instalados en nuestro hogar. Santander está situada en la costa norte de España, en la bahía de Vizcaya; tierra adentro se abre otra bahía, llamada la bahía de Santander. A lo largo de su costa se encuentra construida la vieja ciudad, con sus calles estrechas y sus edificios densamente poblados.

Nuestra casa se levanta sobre el malecón o «muelle», así que, desde las ventanas, podemos ver los buques de vapor y todo tipo de embarcaciones yendo y viniendo. En el otro lado de la bahía hay montañas, colinas y valles con pueblecitos. Forman una hermosa vista, especialmente durante el atardecer...[1]

El 3 de octubre de 1872, nueve meses después de su llegada a España, Alice por fin tuvo unos minutos para sentarse a escribir esta carta. Su amiga Emily Perrin le había enviado una felicitación en el mes de agosto, pero ella, muy atareada con la instalación en el nuevo país, no había podido responder todavía. La caligrafía de Alice en esta misiva es pulcra y de fácil lectura, lo que revela que seguramente se encontraba mucho más tranquila que un año antes, cuando le confesó por escrito a su amiga los temores que la atormentaban sobre el matrimonio y la vida de misionera con el reverendo Gulick. Su extensión, cuatro largas páginas, también evidencia que Alice se tomó su tiempo para escribirla serenamente, disfrutando con el relato de los pormenores de sus peripecias de recién casada.

No me resulta difícil imaginarla. Una joven americana de veinticinco años, sentada frente a un pequeño escritorio de madera, junto a una ventana desde la que podía contemplarse la bahía de Santander. Como cuenta ella misma, la casa, un edificio de cuatro plantas, estaba ubicada en el número 34 del muelle de Calderón, con vistas al puerto. Inclinada sobre el papel, Alice podía levantar la mirada de vez en cuando para perderse momentáneamente en la visión del océano, aquella inmensidad azulada y centelleante que la separaba de los suyos, salpicada aquí y allá por las velas blancas de las embarcaciones. Y también escucharía de vez en cuando, a lo lejos, el rumor de los buques de vapor o el graznido de una gaviota. El olor fresco y húmedo del mar Cantábrico, tan típico de Santander, se colaría por la ventana entreabierta mientras le escribía a su amiga:

> Es posible que quieras que te cuente brevemente cómo es «nuestro hogar». Así, con el pensamiento, podrás venir a visitarme de vez en cuando.
>
> Aquí las casas están construidas al estilo francés. […] En cada planta […] hay una familia. Nosotros estamos en el cuarto piso […], en la «izquierda». Es llamativo que en la primera planta viva un español, en la segunda, un inquilino francés y en la tercera, uno inglés […]. Nosotros representamos a los nativos americanos, en

la cuarta. Casi toda la casa tiene orientación sur, así que nos da el sol a raudales. Está limpia y libre de chinches, abundantes en la ciudad. La casa tiene un *parlor* y un cuarto de estar [...] aún sin amueblar. A un lado se encuentra el estudio y tres dormitorios, y al final, el comedor y la cocina; el cuarto de servicio, el de la plancha y un gran armario para la ropa están separados del hall, que se prolonga desde el *parlor* hacia la cocina y el comedor.

No tenemos alfombras ni cortinas, solamente algunos muebles autóctonos corrientes. Pero creo que cuando coloquemos nuestros bonitos libros, los cuadros y los regalos de nuestros amigos iluminarán nuestro pequeño hogar y lo harán muy confortable [...].[2]

A pesar del optimismo que Alice quiso imprimir a sus palabras, los comienzos en Santander no fueron nada fáciles. El primer alojamiento que encontraron, una posada llamada Fonda del Comercio, resultaba demasiado caro para lo modesto que era.[3] El clima lluvioso y húmedo, muy distinto al que disfrutaron en Andalucía durante el largo viaje que emprendieron a su llegada, pronto hizo mella en la salud de ambos, y los esfuerzos desmesurados que requería poner en marcha la escuela de la misión lograron que se apoderara de ellos el desaliento. La tragedia los acompañó también en los inicios de su vida de casados, pues su primer hijo, llamado Willie como el padre, murió a los pocos días de nacer. Sobre este trágico episodio, que supuso un golpe terrible para la pareja, volveremos más adelante.

En España, el reverendo Gulick estaba al cargo de las iniciativas de la Junta para las Misiones en toda la zona norte del país, desde Cataluña hasta Cantabria. Era responsable de que se fueran formando congregaciones y abriendo pequeñas escuelas protestantes, de las que él tendría que ocuparse regularmente en todo lo relativo al alquiler de locales, los programas de enseñanza, la contratación de profesorado y un sinfín de detalles más.[4] Por eso era habitual que tuviera que desplazarse para visitar lugares remotos de Cantabria y también de Asturias. Los primeros días, estas ausencias fueron motivo de preocupación para Alice, y, en una carta a su hermano Luther Halsey, quien recordemos que había llegado con ellos y se quedaría en España algunos años con su familia, William le confiesa que prefiere no dejarla sola hasta que tengan algunos amigos.[5]

Quizá fue este el motivo de que Alice empezara a acompañarlo en sus viajes. Luego transmitía a su familia por carta sus impresiones en forma de pintorescos relatos, donde evocaba sus incursiones en la España más rural, casi siempre llenos de humor. En una de estas cartas en la que rememora su paso por el pueblecito de Alevia, en los Picos de Europa, confiesa que la presencia de la esposa de un cura protestante había causado en los lugareños más curiosidad que si hasta allí hubiera llegado un circo ambulante con extraños animales.[6]

La misionera debía de resultar sin duda un personaje llamativo, excéntrico, en medio de aquel paisaje campestre espléndido, rodeado de montañas azuladas coronadas de nieve, caminando por unas calles empedradas en las que no faltaban algunas edificaciones muy señoriales, construidas desde finales del siglo xix por los indianos originarios de Asturias. También William se refiere a su paso por Alevia en los informes que enviaron a la Junta para las Misiones en 1875, donde cuenta ciertos detalles graciosos de «aquella aventura», por usar sus propias palabras.[7] Al parecer, llegaron en una diligencia atestada de viajeros, y la expectación que crearon fue tal que, según explicó después quizá exagerando, se corrió la voz por el valle de que Alevia se había convertido en un pueblo protestante. Menciona asimismo su incursión en Panes, otra pequeña villa cercana, al otro lado del río Deva, en la que parece que tuvo que predicar en un almacén de manzanas.

También es divertido imaginar al matrimonio en algunas de las ferias a las que acudían, momento que aprovechaban para vender la Biblia y otros textos de carácter religioso. En la feria de Reinosa, por ejemplo, supongo que quedarían impresionados por la belleza de la ciudad, rodeada también de montañas, con sus casonas. Pero, además, en las cartas que Alice mandó a su familia ha quedado constancia de que tuvieron que alojarse en unas cochambrosas habitaciones, llenas de bichos, en un oscuro callejón.[8]

Su llegada a algunas poblaciones del norte a menudo iba acompañada de amenazas y persecuciones. De ello dan buena cuenta las agrias acusaciones que recibieron de las autoridades locales en Alevia, tras mostrar el pasaporte americano, por alterar el orden público con prédicas que fueron calificadas de inmorales.[9] Según leemos en los informes que enviaron, los vecinos del pueblo tenían tanta curiosidad que acudieron en masa para escuchar a William Gulick y, al no caber en la casa en la que se habían reunido, decidieron plantarse en el patio con tal de no perdérselo.

En todo caso, a pesar de que España estaba gobernada por la Constitución de 1869, en la que se instituía la libertad religiosa, eran muchos quienes observaban con recelo a aquellos jóvenes protestantes de Nueva Inglaterra. De hecho, nuestra Alice, la esposa de un reverendo, se veía a menudo como escandaloso ejemplo de unas creencias desviadas. Tampoco en Santander, una ciudad más cosmopolita abierta al mar, fue fácil encontrar un casero dispuesto a alquilar una vivienda a aquellos extraños. En los informes que enviaron, los Gulick se quejan no solo de las dificultades que les supone su condición protestante para encontrar alojamiento, sino también de la falta de espacio en la ciudad. Habían llegado muchas personas del País Vasco huyendo de la guerra carlista, y además numerosos empresarios de Bilbao y San Sebastián habían decidido trasladar a Santander sus negocios, lo que convertía la búsqueda en una auténtica odisea. No parece casual que, finalmente, los Gulick se instalaran en un edificio habitado por otros extranjeros como ellos.

Sobre todo los primeros días, a nuestros misioneros también les resultaría complejo entender la situación política en la que se había sumido el país tras la revolución de 1868, pues su llegada a España coincidió en el tiempo con uno de los periodos más convulsos de toda su historia, conocido como el Sexenio Revolucionario. En apenas seis años se destronó a Isabel II y se expulsó a los Borbones, se probó con un rey elegido constitucionalmente, Amadeo I, que más tarde renunció, se proclamó la Primera República, también con una vida corta, y finalmente, en 1874, se restauró la monarquía borbónica en la figura de Alfonso XII.[10] Durante este tiempo se sucedieron los gobiernos y los pronunciamientos militares a la velocidad del relámpago, y el país tuvo que hacer frente no solo a las insurrecciones carlistas, sino a la primera guerra de Cuba (1868-1878) y a la rebelión cantonal, que aspiraba a instaurar la República Federal.

De hecho, entre los papeles de los Gulick que se han conservado se encuentra un recorte de periódico con un artículo titulado «Spain, the political situation» en el que un observador extranjero bromea escribiendo que todo el mundo, tanto dentro como fuera del país, quedaría muy extrañado si en España no hubiera un amago revolucionario cada pocos días.[11] En la columna, el observador hace un pequeño resumen de la situación política, extremadamente compleja para un extranjero como él, pues le resulta casi imposible no perderse en el embarullado espectro político integrado por republicanos y monárquicos, agrupados en partidos conservadores y liberales, de variada ideología, que iban del absolutismo al progresismo pasando por otras formaciones radicales o revolucionarias.

En su biografía, la hermana de Alice rememora algunas escenas bastante cómicas en las que la joven e inexperta misionera, siempre con un diccionario de español en la mano, se desespera tratando de hacerse entender por una cocinera, a la que teme ofender, para que reduzca la cantidad de ajo que utiliza.[12] Al parecer, los santanderinos la llamaban «señora americana», recordándole siempre y a cada paso sus orígenes foráneos. En todo caso, aunque su presencia causara numerosas suspicacias, también es justo recordar que recibía elogios. «Muy bonita» y «muy simpática» fueron algunas de las primeras frases que logró entender en los labios de sus nuevos amigos españoles.[13]

Como vimos que hacía Concepción Arenal esos mismos años, Alice se dedicaba en Santander a visitar a los más pobres y a los enfermos, poniendo en riesgo su propia vida al entrar en contacto con moribundos que podían contagiarle la difteria, el cólera o la tuberculosis.[14] Sus muestras de caridad no podían ocultar, sin embargo, que también los Gulick pasaban numerosas estrecheces, pues sus condiciones materiales distaban mucho de ser desahogadas. Como revelan distintas cartas que enviaron a su familia y a la Junta para las Misiones, las asignaciones económicas que recibían eran exiguas para sostener a la familia, que muy pronto aumentó de tamaño. En tan solo una década, los Gulick tuvieron tres hijos y tres hijas más. ¿Cómo podían ocuparse de ellos y además hacer frente al trabajo educativo y evangélico? Hoy se nos ponen los pelos de punta solo de pensarlo.

2

Pero los Gulick trataron de no desmoralizarse. Concentraron sus esfuerzos en crear una escuela primaria asociada a la misión en la que acogieron gratuitamente a niños de familias trabajadoras. De esta manera buscaban atraerse las simpatías de esa parte de los habitantes santanderinos y conseguir, en definitiva, que vieran con buenos ojos la posibilidad de educar a sus hijos con métodos pedagógicos traídos del otro lado del Atlántico. En la España de entonces, con tres cuartos de la población sumida en el analfabetismo, la mayoría de las familias de clase obrera tenían pocas opciones que ofrecer a sus hijos. A este trabajo educativo, prioritario para el matrimonio Gulick desde su llegada, pronto se añadió la organización de servicios religiosos en una pequeña capilla que inauguraron en 1873.[15] El reverendo William, quien comenzó a ser conocido como don Guillermo, guiaba las oraciones en español, lengua que ya vimos que había aprendido de joven. Y Alice, dotada con el don de la música, se encargaba de los coros y las canciones, a menudo acompañada de una flauta. A diferencia de sus padres en su viaje a bordo del Parthian, los Gulick no tuvieron que soportar durante aquellas veladas los comentarios soeces y libertinos de la tripulación del capitán Blinn, pero sí hay constancia de las persecuciones y ataques a los que más de una vez debieron enfrentarse.

En una carta de 1873, Alice contó a su familia, con todos los detalles, un incidente especialmente violento. Tuvo lugar durante los servicios religiosos que organizaban en la pequeña capilla cuando un grupo de chiquillos, probablemente animados por un puñado de adultos intolerantes, comenzaron a apedrear las ventanas de la casa con grandes pedruscos, que hicieron saltar en mil pedazos los cristales. «Deberíais ver las canas que me han salido», se queja Alice a los suyos en referencia a los malos ratos que pasaba en aquellos momentos llenos de tensión e incertidumbre por lo que pudiera suceder.[16] En sus informes a la Junta para las Misiones, William también se refiere continuamente a los altercados y persecuciones. En 1878, por ejemplo, explica que un grupo de muchachos persiguieron a la salida de la escuela a una de las profesoras españolas que trabajaba con ellos, llamada Gracia Martínez de Castilla. Ante la mirada impávida de numerosos testigos, la apedrearon y señalaron como «protestante». Y ningún vecino movió un dedo para ayudarla.

El relato de las vicisitudes que atravesaron sobre todo durante los primeros tiempos de su estancia en España nos recuerda a algunas escenas que compuso Emilia Pardo Bazán en su novela *La Tribuna*, ambientada precisamente en los años de gran inestabilidad política que sucedieron a la revolución de 1868 y que culminarían en febrero de 1873 con la proclamación de la Primera República, apenas un año después de que los Gulick llegasen a España. Con su maestría habitual, Pardo Bazán recrea una conversación entre dos cigarreras de la fábrica, protagonistas de su obra, pionera por cierto en el tratamiento del mundo del trabajo en la literatura española, a propósito de la conversión al protestantismo de una de las obreras. Merece la pena leerla para entender el tipo de comentarios que seguramente escuchaba Alice Gulick allá adonde fuera:

—¿Tú no sabes, Guardia? La *Píntiga* se metió protestanta.

—¿Y eso qué es?

—Una religión de allá de los *inglis manglis*.

—No sé por qué se consienten por acá esas religiones. Maldito sea quien trae por acá semejantes demoniuras. ¡Y la bribona de la *Píntiga*, mire usted! ¡Nunca me gustó su cara de intiricia…!

—Le dieron cuartos, mujer, le dieron cuartos: sí que tú piensas... [...]

—Y diga... ¿qué le hacen hacer los protestantes a la *Píntiga*? ¿Mil indecencias?

—Le mandan que vaya todas las tardes a una cuadra, que dice que le pusieron allí la capilla ellos... y le hacen que cante unas cosas en una lengua que... no las entiende.

—Serán palabrotas y pecados. ¿Y ellos, quiénes son?

—Unos clérigos que se casan...

—¡En el nombre del Padre! Pero ¿se casan... como nosotros?

—Como yo me casé... vamos al caso, delante de la gente... y llevan los chiquillos de la mano, con la desvergüenza del mundo.

—¡Anda, salero! ¿Y el *arcebispo* no los mete en la cárcel?

—¡Si ellos son contra el *arcebispo*, y contra los canónigos, y contra el Papa de Roma de acá! ¡Y contra Dios, y los Santos, y la Virgen de la Guardia![17]

En definitiva, la vida para los protestantes a finales del siglo XIX no era fácil en España. La libertad religiosa permitía profesar otros cultos, pero no podían borrarse de un plumazo siglos de rechazo, hostilidad y persecución contra cualquier movimiento de reforma. En su célebre *Historia de los heterodoxos españoles*, publicada originalmente entre 1880 y 1882, el filólogo, político e historiador Menéndez Pelayo arremetió contra ellos muy vivamente, identificando como antiespañola cualquier simpatía que pudiera profesárseles. «La libertad religiosa, proclamada desde los primeros momentos por las juntas revolucionarias —escribe con su pluma inconfundible al comienzo del capítulo dedicado a la "Propaganda protestante desde 1868"—, abrió las puertas de España a los compañeros de Matamoros y a una turba de ministros, pastores y vendedores ingleses de Biblias».[18]

Procede Menéndez Pelayo a continuación a enumerar los escasos éxitos conseguidos por ellos y a ridiculizar, provincia por provincia, con grandes dosis de ironía erudita, su fatigosa tarea. Descubrimos así que, en Antequera, «los misioneros protestantes fueron recibidos a pedradas» o que, en Granada, «fundó otra [misión] el ex sombrerero Alhama, que se titulaba obispo, a quien, a pesar de su mitra, sorprendió la policía conspirando en un club socialista».[19] Cuando llega a Santander, la ciudad de la que precisamente era originario Menéndez Pelayo, se nos dibuja una enorme sonrisa al leer cómo relata que en ella existen «dos escuelas dirigidas por un pastor *yankee*»,[20] probablemente una referencia a don Guillermo Gulick y a su esposa doña Alicia, quienes quedan así inmortalizados en las páginas de la *Historia de los heterodoxos españoles*. Confirmamos también las dificultades que pasaban los misioneros, yendo y viniendo por pueblos y aldeas desde Barcelona hasta Cantabria, cuando Menéndez Pelayo añade que «en el norte de España, el protestantismo solo existe en los puertos más frecuentados por extranjeros, y aun allí hace mucho menos estrago que el indiferentismo y la masonería».[21]

Pero pocos párrafos resumen mejor que este otro, tomado del mismo libro, los prejuicios y hostilidades a los que diariamente debían hacer frente nuestros misioneros en las llamadas «tierras papales»:

> No hubo rincón de España adonde no llegase algún pastor protestante o algún expendedor de Biblias, sino que las ovejas no acudieron al reclamo. Lo que en España se llama protestantismo es una farsa harto pesada y dispendiosa para las sociedades evangélicas. Las hojas y los folletos y las Biblias se reparten como si se tirasen al mar, y suelen morir intactas y vírgenes en manos de los curiosos que las reciben. Si comienzan a leerlas, les enfadan y adormecen. Hasta el indiferentismo grosero, única religión de los españoles no católicos, opone y opondrá perpetuamente un muro de hielo a toda tentativa protestante, por muy locamente que en ella se derrame el dinero. El protestantismo no es en España más que la religión de los curas que se casan, así como el islamismo es la religión de nuestros escapados de presidio en África.[22]

Como escribe Clifford Putney, gran estudioso del movimiento misionero estadounidense, resulta evidente que las ambiciosas expectativas de «cristianizar» el mundo que empujaron a los

Gulick y otros jóvenes en sus aventuras de ultramar no se cumplieron, y muchos otros misioneros atravesaron las mismas dificultades que ellos en España. Algunos tuvieron éxito notable en lugares más pequeños, como Hawái, donde la aristocracia de la isla abrazó el protestantismo relativamente rápido, pero en otros lugares del mundo de mayores dimensiones, como China, tuvieron resultados mucho más modestos.[23] Aun así, según afirma Putney, en estos otros países ejercieron también una importante influencia, más cultural que religiosa, a través de actividades como la enseñanza del inglés, la educación médica o la transmisión de determinados conocimientos técnicos.

Este será precisamente el caso de William y Alice Gulick. No cosecharán grandes conversiones entre los españoles, en su mayoría católicos y muy reacios al protestantismo, pero sí que ejercerán una influencia cultural duradera, sobre todo en los entornos liberales, a través de su trabajo como educadores, especialmente con las niñas y jóvenes que integrarán el Instituto Internacional. Además, como veremos más adelante, la actitud hasta cierto punto imperialista que tiene la misión de los Gulick en sus inicios irá dando paso con el tiempo a relaciones culturales menos coloniales y paternalistas, basadas en una genuina y mutua admiración.

En todo caso, al imaginar los numerosos obstáculos que tuvieron que superar durante los primeros años de su vida en España, no debería extrañarnos que, en una carta fechada en 1873, Alice les confesara a sus hermanos, por aquel entonces estudiantes en una escuela de Newton, cerca de Boston, que echaba mucho de menos su vida en Auburndale:

> Cuánto me gustaría ir una tarde con vosotros, niños, al río Charles para escuchar la banda de música. ¿Si os hago llegar una bandera de España la izaréis en vuestra barca? Aquí en el puerto hay una especie de pequeño buque de vapor, llamado El Santander. Pertenece al caballero francés que vive en la segunda planta de nuestra casa, pero nunca nos ha invitado a ir en él. La gente de por aquí no sabe cómo divertirse en la bahía.[24]

3

Como podemos leer en la *Historia de los heterodoxos españoles*, Alice y William Gulick no fueron los primeros religiosos protestantes extranjeros en pisar la península ibérica. La novedad fue que lo hicieran amparados por la Constitución de 1869, pero, lógicamente, otros habían pasado por España antes que ellos, ya fuera perseguidos o beneficiándose de algunos lapsos de libertad. De hecho, durante el siglo XIX, algunos misioneros del mundo anglosajón, como Blanco White, nacido en España aunque de origen irlandés, o George Borrow, viajero, traductor y escritor procedente de Inglaterra, dejaron una impronta duradera en la memoria colectiva, si bien tampoco ellos cosecharan muchas conversiones. La historia de las andanzas de este último, incluida una pequeña estancia en Santander varias décadas antes de que llegaran los Gulick, es tan novelesca que merece ser recordada.

Borrow nació en 1803 en el condado de Norfolk, al este de Inglaterra. Era hijo de un padre militar y una madre de ascendencia francesa. Durante su infancia, a nadie se le hubiera ocurrido pensar que acabaría dedicándose a las misiones, ya que todos sus biógrafos y los estudiosos de su obra literaria, entre quienes estuvo Manuel Azaña, coinciden en afirmar que era un niño díscolo y rebelde, tendente a la ensoñación y amante de los libros de aventuras. Según se cuenta, poseía una gran curiosidad y una memoria de dimensiones legendarias.

Aunque sentía una enorme pasión por el aprendizaje de lenguas, un terreno en el que su talento innato despuntó muy pronto, odiaba la disciplina propia de la escuela. Su padre se desesperaba a menudo con su vástago, a quien lo único que parecía importarle eran los deportes, montar a caballo, el pugilismo y estar al aire libre. Su mejor amigo era Ambrosio Smith, un niño gitano a quien conoció con solo siete años, y quien luego aparecería en su obra posterior bajo el nombre de Jasper Petulengro. Como recuerda Azaña en un texto que escribió sobre Borrow, los dos niños no solo se juraron fraternidad eterna, lo que a esas edades es bastante común, sino que, más adelante en la vida, cumplirían el juramento a rajatabla.[25] En 1818 volvieron a encontrarse, y Borrow, que tenía ya quince años, se fue a vivir con su amigo a un campamento nómada, acompañándolo en ferias y mercados. Fue así como aprendió su idioma y se inició en sus costumbres, lo que le resultaría sumamente valioso en España, donde mantendría importantes lazos con la comunidad gitana.

Con la edad, la afición de Borrow por los viajes y los idiomas fue en aumento. Aunque más tarde se cuestionaría el halo de gran lingüista con el que se empeñó en revestir su propia figura, ya de joven aprendió galés, danés, alemán, hebreo, árabe y armenio, entre otros idiomas. Intentó ganarse la vida en el mundo de la abogacía y con sus traducciones, pero con poco éxito. Resulta curioso que finalmente optara por las misiones, pues, como señala Azaña, era un ateo empedernido.[26] O quizá no resulte tan curioso. Una persona con sus conocimientos lingüísticos, su don de gentes y su amor por la aventura, ¿acaso no era la más idónea para saltar de país en país, esquivando hostilidades y adversidades, con una bolsa cargada de Biblias colgada al hombro? Eso fue lo que pensaron los secretarios de la Sociedad Bíblica cuando decidieron contratarlo en 1833.

La British and Foreign Bible Society, o, más sencillamente, la Bible Society, se creó en Inglaterra en 1804 con el objetivo de fomentar la lectura del Antiguo y Nuevo Testamento. Para ello, la sociedad realizaba traducciones de las Escrituras a muchos idiomas, que se imprimían sin notas o explicaciones, y las difundían por todo el mundo, de modo que cualquier persona pudiera relacionarse directamente —sin mediación o tutela eclesiástica— con el texto sagrado. El objetivo, por tanto, no era tanto predicar una determinada fe religiosa sino difundir el texto bíblico genuino, como décadas más tarde harían los Gulick en la feria de Reinosa. Según sus creencias de cristianos reformados, pensaba que la Iglesia romana incluía demasiadas doctrinas, pervirtiendo el mensaje original.

George Borrow llegó a la oficina de la Sociedad Bíblica en Londres después de recorrer ciento veinte millas a pie desde

Norwich para ofrecerse como potencial vendedor de Biblias. Durante el viaje solo se gastó cinco peniques y medio en cerveza, pan y manzanas. Allí se encontró con que estaban buscando a alguien que supiera manchú, un idioma que él no dominaba. Sin embargo, tras hacerle pasar varios exámenes sobre lenguas orientales, los secretarios de la Sociedad Bíblica quedaron tan impresionados por sus capacidades políglotas que le ofrecieron un plazo de seis meses para aprenderlo. Cualquiera hubiera dado media vuelta, con las manos en los bolsillos y un buen enfado. Pero Borrow no solo aceptó encantado, sino que por estas mismas fechas abandonó el ateísmo, lo cual es muy significativo. Regresó a Norwich para hincar los codos y, con la misma fidelidad con que había mantenido el juramento a su amigo Ambrosio Smith, cumplió su promesa de aprender una lengua tan distinta a la suya.

Poco tiempo más tarde, superada la prueba y ya transformado en un defensor del protestantismo tan fanático como lo había sido antes del ateísmo, la Sociedad Bíblica lo envió a Rusia, donde pasaría una larga estancia tratando de colocar la Biblia. Según los retratos que se han conservado de él, era un hombre alto y flaco, con nariz prominente y unos ojos muy expresivos. Aparece con aire de solemnidad, un gesto que responde más a la seriedad del retrato que a su personalidad, cómica y extrovertida, como se desprende de cualquier fragmento de sus escritos.

El insólito destino de Borrow no dejó de suscitar extrañeza entre su círculo de conocidos, tanta que Carmen de Zulueta llega a rememorar las carcajadas que provocó entre sus viejos amigos de Norwich la noticia de que precisamente él se hubiera convertido en un devoto agente de la Sociedad Bíblica.[27] Borrow, sin embargo, estaba convencido de su misión y, después de Rusia, habría querido continuar hacia el lejano Oriente, adonde llegó a proyectar un viaje, pero le denegaron los pasaportes. Fue así como su camino acabó cruzándose con el de los heterodoxos de nuestro país. Menéndez Pelayo lo describe en su libro como un «personaje estrafalario y de pocas letras, tan sencillo, crédulo y candoroso como los que salen con la escala a recibir a los Santos Reyes».[28]

George Borrow.

De la estancia de Borrow en España entre 1836 y 1840 como agente de la Sociedad Bíblica han quedado numerosos testimonios, e incluso él mismo escribió un libro sobre sus peripecias, traducido al español en 1921 por Azaña, bajo el título *La Biblia en España*. A lo largo de casi seiscientas páginas lo vemos difundir las Escrituras por un país sumido en una gran inestabilidad política, pero hacia el que siente una enorme fascinación. Salen a su encuentro campesinos, labradores, arrieros, gitanos y mendigos, pues a Borrow siempre le interesaron mucho más las clases humildes, a las que admiraba por su nobleza, que las aristocráticas, en las que veía corrompidos los valores nacionales. De hecho, llegó a realizar una traducción de la Biblia al caló y propició otra al euskera, lo que refleja un gran interés por estas lenguas. Describe el campo y los paisajes españoles con enorme talento y reproduce los modos de hablar de sus gentes con una fidelidad poco habitual en los viajeros de su época. Finalmente, como gran conocedor que era del género picaresco, logró imprimir a las páginas de su libro un tono y un sabor similares al de esta tradición española con la que su carácter aventurero tan bien se avenía.

Como cabía esperar, la publicación en Londres de *La Biblia en España* en 1842, en una época en que la península ibérica era uno de los destinos románticos por excelencia, fue un éxito rotundo. En el primer año alcanzó seis ediciones y fue reimpresa en Estados Unidos hasta en dos ocasiones. A pesar del ridículo con el que había retratado a Borrow, Menéndez Pelayo lo describió como un libro disparatado y graciosísimo, capaz de producir inextinguible risa.[29] A Emilia Pardo Bazán, que por supuesto había leído el libro en inglés, le pareció que la reseña de Menéndez Pelayo era «divertidísima y de gracia infinita», según se apresuró a comentarle por escrito en una de sus cartas.[30] Para nosotros, que seguimos los pasos del matrimonio Gulick, resulta especialmente interesante el retrato que, en una de las partes centrales del libro, hace Borrow de su estancia en Santander:

> No hay cosa que contraste más con la región desolada y los pueblos medio en ruinas que acabábamos de atravesar que el bullicio y la actividad de Santander, casi la única ciudad de España que no ha padecido con las guerras civiles, a pesar de hallarse en los confines de las Provincias Vascongadas, reducto del Pretendiente. [...] Santander posee un muelle muy hermoso, sobre el que se alza una línea de soberbios edificios, mucho más suntuosos que los palacios de la aristocracia en Madrid; son de estilo francés, y en su mayoría los ocupan comerciantes. La población de Santander es de unos sesenta mil habitantes.[31]

Aunque Borrow pasease por el muelle de Calderón unas cuantas décadas antes de que los Gulick instalaran su modesto hogar de recién casados en el número 34, no deja de llamar la atención que los detalles en los que se fijó el excéntrico vendedor de Biblias, como el malecón o los edificios de pisos al estilo francés, fueran prácticamente los mismos que Alice le describiría a su amiga Emily Perrin en la carta de 1872. Al haber circulado por Estados Unidos desde su primera edición, es posible que Alice

conociera el libro de Borrow y que, durante aquellos primeros
meses en el norte de España, recordase más de una vez las aventuras que años atrás había protagonizado el célebre don Jorgito
por aquellas tierras lluviosas.

4

Unas semanas después de mis visitas a la Biblioteca Histórica
de la Complutense y a la Asociación para la Enseñanza de la
Mujer, decidí escribir un correo electrónico al archivo municipal
de Santander. Deseaba saber si, en sus fondos, existía alguna
huella del paso de los Gulick por la ciudad, en cuyas vidas me
iba enredando cada vez más. Gracias a mi amiga Paz, dueña de
la librería Gil, había encontrado algunos libros sobre la escuela
evangélica[32] que fundaron y había intercambiado algunos mensajes con el pastor protestante, así que estaba convencida de que
algo aparecería.

Empezaba a disfrutar con un nudo en el estómago el momento mágico de la consulta a los archivos, cuando, como quien
lanza un mensaje en una botella, enviaba una pregunta al vacío
sin saber qué resultados acabaría dando. Saltaba a la vista que
continuaba siendo una novata, pues celebraba con explosiones
de alegría absolutamente todos mis hallazgos, por pequeños que
fueran. Cualquier nota garabateada que encontrara o un simple
pedacito de papel en el que aún pudiera descifrarse con una lupa
el nombre borroso de una desconocida me resultaban objetos
preciosos. Me quedaba entretenida leyéndolos horas y horas,
como cuando de pequeña escuchaba conversaciones entre extraños. El mero hecho de que el pasado hubiera sobrevivido,
dejando un rastro, me parecía un milagro. Empezaba a entender
por qué los verdaderos historiadores tardaban tantos años en
escribir sus libros.

Unos días más tarde recibí respuesta. Efectivamente, existían
algunas huellas de los Gulick en Santander. En el archivo, me
contestaban en su correo, había una referencia en el libro de

enterramientos del cementerio protestante, situado en el barrio de Cazoña, en las afueras de la ciudad. Por mi cabeza pasó, como un relámpago, el nombre del pequeño Willie, su primogénito, al que Alice y William tuvieron que enterrar a los pocos días de nacer, en 1873, durante los primeros meses de su estancia en la ciudad. Inmediatamente tuve el poderoso deseo de ir en persona a ver aquel libro y tratar de encontrar la tumba. El viaje, pensé, me vendría muy bien para visitar también otros lugares por donde pasaron Alice y William, no solo en Santander sino también en San Sebastián y en la costa del País Vasco francés.

5

Del mismo modo que algunas historias nos llaman para que las contemos, siempre he creído que existen algunos objetos que, sin ser nuestros, parecen habernos pertenecido en otra vida. Los reconocemos porque nos provocan una atracción irresistible, poderosa, similar a la que ejercería un imán. Y esa fue exactamente la sensación que tuve unas semanas después de lanzar mi botella al mar, cuando me senté en el archivo de Santander y por fin tuve en mis manos el libro de enterramientos del cementerio protestante.

Era un libro cuadrado, con las tapas de suave ante marrón, similar a los cuadernos de cuentas americanos. Tenía grabadas en los márgenes unas cenefas negras, al estilo de fin de siglo, imagino que en señal de duelo. En el centro de la cubierta, sobre un cuadrado rojo y dorado, aparecía impreso «Register of Burials in Protestant Cementery. Santander».[33]

Antes de desplazarme a Santander había tenido tiempo de investigar sobre aquel extraño lugar, también llamado «cementerio británico» o «de los ingleses». Su historia era muy interesante, aunque también muy poco conocida, incluso para los propios santanderinos. Según había leído, se fundó en los años sesenta del siglo XIX, coincidiendo con la llegada de los Gulick, cuando la presencia de población extranjera en la comarca creció

Libro Registro de Enterramientos del Cementerio Protestante de Cazoña, Santander.

debido al trabajo en los astilleros y, sobre todo, por la construcción de la línea ferroviaria entre Alar del Rey, en Palencia, y Santander.[34] En ocasiones se presentaba la necesidad de enterrar a marineros, ingenieros y operarios del tren, así como a sus familiares. Cuando alguno de estos extranjeros moría, víctima de un accidente, naufragio o enfermedad, su cuerpo quedaba en tierra de nadie, lejos de su hogar. Repatriarlo era imposible, igual que enterrarlo en el cementerio católico, ya que ahí no se permitía dar sepultura ni a los ateos ni a los suicidas, ni tampoco a quienes profesaban otras religiones. Ante esta situación, en 1864, por iniciativa de los consulados de Inglaterra, Alemania, Suecia y Noruega, se creó el cementerio protestante de Cazoña para acoger a quienes la muerte sorprendía en Santander.

Lentamente abrí las tapas del libro. Allí figuraba una lista, no muy larga, de los nombres de las personas enterradas en el cementerio, junto con su edad y la causa de su muerte.[35] Pensé que aquellos 128 nombres constituían un auténtico archivo de fantasmas. Según rezaba la entrada inicial, la primera persona en recibir sepultura allí fue Jesse Stroud, de cuarenta y cuatro años y nacionalidad británica, quien había sido inspector de tren. Falleció en Reinosa, de muerte natural, y lo enterraron el 9 de abril de 1864. Lo imaginé alto y rubio, vestido de uniforme con una gorra azul en la que se vería la silueta de una locomotora bordada con hilo dorado en uno de los lados. El inspector Stroud, me dije, conocería bien los entresijos de la maquinaria ferroviaria y el complejo funcionamiento de las vías y las agujas.

Cada uno de los nombres con los que continuaba el listado contaba una historia, triste y elocuente como la de Jesse Stroud. William Roberts, capitán de barco, británico de cuarenta y seis años, falleció ahogado en la misma época. James Lennon, contratista ferroviario, británico, murió a una edad similar a la del inspector Stroud, pero unos años más tarde. Especulé con que se hubieran conocido, incluso llegado juntos a Santander, unidos en una aventura extranjera con el humo del ferrocarril como telón de fondo. Los imaginé paseando en su día libre por la playa del Sardinero, mirando hacia el horizonte, admirados por lo parecidas que eran las pequeñas colinas verdes, rodeadas de nubes, a las de su Inglaterra natal. Los domingos pasados así se sentirían contentos de poder comentar en su propio idioma las noticias que llegarían de Londres sobre la inauguración de la estación de tren de Charing Cross.

En el número veintiuno encontré el rastro que buscaba. W. S. Gulick, de nacionalidad estadounidense, de quien se decía que tenía un mes de vida en el momento de la muerte, fue enterrado el 23 de marzo de 1873 en Cazoña. Posiblemente, me dije, esta información tan escueta era una de las pocas marcas que su breve paso por la tierra habría dejado.

«En los cincuenta años que llevo en el coche no he oído nunca hablar de este cementerio —me dijo el taxista cuando nos acercábamos—, y anda que no he debido de pasar veces por delante». Miré por la ventanilla y pensé que no era sorprendente. Aunque en su día se encontraba alejado a propósito del centro de la ciudad, hoy, debido al crecimiento del barrio, había quedado rodeado de altas torres de viviendas modernas, en medio de un parque con columpios. Eso sí, el pequeño camposanto, poblado de árboles, está cercado por una tapia de piedra y cerrado al público por una verja de hierro, lo que le da un aire de jardín encantado o de cuento gótico.

Me acerqué a la verja. Sobre la hierba se veían las lápidas, algunas con columnas funerarias y otras, más modestas, desperdigadas en el suelo, salpicado de margaritas, con cruces aquí y allá. Lo que más llamaba la atención de aquel lugar era una estela funeraria bastante alta, colocada en el centro y erguida como un mástil, rodeada de cuatro anclas marineras de hierro. Más tarde supe que era el monumento funerario que se había construido en homenaje a los marinos de la British Auxiliary Legion que murieron en nuestras costas durante la primera guerra carlista, donde lucharon en apoyo de las tropas liberales.

No había conseguido las llaves del cementerio, así que tuve que resignarme a mirar desde fuera, agarrada a la verja, sin poder entrar. Dejé que mis ojos recorrieran las lápidas, preguntándome cuál sería la del pequeño Willie. Al enfilar el camino de vuelta a la ciudad eché la vista atrás.

Algún día, me prometí, encontraría la manera de entrar.

6

Según contó la propia Alice en el informe que elaboró en 1901 sobre la fundación del Instituto Internacional, una de las cosas que más le llamaron la atención a su llegada a España fue el elevado índice de analfabetismo que existía entre la población, especialmente la femenina.[36] Abanderados como eran de la educación liberal, que tanto ella como sus hermanas Anna y Elizabeth Gordon habían tenido el privilegio de disfrutar durante su infancia y juventud, los Gulick se llevaban las manos a la cabeza al comprobar las escasas oportunidades que tenían las niñas en Santander, sobre todo las que pertenecían a familias desfavorecidas. En todo caso, también se mostraron admirados por la voluntad que animaba a muchos de los padres a ofrecer a sus hijos la educación de la que ellos no habían disfrutado para que así pudieran progresar en la vida.

Aunque, tras muchos esfuerzos, la escuelita de Santander había abierto sus puertas con tan solo diez niños matriculados, pronto ascendió el número de inscripciones y, al cabo de un tiempo, los Gulick se encontraron con un buen grupo de alumnos, compuesto por doscientos cincuenta o trescientos niños cada año. Es importante subrayar que, para ellos, el trabajo misionero se desarrollaba a través de dos vías fundamentales, la oración y la educación, esta última destinada a mejorar las condiciones de vida de los niños, con independencia de cuáles fueran sus creencias religiosas. En todo caso, las simpatías que, con paciencia, se fueron ganando gracias a la escuela procedían en su mayor parte de los entornos católicos liberales y, de forma puntual, de familias extranjeras americanas, escocesas y francesas, entre otras nacionalidades, que también preferían esta educación liberal para sus hijos, por ser más parecida a la de sus países de origen.[37]

En una fecha tan temprana como 1872, al poco tiempo de llegar, Alice ya experimentó un fuerte deseo de crear un ambicioso centro de educación superior para mujeres. Fue una idea que, si bien se desarrollaría siempre al amparo y bajo los auspicios de la Junta para las Misiones, también se desviaría en algunos aspectos de ella, como tendremos oportunidad de comprobar más adelante. Aunque a menudo Alice se apoyaría en su marido para llevar a cabo el proyecto, fue ella quien, desde el principio, quiso llevar la voz cantante y dirigir las operaciones necesarias para culminarlo con éxito. En este sentido, su figura era doblemente extraña en la España del momento, por su formación universitaria y por tratarse de una educadora reformista que tenía sus propios planes para realizarse tanto personal como profesionalmente.

Como sucede con todos los sueños que cambian el curso de una vida, Alice revistió de gran trascendencia el momento preciso en que se le ocurrió crear un Mount Holyoke en España.

Fue durante el viaje que hicieron nada más llegar, cuando recorrieron la península buscando el mejor sitio para instalarse. La revelación tuvo lugar en Ávila, durante una visita a la iglesia de Santa Teresa, frente al altar. De nuevo me resulta sencillo imaginar a la joven americana, rodeada de fieles, mirando impresionada las representaciones de la santa, dejándose llevar por la imaginación fantasiosa que ya cuando era niña la caracterizaba. Recibir una llamada en términos de «misión especial», destinada a «salvar otras mujeres», es un rasgo bastante común en la vida y los escritos de otras misioneras.[38] Presentarse como «escogidas» o «llamadas» para una causa como aquella les ofrecía una narrativa seductora para legitimar sus viajes y su trabajo, pero también una operación de marketing perfecta para granjearse simpatías entre filántropas y benefactoras.

Su hermana cuenta que, al contemplar la imagen de Santa Teresa, Alice sintió de inmediato una gran afinidad e incluso identificó una nota común en sus causas. Veía en ella a una reformadora religiosa capaz de entregar su vida a la fundación de conventos femeninos, un destino no muy distinto al que ella proyectaba seguir en España. Así, como si fuera una visionaria trasplantada al siglo XIX, Alice debió de mirar fervorosamente la imagen antes de formular su peculiar promesa: dedicar su vida a la fundación de un *college* femenino en España.[39]

Y se juró a sí misma no cejar en el empeño hasta lograrlo.

Desde un punto de vista cultural e incluso literario, es interesante constatar que Alice viviera la revelación de su destino en una ciudad como Ávila, tan cargada de pasado medieval, rodeada de murallas, y que además sucediera en el interior de una iglesia católica, bajo la mirada extasiada de una santa española. Existen pocos escenarios más teatrales para una americana como ella, procedente de un país joven, Estados Unidos, inmerso en la construcción de símbolos y tradiciones, que a menudo se importaban de Europa. En este sentido, Alice de nuevo recuerda en esta escena a los héroes de las novelas de Henry James, en las que es habitual encontrar personajes procedentes de Estados Unidos que buscan profundidad y sentido histórico en ciudades de la vieja Europa, a menudo retratadas en las obras de James como asfixiantes y sobrecargadas de pasado y tradiciones decadentes.

El escritor británico Edward Morgan Forster, por su parte, escogió una iglesia de Florencia, la de Santa Croce, para el desarrollo de una de las escenas más importantes de *Una habitación con vistas*, la célebre novela publicada en 1908 y llevada al cine por James Ivory en la década de los ochenta del siglo xx, en la que seguimos los pasos de una viajera inglesa de la época eduardiana por los pintorescos escenarios de Italia. Sin embargo, el personaje de Lucy Honeychurch, interpretado en la pantalla por una joven Elena Bonham Carter, pertenece a una generación de mujeres posterior a la de Alice y, significativamente, su Grand Tour no está animado por una inquietud religiosa o espiritual sino sobre todo turística y romántica. Es más, a diferencia de Alice, en la novela de Forster, Lucy no tiene ninguna revelación dentro del templo, sino que, sintiéndose perdida sin su guía turística Baedeker, está aburrida y desorientada al no saber qué mirar o admirar en el interior de la iglesia. «¿Cómo encontrar el camino para volver a casa? —se pregunta con los ojos llenos de lágrimas en la famosa escena de la novela al verse sola en la basílica—. ¿Cómo enterarse de lo que había que ver en Santa Croce?». «Por supuesto, tenía que ser un edificio maravilloso —la observamos razonar volteando la cabeza de un lado para otro—, pero, ¡cómo se parecía a un granero! ¡Y qué frío hacía!». Sin embargo, será precisamente dentro del templo, por el que «deambula desdeñosa, poco dispuesta a entusiasmarse ante monumentos de fecha o autoría dudosas»,[40] donde, por primera vez, contemplará al joven George Emerson bajo la luz y la sombra de un potencial enamoramiento. Como vemos, todo el episodio se encuentra envuelto en ironía, al haber reemplazado Forster el prototipo del viejo peregrino, ávido de experiencias religiosas, por una moderna turista como Lucy Honeychurch, desconcertada sin su guía y a punto de tener una aventura romántica.

7

Alice tuvo ocasión de poner en marcha la realización de su sueño bastante pronto, durante los primeros años, un día en que se encontraba de visita en casa de una señora de ideas liberales. Se sintió con gran confianza en su compañía y comenzó a contarle cómo eran los *colleges* femeninos en América y las oportunidades que allí tenían las mujeres de obtener una educación. Sin duda, Alice utilizaría sus dotes narrativas para desplegar ante su interlocutora un relato colorido, sin escatimar detalles, defendiendo con entusiasmo el acceso de las mujeres a la educación superior. Sospecho, además, que también se vanagloriaría de Estados Unidos y que incluso podría percibirse una nota de idealización orgullosa y a la par nostálgica en su voz. En aquella época, Alice ya manejaba mucho mejor el idioma y había empezado a ponerse mantilla, lo que había operado una mágica transformación en su persona, acercándola a las santanderinas. Morena y con los ojos negros, por momentos parecería una de ellas.

Mientras Alice relataba sus recuerdos de juventud no se dio cuenta de que en la casa de su amiga había alguien más escuchando con los oídos muy atentos. En la habitación de al lado, con la puerta entornada, se hallaba Arsenia Reguera, una niña huérfana de padre que a menudo acudía a aquella casa para hacer trabajos de costura. Mientras realizaba su tarea en silencio no había podido evitar escuchar con creciente interés el vívido relato que, desde el otro lado de la puerta, le llegaba sobre aquellas maravillosas universidades para mujeres en la lejana América. ¿Era posible que todo aquello fuera cierto?, se preguntaría la pequeña costurera mientras trataba de no pincharse el dedo con la aguja. ¿Mujeres en la universidad? ¿Educadas como si fueran hombres? ¿Capaces de ganarse la vida por ellas mismas?

Es enternecedor imaginar a Arsenia Reguera aquella misma noche, dando vueltas en la cama, rumiando toda la información que había escuchado, soñando tanto o más que Alice con las posibilidades que la educación podría abrirle a una persona como ella. ¿Y si al día siguiente fuera a ver a aquella «señora americana»?, se preguntaría temblando un poco. ¿Y si ella también pudiera tener una educación como esas niñas de las que hablaba? ¿Podría convertirse en profesora? ¿Aspirar a algo más que a coser o trabajar en la fábrica?

Al día siguiente, Arsenia se presentó en casa de los Gulick.

Tras llamar a la puerta, fue recibida por Alice, quien se quedaría mirando a la pequeña visitante con cierta sorpresa. ¿Quién sería aquella niña que preguntaba por ella? ¿Acaso se conocían? ¿Qué quería? Mirándola a los ojos, Arsenia debió de reunir todo el valor que tenía para formular la pregunta que cambiaría su vida para siempre: ¿sería posible recibir una o dos horas de instrucción diarias a cambio de coser? Querría tener un poco de educación, añadió tímidamente, como la que, según había escuchado, ofrecían en abundancia en América.[41] ¿Podría ella enseñarle a leer y escribir?

Alice no se lo pensó dos veces y decidió alojarla en su casa para educarla rigurosamente, sobre todo después de que la madre de la niña también se lo rogara. A no ser que consiguiera convertirse en profesora para ganarse la vida, le dijo, Arsenia no tendría más remedio que ponerse a trabajar en la fábrica. ¿Podían contar con ella?

Y así fue como, gracias a este primer encuentro, la visión que Alice había tenido en Ávila comenzó a materializarse en Santander. Igual que muchos grandes proyectos, empezó con un paso muy pequeño, con una petición sencilla que hoy damos por supuesta en los países que se consideran avanzados. «Querría tener un poco de educación». Pronunciadas en la puerta de una escuelita de Santander, estas seis palabras escondían a comienzos del siglo XIX una verdadera épica. Anunciaban el comienzo de una aventura colectiva que pronto arrastraría con pasión y entusiasmo a muchas otras mujeres de ambos lados del Atlántico, unidas por la fuerza de un mismo deseo.

Al poco tiempo de la visita de Arsenia, Alice recibió nuevas peticiones procedentes de varios puntos de la geografía española, tan alejados como Valladolid o Córdoba. Parecía que aquellas mariposas surgidas del poema de Emily Dickinson que habían llegado sobrevolando el Atlántico empezasen a revolotear por todo el mapa de la península, llevando consigo la buena nueva. Muchas niñas aspiraban a seguir los pasos de Arsenia e integrarse en la casa de Alice para recibir, ellas también, una educación. Niñas como Petra, cuya carta, que llegó a Santander procedente de Málaga, debió de emocionar a nuestra misionera:

> Soy huérfana. Cuando mis padres murieron me dejaron una pequeña dote. He escuchado que usted tiene un internado. Me gustaría emplear mi dote en tener una educación.[42]

En el mes de diciembre de 1877 había cinco niñas viviendo en la casa de Alice Gulick.

8

Un poco antes de poner en marcha el internado, Alice había recibido la visita de sus dos hermanas, Anna y Elizabeth, a la que Alice llamaba Bessie familiarmente, y quien al pasar los años acabaría escribiendo su biografía. Llegaron, con el pretexto de aprender español y francés, para hacerle compañía y ayudarla con las tareas domésticas.[43] Su padre, James Gordon, corrió con el gasto de los billetes, y William Gulick fue a recogerlas al puerto de Liverpool, adonde arribaron con sus baúles tras la siempre temida travesía transatlántica. Mientras tanto, Alice contaba las horas en el salón de su casa, esperando verlas aparecer sanas y salvas. Con estas veinteañeras en la flor de la vida irrumpió en la casa de Santander una bocanada de aire fresco, y, durante el año que permanecieron en la ciudad con su hermana mayor, fueron un gran apoyo moral para ella. Según le contó Alice a su amiga Emily Perrin en otra de sus cartas, las Gordon se adaptaron muy pronto a la vida en España, y cualquiera habría dicho que habían vivido siempre en su casa con vistas a la bahía.[44]

En Estados Unidos, Anna y Bessie también habían estudiado en Holyoke y, desde muy jóvenes, se habían implicado activamente en distintas causas de reforma social, como el abolicionismo o el movimiento por la templanza, este último comprometido con la prohibición del consumo de bebidas alcohólicas, como ya vimos. De las dos hermanas, Bessie era la más aficionada a la escritura, y Anna, en cambio, prefería el bullicio de los mítines y los *revivals*. De hecho, fue precisamente en una de estas reuniones donde, a su vuelta a Nueva Inglaterra, conoció a Frances Willard, la líder carismática de una de las asociaciones internacionales de mujeres más importantes del siglo XIX, la Woman's Christian Temperance Union, y a quien Anna serviría como secretaria y asistente personal hasta su muerte, en 1898.[45]

El encuentro entre Anna y Frances se produjo en la ciudad de Boston. De gira por todo el país, Willard había acudido para dar una de sus multitudinarias charlas públicas, en las que fácilmente podían llegar a reunirse miles de personas, sobre todo mujeres, para escucharla. Era una oradora seductora, como pronto confirmaron quienes se acercaron aquel día de febrero a oírla a la iglesia de Park Street de Boston, Anna entre ellas. Willard había asumido la dirección de la Unión Cristiana de Mujeres por la Templanza hacía poco tiempo, después de trabajar durante años como profesora y de haber recorrido Europa y Oriente Medio con una amiga.

Al regresar a Estados Unidos, cuando estaba visitando a unas amigas del Pittsburgh Female College, en Pennsylvania, Willard supo que la Cruzada de las Mujeres, conocida en todo el país por reunirse en las puertas de las tabernas para rezar y persuadir a los dueños de que las cerrasen, estaba manifestándose en la ciudad. La mecha de esta cruzada había prendido unos meses antes, en diciembre de 1873, en Cleveland, Ohio. Allí, mujeres de muy distinta extracción social, pero todas ellas hartas de soportar maridos alcoholizados, acudieron a la entrada de bares y cantinas como forma de protesta. Ante la sorpresa de casi todo el mundo, no solo lograron su objetivo en muchos casos, convenciendo a los dueños de que cerrasen las puertas de sus loca-

Frances Willard.

les, sino que las protestas pacíficas de aquellas mujeres se repli-
caron rápidamente en gran parte del país. De sus acciones
queda testimonio en las fotografías e ilustraciones de la época,
donde vemos a numerosos grupos de obstinadas mujeres paradas en las puertas de las tabernas, sin importarles el frío o los
insultos recibidos. También en carteles, propaganda y caricaturas, que a menudo retratan a las «cruzadas» como si fueran una
puritana Juana de Arco que arremete con su hacha contra ba-
rriles de whisky y ginebra.

A sus asombradas amigas del Pittsburgh Female College,
quienes asociaban a la cosmopolita viajera Frances Willard con
un ambiente más literario e intelectual que el que caracterizaba
a estos grupos de mujeres, Frances les rogó que fueran con ella a
una de estas llamativas procesiones organizadas en el centro de
la ciudad. Así, de forma un tanto inesperada, esa misma noche,

Ilustración de 1874 de la Ohio Whisky War. Un grupo de mujeres exige el cierre de un establecimiento de bebidas alcohólicas.

por primera vez en su vida, Willard se vio rezando con las mujeres de la Cruzada en la puerta de Sheffner's, una taberna situada en Market Street, en la que no las dejaron pasar cuando llamaron a la puerta con sus Biblias en alto. Como contó ella misma en su autobiografía, al parecer las «cruzadas» no se desanimaron al recibir la negativa y, al gesto de una de ellas, comenzaron a cantar al unísono «Jesus the water of life will give» en plena calle. Según anotó Willard en sus diarios, la experiencia la conmovió con tanta intensidad que, una semana más tarde, había decidido dejarlo todo para unirse definitivamente a la causa.[46]

Hoy resulta difícil contemplar un movimiento como el de la templanza sin que nos surjan grandes dudas y recelos. Su naturaleza tan conservadora, religiosa y prohibicionista no puede sino ponernos en guardia en una época como la nuestra. Sin embargo, pensemos que cuando prendió la mecha de la Cruzada, el consumo de bebidas alcohólicas era un verdadero problema en los hogares de miles de mujeres, quienes sufrían sus consecuencias, al igual que sus hijos pequeños, en forma de

Caricatura de las mujeres del movimiento de la templanza, hacia 1874.

golpes y abusos. Al margen de lo controvertida que pueda parecer hoy su lucha, es innegable que Willard y las mujeres de su entorno lograron transformar el alcoholismo, considerado hasta entonces un asunto privado, en un problema social, que exigía regulación y medidas colectivas.

Por ello, algunos historiadores actuales, como Steven L. Piott,[47] han subrayado la importante contribución que, a través de la batalla contra el consumo de alcohol, hizo Frances Willard a la causa de las mujeres y, en términos más generales, a los movimientos de reforma social estadounidenses. A diferencia de otras líderes del movimiento, empeñadas en centrarse exclusivamente en la cuestión del alcohol, durante los años ochenta y noventa Willard animó a las mujeres de todo el país a que lucharan por el sufragio femenino. Creía que hasta que las mujeres no votasen, no podrían aprobarse leyes como las relativas al consumo de alcohol con el fin de protegerlas. Según apunta Steven L. Piott, la lucha contra el alcohol acabó transformándose en un medio indirecto que contribuyó a la emancipación femenina al impulsar a las mujeres a ampliar a la esfera pública su influencia, tradicionalmente reservada al espacio doméstico. Con el tiempo, Willard acabó abrazando ideas socialistas y abogó también por otras causas, como la lucha contra la droga o la defensa de la jornada de trabajo de ocho horas, evolucionando hacia posiciones críticas con el capitalismo industrial. Cuando murió de forma repentina a los cincuenta y nueve años, en 1898, estaba al frente de la asociación de mujeres más numerosa del mundo, y a su funeral, en Nueva York, acudieron dos mil personas.

Al final de sus días, Willard estaba convencida de que el alcoholismo no era la razón por la que una sociedad se echaba a perder, sino más bien al contrario: eran las condiciones de vida del capitalismo industrial, con sus horarios extenuantes, las que empujaban a los trabajadores explotados a ahogar sus penas en el alcohol, y a sus esposas e hijos a pagar por ello. Con este modo de pensar, y animando a que las mujeres y los trabajadores unieran sus causas, Willard logró que los ambientes conservadores en los que tan bien se movía se abrieran a la lucha por la reforma social y se interesaran por las condiciones de vida de los más desfavorecidos en una dirección bastante similar a la que, en España, llevó a cabo el catolicismo social de Concepción Arenal. Así, Willard dejó preparado el terreno para las políticas de la Era Progresista que se desarrollarían en Estados Unidos a partir de los años noventa del siglo XIX, una época caracterizada por el activismo social en muy distintos campos, entre ellos la educación femenina.[48] Como veremos, ella misma apoyará el Instituto Internacional en distintos momentos.

Pero volvamos ahora a 1877, el año en que Anna Gordon conoció a Frances Willard durante el mitin de Boston. Unos meses después de su encuentro, en una carta enviada desde Santander, Alice le escribió a su hermana:

Así que te has unido a Frances Willard. Sobre el tema de hablar en público no te puedo aconsejar, pues yo sería incapaz de hacerlo. He leído con sorpresa que hablaste en una reunión en la iglesia de Park Street, en Boston. ¿Qué será lo siguiente? Quizá el coraje que se necesita para una actuación semejante puede no haberse recibido al nacer sino adquirirse con el hábito.[49]

Si en aquel momento Alice hubiera tenido una bola de cristal para atisbar el futuro, sin duda habría visto cosas más inverosímiles que imaginar a su hermana Anna tomando la palabra frente a una muchedumbre de bostonianos. La habría visto viajando con Frances Willard por todo el país y por Europa durante más de una década, saltando de asamblea en asamblea, completamente inmersa en la vorágine del movimiento de las mujeres. Y no solo eso: habría visto a la propia Anna, a quien tanto le gustaban las reuniones de la Popcorn Society en Auburndale, asumiendo la presidencia de la Unión Cristiana de Mujeres por la Templanza tras la muerte de Willard. Fue además durante unos años en los que la capacidad de presión de este movimiento llegó a tal punto que, en 1919, se aprobó la decimoctava enmienda de la Constitución de Estados Unidos, también conocida como ley Seca, por la que se prohibía la producción, venta o transporte de bebidas alcohólicas. Sin duda, para ellas la ley constituyó una victoria mayúscula tras décadas de lucha, aunque tuvo una vida extremadamente corta: la prohibición no logró reducir el consumo de alcohol y la enmienda, después de mucha controversia, se derogó en 1933.

Es la única que ha tenido este destino en la historia constitucional estadounidense. Un final muy elocuente, a un abismo de distancia del porvenir que en cambio le esperaba a la decimonovena enmienda, relativa al sufragio femenino, impulsada asimismo por la fuerza del movimiento de las mujeres, que fue aprobada apenas unos meses después, en junio de 1919. Es curioso reflexionar sobre los caminos enrevesados que a menudo toma el progreso humano para abrirse paso. Y es que, como sabemos, las tabernas volvieron a abrir sus puertas y las copas se llenaron nuevamente de brandi, pero la vida de las mujeres que, como Anna Gordon, habían probado las mieles del activismo y la protesta política nunca volvió a ser la misma.

Ahora bien, mirando esa imaginaria bola de cristal, Alice habría contemplado algo aún más asombroso que su hermana pequeña, en 1917, convenciendo al mismísimo presidente Wilson de que endureciese las leyes sobre la producción de bebidas alcohólicas. Se habría quedado completamente perpleja al verse a sí misma, a comienzos de 1880, haciendo una campaña brillante desde el púlpito de las iglesias de Boston con el fin de recaudar fondos para el avance de la educación femenina en España. Ella, que por aquel entonces pensaba que nunca hallaría el coraje para hablar en público, acabaría encontrando una voz poderosa con la que convencer a las amigas de su hermana y a sus antiguas compañeras de universidad, cómplices en su misma lucha, para que apoyasen su sueño. La promesa que se había hecho a sí misma ante el altar de Santa Teresa.

9

«¡No pienso ir por ahí hablando en público como hacen otras misioneras! ¡No me gusta la exposición que supone! ¡Mujeres en el púlpito!».[50] La doctora Louise C. Purington, compañera de Alice en Holyoke, a menudo tuvo que escucharla pronunciar frases como esta cuando, en 1880, después de nueve largos años en Santander, las dos amigas volvieron a encontrarse en Boston durante una visita de Alice a su familia. Louise también estaba muy involucrada en la Junta Femenina para las Misiones, organizando el trabajo de las doctoras como ella enviadas a las misiones de ultramar. Al oír a su vieja amiga, recién llegada de España, trató de convencerla para que recapacitara. Desde luego, habría sido una pena que su trabajo perdiera apoyos por su reticencia a hablar en público.

Es muy comprensible que Alice sintiera cierta inseguridad. Mujeres como Frances Willard habían convertido la imagen de una mujer hablando en público en algo habitual, pero, por eso mismo, también en objeto de críticas y de ridiculización constante por parte de ciertos sectores de la sociedad. El estereotipo de la feminista, caricaturizada como una fea solterona que arenga a las masas chillando, procede precisamente de esta época.

Uno de los mejores retratos literarios que tenemos del ambiente asambleario al que acudían sufragistas, abolicionistas, reformadoras sociales y puritanas como Alice y sus hermanas lo encontramos en *Las bostonianas*, la novela de Henry James, publicada en 1886 y adaptada al cine en 1984, al igual que *Una habitación con vistas*, por James Ivory. Considerada una obra maestra del realismo estadounidense, la obra aborda de forma muy pionera la historia de amistad y amor frustrado entre dos mujeres, Olive Chancellor y Verena Tarrant, encarnadas, respectivamente, por Vanessa Redgrave y Madeleine Potter en la pantalla, quienes se conocen en una de las reuniones a las que ambas acuden en Boston para escuchar las «nuevas ideas» sobre la emancipación femenina. En la escena del encuentro entre ellas, una de las primeras del libro, Verena conoce también a Basil Ransom, pariente lejano de Olive. Ransom, interpretado por Christopher Reeve en la versión cinematográfica, es un cortés caballero del Sur, de Mississippi, cuyas costumbres y visión de la vida chocarán frontalmente con las ideas progresistas y reformadoras de su prima del Norte, quien lo ha invitado a acompañarla a la reunión después de cenar juntos en su casa de Charles Street. Ransom se enamora a su vez de Verena, hija de un mesmeriano y una abolicionista, quienes la han educado creyendo en la hipnosis y el espiritismo, prácticas esotéricas que con frecuencia se entremezclaban con aquellos ambientes de reforma. Toda la novela constituye un pulso, lleno de intriga y tensiones reprimidas, entre Olive y Basil para ver quién de los dos se queda finalmente con la inocente y hermosa señorita Tarrant.

Antes de la llegada de Verena a la reunión, Basil charla con otras dos mujeres allí presentes, la señorita Birdseye y la señora Farrinder, cuyo retrato está lleno de simpatía, pero también de grandes dosis del humor mordaz típicamente jamesiano. La señorita Birdseye, la anfitriona de la reunión, es una anciana de baja estatura, «confusa, complicada, locuaz», con una cabeza enorme y un rostro triste, en el que la expresión ha sido borrada «por la larga práctica de la filantropía». Solterona como muchas otras feministas, prosigue James, solo se enamora de causas y languidece ante cualquier forma de emancipación. No ha tenido un centavo en su vida y viste siempre igual, de forma modesta y con un amplio chaquetón negro. Pertenece a la Liga de las Faldas Cortas. Su aspecto, remata James a través de los pensamientos de su personaje Basil Ransom, es «el de la persona que ha pasado la vida en tribunas, auditorios, falansterios y *séances*», ya que en su cara fatigada casi puede verse el reflejo «de las malas lámparas usadas durante esas sesiones».[51]

No es mucho más halagüeño el retrato de la señora Farrinder, la otra mujer con la que habla Ransom antes de la llegada de Verena, una oradora célebre cuyas conferencias tenían precisamente por tema «la templanza y los derechos de la mujer», al igual que las de Frances Willard. Los fines que persigue y sobre los que tratan sus encendidas charlas son darles «a las mujeres de su país el derecho a votar y el de apartar de la mano de los hombres la copa burbujeante».[52]

Uno de los aspectos más modernos del retrato que hace James de estas mujeres es la atención que presta a su forma de hablar. Así, la señorita Birdseye, por ejemplo, parlotea constantemente «con una voz quebradiza como la de un timbre eléctrico demasiado gastado», mientras que la señora Farrinder lo hace «con lentitud y claridad, y evidentemente con un alto sentido de la responsabilidad», pronunciando todas las sílabas de cada palabra, tratando de ser explícita.[53] El interés que el novelista ponía en esta explosión de charlatanería femenina se ve reforzado por el hecho de que dedicara algunos ensayos al modo en que había cambiado la manera de hablar de las mujeres a raíz de su conquista de la arena pública.[54]

Sin duda eran ideas que estaban ya en el aire cuando Alice Gulick le confesó a su amiga, la doctora Louise C. Purington, que le asustaba exponerse hablando en público. Podemos comprender sus titubeos a la hora de pronunciar un discurso, pues resulta evidente que las mujeres que lo hacían eran a menudo ridiculizadas; y no solo en la novela de James.

¿Temería convertirse en una señora Farrinder?

10

A pesar de sus inseguridades, apenas unas semanas después de llegar a Boston, Alice se animó a subir al púlpito para contar de viva voz los avances del trabajo misionero en Santander. No iba a permitir que el miedo escénico le restara visibilidad a su proyecto.[55] Por otro lado, estaba muy interesada en que la Junta Femenina para las Misiones aprobara la ampliación de su internado, pues cada vez eran más las niñas que solicitaban entrar en su escuela, de ahí que fuera tan importante que los cargos directivos la escucharan hablar a ella misma. Además, desde hacía tiempo, por su cabeza y por la del reverendo Gulick rondaba la idea de trasladarse a otra parte de España, ya que les parecía que en Santander sus ideas liberales no encontraban todos los apoyos que podrían granjearse en otras ciudades. Para que autorizaran estos planes, era decisivo que Alice causara una impresión excelente en su auditorio.

Es muy probable que Anna y Bessie acompañasen a su hermana en aquellas primeras reuniones. Anna, sobre todo, la reconfortaría con su propia experiencia, tranquilizándola y animándola a perder el miedo a tomar la palabra. Por su parte, Bessie estaría muy atenta a los movimientos de Alice, pues en la biografía de su hermana dejó testimonio de uno de los primeros discursos que pronunció en una de aquellas reuniones de 1880. Resulta emocionante leerlo, pues sabemos que fueron muchas las dificultades que tuvo que atravesar hasta llegar a aquel momento. La imagino seria, concentrada, subiendo algo temblorosa los pequeños escalones del púlpito de la iglesia de Park Street, con unas breves notas entre las manos. Una vez arriba miraría expectante a su auditorio, congregado en los bancos de madera y con la mirada fija en ella, la hija de James Gordon, el viejo tesorero de la Junta para las Misiones. Alguno de los allí presentes, observándola de arriba abajo con el ceño fruncido, se admiraría del paso del tiempo, de lo rápido que aquella niña que pedía a su padre que la llevara con él a las reuniones de Auburndale se había convertido en una mujer hecha y derecha, al frente de su propia misión en España. Los murmullos se irían apagando poco a poco. Por fin se haría un silencio hueco en la iglesia. Alice levantaría entonces los ojos de las hojas y, emulando a Frances Willard, comenzaría a hablar elevando ligeramente la voz:

> La palabra «España» hace que pensemos en una tierra de romance, arquitectura y arte. Ningún otro país ha sido poblado por tan distintas naciones. Su historia nos transporta a un pasado remoto. […] Los arquitectos americanos encuentran en España las formas clásicas del arte románico y gótico que hoy embellecen nuestras ciudades. Debemos mencionar a Velázquez y Murillo y sus conmovedoras pinturas, a Cervantes y su inimitable Don Quijote; a Calderón de la Barca y a Lope de Vega en el mundo de las letras. Cuando América fue descubierta, España era la nación más importante del mundo. Pero aquella era la España del pasado. […]
>
> Taine dice que «África empieza en los Pirineos», quizá porque él vio, como he visto yo misma, a una mujer y a una vaca, atadas con un mismo arnés, tirando de un arado. […][56]

Como vemos, en esta parte de su discurso, Alice no dudó en apelar al imaginario existente sobre España en Estados Unidos; una España atrasada, ultracatólica y fanática que, sin duda, tenía una parte de estereotipo y construcción romántica, vivamente alimentada por las «leyendas negras» de la época. Así, la misionera recurrió a la intransigencia de Felipe II, al poder de la Inquisición y a la negativa a abrirse a la influencia extranjera para explicar el atraso y la situación de alarmante analfabetismo. Como cabía esperar, el punto de inflexión de su discurso fue el relato de cómo la revolución de 1868, con la libertad de culto y de prensa, había abierto un nuevo camino para la propagación de ideas liberales. Fue en ese momento cuando Alice abordó directamente la cuestión de la educación femenina, solicitando a su auditorio que apoyara su causa:

> España ha ofrecido a las niñas una educación muy limitada. En las escuelas públicas aprenden a leer, a escribir y a repetir oraciones. Además, las niñas aprenden a coser y poco más. Existen numerosas escuelas en conventos dispersas por el país, pero, como es bien sabido, la instrucción que ofrecen es muy limitada y está destinada sobre todo a las clases acomodadas. [...] Las tasas de los exámenes y el precio de los libros de texto —monopolio de los profesores— hacen que estudiar sea prohibitivo para las clases trabajadoras. [...] Existen algunas escuelas normales para niñas, pero están en las ciudades, así que las alumnas deben dejar sus hogares para acudir a ellas, exponiéndose a numerosas tentaciones. En realidad, en España, no se espera que una niña o una mujer sepa muchas cosas. Son floreros o amas de casa. Una niña debe vestir bien y coquetear con su abanico de un modo seductor, cosa para la que no es necesario tener conocimientos de geografía e historia. No tiene por qué saber las capitales de Europa ni en qué dirección es necesario viajar para llegar a América. Eso sí, debe saber cómo caminar con gracia.[57]

Pero, sin duda, la parte más interesante de su discurso llega al final, cuando decide rememorar su paso por España, aunque en sus palabras se escuche de nuevo cierta superioridad paternalista:

> Recuerdo muy bien la noche de 1872 en que llegamos a la estación de tren de Santander. [...] La noche era oscura, tan oscura que las luces de las velas que centelleaban en las casas de la colina parecían estrellas. Ahora que, nueve años más tarde, hemos dejado España para regresar a nuestro hogar en Estados Unidos, recuerdo aquella noche llena de incidentes y doy gracias a Dios porque hoy, algunas de aquellas casas se han iluminado con luces más brillantes que están penetrando en medio de la oscuridad intelectual y moral.[58]

A juzgar por los testimonios que recogió su hermana en la biografía, los numerosos discursos que Alice comenzó a pronunciar en iglesias y reuniones de Boston tuvieron un gran éxito. En contra de lo que había previsto ella misma en un inicio, enseguida le cogió afición a hablar en público, pues se sentía muy realizada cuando sus palabras eran escuchadas con atención por el auditorio. Convertirse en oradora dio otra dimensión a su figura y a su causa, y quienes la vieron coincidieron en afirmar que parecía haber nacido con el don de la palabra. El tema de la educación femenina la transformaba completamente. Su voz clara y melodiosa, con un ligero acento español irresistible, se llenaba de pasión en cuanto empezaba a hablar de las niñas de Santander.

Finalmente, la Junta Femenina para las Misiones apoyó la petición de Alice para ampliar el internado, así como sus planes de cambiar de ciudad. A su vuelta a España, en noviembre de 1881, el reverendo Gulick alquiló un pequeño vapor con el que hacer el viaje por mar entre Santander y San Sebastián, la ciudad que escogieron para instalarse en su nueva etapa. Pensaron que allí se encontrarían menos aislados que en Cantabria y mejor comunicados con las pequeñas misiones que dirigía el reverendo en Bilbao, Pamplona, Logroño, Zaragoza, Reus y la misma San Sebastián. Estarían, además, en la línea que unía las ciudades de París y Madrid.

La señorita Susan Richards, originaria de Auburndale, acompañó a los Gulick en su viaje de regreso a España. Quería quedarse algún tiempo trabajando con ellos en la formación de la nueva escuela. Sería una de las primeras americanas que, durante las siguientes décadas, cruzarían el Atlántico para unirse a la causa de doña Alicia. Como contaría muchos años más tarde en un escrito sobre el tiempo pasado con el matrimonio, nunca iba a olvidar el día en que embarcaron en el pequeño vapor San Miguel alquilado por el reverendo, cargados con sus cosas. Abrían el paso Alice y William con sus hijos pequeños, seguidos de cerca por las profesoras y un puñado de estudiantes de Santander que se trasladaban con ellos: la joven Arsenia, fiel al matrimonio, y otras cuatro niñas, llamadas Joaquina, Benigna, Generosa y Concepción, que no dudaron en seguir a su maestra. Al adentrarse en el mar, los Gulick dejaban atrás diez años de su vida, una casa con vistas a la bahía y la semilla del Instituto Internacional.

Durante aquella travesía, Alice fue contándole a la señorita Richards su sueño de crear un Mount Holyoke en España, un auténtico *college* para niñas como los de Nueva Inglaterra. Seguramente no quería que su nueva cómplice se descorazonara ni echara de menos Auburndale, como tantas veces le había ocurrido a ella. Sin duda, las palabras de la misionera animarían a la señorita Richards, pero la visión de la educadora feminista tratando de mantener el equilibrio en aquel barco sacudido por las olas haría que sonaran como un hermoso pero irrealizable cuento de hadas.

AVENIDA DE LA LIBERTAD

11

En San Sebastián, sin embargo, la suerte comenzó por fin a sonreír a los Gulick. Después de los años pasados en Santander, marcados por las estrecheces económicas, las persecuciones y los problemas de salud provocados por el clima húmedo, el traslado a una ciudad mejor conectada con Francia enseguida les levantó el ánimo. Si en el informe anual que habían enviado a la Junta para las Misiones en 1878 escribían que no era posible saber con certeza qué éxito tendría en España la creación de un internado femenino, en los que enviaron a partir de 1882 subrayaron con optimismo que el internado constituía el centro de la misión. Gracias al nuevo apoyo que Alice había conseguido, pronto se instalaron en un bello edificio señorial en el número 40 de la avenida de la Libertad, en un barrio acomodado en el que pretendían atraer pupilas entre las familias de las clases burguesas, pudientes y liberales.

Convertida en lugar de veraneo de la aristocracia desde los tiempos de Isabel II, San Sebastián vivía en aquellos años su particular *belle époque* bajo la regencia de la reina María Cristina, quien adoraba la ciudad. Algunos edificios tan emblemáticos como el Gran Casino, a pocos metros de la avenida de la Libertad, se construyeron en la misma época en que desembarcaron los Gulick, a quienes imagino contemplando admirados la evolución de las ambiciosas obras, que duraron varios años. Cuando por fin terminaron, la espléndida inauguración, amenizada por una orquesta llegada de París, reunió a más de tres mil personas en los salones del casino. También les llamaría la atención el sofisticado ambiente del vecino hotel Londres, frecuentado por aristócratas y ricos extranjeros, donde se había alojado Isabel II en su marcha hacia el exilio.[59]

La playa de la Concha, curvada como un hermoso caparazón, estaba a escasos pasos de su nueva casa, y por las calles aledañas, cercanas a la bahía, los Gulick se cruzarían continuamente con elegantes jovencitas con canotier, un sombrero de paja trenzada y ala corta, paseando en pequeños y alegres grupitos bajo sombrillas de encaje blanco. En poco tiempo, las cinco niñas que habían llegado con los Gulick vieron cómo se multiplicaba exponencialmente el número de sus compañeras de clase. Si al poco de comenzar iban a la escuela doce niñas (seis internas y seis externas), admira descubrir que solo unos años después, en 1887, eran 41 las alumnas internas y 76 las externas, y que las inscritas continuarían aumentando cada nuevo curso académico.[60] Las alumnas seguían perteneciendo en su mayoría a los estratos más desfavorecidos, lo que impedía recaudar grandes fondos entre las familias, pero los Gulick no perdían la esperanza de que, poco a poco, las cosas también fueran cambiando en este sentido. Aunque aún pasaban grandes apreturas, pues los primeros años no disponían todavía de toda la casa para ellos, estaban felices de haber conseguido finalmente parte del éxito con el que habían soñado durante tanto tiempo. La fama del colegio, al que en 1884 decidieron llamar Colegio Norteamericano, se propagó rápido, y la escuela pronto comenzó a ser conocida en los círculos cosmopolitas y cultivados de la ciudad.

En el mismo viaje que me llevó al archivo de Santander visité el de San Sebastián. Esta vez, lo que llegó a mis manos tras lanzar la botella al mar fue el padrón de diciembre de 1885, donde figuraban los nombres de quienes habían vivido en la casa de la avenida de la Libertad.[61] Al leerlo saltaba a la vista que, durante los doce años que habían transcurrido desde que enterraron al pequeño Willie, el hogar de los Gulick había vivido numerosos días felices, con los nacimientos de Jamie, Frederic, Bessie, Alice y Grace. Imaginé el sonido de sus voces subiendo por las escaleras de la casa o jugando al escondite en el zaguán. Junto con sus nombres y fechas de nacimiento, el padrón daba noticia de la existencia de Isabel Guijarro Martínez de Castilla, de diez años, inscrita como discípula de los Gulick y procedente de un pueblo de Málaga. También de las hermanas Glorina y Ester González Sañudo, naturales de Santander, de diez y doce años respectivamente, a quienes imaginé sentadas en el pequeño vapor San Miguel, de la mano de la señorita Susan Richards, el día que llegaron a la ciudad. Por último, aparecían los nombres de Pedro Garrido Mayoral, el portero, procedente de Burgos, y Guillerma González Ciruelos, la criada de Guadalajara, de quien se informaba que era soltera, llevaba cuatro años en la ciudad y no sabía escribir.[62]

Curioseando en las páginas web de San Sebastián, vi que existía un jardín dedicado a Alice, el Alice Gulick Parkea, en Intxaurrondo, adonde me dirigí al salir del archivo, tras merodear por los alrededores del edificio de la avenida Libertad, todavía en pie, pero convertido en un concurrido Starbucks. Al llegar al parque, esta vez no me encontré con ninguna puerta cerrada, sino con un frondoso rincón solitario, rodeado de caseríos. Me alegró mucho ver que en la entrada había una placa urbana de color azul con el nombre de Alice y un pequeño monolito de piedra negra, en el que incluso estaba reproducido su retrato, donde se contaba su historia.

Me senté en uno de los bancos de madera y me dejé envolver por el silencio de la tarde. Pensé en lo lejos que me estaba llevando mi peregrinación y en cuántos jardines me esperaban todavía.

Avenida de la Libertad, padrón de 1885.

12

Los motivos que llevaron a las primeras familias donostiarras a llamar a la puerta de Alice Gulick fueron variados. Algunas alumnas eran hijas de pastores protestantes que vivían en otros puntos de España, como Río Tinto, en Huelva, o Besullo, en Asturias. Becadas por la Junta para las Misiones, se confiaba en que más adelante trabajarían como maestras en diferentes escuelas misioneras repartidas por el país. Otras niñas pertenecían a familias extranjeras afincadas en el País Vasco, una región en pleno desarrollo industrial, que preferían una instrucción basada en métodos pedagógicos más modernos. Finalmente, los círculos liberales de San Sebastián empezaron a ver con simpatía los aires de modernidad que desprendían aquellas profesoras formadas en universidades femeninas como Holyoke.

En todo caso, durante el tiempo en que los Gulick permanecieron en San Sebastián, entre 1881 y 1898, los locales de la avenida de la Libertad acogieron conjuntamente distintas escuelas y opciones de formación, una situación que cambiaría a comienzos del siglo xx. En aquellos años todavía convivían bajo el mismo techo las jóvenes del Colegio Norteamericano, los niños y niñas de la escuela evangélica misionera y los adultos que acudían a unas clases nocturnas dirigidas a enseñarles a leer y a escribir.[63] La formación de las jóvenes, encaminada a prepararlas para ser maestras, incluía materias como historia, literatura, botánica, geografía, aritmética e inglés, complementadas con clases de costura, mucha música, poesía y la lectura atenta de la Biblia. Al terminar el curso se organizaba una presentación de trabajos, una especie de fiesta que tenía gran importancia, como en cualquier colegio actual, y que permitía a Alice y a la señorita Richards mostrar a los padres y vecinos de la ciudad los resultados de tantos meses de trabajo.

Siempre que el tiempo lo permitía, las jóvenes del Colegio Norteamericano salían a pasear, con sus impolutos uniformes de color azul marino y acompañadas de sus profesoras, por los bosques de los alrededores. Les encantaba caminar por los montes que rodean la ciudad, como el Igueldo o el Urgull, para disfrutar de las impresionantes vistas del mar, pero también hacer pícnics en algún paraje escondido de la costa.[64] Hoy es muy habitual que los niños salgan de los colegios de excursión, pero en aquella época, ese tipo de actividades al aire libre no se valoraban demasiado. Como veremos, en el futuro, esta pasión contribuiría a tejer importantes vínculos con los andarines profesores de la Institución Libre de Enseñanza, quienes compartían con las americanas el amor por las caminatas y las excursiones.

Sin embargo, una de las razones por las que el Colegio Norteamericano comenzó a granjearse una buena reputación en la ciudad no tuvo que ver exactamente con su enfoque pedagógico, ni con su labor evangélica, sino con la organización de veladas musicales de gran éxito, a las que empezó a acudir un nutrido público compuesto por amigos y simpatizantes. Ya sabemos que Alice tenía un talento natural para amenizar con su voz estas reuniones, un don que compartió con sus nuevas alumnas, pues estas veladas las ofrecían ellas, acompañadas a menudo por alguno de los pequeños Gulick. Se han conservado numerosos programas de mano de estas recepciones, preparados con cariño y gusto refinado, que nos hablan de la importancia que tuvieron aquellos encuentros musicales iniciales para la historia del Instituto Internacional y la educación de las mujeres.

Ahora bien, el éxito logrado también significó para Alice una enorme carga de trabajo, pues debía compaginar la dirección del colegio con el cuidado de sus hijos y la absorbente tarea de mantener informada, por carta, a la Junta para las Misiones. No es que quisiera dar un paso atrás; al contrario, seguía empeñada en convertir el Colegio Norteamericano en una institución pionera para la educación superior de las mujeres españolas. No obstante, quería recibir más apoyo de la Junta, más medios para llevar a cabo sus propósitos. Y, sobre todo, lo que deseaba más que nada era traerse de Holyoke a otras jóvenes misioneras que pudieran ayudarla en San Sebastián.

Tras muchos ruegos y peticiones, en el verano de 1887, la Junta para las Misiones la autorizó de nuevo para regresar temporalmente a Estados Unidos. El motivo oficial fue que necesitaba reponer fuerzas en Auburndale, junto a su círculo familiar. Una bronquitis mal curada le había dado mucha guerra durante todo el invierno. Necesitaba pasar un tiempo en compañía de sus hermanas y volver a contemplar el río Charles con ellas. Sin embargo, incansable como siempre, Alice aprovechó aquellos meses para viajar a Holyoke, en South Hadley, en busca de alguna alumna dispuesta a cruzar el Atlántico con ella para trabajar en su colegio.

Catharine Hayden Barbour, una joven de veinticuatro años que amaba la botánica, respondería a su llamada. Ella es otra de las americanas de nuestra historia.

13

Mucho tiempo después, sus amigas recordarían el día en que Catharine conoció a Alice Gulick. Era una tarde de verano en Holyoke, las estudiantes leían silenciosamente en sus cuartos y en los pasillos reinaba la más absoluta calma. Por las ventanas de estilo gótico podían contemplarse los árboles en flor, movidos por la brisa del atardecer. Mary Lyon, congelada con su gorrito puritano en el solemne retrato colgado de la pared, ejercía mejor que nunca su fantasmagórico papel de centinela. De pronto, la puerta de una de las habitaciones, donde se encontraban repasando sus lecciones Arma, Martha, Mary y Caroline, el círculo de compañeras íntimas de Catharine, se abrió de golpe. Enseguida vieron aparecer el rostro agitado de su amiga Catha, como la llamaban ellas, con los ojos castaños iluminados por la emoción. «Venid a mi habitación», les dijo. Acababa de conocer a una antigua alumna, de la promoción del 67. Una misionera procedente de España, que le había ofrecido ir a San Sebastián, en el norte de España. «Tenéis que conocerla». No cabía en sí de la alegría.[65]

Las cuatro amigas se apresuraron a dejar sus libros y salieron en tropel, siguiéndola por el corredor en penumbra que comunicaba con su cuarto. Formaban una alegre comitiva. En primer lugar, justo detrás de Catharine, iba Arma Smith, neoyorkina, muy erguida, la más organizada y metódica de las cinco, como bien transmitía su pequeño moño alto perfectamente arreglado. La seguían cogidas del brazo Martha Clark y Mary Anderson, inseparables desde el día, cuatro años atrás, en que se habían conocido en el tren. Las dos procedían de Vermont, uno de los estados vecinos, célebre por sus hermosas montañas nevadas y sus bosques. Su origen común las había hermanado a primera vista en la estación, camino de Holyoke, y el carácter impulsivo de Mary había hecho el resto. A los cinco minutos de conocerse ya eran mejores amigas. Cerraba el cortejo Caroline Telford, tímida y juiciosa, dos años más joven que las demás y por tanto la última en unirse al grupo. Mary la había adoptado en otro viaje en tren en cuanto reconoció que se trataba de una «nueva», convencida de que aquella alumna más joven tenía que convertirse enseguida en su compañera de habitación y formar parte del grupo. Al parecer, Caroline se lo había pensado antes de responder, pues su hermana mayor la había prevenido precisamente contra las niñas demasiado vehementes, como Mary, que podían abalanzarse sobre una novata como ella nada más verla poner un pie en el vagón.

Cuando las cinco llegaron a la habitación de Catharine aquella tarde del verano de 1887, Alice estaba sentada en una modesta silla de madera. Una a una fueron acomodándose a sus pies en el suelo, formando un círculo a su alrededor, como si fueran sus hijas, atentas a las historias que comenzaron a salir de sus labios.[66] Todas habían escogido estudiar en Holyoke porque se sentían atraídas por la vida de misioneras, así que conocerla era, en cierta manera, como poner cara a sus propios sueños. Alice comenzó hablándoles de los pormenores de sus aventuras en Santander y de la decisión de establecerse finalmente en San Sebastián, donde el colegio despegaba después de muchos esfuerzos. Les habló con mucho detalle de Arsenia, Benigna, Concepción, y tantas otras niñas españolas que, desde el otro lado del Atlántico, esperaban ilusionadas la llegada de una nueva profesora americana. Necesitaban una que pudiera ocuparse de las clases de álgebra, botánica y zoología, pero también enseñarles inglés y sacarlas de paseo. Las condiciones, añadió, no siempre eran fáciles, por no hablar de la travesía por el océano, pero, aun así, las niñas españolas merecían la pena. Durante todo el tiempo que duró su charla, Alice no dejó de examinar veladamente a Catharine. Si bien no era especialmente agraciada, su rostro despertaba ternura de inmediato. Tenía mirada de animalillo en peligro y la ropa le quedaba demasiado grande, como si la hubiera heredado de una hermana mayor más corpulenta o nunca hubiera aprendido a vestirse con gracia. El flequillo se le rizaba siempre con rebeldía, formando encima de la frente un pequeño remolino. ¿Sería capaz aquella chica, se preguntaría Alice mirándola por el rabillo del ojo, de hacerse con las alumnas de San Sebastián?

Catharine no era precisamente una niña mimada. De hecho, no había tenido una vida demasiado fácil. Nació en junio de 1863, en plena guerra civil estadounidense, en una granja de dos plantas y muros de ladrillo de Barkhamsted, Connecticut, un pueblecito rodeado de bosques y ríos en la frontera con el estado

Catharine Barbour.

de Massachusetts. A los pocos años de nacer ella, su madre, quien llevaba su mismo nombre, falleció. Le dejó pocos recuerdos, pero había una cosa que Catharine y sus hermanas, una de ellas llamada precisamente Florence, no pudieron olvidar: el amor por las plantas y las flores, que su madre quiso transmitirles. Su padre, descendiente de uno de los Pilgrim Fathers llegados a bordo del Mayflower, también murió cuando era aún demasiado joven, víctima de un accidente del que su propia hija Catharine fue testigo. Una pena profunda se apoderó de ella.

Además de la tristeza, a Catharine seguramente la acosaba a menudo una pregunta. ¿Qué podría hacer para ganarse la vida? ¿Qué sería de ella? Como refleja la novela *Work*, escrita por Louisa May Alcott en la misma época en que Catha se hacía mayor en Connecticut, las opciones profesionales que tenían las huérfanas como ella no eran muchas, y las misiones representaban una opción con enorme atractivo para las jóvenes de fuertes convicciones religiosas. A los veinte años, tras acudir a un encuentro en Torrington, un pueblo vecino del suyo, Catharine tomó la decisión de estudiar en Holyoke, el seminario femenino conocido por enviar a sus alumnas como misioneras por toda la faz de la tierra. Siguiendo los pasos de su madre, escogió especializarse en botánica y zoología, preparándose para ser algún día profesora allá donde la llevara el destino.

Bajo la supervisión de las señoritas Anna Edwards, Clara Stevens y Henrietta Hooker, a quienes permanecería unida para siempre, en Holyoke pasó los mejores años de su vida, los que dieron forma a su carácter, disfrutando de la alegre compañía de su círculo de íntimas amigas. Con Arma, Martha, Caroline y Mary se aventuró por las espinosas páginas del *University Algebra*, el manual escrito por Edward Olney que tanto las hacía sufrir con sus fórmulas incomprensibles, se apuntó al Club de Biología y comenzó a salir a pasear por los alrededores de los edificios de piedra del colegio, entusiasmada con las oportunidades que ofrecían las inmediaciones del Oxbow, afluente del río Connecticut, para su colección de plantas y flores silvestres.[67]

Sus amigas veían a Catharine como una compañera simpática y llena de dulzura, pero también con una gran capacidad para el trabajo y un fino sentido del humor. Cuando, al caer la tarde, leían en voz alta pasajes de la historia antigua, le encantaba detenerse en las pequeñas debilidades de los emperadores romanos para comentarlas entre risitas; le parecía que en aquellos gestos aparentemente insignificantes de los grandes personajes históricos se revelaba la verdadera condición humana, tan común a pesar del paso del tiempo. También era conocida su obsesión por aprenderse cada año los nombres de todas las nuevas estudiantes, una tarea que se tomaba como si fuera una asignatura más, convencida de que saberse al dedillo cómo se llamaban las trescientas alumnas que poblaban el comedor de amplios techos del colegio era una obligación tan importante como conocer de memoria todas las especies de helechos del reino vegetal. Aunque las cinco amigas formaban un grupo compacto, unido por profundas afinidades, Arma fue siempre su favorita, la verdadera alma gemela de Catharine. Iban

Arma Smith.

juntas a clase y a menudo fueron además compañeras de habitación. Las unía el amor por la naturaleza, y acostumbraban
salir de excursión para practicar alpinismo y coger flores silvestres entre las rocas más altas del majestuoso monte Tom, situado a escasas diez millas del seminario.

Cuando era pequeña, Catha había comenzado un *herbarium*,
una hermosa colección de plantas locales secas y clasificadas en
la que iba anotando el lugar y la fecha de recolección. Y en South
Hadley, rodeada de otras chicas como Arma, con las que compartía el deseo de salir a recoger nuevas especies, encontró un
verdadero paraíso donde cultivar su pasión. Catharine tuvo una
célebre predecesora en Holyoke, nada menos que Emily Dickinson, quien había estudiado allí con Mary Lyon dos décadas antes,
durante el curso 1847-1848. Al igual que Catharine, Dickinson
empezó a interesarse por la botánica a una edad muy temprana,
durante sus primeros años de vida en la casa familiar de Amherst.

De hecho, le gustaba decir que había sido «criada en un jardín», rodeada de las anémonas, las campanillas y los dientes de león que años más tarde aparecerían en su poesía, llena de metáforas botánicas y vegetales que extendía al universo entero.[68] Las cartas que escribía de niña dan cuenta de este interés precoz por el cultivo de las plantas, una afición frecuente entre las jóvenes de Nueva Inglaterra a mediados del siglo XIX, y que ella pudo desarrollar en la Amherst Academy, el colegio donde estudió antes de ingresar en Holyoke. En The Homestead, la casa en la que vivió toda su vida, su padre construyó un pequeño invernadero cerca del jardín para que pudiera cultivar flores de interior al abrigo de las inclemencias del tiempo. Su favorita era la margarita, con la que se identificaba y sobre la que años más tarde escribiría que era el único ser vivo que «realmente la conocía».[69]

De hecho, el herbario de Dickinson, hoy conservado en Harvard, es muy valorado por los historiadores de la literatura. Con razón, consideran un auténtico tesoro la colección formada por cuatrocientas muestras que la poeta disecó y clasificó en latín con la misma caligrafía infantil con la que escribiría sus pequeños textos. Es una joya delicada que ha llegado hasta nosotros de una forma tan milagrosa como sus poemas secretos, como enseguida veremos. Lo comenzó cuando apenas tenía nueve años, animada por sus profesores, pues llevar un herbario se consideraba un modo muy útil y práctico de aprender botánica, y lo terminó a los dieciséis, el año antes de ingresar en Holyoke. En sus páginas encontramos muestras de arce, campánula, rosa, violeta, lila y jazmín, entre muchas otras plantas y flores. Cuando lo vio, Mary Lyon quedó tan impresionada que no dudó en convalidarle la asignatura de botánica.[70]

Volvamos ahora a nuestra Catharine, a quien habíamos dejado sentada con sus amigas en el suelo de su cuarto universitario, a los pies de Alice, una tarde del verano de 1887. Solo unos meses después de la visita de la misionera, en octubre, Catha se despidió de los muros de piedra rojiza de su querido Holyoke para viajar a Nueva York, donde la esperaba el buque Aurania, en el que se embarcaría rumbo a Liverpool. William Gulick la acompañó personalmente desde Londres hasta San Sebastián. El mismo día en que Catharine dejó South Hadley, Martha Clark partió en dirección contraria, hacia el otro extremo del globo, con destino a una misión de Japón, donde recalaría asimismo la juiciosa Caroline Telford. Un tiempo después, Arma Smith, la favorita de Catharine, seguiría los pasos de su amiga hacia el este, viajando hasta Constantinopla, en Turquía. El grupo se desperdigaba, como hacen las abejas en los poemas botánicos de Dickinson. Solo la impulsiva Mary Anderson permanecería en Estados Unidos, trabajando como profesora de botánica.

Al imaginar la despedida de Catha y Arma no puedo evitar pensar en un hermoso grabado hoy conservado en el Metropolitan Museum de Nueva York que la pintora americana Mary Cassatt, afincada en Europa, realizó en la época en que las dos amigas partían rumbo a lo desconocido. En él vemos a dos jovencitas con las cabezas muy juntas, contemplando atentamente un mapa, sus miradas absortas, pero apuntando en la misma dirección. La intimidad entre ellas es palpable en la postura de sus cuerpos aún infantiles inclinados hacia delante, relajados y muy cerca el uno del otro. No podemos distinguir qué región,

Mary Cassatt, *The Map*, 1890.

país o continente están observando con tanto interés, pues el mapa solo aparece esbozado con las finas líneas que una de las niñas toca suavemente con la punta de los dedos. Me parece que el grabado es todavía más hermoso así, misteriosamente incierto, revelando una cartografía blanca, que está por descifrar, como el mundo que se abría ante las dos amigas a finales del siglo XIX.

Cuando pienso en Catha un poco después de esta escena imaginaria, preparando sus maletas para viajar a Europa, la visualizo moviéndose silenciosamente por su habitación de Holyoke, con el holgado vestido negro. De pronto la veo detenerse unos segundos, buscando con la mirada una última pertenencia que meter en el baúl.

El herbario que había comenzado con su madre en los bosques de Nueva Inglaterra atravesaría el océano con ella.

14

Las circunstancias que rodearon el descubrimiento de los manuscritos secretos de Emily Dickinson siguen estando envueltas en un gran misterio.[71] Los críticos no aciertan a ponerse de acuerdo sobre quién fue la primera persona que, tras su muerte, entró en la habitación de la segunda planta de su casa de Amherst donde había decidido encerrarse vestida de blanco hacía tantos años, sin ver apenas a nadie. Por eso es difícil saber a ciencia cierta quién fue la persona que encontró, escondido debajo de la cama, el famoso arcón[72] con los ochocientos poemas dentro. La mayoría sostiene que fue su hermana pequeña, Lavinia, la que los vio primero al poner en orden sus pertenencias; otros creen que fue su criada irlandesa, Margaret Maher, quien dio la voz de alarma. Sea como fuere, en lo que sí coinciden los estudiosos es en que Emily había dado instrucciones para que se prendiera fuego a sus cartas tras su muerte. En aquella época la costumbre era llevarse los secretos a la tumba.

Demos por bueno que fue Lavinia quien entró en el cuarto de su hermana aquel día de mediados de mayo de 1886. Aunque era dos años menor, se habían criado muy cerca la una de la otra, como mellizas. Fueron juntas a la Amherst Academy, cuando Emily tenía diez años y Lavinia ocho. Durante gran parte de su vida, antes de que Emily se convirtiera en una sombra solitaria, incluso durmieron en la misma habitación. En todo caso, a pesar de la proximidad y del vínculo profundo, eran muy diferentes. Vinnie, como la llamaba Emily, era la más práctica y hacendosa de las dos; ella era quien se ocupaba de que The Homestead funcionara. En una fotografía que ha sobrevivido, tomada una década después de la muerte de Dickinson, la vemos como seguramente era, una bella y sonriente solterona, con los hombros cubiertos por un rebozo a cuadros y abrazada a uno de sus gatos.

Imagino a Vinnie aquel día de mayo de 1886, poco después de que muriera su hermana, subiendo la escalera de madera, con la mano posada en el pasamanos, curvado y con el barniz reluciente. La veo después caminando lentamente por el pasillo, hasta llegar a la puerta de Emily, situada justo enfrente de la de su dormitorio. Juguetón, su gato la seguiría de cerca con la cola en alto, tiesa como un alambre. Al entrar en la habitación, Vinnie se dejaría envolver por la preciosa luz natural que se colaría a través de las cortinas de las ventanas, con vistas a The Evergreens, la casa de su hermano y su cuñada Susan, la mejor amiga de Emily. Vinnie aún podría respirar el silencio y la calma que durante tanto tiempo, mientras su hermana vivía, reinaron en la estancia. Es posible que al detener los ojos en las rosas estampadas en el papel de pared sintiera una afilada punzada de dolor. Era primavera, así que a través de las finas cortinas de encaje blanco también entraría una brisa perfumada por las flores del jardín. Al mirar el retrato de la escritora Elizabeth Barrett Browning colgado en la pared y los libros de las Brönte sobre la chimenea, casi podría sentir la presencia de Emily. A la derecha vería la cama de madera, con las sábanas limpias y estiradas, como las de una novia. Junto a la ventana, la pequeña mesa a la que a Emily le gustaba sentarse a escribir.

Lavinia sabía que su hermana componía poemas. De joven, incluso se había animado a publicar alguno de ellos, como «The

Snake», en *The Springfield Republican*. Lavinia sabía también que, desde el comienzo mismo de su actividad literaria, su hermana había tomado la drástica decisión de no poner sus creaciones en manos de personas extrañas. Le irritaban especialmente quienes trabajaban en los periódicos, la ligereza con que introducían cambios en su escritura. De hecho, Lavinia aún recordaba el disgusto que había tenido su hermana cuando, al ver su poema sobre la serpiente impreso en el periódico, comprobó con horror que el editor del *Republican* se había atrevido a añadir una coma entre sus versos. ¡Qué sabría él! Aquella sensación de incomprensión la había hecho escarmentar muy pronto.[73]

Emily, sin embargo, no dejó de escribir sus poemas radicalmente subversivos con las convenciones literarias de su época ni de mostrarlos a los miembros de su círculo, como también sabía Lavinia aquel día de mayo de 1886 al entrar en su cuarto. A lo que había renunciado era a la visibilidad y a la publicidad de ver su obra impresa, en boca de todos. Prefirió copiarlos a mano, en pequeñas cuartillas de papel, muchos de ellos a lápiz, con su letra impecable, para regalárselos discretamente a las personas más queridas de su pequeño mundo, como su cuñada. De este modo, qué duda cabe, también consiguió que le pasaran inadvertidos al inquisidor ojo de su autoritario padre, Edward Dickinson, conocido en Amherst por sus ideas rígidas y conservadoras. Aunque había fomentado que su hija fuera a la escuela, su actitud ante el avance de las mujeres era ambivalente. Como Emily le contó una vez en una de sus cartas al escritor Thomas Wentworth Higginson, a quien consideraba su preceptor, curiosamente, su padre fue quien le compró las novelas escritas por mujeres que ella devoraría, como las de las Brönte, y también quien aprovechó aquel regalo para dejarle muy claro que preferiría que se abstuviera de leerlas. Temía que le «agitaran la mente».[74] Figurémonos, entonces, lo que habría dicho el señor Dickinson si hubiera sabido que la poeta más grande de América trabajaba en silencio bajo su mismo techo.

Junto con Lavinia y el misterioso Maestro, a quien Emily dirigió algunas de sus más bellas cartas, Susan fue, sin duda, la persona a la que más amó. Cuando se conocieron, a los dieciséis años, en la Amherst Academy, imagino que descubrieron con alegría que solo se llevaban nueve días, pues las dos habían nacido en el mes de diciembre de 1830. Conectaron enseguida. Susan era divertida, inteligente y muy culta. Emily llegaría a decir de ella que fue la persona de la que más aprendió en su vida, con la sola excepción de William Shakespeare. De los más de mil setecientos poemas que Dickinson escribió, trescientos están dedicados a Susan. Aunque la poderosa relación que las unió ha sido durante mucho tiempo ignorada por los críticos, más obsesionados con la sumisión amorosa de Emily al enigmático Maestro, en las últimas décadas la crítica feminista ha leído su obra precisamente a la luz de su amor por Susan.

Para Emily, la forma más habitual de hacerle llegar sus poemas a Susan era a través de sus cartas, en las que también solía introducir alguna flor seca, cortada de su jardín, donde pasaba largas horas. En algunas de estas cartas incluso empleó la superficie de los sobres para escribir versos. Son los llamados *envelope poems*, auténticos poemas-objeto, como los que varias décadas después crearían los artistas europeos de vanguardia. Aunque su amada Susan vivía a escasos metros de The Homestead, ambas mujeres se escribían a menudo. Emily aprovechaba esos intercambios postales para mandarle sus creaciones, muchas de ellas inspiradas en la propia Susan, a quien llamaba con nombres tan entrañables como Sue o Bee. Entre ellos se encuentra «Una hermana tengo en nuestra casa», un famoso poema dedicado a Lavinia y a Susan, seguramente uno de los más bellos que jamás se hayan escrito sobre los lazos de hermandad y amor entre mujeres:

Una Hermana tengo en nuestra casa –
Y una, a un seto de distancia.
Solo una está inscrita,
Pero ambas me pertenecen.

Una vino por el camino que yo vine –
Y llevó mi vestido del año anterior –
La otra, como un pájaro su nido,
Entre nuestros corazones construyó.

Ella no cantaba como nosotras –
Era una melodía diferente –
Ella misma para sí una música
Como Abejorro de Junio.

Hoy está lejos de la Infancia –
Pero subiendo y bajando las colinas
Yo le cogía la mano aún más fuerte –
Lo que acortaba todas las distancias –

Y todavía su zumbido
Pasados los años,
Engaña a la Mariposa;
Todavía en sus Ojos
Yacen las Violetas
Consumidas en tantos Mayos.

Yo derramé el rocío –
Pero tomé la mañana;
Escogí esta estrella singular
Entre las muchas que hay en la noche –
¡Sue – para siempre![75]

Cuando imagino a Vinnie aquel día de mayo de 1866 son precisamente los versos de este poema los que escucho. Resuenan en mí al verla agacharse debajo de la cama y, sobrecogida, abrir la tapa del arcón. Pues sería aquella hermana, la que moraba en su misma casa y había venido por su mismo camino, la que encontraría el enigmático legado de Emily Dickinson.

15

Emily había encuadernado gran parte de sus poemas en cuarenta pequeños y delicados libritos manuscritos que sus primeros editores bautizarían con el término de «fascículos». Nunca se los enseñó a nadie. Como explica Ralph W. Franklin, uno de los grandes estudiosos de su obra, para componerlos, Dickinson debía de seguir un procedimiento bastante sencillo y artesanal, aunque muy ritualizado. Lo primero que hacía, antes de reunir las hojas que formarían el librito, era copiar los poemas que deseaba encuadernar en papeles de carta, de pequeñas dimensiones, doblados en dos.[76] Después colocaba las hojitas unas encima de otras, siguiendo un orden que sería significativo para ella y también para la interpretación del propio «universo» del fascículo; por desgracia, nunca numeró las páginas ni les puso títulos.

Los poemas que copiaba eran versiones acabadas, aunque en algunas páginas se conservan anotadas en el margen palabras sueltas, términos que Dickinson consideraría alternativos a los que había decidido finalmente utilizar. Hoy estas anotaciones al margen son valiosísimas para los críticos textuales que estudian su poética, pues, gracias a ellas podemos saber, por ejemplo, que Dickinson consideraba que el «terror», el «éxtasis» y el «transporte» eran términos sinónimos.[77]

Una vez que las hojas estaban juntas, las perforaba, haciendo dos pequeñas incisiones en los laterales por las que, con una aguja, introducía el fino cordel con el que el fascículo quedaba atado. La apariencia exterior debía de ser bastante semejante a la de un librito como el que haría una escolar disciplinada.

Cuando Lavinia encontró aquellos fascículos, su sorpresa fue mayúscula. Una cosa era que su hermana escribiera hermosos poemas para regalar a sus seres queridos y otra muy distinta que llevara décadas dedicada a la composición de una obra de tal envergadura, calidad y sofisticación. Sin darse cuenta, debió de pensar consternada, habían vivido junto a una poeta inmortal, sin ni siquiera haber oído el sonido de su lápiz rasgando el papel en la habitación de al lado. Y ahora, la hermana de Shakespeare se había marchado sin dejar instrucciones sobre cómo proceder con semejante tesoro de amor y papel. ¿Qué se suponía que debía hacer ella? ¿Quemar los poemas? ¿Ignorarlos? ¿Meterlos en un cajón y hacer como si nada? Si lo hubiera hecho, hoy The Homestead sería uno de los archivos fantasma más espectaculares de la historia de la literatura.

Afortunadamente, en cuanto tomó conciencia de lo que tenía entre manos, Lavinia se propuso que los poemas vieran la luz enseguida, lo antes posible. Pero la tarea no era ni mucho menos sencilla. Su hermana no solo había escrito unos textos extrañísimos sobre grandes temas universales, como el amor, la muerte, la naturaleza o la esperanza, sino que su composición era completamente ajena a las normas de puntuación de la época. Emily introducía guiones para separar palabras, no seguía los esquemas métricos tradicionales y desplegaba oscuras asociaciones conceptuales, muy difíciles de entender. Si hasta Harold Bloom, uno de los críticos más importantes del siglo XX, confiesa en *El canon occidental* sentirse incapaz de seguir a Dickinson en sus «vuelos cognitivos»,[78] imaginemos la cara de la pobre Lavinia, su primera lectora, al zambullirse en aquella locura poética y metafísica.

16

Cuando miramos hacia atrás para entender lo que sucedió después del increíble descubrimiento, la primera decisión que tomó Lavinia resulta absolutamente lógica. Me gusta imaginarla bajando las escaleras a grandes zancadas con el gato siguiéndola de cerca, ponerse el rebozo de cuadros en la penumbra del vestíbulo y salir corriendo por la puerta trasera, la del invernadero. Segundos después, la veo cruzar el jardín y pasar bajo los árboles hasta llegar sin aliento a The Evergreens para buscar a Susan. ¿A quién si no? No solo era la mejor amiga de su hermana, también era su principal lectora e interlocutora, por no hablar de su gusto por coleccionar libros. Ella me ayudará, debió de decirse Lavinia.

Estaba en lo cierto. Susan, aquella hermana a quien Emily había cogido fuerte de la mano al subir y bajar las colinas de la vida, se hizo cargo de los manuscritos durante dos largos años. De hecho, su paso por ellos ha quedado inmortalizado para siempre por las letras D, F, H, L, N, P, S y W y por los números 1, 2 y 3, que fue anotando a lápiz en la parte superior de algunas hojas, que aún resultan visibles. Tras devanarse los sesos tratando de dilucidar qué significado podrían tener estas marcas, los críticos han concluido que seguramente esconden una primera clasificación temática esbozada por Susan. Por ejemplo, la D indicaría que los poemas contenidos en ese fascículo tratan sobre la muerte (*Death*). Pero Lavinia también dejó inscritas sus huellas en las páginas de Dickinson. Las marcas X, XX y XXX que se distinguen en el encabezamiento y en el final de muchos poemas se han atribuido a ella. Acaso fue su manera de intentar orientarse en el endiablado laberinto creado por su hermana.

Lo que vino después ya no es una historia tan hermosa como la que intuimos entre las líneas de este misterioso jeroglífico alfanumérico inventado por Susan y Lavinia. Impaciente por ver publicados los poemas de Emily cuanto antes, Lavinia pidió ayuda a Mabel Loomis Todd, otra mujer de su círculo. También escritora y esposa de un profesor de astronomía en el Amherst College, la resuelta Mabel sin duda era la persona más adecuada para sacar el proyecto del punto muerto en el que estaba. El problema, sin embargo, era que desde hacía años tenía un *affaire* extramatrimonial con Austin, hermano de Emily y esposo de Susan. Como es natural, ambas mujeres no se llevaban especialmente bien, así que Lavinia tuvo que entregarle la caja con los poemas en secreto, para que Susan no se enfadase.

Mabel cumplió con la tarea, y, desde luego, es a ella a quien los lectores debemos la poesía de Dickinson. Sin su intervención y la de Thomas Wentworth Higginson, que ayudó a Mabel en el

Uno de los poemas manuscritos de Emily Dickinson.

proceso, es muy posible que sus textos nunca hubieran visto la luz. En 1890 se publicó *Poems*, la primera y exitosa edición de una selección de su obra poética. No obstante, Mabel también tomó algunas decisiones editoriales que los críticos han lamentado profundamente y que hoy resuenan con la fuerza de una parábola. La primera y más importante de ellas es que decidió desatar los fascículos, separando los poemas entre sí y violando la disposición que Dickinson les había dado al componerlos. No cabe duda de que lo hizo sin mala intención, pues admiraba su poesía, y seguramente su único objetivo fue poder manejar mejor los textos para transcribirlos, indexarlos y publicarlos; pero una de las consecuencias de su torpe modo de proceder es que nunca podremos saber cuál era el orden original.

Al pensar en el resto de las decisiones que tomaron Mabel y Higginson no puedo evitar sentir otro escalofrío. Inquietos por el carácter tan hermético y extraño de la escritura de Dickinson, resolvieron tachar algunas palabras en los manuscritos y escribir sus propias alternativas; no contentos con esto, también realizaron supresiones y cambios en la puntuación con vistas a adaptarla mejor al gusto y las convenciones de los lectores decimonónicos. En este sentido, su paso por los manuscritos ha quedado inmortalizado para siempre en las marcas que plasmó Mabel en ellos con un lápiz azul y en las indicaciones que anotó para Harriet Graves, la copista con la que colaboró. Afortunadamente, estos cambios han podido repararse en ediciones posteriores, aunque, conociendo el horror que le causó a Dickinson que le cambiaran una coma en el poema sobre la serpiente, puedo imaginármela removiéndose en su tumba de Amherst cuando la primera edición de sus poemas vio la luz.

Como hacen a menudo los editores, Mabel se ocupó de poner título a los poemas, y fue ella quien acuñó el término «fascículo», con tanta fortuna crítica, para referirse a los pequeños libritos que Lavinia había encontrado. Creo que es posible que esto último agradara a Dickinson, no porque «fascículo» sea una palabra especialmente poética, sino porque se trata de un término botánico. De hecho, hace referencia al modo en el que queda unido un «manojo» de flores. Imagino pocas imágenes más adecuadas para definir su obra.

Con todo, lo que desde luego a Emily no le habría gustado en absoluto saber es lo que pasó más tarde, unos años después de la publicación de sus poemas, digno de una telenovela rodada en Amherst. En 1896, los Todd y los Dickinson se embarcaron en un duro y traumático proceso judicial por unos terrenos. Detrás de la querella se encontraba el resentimiento que, durante años, se había ido acumulando entre las dos familias, debido al *affaire* de Mabel y Austin, pero también a los celos y suspicacias que surgieron entre Mabel y Lavinia con motivo de la publicación de la poesía de Dickinson. Mabel perdió el litigio, pero, en revancha, se quedó con una importante colección de escritos inéditos. Así, esta legendaria pelea fue la razón de que el archivo de Dickinson quedara separado y repartido en dos colecciones para siempre, como un cuerpo desmembrado. La más importante de ellas, la que perteneció a Lavinia, llegaría a la Houghton Library de Harvard en 1950, donde hoy está a disposición de todo el mundo, al igual que el herbario de Dickinson, gracias a la reproducción digital en abierto; la otra colección, formada por los documentos que quedaron en poder de Mabel, fue legada a los archivos de Amherst College, a escasa distancia de The Homestead, donde fueron originalmente escritos.

17

Una mañana del mes de junio de 2023, justo dos años después de que el nombre de Alice Gulick se cruzara por primera vez en mi camino en la puerta del Instituto Internacional, entré en el Cementerio Civil de Madrid con la cámara al hombro y el cuaderno de flores en la mano. Nunca lo había visitado, a pesar de hallarse tan cerca del Cementerio de La Almudena, donde está la tumba de mis abuelos y bisabuelos. En esta ocasión no iba sola, sino acompañada por mi padre. Aparte de nosotros dos, solo había otra pareja, que me pareció extranjera, curioseando entre las lápidas.

Al igual que el cementerio protestante de Santander, el Cementerio Civil de Madrid es una mina para encontrar historias. Fundado a mediados del siglo XIX, en él están enterrados numerosos intelectuales y librepensadores, entre ellos varios presidentes de la Primera República española, como Nicolás Salmerón o Pi y Margall, y la plana mayor de los intelectuales vinculados al krausismo y a la Institución Libre de Enseñanza, como Fernando de Castro, Francisco Giner de los Ríos y Gumersindo de Azcárate. Me impresionó ver las tumbas de estos últimos, orgullosamente juntas para la eternidad. Pensé que aquella proximidad en su vida de ultratumba hablaba de una gran amistad. Mi padre y yo fuimos recorriendo despacio las hileras de sepulturas, deteniéndonos para ver los nombres y los epitafios. «Nada hay después de la muerte», se leía en una de ellas. «Dejó el poder por no firmar una sentencia de muerte», decía en otra. «¡España no habría perdido su imperio de haber seguido sus consejos!», leí un poco más allá. Fotografié muchas de aquellas frases.

No muy lejos de la tumba de Giner y Azcárate estaba la de Alice. El verdadero motivo que nos había llevado hasta el Cementerio Civil a mi padre y a mí. Se distinguía fácilmente, pues sobre la lápida había una columna funeraria bastante alta. Una sencilla inscripción recordaba que Alice Gordon Gulick había fundado el Instituto Internacional. Debajo aparecía el nombre de su marido, William Gulick, acompañado de una escueta alusión a que era un pastor protestante. Me acerqué en silencio y deposité una flor morada sobre la lápida de piedra. No pude evitar acordarme del pequeño Willie, enterrado en la costa cantábrica, entre náufragos y ferroviarios, cerca del inspector Stroud.

Como le confesé a mi padre, estaba muy nerviosa. Unos días más tarde viajaría a Estados Unidos. Tenía pensado quedarme un mes y medio en Massachusetts. La idea era pasar muchas horas en los archivos de la Universidad de Harvard, donde se conservaban todos los papeles de la misión protestante que llevaron a cabo los Gulick en España. Había intercambiado algunos correos electrónicos con la archivera, que me había confirmado que podría revisar las cartas e informes que mandaron los Gulick a la Junta para las Misiones sobre sus peripecias en España, pero también los papeles personales de la familia, entre los que intuía que habría algunos tesoros escondidos deseosos de salir la luz.

Antes de ir a Harvard me quedaría dos semanas en Northampton, a solo dos horas de Boston. En la biblioteca de Smith College estaba depositado el archivo del Instituto Internacional, con numerosos planos, cartas, informes, fotografías, recortes de periódico e incluso objetos. Sabía que encontraría documentos vinculados a la segunda etapa del Instituto Internacional, cuando empezó a colaborar con la Residencia de Señoritas. Como Northampton está muy cerca de South Hadley, durante mi estancia también iría a Holyoke. Podría caminar por los mismos pasillos que pisó Catha el día que conoció a Alice e incluso acercarme hasta Amherst, también cerca, para visitar la casa de Emily Dickinson poblada de fantasmas.

Estaba emocionadísima de continuar mi peregrinación, deseando sumergirme en los papeles que, a tantos kilómetros de distancia, me ayudarían a iluminar nuestra genealogía feminista. Iba a seguir hasta el final los pasos de aquellas americanas con cuyas vidas me había acabado obsesionando por completo. Viajaría al origen de mi historia, pero también recorrería en sentido contrario el camino de Catha, deshaciendo los pasos que dio al salir de Nueva Inglaterra hacia San Sebastián en 1888. Soñaba con que mi avión y el buque Aurania en el que ella viajó se encontrarían sobre las olas del Atlántico, en dos dimensiones paralelas, atravesando uno de esos portales espacio-temporales que aparecen en las novelas de ciencia ficción. Pasarían uno encima del otro, en dirección al pasado y al futuro respectivamente, como las dos caras de Jano, aquel dios de los principios y los finales.

Sin embargo, también estaba inquieta. Tengo dos hijos que todavía son pequeños, así que me preocupaba mucho hacer un viaje tan largo y separarme de ellos demasiado tiempo. Mi marido me animaba, asegurándome que debía hacerlo. «Te traerá recuerdos —me dijo para tranquilizarme—. De cuando nos conocimos en Nueva York estudiando inglés». Pero yo temía que, al final, después del esfuerzo, todo quedara en una gran decepción, sin encontrar nada que valiese la pena en los archivos. También me angustiaba llegar al otro lado del mundo, sentarme frente a una pila inmensa de cajas con cartas polvorientas y, al sacarlas de sus ajados sobres, no entender la letra de los Gulick. Las que había leído en versión digital, accesibles en el repositorio de Holyoke, me resultaron muy complicadas de descifrar, así que me esperaba lo peor. Mi amiga Silvia, escritora, que había trabajado en la Universidad de Yale, me había contado que esta era una pesadilla recurrente que tenían los investigadores cuando iban a vérselas con documentos manuscritos en inglés. No obstante, también ella me había animado al asegurarme que en el mundo académico había pocas cosas comparables a la magia que desprenden las cartas decimonónicas leídas en el silencio de una biblioteca como la de Harvard.

Mi padre y yo cruzamos la calle y entramos en el cementerio católico de La Almudena antes de volver a casa. Quería despedirme de mis abuelos. Había comprado también una flor para ellos y llevaba en el bolso sus pasaportes. Nos acercamos a la lápida. Parecía muy normal en comparación con las anclas de hierro que había visto en Santander o las tumbas que acabábamos de visitar en el Cementerio Civil. En ella solo figuraban nombres corrientes, nada de frases inmortales o años significativos para la Historia con mayúsculas. Aun así, para mí, aquellas letras de molde contaban la historia más importante. Acaricié el nombre de Hilaria, la madre de mi abuelo, que se aventuró a cruzar «el ancho» en 1912.

Fui abriendo los pasaportes de mis abuelos y colocándolos encima de la tumba, descifrando los sellos de color verde, negro y rojo estampados en sus páginas, huellas de días felices. Dinamarca, julio de 1974. Tailandia, enero de 1974. Argentina, noviembre de 1979. Londres, octubre de 1980. Francia, febrero de 1981. Estados Unidos, enero de 1982. Cuba, agosto de 1983. Indonesia, enero de 1990. Hong Kong, febrero de 1990. Singapur, febrero de 1990. Kenia, marzo de 1990.

Les pedí ayuda para mi viaje, como siempre hago en los momentos importantes. Recordé una vez, cuando aún vivía mi abuelo, que lo llamé desde México a cobro revertido. Era un mundo muy distinto, anterior al de los correos electrónicos y los audios. Tenía veintiún años y estaba estudiando allí cuarto de carrera. Quería saber qué pensaba de que me quedara algunos meses más, alargando una estancia que ya se demoraba demasiado y que podía implicar perder un curso académico. Tenía miedo, le dije, de estar «en medio de la nada». Respondió tajante, con dos palabras que aún oigo al otro lado de la línea siempre que voy a coger un avión: «Sé feliz».

18

Avenida 40

San Sebastián, 23 de enero de 1888

Imagino que, durante las tres últimas semanas, habréis estado pensando que ya estaría instalada en la escuela, manejándome sin ningún problema en español. Pues dejadme que os diga que estabais equivocadas, construyendo «castillos en España», pues no entré en estas tierras soleadas hasta el sábado por la tarde, cinco semanas después de que el Aurania partiera de Nueva York.

Sí, he pasado tres semanas enteras en Londres, lo que os aseguro que ha sido una oportunidad tan rara como inesperada.

Finalmente, a las dos en punto del sábado, llegamos a San Sebastián, donde nos estaba esperando una cálida bienvenida. Figuraos lo que supone recibir un beso en cada mejilla de treinta niñas, una tras otra. Parecen niñas brillantes, más atractivas de lo que me esperaba, y estoy deseando poder hablar con ellas y enseñarles.[79]

Esta fue la primera de las muchas cartas que Catharine escribió a sus amigas a lo largo de su estancia en España, que se prolongaría durante más de una década. Como vemos, desde el comienzo de su aventura, sus futuras alumnas le causaron una impresión muy positiva y la misionera enseguida sintió el impulso de ponerse a trabajar con ellas codo con codo. No obstante, su deseo de meterse en faena cuanto antes se vio momentáneamente frustrado, pues lo cierto es que Catharine desembarcó en la avenida de la Libertad con un buen resfriado, sin duda provocado por las gélidas temperaturas que encontró al atravesar Francia rumbo al País Vasco en pleno mes de enero. En un breve texto en el que rememoraba aquel viaje desde Londres, William Gulick recordaba que cuando pasaron por París hacía tanto frío que el agua de las fuentes estaba congelada, como si la ciudad durmiera bajo un hechizo de escarcha.[80] Según fueron aproximándose a los Pirineos, el sol comenzó a calentar el paisaje de los pueblecitos del sur de Francia, de los que Catharine se enamoró a primera vista desde el tren. Cuando por fin llegaron a San Sebastián y Alice les abrió la señorial puerta del colegio, la cálida luz del mediodía bañaba la ciudad.

Aunque los primeros días tuviera que pasarlos metida en la cama, bajo la prohibición expresa de Alice de hacer cualquier cosa, Catharine pronto recibió nuevas muestras de cariñosa bienvenida. Sus pequeñas pupilas se apresuraron a decorar su habitación con prímulas y helechos salvajes para que se sintiera menos sola en su alegre compañía. Su visión desde la cama sin duda le infundiría aún más deseos de recuperarse para poder salir a pasear cuanto antes por los bosques cercanos que había vislumbrado desde el tren.

En cualquier caso, la inmersión en el país le costó mucho esfuerzo, sobre todo lingüístico, pues el conocimiento que tenía del español a su llegada era muy rudimentario. Con una mirada comprensiva, durante los primeros meses, Alice la observó confeccionar listas y listas de palabras que, con su disciplina habitual, Catha se proponía aprenderse a diario. La veía pasearse por la casa con el diccionario, el mismo con el que había batallado la propia Alice casi dos décadas atrás en Santander. Ante la indignación de la pobre Catha, William Gulick no podía evitar reírse a carcajadas cuando la oía confundir una «cebolla» con un «cabello» o un «caballo» con un «caballero». «¿No creéis que es poco amable de su parte? —les pregunta divertida a sus amigas en otra de sus deliciosas cartas de aquella época—. ¿Qué importa si digo que mi cabeza está llena de cebollas o que un caballo ha llamado a la puerta?».[81]

Catharine tampoco encontró demasiados medios para poner en marcha los estudios de biología y botánica que le habían encomendado. En aquellos años, el Colegio Norteamericano carecía del instrumental de laboratorio apropiado, por lo que tuvo que conformarse modestamente con lo que había y sacarle el mayor provecho posible. Al mal tiempo, aprendió a ponerle buena cara: optó por salir a dar largos paseos en los que, en palabras de Alice, sembró en el corazón de sus alumnas un amor duradero por la naturaleza. Si no era capaz de hablar con ellas con tanta fluidez como le hubiera gustado, al menos podían caminar juntas, aprendiendo a nombrar las flores que iban encontrando a su paso y cogiéndolas para el herbario. Con el tiempo, Catha conocería los bosques de Guipúzcoa como la palma de su mano y pronunciaría los nombres de flores, árboles y piedras con la misma precisión que si estuviera a orillas del Oxbow, en Massachusetts.

Pero en Europa no solo le llamaban la atención los paisajes. También las viejas iglesias medievales y la monarquía, una institución tan ajena a la joven república estadounidense en la que se había criado. Como el resto de los donostiarras, los veranos Catharine esperaba con enorme expectación que, del otro lado de la bahía, se fuesen iluminando uno a uno los salones y la biblioteca del palacio de Miramar, un edificio de estilo neogótico y con un aire a las casas de campo de la nobleza inglesa. Significaba que la reina regente y sus hijos llegarían pronto a la ciudad. Un año, a mediados de julio, Catharine vio pasar bajo las ventanas del colegio el carruaje real. Subido en precario equilibrio al pescante iba nada menos que Alfonso XIII, de apenas diez años, tan pálido y necesitado de aire libre como cualquier otro niño a esas alturas del año. No quería perderse la primera visión del mar.

Además de las lecciones de ciencias, Catharine asumió pronto las de álgebra y gramática inglesa. Muchos días impartía más de ocho horas de clase, un trabajo duro, y en sus cartas confesaba a sus amigas que a veces incluso llegaba a olvidarse de que su verdadera misión era sobre todo espiritual.[82] Desde el amanecer hasta la noche trabajaba sin parar entre libros, colecciones de plantas y cuadernos, rodeada de niñas que requerían su atención constante, agotada por la responsabilidad que implicaba sacarlas adelante. Al menos sus alumnas eran estudiosas e inteligentes, lo que suponía para ella un estímulo constante. Las clases de recitación las daba tanto a niñas como a niños de la escuela de la misión, quienes la llenaban de ternura con sus pulcros mandiles y sus candorosas vocecitas. Disfrutaba especialmente en las clases de lectura de la Biblia, o en las reuniones espirituales que organizaba con el pequeño grupito que le habían asignado como tutora. Le gustaba leer fragmentos de *At the Back of the North Wind*, un libro de fantasía del autor escocés George MacDonald en el que, a través de la figura de un niño, se plantean cuestiones metafísicas y teológicas. «La vida está hecha principalmente de interrupciones», una frase célebre del autor, le parecía que resumía a la perfección su atareada vida en España.[83]

19

La mañana del 17 de junio fue mi padre quien me acercó al aeropuerto de Barajas. Mientras íbamos en el coche quiso asegurarse de que no me olvidaba de nada, como cuando me llevaba al colegio de pequeña. Le enseñé mi pasaporte, donde se veían algunos sellos. Algún día, me dijo al despedirse, esas marcas en el papel le contarán una historia a otra persona.

Ya en el avión caí en la cuenta de que mi viaje y el de Catharine no solo seguían direcciones inversas, sino que se habían realizado en el solsticio de invierno y en el de verano respectivamente. Si ella había tenido que abrigarse al salir de Nueva York y se resfrió de camino a San Sebastián, al elevarnos en el aire en dirección a Boston, yo dejaba atrás un Madrid soleado y veraniego en el que comenzaba a apretar el calor.

Como los demás pasajeros, empecé a juguetear con la pantalla que había en el respaldo del asiento de delante, pasando con el dedo la selección de películas y canciones. Me reí para mis adentros al pensar en cuánto se habían sofisticado los recursos para no aburrirse durante el trayecto desde la época de los Gulick. Aunque supuestamente había wifi, no funcionaba. Por suerte, pensé, en eso no habían cambiado tanto las cosas, y parecía que todavía podíamos entregarnos a la perspectiva de un día entero sin conexión. Enseguida, mi atención se fue hacia el pequeño mapa interactivo del mundo que acababa de aparecer en la pantalla. Siempre me ha maravillado ir siguiendo la huella del avioncito conforme avanza en el cielo, viéndolo atravesar, en su imparable viaje hacia delante, espacios coloreados de verde y azul.

Pasé un buen rato observando aquella cartografía, concentrada en los dos puntos, Madrid y Boston, que debía acabar enlazando la estela de color amarillo. Por ahora, el mapa era como una pequeña sábana vacía, igual de virgen que en el grabado de Cassatt. Me quedé mirando la imagen del Atlántico. No era muy distinta a la que se veía en la alfombrilla que tenía para el ratón de mi ordenador. La compré en una papelería de mi barrio cuando empezaba a enredarme en la vida de los Gulick. A la izquierda aparecía delineada la silueta de Estados Unidos, con los puertos de Nueva York y Boston bien visibles. Y en el otro extremo, a la derecha, la de Europa. En medio se extendía el océano, atravesado por unas finas líneas que marcaban antiguas rutas de navegación marítima. Pensé que si lo usaba mientras escribía, mi mano empujaría el ratón sobre el trayecto Madrid-Boston, y viceversa, cientos de veces al día.

Ahora, al ver aquel mismo mapa en la pantalla del asiento del avión, sentí que lo que hasta entonces había sido un espacio de escritura, tantas veces recorrido imaginariamente, se había transformado en una realidad que me invitaba a vivirla. Me entretuve gran parte del viaje toqueteando el mapa, como las niñas del grabado de Cassatt, reduciendo algunas partes y ampliando otras, maravillada por los detalles que iban surgiendo. Hice zoom en la zona de Massachusetts hasta que vi aparecer los nombres mágicos con los que llevaba tantos meses soñando: Cambridge, Springfield, Northampton, Holyoke, Amherst...

Me sorprendió lo cerca que estaba el aeropuerto de Boston del mar. Cuando íbamos a aterrizar, lo primero que vi al mirar por la ventanilla fue un pequeño velero rojo y blanco, con la proa adentrándose en la bahía. Aunque pasamos por encima de él a gran velocidad, desde el aire, sus pequeños movimientos sobre las olas parecían producirse a cámara lenta. Acto seguido recibí el impacto de las ruedas al tomar tierra. «*Distance to destination: 0 kilometers*», leí en la pantalla.

Al bajar del avión y salir a la calle me envolvió el poderoso olor a mar.

20

Aunque los meses pasaran veloces y la mayor parte del tiempo felices en la avenida de la Libertad, Catharine siguió necesitando el estrecho contacto de sus amigas y profesoras de Holyoke, pues las echaba mucho de menos. Para hacerle más llevadera la nostalgia, su hermana Florence le regaló un calendario personalizado, construido con pequeñas cartulinas, que envió por correo a todos sus amigos de Estados Unidos para que escribieran a mano una dedicatoria diaria a Catharine. Así, al ir pasando las páginas en su cuartito de San Sebastián, la visión de las caligrafías familiares la sorprendería amorosamente cada mañana. «Estoy deseando veros aparecer en ellas, chicas —escribe a Arma, Martha, Mary y Caroline en 1896—, una detrás de otra».[84]

Los lazos entre el «grupo» de las cinco se mantuvieron intactos a pesar de la distancia y del paso del tiempo. En gran parte fue posible gracias a una ingeniosa idea que se le ocurrió a Catharine en 1891, cuando todas vivían separadas y dispersas por el mundo. «Creo que deberíamos tener una carta colectiva, haciéndola circular entre nosotras todo el tiempo»,[85] les propuso. Arma, ya afincada en Turquía, fue la encargada de poner en marcha aquel juego postal, con una función no muy diferente a la que hoy tendría una *newsletter* o un grupo femenino de WhatsApp. La mecánica consistía en que, cada primero de mes, la metódica Arma depositaba una carta en el buzón, la cual iría dando la vuelta al mundo, pasando de mano en mano, hasta regresar de nuevo a su casa de Constantinopla con noticias recogidas en España, Estados Unidos y Japón. En aquellas cartas circulares, las amigas incluían lo que llamaban *budgets*, es decir, «presupuestos» y «balances», sobre distintos temas, solemnemente denominados «Fe», «Esperanza» y «Caridad». Los dos últimos serían reemplazados con el tiempo por otras conversaciones e inversiones más mundanas, significativamente tituladas «Florella» y «Elinor», los nombres de las hijas de Martha.

Después de varios años separadas, en 1892, Catharine viajó a Suiza, pasando por Carcasona, para reunirse con Arma. Puedo sentir la alegría de aquel encuentro, tan lejos de su país de origen, cuando las imagino abrazándose en la estación de Zúrich, rebosantes de juventud. Un par de botas de alpinismo colgarían alegres de sus mochilas. Desde allí cruzaron juntas los Alpes hasta llegar a Génova, donde acudieron al Congresso Botanico Internazionale y donde pudieron conocer a los más importantes naturalistas de su tiempo. Durante los días que duró el trayecto hasta Italia, las dos amigas realizaron pequeñas excursiones por las montañas con el fin de recoger muestras para su colección. Por la noche, aunque regresaban agotadas de las caminatas, Catharine aún tenía energía para prensar las flores alpinas que habían encontrado.[86] Les impresionó especialmente subir al monte Rigi, cerca de Lucerna, la primera montaña europea a cuya cima logró llevar excursionistas un tren cremallera. Desde allí, Catha y Arma contemplaron las majestuosas vistas, de postal romántica, con grandes lagos a sus pies y cumbres nevadas extendiéndose por el horizonte. Unos días después, al cruzar el puerto del Simplón, a más de dos mil metros de altura, Catharine no pudo evitar señalar el paisaje con el dedo y citar unas palabras de la Biblia mirando a su amiga: «Mira y hazlos conforme a su modelo, que te ha sido mostrado en el monte».[87]

También las ciudades por las que pasaron hasta llegar a Génova las deslumbraron con su belleza. En Milán, por ejemplo, se adentraron sobrecogidas en la catedral, deseosas de ver lo que habían aprendido en las clases de arte en Holyoke. Arma recordaba que, al terminar la visita, Catharine se apresuró a escribirle una carta a la señorita Blanchard, una de sus profesoras, en la que le agradecía profundamente «haberle enseñado a apreciar las excelencias del arte».[88]

Con la señorita Edwards también mantuvo Catharine una estrecha correspondencia a lo largo de su vida, y, leyéndola, po-

Ascenso al monte Rigi en tren cremallera.

demos revivir las aventuras, los logros y, cómo no, los sinsabores que vivió en España la misionera. En una carta le relata la invitación que recibieron en el colegio para participar en una muestra escolar de la provincia, en la que expusieron orgullosamente sus colecciones botánicas, geológicas y minerales, además de algunos primorosos trabajos de costura. «Nuestro esfuerzo va dando sus frutos —explica Catharine a su mentora—. Me gustaría ser para ellas lo que usted es para nosotras».[89]

Asimismo, en sus cartas se hace patente el respeto que siente por los Gulick, especialmente por Alice. La retrata con admiración, siempre atareada, como Santa Teresa, yendo y viniendo de San Sebastián a Estados Unidos en busca de fondos para su causa, convencida de que su «misión divina» saldría adelante tarde o temprano. La buena noticia era que, durante sus ausencias, podía dejar el colegio en manos de profesoras como ella, aunque lo cierto es que no resultaba nada fácil encontrar otras chicas que quisieran viajar a España para trabajar. «No lo entiendo —le escribe Catha a la señorita Edwards—, este es un trabajo tan bueno como cualquier otro».[90] La hostilidad que seguía existiendo hacia la comunidad protestante, y por extensión hacia

los americanos, se cuela entre líneas en sus cartas, sobre todo
según van aumentando las tensiones entre España y Estados Unidos que culminarían en la guerra hispano-estadounidense de 1898.

En otra de las misivas que se conservan, Catha le cuenta
emocionada a su profesora que ha sabido que se halla de viaje
por Europa y Egipto y que quizá tiene intención de visitar el
Colegio Norteamericano en primavera. Nada podría hacerle
más ilusión, comenta, que presentarle a las niñas de las que
tanto le ha hablado. La ausencia en el colegio de otras americanas con las que trabar amistad le resulta especialmente dura,
según le confiesa. Su querida Arma ha estado a punto de ser
enviada como misionera con los Gulick, pero al final, añade
pesarosa, ha debido poner rumbo a Constantinopla. «Ha sido
una prueba muy amarga para mí», escribe de un modo bastante
conmovedor. Tanta es la nostalgia que siente que, a través de la
carta circular que va dando vueltas y vueltas al mundo, sus amigas, tras más de seis años de separación, reciben este mensaje:

Avenida 40
San Sebastián, 30 de julio de 1893

Allí donde estáis, ¿tenéis verdaderas amigas del alma? A veces creo
que no es tan fácil encontrarlas según vamos haciéndonos mayores.
Pero estoy agradecida de que vivamos en una época de cartas y
envíos postales baratos, pues podemos mantener las viejas amistades a pesar de que llevemos separadas tanto tiempo.[91]

Precisamente porque podemos sentir el agotamiento y la soledad
que a menudo invadían a Catharine en San Sebastián, la carta que
escribió a la señorita Edwards en el mes de agosto de 1893,
durante los días finales de sus vacaciones de verano, resulta algo
consoladora, pues en ella descubrimos la existencia de Anna
Webb, una alumna de Wellesley. Ha llegado desde Boston para
trabajar como misionera en el colegio y juntas están reponiendo
fuerzas para el nuevo curso en un remoto paraje en lo alto de
los Pirineos, descrito por Catharine como un auténtico «valle

de bendición». «Me pregunto si no querrías recibir una carta desde este hermoso valle —escribe a su profesora desde el pueblecito navarro de Burguete, desde donde fueron de excursión hasta el valle de Roncesvalles—, el escenario de la batalla y derrota del ejército de Carlomagno a manos de los vascos y navarros, y de la muerte de Roldán», el legendario líder guerrero que inspiró uno de los cantares de gesta más célebres de la Edad Media. Un poco más adelante rememora la visita que hicieron al albergue medieval para peregrinos, donde bebieron el agua pura y helada de la fuente de Roldán.[92]

Es una carta emocionante por lo insólito del testimonio, el relato gozoso de las vacaciones de una maestra, disfrutadas en compañía de una nueva amiga con la única obligación de descansar. «Estamos pasando una semana de delicioso reposo —escribe al comienzo—, poniéndonos fuertes para un nuevo año de trabajo». Después enumera Catharine una tierna retahíla de pequeños placeres que hoy nos asombran por la mezcla maravillosa de sencillez y revolución que suponen para la historia de las mujeres: «Dormimos nueve o diez horas diarias y pasamos la mayor parte del día al aire libre, con nuestros libros y escribiendo». Los verdes paisajes, con arroyos y colinas boscosas, le recuerdan poderosamente a Nueva Inglaterra, al igual que los tejados altos y puntiagudos de las casas, que le hacen pensar en los de su país. «Las verdes colinas, pobladas de árboles casi hasta la cima […], el barranco profundo […], un pequeño río —escribe al final de la carta— […] componen una sucesión de encantadoras visiones que le hacen a una pensar que este mundo es muy hermoso».[93]

21

Pasado algún tiempo desde la llegada de Catharine a San Sebastián, a comienzos de la década de los noventa, se presentó un nuevo desafío para el colegio. Tras años de duro trabajo, Alice y ella deseaban que los diplomas que recibían sus alumnas tuvieran un reconocimiento oficial por parte del Estado español. De otro modo, por mucho que el colegio realizara exposiciones y organizara ceremonias de graduación con una vistosa velada musical, difícilmente podrían sus pupilas ejercer como maestras en otros centros educativos que no fueran las propias escuelas protestantes. Así, si Alice y Catharine querían que las jóvenes españolas a las que instruían con tanta dedicación subieran los siguientes peldaños académicos, ascendiendo por las enseñanzas medias hasta llegar a la universidad, era necesario que convalidaran oficialmente sus logros escolares y obtuvieran el título de bachiller.

No era un camino fácil. Desde que los primeros institutos habían comenzado su andadura en España a mediados del siglo XIX, muy pocas mujeres habían logrado graduarse, y la mayoría lo había hecho en Madrid, formadas además por maestros varones.[94] En este sentido, lo que quería Alice era doblemente novedoso, pues no solo pretendía que sus alumnas pudieran presentarse a los exámenes del instituto, sino también seguir preparándolas en el Colegio Norteamericano, con sus propios métodos y con el apoyo de otras profesoras mujeres como Catharine.

Afortunadamente, gracias a la intermediación del señor Ríos, un profesor del Instituto de Guipúzcoa que a menudo acudía a casa de Alice para practicar inglés, en el otoño de 1890 pareció allanarse el terreno. El claustro del instituto dio luz verde a que las jóvenes del Colegio Norteamericano pudieran matricularse «por libre» en el bachillerato. Esa etiqueta significaba que no necesitaban acudir a las clases, solo a los exámenes a final de curso. Hoy diríamos que a las jóvenes del Colegio Norteamericano les permitieron estudiar «a distancia». Las esperaban ocho meses más tarde, la mañana del 9 de junio de 1891, les dijeron los profesores al matricularlas, probablemente con cierto escepticismo. Ese día, marcado en el calendario con un gran círculo rojo, pasarían el examen del primer curso.

En las cartas que escribió en aquella época, Catharine da cuenta del enorme peso que cayó sobre sus espaldas. Después del verano, una vez aclarada la cuestión de la matrícula de las alumnas en el instituto, Alice se embarcó rumbo a Estados Unidos en compañía de sus hijos para dar un nuevo impulso a su campaña de recaudación de fondos. Su plan era quedarse al menos dos años, llamando a las puertas de sus viejas amigas y despertando simpatías en todo el país. En su ausencia, dejaba en manos de Catha no solo la dirección del colegio, sino también la enorme responsabilidad de preparar los exámenes de las alumnas recién matriculadas «por libre» en bachillerato.

En el colegio todo el mundo puso de su parte para que la carismática presencia de Alice se echara en falta lo menos posible. Ayudadas por las cocineras y otras mujeres a cargo del servicio, las profesoras y las alumnas continuaron con la misma rutina de siempre, concentradas en las lecciones de álgebra, botánica, historia y geografía; realizando experimentos en el improvisado laboratorio y saliendo todos los días a pasear y hacer ejercicio. En Navidad decoraron el colegio con hojas de laurel y muérdago, lo que al menos supuso un pequeño y festivo respiro. Desde Estados Unidos les llegaban las noticias optimistas de Alice, quien relataba la buena acogida que estaba teniendo en los círculos misioneros e hispanófilos su obra educativa. Estas novedades infundían ánimos a Catharine, aunque también aumentaban la presión y el miedo a defraudar a Alice en los exámenes de fin de curso. ¿Y si las suspendían? ¿Y si algún problema de salud impedía que acudieran el día señalado?

Finalmente llegó el temido 9 de junio. Los exámenes eran orales y públicos, así que quien lo deseara podía acercarse a observar la ola de «progreso femenino»[95] que parecía haberse apoderado de San Sebastián con todas aquellas chicas en el paraninfo. En el informe que aquel año enviaron a la Junta para las Misiones leemos que las pruebas duraron ocho días y las alumnas se examinaron de materias como geografía, latín, español, historia universal, retórica, poesía, lógica y ética.[96]

Según quedó constancia en las distintas crónicas de aquel día, las alumnas del Colegio Norteamericano superaron con éxito esta primera prueba. Asimismo, se hizo patente cómo había cambiado la manera de tratarlas aunque fueran protestantes. Los tiempos de las pedradas y persecuciones parecían lejanos.

Dieciséis niñas aprobaron los exámenes, y algunas incluso obtuvieron una calificación de sobresaliente, la más alta posible. Desde luego debió de ser un espectáculo inédito contemplar a aquellas alumnas, mujeres preparadas por mujeres, compitiendo en un plano de igualdad con sus contemporáneos varones para obtener honores y distinciones académicas. Sin duda, su triunfo también supuso un antes y un después para la obra del matrimonio Gulick. Si en 1879 era incierto el futuro de una institución como la suya, en el informe que enviaron a la Junta para las Misiones aquel año leemos que ha habido una clara evolución: «El éxito de la escuela —escriben— marca una nueva era en la historia de España».[97]

Si es verdad que el 9 de junio de 1891 fue un día que debería inscribirse con letras doradas en la historia de la educación femenina en España, las crónicas también reflejan que tuvo una parte amarga que sobrevolaría siempre el recuerdo de aquella fecha, pues revela paradigmáticamente las resistencias a las que seguirían haciendo frente las estudiantes femeninas. Al parecer, la hermana de uno de los profesores allí presentes, disgustada ante las buenas calificaciones que estaban recibiendo las chicas, no pudo evitar darle un codazo a su hermano y preguntarle por qué no les había bajado la nota. «¿En presencia de tantos profesores y visitantes? —acertó a responderle él algo azorado—. Las respuestas de las niñas eran perfectamente correctas y todo el mundo las ha escuchado tan bien como yo», añadió.[98]

22

Tras pasar dos noches en Boston, el 19 de junio salí desde la South Station hacia Northampton. Había tenido la suerte de que esos primeros días me acogiera generosamente en su casa María Jesús, a quien había conocido pocos meses antes. Ella y su marido Robert sí que son verdaderos historiadores, y muy buenos, así que se rieron bastante cuando les conté algunas anécdotas sobre mis aventuras por los archivos. En el trayecto en coche hacia la estación vi junto a la carretera el río Charles, que Alice tanto había echado de menos en España. Me fijé en un joven que pasó haciendo remo, deslizándose suavemente sobre la superficie, lisa y resplandeciente bajo la luz dorada de la mañana. Me pareció un río hermoso, con el brillo de los rascacielos reflejado en el agua, como lo había imaginado. Visualicé a Alice en una canoa alargada, riendo con sus hermanos, tratando de mantener el equilibrio al hundir la pala en la corriente, mucho antes de que se levantaran aquellos edificios recortados en el *skyline*.

El trayecto hasta Smith College era sencillo. Primero iría a Springfield, una de las ciudades más pobladas de Massachusetts, y, tras una parada técnica de media hora, cambiaría de autobús para llegar a Northampton a mediodía. María Estela, del departamento de español, iría a buscarme. Tenía muchas ganas de conocer también a Nancy, una catedrática jubilada de Smith que me había ayudado a buscar un alojamiento en su misma calle.

Al irnos acercando a Springfield y reconocer mi cartografía imaginaria me dio un vuelco el corazón. Los nombres de South Hadley, Amherst y Northampton, escritos en grandes letras blancas sobre las señales verdes de la autopista, me parecieron casi irreales. Me acordé de Sylvia Plath, que estudió en Smith en los años cincuenta, y pensé que llegaría por esa misma carretera el primer día de clase. Había leído que su novela *La campana de cristal* estaba ambientada en el campus. Recordé una escena que me había impresionado mucho, en la que el personaje Esther Greenwood, *alter ego* de Sylvia, se escabullía al asiento trasero del Chevrolet de su madre y miraba pasar por la ventanilla las casas de la periferia de Boston al regresar de su estancia en Nueva York. Era en ese momento cuando su madre le espetaba de golpe que no había sido admitida en el curso de escritura que deseaba hacer durante el verano. Siempre me ha parecido uno de los momentos más increíblemente tristes de la novela, con Esther encogiendo la espalda y hundiéndose en el asiento tras recibir aquel inesperado «puñetazo» que la deja sin aire.[99]

Al bajarme en Northampton distinguí enseguida la silueta sonriente de María Estela, saludándome con el brazo en alto. Nos abrazamos como si nos conociéramos de toda la vida. Me instalé en el asiento delantero del coche a punto de estallar de emoción, sintiéndome en las antípodas de la pobre Esther Greenwood. Por la ventanilla, entre los árboles, reconocí algunos edificios que había buscado en internet días antes. Vi pasar la academia de música, la biblioteca Forbes y el museo de arte de la universidad. Cuando tomamos Elm Street miré a la izquierda, pues sabía que allí, en el cruce con la West Street, se encontraban las majestuosas puertas de hierro originales que daban entrada al campus. Recordé que en la misma calle, pero en el extremo opuesto de la ciudad, vivió Sylvia con Ted Hughes cuando se casó con él y ambos regresaron a Northampton para que ella trabajara de profesora en el departamento de literatura.

Unos minutos después cogimos Franklin Street. A lo lejos distinguí la casa en la que me quedaría. Era de madera, con un bonito porche. Había alquilado una habitación en el piso superior, con dos grandes ventanas y una mesa para escribir.

23

Mientras Catharine se ocupaba de los exámenes en San Sebastián, en la otra punta del mundo, Alice dedicaba todo su tiempo y energía a dar a conocer su obra educativa entre los estadounidenses. En la publicación evangélica *The Assistant Pastor* del 21 de noviembre de 1891, leemos maravillados la siguiente convocatoria a una de sus charlas en la ciudad de Salt Lake City, en el montañoso estado de Utah, situada a muchos miles de kilómetros de su Auburndale natal:

La señora Gulick, quien está unida a la famosa familia de misioneros por su marido, es bien conocida entre nosotros por sus propios méritos dada su conexión con el movimiento por la educación superior femenina en España. Ella y su marido han fundado y están dirigiendo con éxito un Mount Holyoke Seminary en España, el Seminario para niñas de San Sebastián. Esta es la escuela a la que nuestros círculos misioneros Steadfast y Pansy destinaron su financiación el año pasado, por lo que todos nosotros, padres y niños, deberíamos tener un interés especial en la señora Gulick y en lo que tiene que contarnos. Se espera que llegue procedente de California este sábado por la mañana. Se organizará una recepción en su nombre en la residencia de la señora L. E. Hall entre las dos y las cinco a la que todas nuestras damas están invitadas. Mañana hablará durante diez minutos al final del discurso del coronel Fairman y por la tarde dará una charla sobre las misiones extranjeras, especialmente sobre el trabajo en España, en Hamond Hall Chapel, a las siete y media.

¡Os esperamos! No tendremos el servicio religioso habitual en el horario de tarde, así que vuestra presencia será muy grata.[100]

Parece que Alice estaba dispuesta a recorrer su país de extremo a extremo con tal de recaudar nuevos fondos. Al imaginarla aquel invierno cruzando los estados de California, Nevada y Utah, subiendo y bajando del vagón de tren en las animadas estaciones del ferrocarril transcontinental, símbolo de la modernización industrial del país y de la *Gilded Age*, su imagen me resulta muy distinta a la de la Alice de diez años antes, temblando en la iglesia de Park Street porque iba a hablar en público por primera vez. Mucho más experimentada y segura de sí misma, había ganado aplomo y madurez.

Mientras que una década atrás, durante aquel otro viaje, su principal objetivo había sido despertar el interés de la Junta para las Misiones por España y lograr que aprobara el traslado de la escuela a San Sebastián, esta vez las ambiciones de Alice habían aumentado en escala y proporción. El piso de la avenida de la Libertad, que era alquilado, volvía a quedarse demasiado pequeño para sus propósitos, y Alice empezaba a ver claro que debían dar el paso de comprar un edificio apropiado y lo suficientemente grande para instalar un auténtico *college* femenino, con espacio para aulas, laboratorios para las clases de biología de Catharine, dormitorios, una biblioteca y canchas para hacer deporte. El éxito imparable que estaban teniendo los nuevos *colleges* femeninos de Estados Unidos, fundados hacía apenas unas décadas, como Smith o Wellesley, sin duda animaba a Alice a tener grandes esperanzas para sus «señoritas» españolas. Al mismo tiempo era muy consciente de que la Junta para las Misiones carecía del músculo económico necesario, sobre todo en un país como España, con tan pocas conversiones, así que habría que buscar adeptos a la causa que pudieran pagar la cuantiosa inversión. La nueva misión de Alice, en definitiva, era convencer a tantos estadounidenses como fuera posible para que donaran fondos.

Sus mejores aliadas fueron sus hermanas y amigas, activistas como ella en favor de la causa de la educación femenina. En otras publicaciones de la época en las que se anuncia su *tour* de conferencias por todo el país, encontramos repetidos los nombres de Frances Willard, la carismática líder del movimiento por la templanza amiga de su hermana Anna, y de lady Henry Somerset, conocida filántropa británica que militó en las filas de Willard, como grandes valedoras de su proyecto. A su vez, era muy útil que aquellos que habían visitado el colegio de San Sebastián y conocían de primera mano los resultados de su esfuerzo hicieran publicidad de su labor entre sus contactos. Por ejemplo, sus padres, los señores Gordon, que habían ido a verla a España antes de que ella pusiera rumbo a América. O la célebre Jane Addams, una conocida trabajadora social feminista que muchos años después ganaría el Premio Nobel de la Paz, y que residió invitada en el internado de San Sebastián.

A su regreso a Estados Unidos, esas visitas hablaron de España y de las necesidades del colegio a sus compatriotas para suscitar su simpatía. La asociación del nombre de Alice con la familia Gulick sin duda era otro gran punto a su favor allá adonde iba nuestra protagonista, y en casi cualquier círculo, dentro y fuera del país, podía sentirse la enorme influencia de la saga de misioneros. Entre sus protectores destacaba Alice Freeman Palmer, carismática presidenta de Wellesley entre 1881 y 1887, con quien se reunía cuando viajaba a Estados Unidos. Freeman

Palmer se implicó mucho para que en Wellesley se conociera el Instituto Internacional y favoreció también el envío de misioneras para trabajar con Alice.

Animados por Peter y Fanny, Alice y William quisieron visitar Hawái, donde pusieron el broche de oro a su largo viaje por Estados Unidos. Hacía más de veinte años que William no pisaba aquellas tierras, y para Alice era una especie de fantasía hecha realidad verse por fin en un lugar que, desde pequeña, había alimentado su imaginación. Hasta cierto punto, recuerda Elizabeth Gordon en su biografía, fue como una luna de miel, pero esta vez sin contratiempos. De hecho, cuando comparamos este viaje con la odisea fundacional de sus padres, forcejeando en el Parthian con el huraño capitán Blinn, o con su propia travesía hacia España a bordo del Siberia la Navidad de 1871, nos damos perfecta cuenta de que los tiempos habían cambiado vertiginosamente. La descripción que hace la hermana de Alice de los amigos y familiares recibiendo a la pareja en Honolulu con collares de flores tropicales mientras tocaban el ukelele resulta casi cómica, como de película romántica protagonizada por un sonriente George Clooney.[101]

El éxito no se hizo esperar y hasta la prensa se hizo eco de su paso por la isla. Las familias de colonos misioneros más pudientes, como los Alexander, que habían llegado a las islas en 1832, contribuyeron a la causa de Alice con sus relucientes dólares. El viento desde luego soplaba a su favor, pues en los noventa se disparó en Estados Unidos la llamada Spanish Craze, una ola de interés generalizado por España que en aquellos años cercanos al cuarto centenario de la llegada de Cristóbal Colón a América y al conflicto hispano-estadounidense del 98 alcanzó su punto álgido.[102] Evidentemente, en el interés por la romántica y pintoresca Hispania se daban cita actitudes paradójicas y a menudo contradictorias que iban de la genuina admiración al sentimiento de superioridad abiertamente paternalista. En una carta de 1887 en la que da cuenta de su trabajo en los círculos misioneros, el propio William Gulick se lamenta de la superstición de los españoles y señala que su principal objetivo como misionero es educar a los jóvenes para que cultiven la libertad de conciencia y formen su carácter más allá de la terrible influencia papal y del culto fanático a la Virgen María.[103]

Durante los años en los que Alice recorrió Estados Unidos buscando nuevos apoyos, el país estaba volcado en la organización de la Exposición Universal de 1893, en la que se celebraría el ya mencionado cuatrocientos aniversario de la llegada de Cristóbal Colón a América. Sin duda, era un acontecimiento con un enorme simbolismo, y España y el menguado imperio que conservaba redoblaron su presencia en las conversaciones de los amigos hispanófilos de Alice. Chicago era la afortunada ciudad escogida para albergar el gran evento, que serviría como escaparate internacional del poderío de Estados Unidos, un imperio en alza caracterizado por su briosa juventud y energía. La retórica colonial, con su exaltación del «descubrimiento» y la iniciativa de los españoles del siglo xv, amplificó la imagen idealizada y pintoresca de todo lo español construida durante el siglo xix por escritores como Washington Irving. Estados Unidos asumía con optimismo un nuevo liderazgo mundial tomando el relevo de España, que, según opinaba mucha gente, iba directa al desastre por su asombroso empeño en no subirse al tren de la modernidad.

Alice enseguida entendió la importancia de apropiarse de esta retórica colonial y dio a sus discursos una dimensión civilizatoria muy del gusto de los ambientes misioneros y filantrópicos de la era progresista, pero con un toque feminista. Era necesario despertar el interés de los grandes magnates por las «analfabetas» españolas, y, al mismo tiempo, convenía subrayar el esplendoroso pasado español, pues daba cuenta de sus posibilidades. Arsenia, Esther o Juliana, decía, eran las descendientes de la reina Isabel de Castilla, quien había apoyado a un puñado de aventureros en su alocada idea de llegar a las Indias por un nuevo camino. ¿No era su deber, repetía, «devolverles» algo de lo que habían traído con ellos a América? Leemos palabras parecidas a estas en las notas que se han conservado de uno de los discursos que elaboraron y pronunciaron los Gulick durante aquel viaje, quizá en Salt Lake City o Hawái:

> Se ha llamado la atención de diversas maneras sobre el hecho de que en 1892 tendrá lugar la celebración del cuatrocientos aniversario del descubrimiento de América por parte de Colón.
>
> Isabel, la reina de España, hizo posible este viaje de descubrimiento. Los reyes de dos naciones habían rechazado las novedosas teorías y propuestas del genovés, pero fueron la fe y la abnegación de una mujer las que enviaron a Colón a descubrir un mundo. La tierra de nuestros padres —nuestra tierra nativa— está en deuda con España. Dejadnos pagar la deuda. Las hijas de España están despertando de su apatía [...] y reclaman una educación liberal. De toda nuestra abundancia, dejadnos obsequiarles el edificio de un colegio, una institución y profesoras. Dejadnos ser generosos con ellas, tanto como lo seríamos con nuestros propios hijos; pues ellas lo merecen. Dejadnos levantar con manos liberales y devotos corazones un monumento en España que permanezca para siempre como un símbolo de amor cristiano. Una prueba de gratitud americana.[104]

Pero la exposición de Chicago de 1893 no solo fue una oportunidad de oro para que Alice generase interés por la vieja España y reactivase todo un imaginario de vinculación transatlántica. También fue el majestuoso teatro en el que el movimiento feminista internacional tuvo ocasión de ponerse de largo y mostrar al mundo sus grandes avances. Por primera vez en su historia, la exposición universal construyó un edificio, el llamado Woman's Building, dedicado exclusivamente a exhibir los logros femeninos en materia de educación, cultura y ciencia. De todos los rincones del mundo, incluidos nuestro Colegio Norteamericano de San Sebastián y la Asociación para la Enseñanza de la Mujer, llegaron programas de clase, obras literarias escritas por mujeres y objetos de interés para la historia de la educación femenina. La historia de aquel Woman's Building,[105] con un gran mural en la bóveda pintado por Mary Cassatt, es tan apasionante como el viaje de Alice de aquellos años, cuando, subiendo y bajando incansablemente del ferrocarril transcontinental, luchaba por conseguir su propio edificio para las mujeres españolas.

COMUNIDADES FEMENINAS

24

Aunque la primera exposición universal celebrada en Estados Unidos había tenido lugar en Filadelfia dos décadas antes, en 1893 se respiraba en las calles de Chicago un ambiente que anticipaba que sería la de esa ciudad, la Colombina, la que por fin lograría hacer historia. La exposición anterior, celebrada en 1876 y destinada a conmemorar el centenario de la Independencia, no solo había sido un fiasco financiero, sino que, además, se había organizado en un momento en que el país todavía no estaba listo para hacer tal alarde económico y tecnológico.

En esta ocasión, todo el mundo arrimó el hombro. La primera interesada en demostrar su esplendor fue la propia ciudad de Chicago, deseosa de dejar atrás el trágico incendio que hacía unos años había borrado de un plumazo la mitad de sus edificios. Los grandes arquitectos del momento, como John Wellborn Root, fundador de la Escuela de Chicago, o Frederick Law Olmsted, el paisajista que diseñó el Central Park de Nueva York, contribuyeron para construir los más de doscientos edificios temporales que se levantaron a toda velocidad en aquel decorado a gran escala, situado en la ribera del lago Michigan. La mayoría fueron diseñados en estilo neoclásico, con el color blanco como gran protagonista, lo que hizo que la exposición se ganara el sobrenombre de «la Ciudad Blanca». General Electric, fundada por Thomas Alva Edison unos años antes, y Westinghouse Electric, la empresa de su gran enemigo, Nikola Tesla, dedicada al transporte eléctrico, compitieron con uñas y dientes para iluminar el recinto, atravesado por canales y lagos, trazados

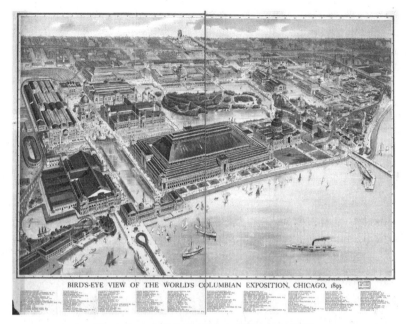

Plano aéreo de la Exposición de Chicago de 1893.

siguiendo armoniosas geometrías, como si fuera el bello cuadro renacentista de una ciudad utópica. Todos los delirios de grandeza fueron posibles. Desde Nueva York se remolcó una reproducción de la carabela Santa María, regalo de España, como «prenda de unión» entre ambos países.[106] Se fabricaron monedas para la ocasión con imágenes de Colón y la reina Isabel, que sin duda servirían de fuente de inspiración a Alice para sus discursos. Como era de esperar, se batió el récord mundial de afluencia de público y, por primera vez, Estados Unidos enseñó la patita de su inmenso talento para la construcción de grandes parques temáticos.

El grupo de ciento quince mujeres al frente de la organización del Woman's Building era perfectamente consciente de la importancia histórica de su pabellón. Aunque algunas de ellas tenían experiencia como médicas, editoras, profesoras o periodistas, la mayoría eran adineradas filántropas para quienes la aventura de construir el edificio representó su primera experiencia profesional auténtica. Sabían que el mundo entero fijaría los ojos en ellas y debían estar a la altura de los tiempos. Afortunadamente, su presidenta era la enérgica Bertha Honoré Palmer, conocida por hacer las cosas siempre a lo grande y extremadamente bien. Vivía con sus veintisiete criados en la Palmer Mansion, un falso castillo alemán frente al lago Michigan, donde a menudo daba cenas en un suntuoso comedor con capacidad para cincuenta personas. Una teatral escalera de caracol de ochenta peldaños conducía a los pisos superiores, que albergaban un salón de baile y una galería con una de las mayores colecciones de arte impresionista que existían fuera de Francia.[107] Pero a Bertha no solo le gustaba el resplandor del dinero. Como otras mujeres de su generación, tenía convicciones feministas y también sociales. Pertenecía al Chicago Woman's Club y fue amiga de Jane Addams, a quien apoyó en su campaña a favor de la igualdad salarial de las mujeres abriendo las puertas de su mansión a las reuniones de la liga sindical de mujeres que estaba formando.

Bertha estaba casada con el magnate Potter Palmer, un millonario que le sacaba veinte años y había amasado su fortuna gracias al desarrollo urbanístico de Chicago y a la creación de la Palmer House, un hotel de lujo de siete plantas y setecientas habitaciones, que ella recibió estupefacta como extravagante regalo de bodas. Fue el primer hotel de Estados Unidos en disponer de ascensores, bombillas eléctricas en las habitaciones y teléfono. Los techos estaban decorados con frescos de artistas franceses, y las lámparas de cristal eran obra de Louis Comfort Tiffany, hijo del famoso fundador de las joyerías y conocido a su vez por sus diseños de estilo Art Nouveau.

Al lado de semejante hotel, el Woman's Building debía de parecer un caprichito inofensivo, una coqueta casa para que Bertha jugara a las muñecas con sus amigas feministas. Pero no lo era en absoluto. Quienes participaron en su construcción, como Sophia Hayden, la primera arquitecta del MIT (Massachusetts Institute of Technology), autora del proyecto y supervisora de la obra, o Enid Yandell, la escultora que realizó las impresionantes cariátides que coronaban el jardín de la azotea, no solo fueron algunas de las primeras mujeres de la historia en recibir un encargo público, sino que también tuvieron la oportunidad de trabajar artísticamente en un proyecto a gran escala. Supongo que estaban tan emocionadas que por poco se olvidaron de que el encargo era para un parque temático, una construcción destinada a ser derruida, y no para «el mundo real». Aunque también estoy convencida de que el esfuerzo valió la pena y de que el sueño fue memorable mientras duró.

Y es que el Woman's Building era una utopía dentro de otra utopía, una especie de comunidad femenina no muy diferente a la soñada por la directora de cine Greta Gerwig en su película *Barbie*, donde las mujeres aparecían como heroínas de su propia historia. El edificio de color marfil iba a tono con el resto de la feria, al igual que el diseño de estilo neoclásico, solemne y equilibrado, con grandes arcadas, balaustradas y balcones a lo largo de sus dos pisos, decorados con flores. Al entrar, en la primera planta, el visitante encontraba la rotonda, una galería central con techo de cristal como en los grandes museos, donde se podían contemplar obras de arte realizadas exclusivamente por mujeres. Bien a la vista se había colocado un busto de Lucy Stone, una de las viejas glorias del movimiento. En las alas de la galería, donde había expuestos objetos y aparatos de laboratorio relevantes para la historia de la educación femenina y la ciencia, se situaba la entrada que daba acceso a las diferentes salas nacionales, entre las que estaba la de España.

En la segunda planta, con extensas vistas al lago Michigan, había una cocina modelo y una amplia sala de reuniones, pero destacaba, sobre todo, una de las joyas de la exposición universal: la biblioteca de mujeres. Decorada en tonos verdes y azulados, albergó más de ocho mil libros escritos, editados, ilustrados y traducidos por mujeres, y de sus paredes colgaron retratos de escritoras, como el de Charlotte Lennox, autora de *La mujer Quijote*. Es imposible no soñar con adentrarse en aquel espacio, el corazón libresco de la utopía, el lugar en el que Bertha Palmer se empeñó en reunir todo lo escrito por una mujer desde que Colón había puesto el pie en América.[108] Nada menos que una

biblioteca de Alejandría femenina. Durante el tiempo que duró
la exposición, allí se exhibieron manuscritos de George Eliot y
Elizabeth Barrett Browning, entre otras autoras, así como todo
tipo de libros de poesía, novela o historia enviados a Chicago
desde veintiún países. Por si este festín feminista no fuera suficiente, el jardín de la azotea albergaba un café en el que los
grupos de amigas podían tomarse un respiro, rodeadas de pal-
meras y helechos.

Como era previsible, el Woman's Building fue una de las
grandes atracciones de la exposición y generó casi tanta expectación como su altísima noria. Algunos detalles nos hacen sonreír, quizá porque vuelven a sugerir afinidades con la película de
Gerwig. Al parecer, fue el primer edificio de la feria que quedó
terminado, lo que nos permite imaginar los meses frenéticos que
vivieron aquellas mujeres, y también el único en cuyo interior
se instalaron sillas para que los visitantes pudieran descansar.
Me resulta muy divertido que decidieran abrir una pequeña
guardería, el Palacio de los Niños, para que los más pequeños
dejasen tranquilas a sus madres mientras recorrían el pabellón.

Fachada del Woman's Building de la Exposición de Chicago de 1893.

La escultora Enid Yandell con una de sus cariátides.

Cuando se inauguró, Bertha Palmer declaró orgullosamente que el Woman's Building era una auténtica «Declaración de la Independencia de las mujeres» y no dudó en ponerse todas las medallas ante la prensa. Incluso se animó a posar con sus mejores galas para que Anders Leonard Zorn le pintara el retrato que hoy cuelga en las paredes del Art Institute de Chicago. Su éxito tuvo el dulce sabor de un brownie de chocolate, pues cuentan que fue ella la impulsora de la creación del célebre pastel durante la exposición. Al parecer, pocos días antes de la inauguración les pidió a los cocineros de la Palmer House que idearan un dulce de dimensiones reducidas, lo suficientemente pequeño para que cupiera en las cajitas de cartón que se repartirían con comida durante la feria.

Dudo que en *barbieland* hubieran tenido una idea mejor.

25

Caminemos ahora por la galería central de la rotonda del Woman's Building, con techos altos y bóveda de cristal, abarrotada de esculturas y cuadros realizados por mujeres artistas, y detengamos la mirada en uno de sus tímpanos semicirculares. Allí se colocó el gran mural *Modern Woman*, encargado a Mary Cassatt, artista americana afincada en Europa, la misma que realizó el hermoso grabado de las niñas mirando el mapa que nos servía para imaginar los viajes hacia lo desconocido de Catharine Barbour y sus amigas. Cassatt tenía cuarenta y ocho años cuando lo pintó, y la crítica ha destacado que se encontraba en pleno dominio de sus facultades a la hora de ejecutarlo. Se trata de una pieza importante por su presencia en el legendario Woman's Building, pero también por constituir una obra de madurez de la artista, una especie de manifiesto de la propia pintora.[109]

Desde luego, Cassatt era una de las artistas estadounidenses más internacionales del momento. Nacida en Pennsylvania en 1844, su vida guarda cierto paralelismo con la de Alice, que nació apenas tres años después. Ambas viajaron de la costa este al continente europeo vía Liverpool y Londres durante los mismos días del frío invierno de 1871. Quién sabe si sus transatlánticos se encontrarían en alta mar, surcando las encrespadas olas, o si sus pasos se cruzarían bajo la torre del Big Ben. Pese a los parecidos, a la hora de emprender su viaje, a Cassatt la movió una fe un tanto distinta a la de Gulick. Su religión era el arte, y su sueño desde niña, convertirse en una artista profesional. Y, en aquellos años, para cumplirlo era mejor vivir en Europa.

En el viejo continente, en el ambiente que tan brillantemente retratarían en sus novelas Henry James y Edith Wharton, americanos expatriados como ella, pudo frecuentar colonias de artistas en Italia y Francia, pasar una temporada en España admirando los cuadros de Velázquez y recibir clases privadas del reconocido pintor Jean-Léon Gérôme. Sin embargo, fue Degas quien, a finales de los años setenta, realmente cambió su vida al invitarla a participar en el Salón de los Independientes, donde el círculo de artistas impresionistas estaba inventando el arte moderno. Cassatt se convirtió así en una de las poquísimas mujeres que integraron este exclusivo grupo —Berthe Morisot, la esposa de Manet, fue otra de ellas—, y su producción artística

debe contextualizarse en el seno de este movimiento de renovación estética que tan profunda huella dejaría en el arte posterior. Sería en este ambiente cosmopolita donde dos décadas
más tarde conocería a Bertha Palmer, de quien recibiría el encargo de crear el gran mural sobre la mujer moderna, pues la millonaria tenía un gran olfato para el arte, además de para la cocina
y el dinero.

Al igual que sus colegas varones, como Monet o el propio
Degas, desde que ingresó en el grupo de artistas independientes,
Cassatt abrazó los nuevos valores y temáticas que tan bien resu-
mió Charles Baudelaire en su ensayo *El pintor de la vida moderna*, publicado en 1863. Entre ellos destacan la fascinación por
los espacios públicos de la modernidad, como el teatro, los parques o la calle; la costumbre de pintar la naturaleza de manera
directa; la preferencia por la pincelada espontánea, despojada de
academicismo y solemnidad, así como el uso expresivo de los
colores y los efectos de la luz. Sin olvidar, además, la atención
minuciosa a la evolución de la moda, magistralmente documentada por los impresionistas a través de los coloridos vestidos,
tapizados, sombrillas y telas que aparecen en sus cuadros.[110]

Todos estos rasgos pictóricos aparecen en los lienzos y grabados de Cassatt, hoy repartidos entre algunos de los mejores
museos del mundo. Sus temas favoritos, que cultivó de manera
casi obsesiva, fueron las relaciones madre-hija, la vida interior
de las mujeres o los procesos psicológicos implicados en la subjetividad femenina, sobre todo en relación con la maternidad,
lo que hizo que se anticipara varias décadas a las teorías freudia-
nas sobre la feminidad y el inconsciente.[111] Es un dato curioso
si tenemos en cuenta que Cassatt nunca se casó ni tuvo hijos.
También ha pasado a la historia por sus pinturas de lectoras y
costureras, en las que reconocemos a mujeres de su círculo familiar, como su madre, muy concentradas y absortas con un libro,
una labor o un periódico en la mano. En muy contadas ocasiones pintó hombres en sus lienzos.

Mary Cassatt, *Family Group Reading*, 1898.

26

Aunque la idea de realizar una obra de grandes dimensiones sin duda era muy atractiva, lo cierto es que a Bertha Palmer le costó que Cassatt aceptara pintar el mural *Modern Woman* para la exposición de Chicago. De hecho, la primera reacción de la artista cuando recibió la visita que le hizo la millonaria para convencerla en su apartamento de la Rue Marignan de París durante la primavera de 1892 fue de horror. ¿Una «decoración» para Chicago? ¡De ninguna manera! ¿Qué diría Degas? Sin embargo, como le escribió unos días después a una amiga por carta, la idea la fue cautivando poco a poco, sobre todo porque encontró que sería muy divertido embarcarse en algo que no había hecho nunca. Y hasta la posibilidad de enfurecer a Degas comenzó a parecerle de lo más estimulante.[112]

Meses después, el mural fue enviado a Chicago desde Francia. En él aparecía representado un jardín habitado exclusivamente por mujeres, tanto adultas como niñas, vestidas con ropa sofisticada pero cómoda y moderna para la época, un estilo informal y espontáneo que contrastaba sugerentemente con la temática mítica de la imagen, relacionada con el relato del Génesis y la figura de Eva. La parte más interesante del mural, hoy destruido o en paradero desconocido, es la central, donde vemos

Mary Cassatt, *Modern Woman: Young Women Plucking the Fruits of Knowledge or Science*, 1893.

a un grupo de mujeres de todas las edades, recogiendo fruta del árbol del conocimiento. Justo en el medio, subida a una escalera de madera, se reconoce a una mujer adulta con el cuerpo inclinado hacia una niña, a quien tiende la manzana que acaba de cortar. Desde el suelo, la niña alza la mirada hacia ella y, en un gesto espontáneo y natural, su mano infantil recoge la fruta que la otra le entrega. A pesar de su delicada sencillez, esas dos manos unidas crean un punto de gran atracción visual, una potente cadena intergeneracional que constituye la esencia del mural y, por extensión, del Woman's Building.

Aunque el aspecto colaborativo del cuadro aparezca subrayado por el hecho de que las mujeres realicen la cosecha en pequeños grupos, formados por tres mujeres de edades diferentes, en el cuadro no faltan las mujeres independientes típicas de los cuadros de Cassatt, absortas en sus propios pensamientos, como la figura de la derecha que acarrea sola su cesta con la mirada perdida en la lejanía, contemplando algún punto fuera del marco, situado en un lugar distante e inalcanzable para el espectador.[113] Esta mezcla de trabajo en equipo y posibilidad de independencia vuelve el mural aún más interesante, actual y complejo, pues parece que Cassatt se estuviera preguntando no solo sobre la transmisión intergeneracional del conocimiento, sino también sobre las relaciones entre el individuo y el grupo en el seno de una utopía.[114]

El hecho de que Cassatt escogiera un tema bíblico para abordar una obra titulada *Modern Woman* no pilló del todo por sorpresa al equipo de Bertha Palmer cuando desembaló el mural con vistas a colocarlo en el tímpano del Woman's Building. Sin ir más lejos, ya en sus encendidos discursos de los años ochenta, la activista Elizabeth Cady Stanton hacía referencia a menudo a la necesidad de reescribir el funesto episodio del Génesis, ofreciendo nuevos significados al personaje bíblico de Eva y a los comienzos de la humanidad. Es más, Stanton incluso llegaría a publicar *La Biblia de la Mujer* unos años después de la exposición, en 1898, un libro en el que interpretaría la famosa escena del pecado original desde una perspectiva feminista. Así, tanto la elección del jardín edénico por parte de Cassatt como la resignificación de la fruta para aludir a los avances de las nuevas mujeres de finales del siglo XIX hay que contextualizarlas en este emocionante escenario de reinterpretación simbólica al que se lanzaron las mujeres de los años noventa.[115]

En efecto, a pesar de la apariencia sencilla de su jardín, similar a los que pintaba su admirado Monet, Cassatt subvierte abiertamente el relato bíblico de la caída, la gran narrativa sobre la creación y los orígenes, utilizando para ello algunos de sus temas favoritos, como las relaciones entre madres e hijas, la conciencia de las mujeres o la creatividad femenina. A diferencia del Génesis bíblico, donde Eva es huérfana de madre y solo la acompañan Adán, su hermano-marido; Dios, su padre-suegro, y sus hijos, Caín y Abel, es decir, varones, en el jardín de *Modern Woman* los hombres brillan por su ausencia. El mural nos habla de una comunidad femenina en la que el conocimiento no es fuente de culpa y sumisión, sino el precioso tesoro que, por vía materna, se va transmitiendo a través de sucesivas generaciones. De este modo, en plena exposición universal, epítome del exhibicionismo tecnológico y científico masculino, Cassatt se atrevió a transformar un mito patriarcal sobre la culpa femenina en una «alegoría que afirma la potencia creativa de las mujeres».[116]

Aunque hoy el mural de Cassatt se considera una obra maestra pionera y cualquier feminista sacrificaría su brazo derecho por verla reaparecer en el desván de algún museo, precisamente por su modernidad, en su momento tuvo muy mala acogida. Quienes criticaron el edificio, que por supuesto los hubo, citaron el mural como razón principal de sus reproches.[117] Excepto a la afrancesada Bertha Palmer, a quien le entusiasmó la obra, o al menos eso le dijo a Cassatt por carta,[118] también a las mujeres que estaban al frente del pabellón les espantó. De hecho, lo reprobaron públicamente con dureza. Para empezar, se quedaron atónitas al ver el estilo que Cassatt había escogido para su composición, fuertemente influido por los artistas impresionistas. Les molestaba su regusto japonés, tan de moda en la escena artística parisina, pero también la utilización expresiva de colores brillantes, sobre todo verdes y azules, así como la evidente ligereza, delicada y sofisticada, con que había abordado un tema tan solemne y serio como el pecado original.

Por otro lado, la ausencia de hombres en la escena bíblica inquietó sobremanera a las organizadoras. ¿Dónde estaba Adán?, se preguntaron con la boca abierta observando a las jovencitas del jardín. ¿Y Dios? ¿Qué dirían los críticos de arte de la exposición? Una cosa era exaltar la sororidad, imagino que comentaron ansiosamente entre ellas, y otra muy diferente situar un matriarcado de aquellas proporciones, sorprendentemente *fashion*, para más inri, en la bóveda central del edificio. ¿No estaría Cassatt siendo sarcástica? O, todavía peor, ¿cínica? Incluso Frances Willard se llevó un buen disgusto cuando visitó el pabellón, sentenciando que la pintura era demasiado «trivial» y no estaba «a la altura» de la ocasión.[119]

Al terminar la exposición, no es extraño que nadie se preocupara demasiado por su paradero. Quizá fue destruida por los mismos que odiaban el edificio. Quién sabe. En todo caso, parece que a Cassatt las críticas no le afectaron demasiado, y cuando un amigo americano que visitó el pabellón le preguntó en tono enfadado si en su jardín había querido representar a la mujer al margen de sus relaciones con los hombres, respondió alegremente que sí. Había querido transmitir el encanto de la infancia y la feminidad, añadió. No tenía duda de que en el resto de los edificios de la exposición —Gerwig habría dicho de las «Mojo Dojo Casa House»—, los hombres ya estarían suficientemente representados con todo su vigor.

Yo también daría lo que fuera por ver reaparecer el jardín de Cassatt en la penumbra de un sótano. No pierdo la esperanza, pues, como escribe Jacques Derrida, «nuevos archivos pueden ser descubiertos todavía». La imagen de las dos manos que se unen, una adulta y otra infantil, me acompaña a menudo mientras escribo estas páginas y resulta aún más hipnótica precisamente por encontrarse en paradero desconocido, como un huidizo fantasma. Las manos simbolizan de un modo maravilloso el esfuerzo colectivo que, en aquellos mágicos años noventa, estaban realizando educadoras y activistas como Alice Gulick o Catharine Barbour, pero también nuestras Concepción Arenal y Emilia Pardo Bazán, para que las mujeres tuvieran acceso al conocimiento. Todas ellas eran mujeres formando mujeres, habitantes de un nuevo jardín. Sin serpiente a la vista, en esta ocasión la fruta prohibida era transmitida a una nueva compañera.

El encuentro de estas manos reescribe el gesto de Eva. Cada fruta cortada y entregada remonta el camino de la expulsión. Si seguimos su rastro borrado en el tiempo, generación tras generación, pisada tras pisada, regresaremos al momento decisivo, justo antes de la caída. Por vía materna llegaremos hasta las puertas del paraíso, abiertas por primera vez a otro comienzo posible. Un comienzo que cambia el origen y el rumbo de la historia.

Nuestra historia.

27

Las primeras noches que pasé en Northampton, apenas dormía. El *jet lag* hacía que me despertara antes de las cuatro o las cinco de la madrugada, casi tan pronto como las constructoras del Woman's Building. Aprovechaba el insomnio para leer los diarios de Sylvia Plath y un libro apasionante de Lyndall Gordon sobre la saga familiar de Emily Dickinson. Desde las dos grandes ventanas de madera blanca que daban a Franklin Street veía cómo las luces y los sonidos del amanecer iban despertando poco a poco al vecindario y ponían la calle lentamente en pie. Recuerdo que, la primera mañana, vi pasar bajo mi ventana a un padre, joven y madrugador, con dos niños en bicicleta. Lo imaginé pedaleando por el bosque hasta la escuela, despidiéndose de sus hijos en la puerta y regresando a toda prisa a su trabajo. Quizá era profesor, especulé al verlo alejarse junto a los niños con una mochila al hombro. Me pregunté qué tal estarían los míos en Madrid. Les había dejado un calendario pegado con papel celo en la puerta del armario de la cocina con instrucciones muy precisas, para que lo leyeran por las mañanas, mientras desayunaban. Se veían siete columnas con los días de la semana en rojo. Escritas en letra grande, había anotado las tareas y actividades que debían recordar. Miércoles: fiesta de fin de curso, bolsa para las carpetas, regalo para la profesora. Jueves: campamento urbano, crema, gorra, mochila. Hacer listas, me dije, también podía ser un acto de amor.

Aquella primera mañana, salí de casa pronto, con idea de hacer una primera incursión en los jardines del campus antes de que abriese la biblioteca, donde había reservado cita con la archivera. Caminé por Franklin Street y, al coger Elm Street, volví a pensar en Sylvia Plath, llena de ambiciones, en los años cincuenta, dispuesta a comerse el mundo, como escribió en sus diarios de entonces. Un poco más adelante tomé una de las callecitas pavimentadas que atravesaban el césped, perfectamente cortado, para dirigirme hacia Paradise Pond, el lago, una de las señas de identidad de Smith, con los botes amarrados a la ribera. Había leído que cuando se construyó, a finales del siglo XIX, el campus había sido diseñado como si fuera un jardín botánico a gran escala, con árboles procedentes de todo el mundo, lo que daba al paisaje el aire de haber sido creado por una mano misteriosa, con escenas pintorescas, al más puro estilo de los jardines románticos. El artífice de aquella otra utopía femenina era Frederick Law Olmsted, el gran paisajista norteamericano autor de Central Park, quien hemos visto que también diseñó parte del recinto ferial de la exposición de Chicago.

Por mucho que hubiera visto fotografías, me fue imposible no emocionarme al distinguir, un poco más allá, la célebre campana de cristal del hermoso invernadero blanco. ¡Cómo le había gustado a Plath cuando lo vio por primera vez! Y qué asfixiante la había hallado luego, cuando regresó con Ted Hughes, harta de lo que acabó pareciéndole una fachada insoportable, acristalada y pueblerina, atestada de chicas insignificantes. Fue precisamente la bóveda del jardín botánico la que le ofrecería a Plath una imagen perfecta para *La campana de cristal*, una narración aterradora sobre lo que significaba ser mujer en los años cincuenta. Muchos críticos la han leído en clave autobiográfica, encontrando en ella las pistas que explican la pulsión suicida que dominó a Plath a lo largo de toda su vida. Cuando entré en el invernadero, con cientos de flores y plantas ordenadas en filas, sentí que el aire caliente se volvía un poco opresivo.

Al salir vi que había un banco de madera, al que me acerqué para sentarme, dispuesta a recrearme en las vistas con el «sello Olmsted». Me fijé en una placa clavada en el respaldo, con una inscripción: BEST FRIENDS. FRANCES CORDONNIER MCKINNON '62. BETSY SHIRLEY MICHEL '63. Enseguida deduje que debía de ser una tradición. Para dos amigas íntimas, inscribir sus nombres en el banco era una forma de preservar el recuerdo del tiempo que habían pasado juntas en Smith. Me di cuenta de que me estaba adentrando en un poderoso universo femenino, en el que la memoria de las mujeres no había sido borrada. Hoy Smith seguía siendo un college para mujeres y podía sentirse en el ambiente. Un poco más lejos vi otro banco y otra placa: IN LOVING MEMORY OF ROSALIND LUBETSKY BRESSLER AND ANN HILL HAGENSTEIN. CLASS OF 1956. SMITH ROOMMATES. LIFELONG FRIENDS.

Cuando miré el reloj advertí que casi había llegado la hora de mi cita. Apuré el paso hacia la Neilson Library, renovada hacía pocos años por Maya Lin, la célebre arquitecta que diseñó el Monumento a los Veteranos de Vietnam de Washington cuando no era más que una joven estudiante en la Universidad de Yale. Al entrar en la biblioteca pensé que la reforma combinaba en perfecto equilibrio la apariencia antigua y un aire fresco, moderno. Más tarde supe que Lin había querido preservar la estructura histórica, cuadrada, pero replantear el interior con formas y espacios curvados, en espiral, para generar un diálogo entre el pasado y el presente de la institución. También leí que su vínculo con la universidad se remontaba a su madre, Julia Chang, profesora de literatura de la Universidad de Ohio, quien había llegado a Estados Unidos en los años cincuenta gracias a una beca de Smith College. Según contaba la propia Lin, su madre había salido huyendo de la China comunista en una barca de pescadores con la carta de admisión de Smith cosida en la camisa. «Sin la biblioteca Neilson yo no estaría aquí», concluía la arquitecta en un texto sobre su proyecto.

Mi cita era en el piso superior, en una sala con forma de cilindro que alojaba la Sophia Smith Collection, uno de los archivos más importantes del mundo para estudiar la historia de las mujeres. En sus cajas están almacenados cientos y cientos de objetos, cartas, diarios, recortes de periódico, panfletos y todo tipo de información asociada a movimientos como el sufragismo o la lucha LGTBI. El lugar desprende una energía única, imagino que no muy distinta a la que debía de emanar la biblioteca del Woman's Building de Chicago, aquel corazón libresco de la utopía.

La archivera me acompañó hasta una mesa, donde esperé a que me trajeran las primeras cajas. Miré a mi alrededor. La moqueta gris reluciente que había en el suelo daba a todo el espacio un aspecto inmaculado. Aquí y allá había otras chicas, cada una revisando una o varias cajas, sumergidas en su propia investigación. Imaginé que todas serían estudiosas interesadas en la historia de las mujeres. Me pregunté qué estarían leyendo exactamente. Me encantó observarlas desde fuera, inclinadas sobre sus documentos, suspendidas en aquella sala cilíndrica sobre el campus. Me parecieron unas nuevas diosas de los archivos, dispuestas a hablar con fantasmas y a reescribir el pasado. Recordé una ilustración en blanco y negro que había visto en la página web de la biblioteca, en la que se veía a unas chicas escalando por los cajones de un archivador, y pensé que captaba perfectamente el ambiente de aquella sala.

Cuando salí de mi ensoñación vi que se acercaba una de las bibliotecarias. El silencio en la sala era total. Venía empujando un carrito con dos cajas grises, a juego con la moqueta. Las puso encima de mi mesa y pude leer la etiqueta pegada en el lateral: INTERNATIONAL INSTITUTE FOR GIRLS IN SPAIN RECORDS.

Yo también había llegado al corazón de la utopía.

28

Los viajes de Alice por Estados Unidos, recorriendo el país de punta a punta para hablar sobre el Colegio Norteamericano, dieron sus frutos. Aunque seguía quedando mucho por hacer, al regresar a España tras varios años ausente, su estado de ánimo era bastante optimista. Los *colleges* femeninos habían respondido a su llamada y empezaban a movilizar favorablemente a sus alumnas para que destinaran fondos con los que comprar y reformar un nuevo edificio, objetivo que todavía era un sueño, si bien cada vez más cerca de cumplirse. Samuel Alexander, uno de los hijos de los Alexander, que había llegado a Hawái con Peter y Fanny, advirtió a William, durante la visita de los Gulick, que el edificio que necesitaba les costaría al menos cien mil dólares, por lo que aún tenían mucho trabajo por delante.[120]

La principal novedad que los Gulick trajeron con ellos cuando aquel otoño volvieron a encontrarse con Catharine, Anna Webb y el resto de las profesoras en San Sebastián fue la noticia de que habían decidido constituir en Boston una corporación, una entidad independiente de la Junta para las Misiones a efectos legales y económicos. Inscrita oficialmente en el estado de Massachusetts en 1892, tendría un carácter aconfesional, es decir, estaría separada de la Iglesia congregacional protestante, y llevaría un nuevo nombre, despojado del halo evangélico: International Institute for Girls in Spain. A partir de ese momento, el Colegio Norteamericano se llamaría así. El Comité de Boston, encargado de su gestión, estaría integrado por un pequeño círculo de familiares y por destacados profesionales del campo de la educación, cómplices de los Gulick y comprometidos con su causa. El motivo principal de este gran cambio era la ley española. En los años noventa, los protestantes no podían comprar propiedades en España, así que, como explicó Alice a sus profesoras, si no querían tener problemas cuando llegara el momento, debían constituir cuanto antes una sociedad que jurídicamente pudiera hacerlo. Gracias a la corporación, además, ganarían libertad de movimiento para encargarse de la recaudación de fondos. En todo caso, en la junta directiva del Instituto Internacional seguiría habiendo numerosos pastores protestantes, y las misiones continuarían apoyándolo a través de la concesión de las becas que permitían residir en España a profesoras como Catha. Según subraya Zulueta, la independencia del Instituto Internacional de la Junta para las Misiones sería, por tanto, bastante relativa.[121]

Aunque la principal razón fuera legal, Zulueta menciona otros motivos que sin duda influyeron en la separación del Instituto Internacional y la Junta para las Misiones, un hecho que, como veremos, será decisivo años más tarde, entrado ya el siglo XX, cuando comience la colaboración con la Residencia de Señoritas. El más importante de ellos es que, tras veinte años en España, Alice había concluido que era prácticamente imposible que las familias de clase media-alta superasen sus prejuicios contra los protestantes. Ella deseaba contribuir a la educación de las hijas de estas familias, pues creía que si las jóvenes de este estrato social lograban acceder a la universidad, como sucedía en Estados Unidos, se producirían profundas transformaciones en la sociedad española, tan necesitada de una regeneración. Aunque seguía pensando que la educación cristiana de corte liberal, es decir, protestante, era la única que podría lograr un cambio de mentalidad, y así acabar con el fanatismo y la superstición de los conventos católicos, también le parecía importante que los padres simpatizantes con su proyecto pedagógico, muchos de ellos católicos liberales, no asociaran tan estrechamente la institución con una iglesia como la protestante, que despertaba tantas hostilidades. A fin de cuentas, eran ellos quienes tomarían la decisión de matricular a sus hijas en el colegio.

Independizarse de la Junta para las Misiones suponía además una manera de separar el colegio para chicas jóvenes, que, como hemos visto, en adelante se llamaría Instituto Internacional, de la escuela de la misión, centrada en los más pequeños. A pesar de que en la práctica siguieron siendo piezas de un mismo puzle durante bastante tiempo, pues compartían profesoras, al menos en la teoría, y sobre todo ante las familias y las autoridades, ambas instituciones eran diferentes. Como reza el documento que firmaron los fundadores del Instituto Internacional en la ciudad de Boston cuando lo constituyeron, su propósito era simplemente «establecer y mantener una institución para la educación de muchachas en San Sebastián».[122] Sin connotación evangélica.

Otro de los motivos que precipitaron el establecimiento de la corporación fue la poca esperanza que a estas alturas conservaba Alice respecto a las posibilidades de obtener fondos de la Junta para las Misiones para la compra de un edificio. Aunque por fuera el Colegio Norteamericano daba la impresión de gran elegancia, por dentro las cosas eran diferentes. No había mucho espacio en las aulas, las condiciones higiénicas no eran las mejores y la ubicación de las diferentes estancias y pasillos no respondía a las verdaderas necesidades de un colegio. Las reiteradas solicitudes de ayudas que Alice había hecho para adquirir un local más adecuado no habían tenido respuesta. Animada por la buena acogida que estaba teniendo su campaña por Estados Unidos, sobre todo en las universidades de mujeres, la opción de crear una corporación que pudiera hacer uso de los fondos con libertad, de manera independiente, sin duda resultaba muy tentadora. En un documento conservado en el archivo del Instituto Internacional se recrea una escena que apoyaría esta idea. En él leemos que, durante el viaje de 1892, el reverendo Richard Storrs, presidente de la Junta para las Misiones, recibió en su casa de Brooklyn a Alice, que lo visitó acompañada de miss Borden, una de sus colaboradoras habituales. Al parecer, fue miss Borden quien le lanzó directamente la delicada pregunta: ¿existía alguna razón por la que no pudieran constituir una corporación independiente que permitiera organizar y mantener el trabajo de Alice Gulick sin tener que sortear tantas limitaciones?[123] La respuesta fue más clara y categórica de lo que seguramente habían esperado: ninguna. De hecho, añadió el reverendo, tenía cincuenta dólares esperando en el bolsillo para hacerles el primer donativo.

La corporación se ocupó de encargar un sello para el Instituto Internacional, un distintivo que, usado como membrete y exlibris, ofreciera una imagen representativa de la obra de Gulick. A imitación de los que identificaban Smith o Vassar College, con los que mantiene un parecido evidente, se decantó por la imagen de una joven sentada, descansando sobre el lema que había acompañado a la misionera desde su salida de Boston la lejana Navidad de 1871, pero traducido al español: «Él me guía». Esta imagen fue la que comenzó a emplear la corporación en toda la papelería oficial y en los libros. También se bordaron las iniciales del nombre, I. I. (International Institute), en las sábanas y toallas del colegio.[124] Más adelante, por consejo de sus asesores en España, Alice eliminaría el lema para evitar una imagen religiosa del Instituto que pudiera dificultar la adquisición de una propiedad.[125]

Mientras Alice cosechaba éxitos en Estados Unidos, Catharine cumplía con la parte que le tocaba en España. Sus alumnas continuaban esmerándose, superando cada nuevo final de curso los temidos exámenes en el Instituto de Guipúzcoa. Ella seguía tratando de inculcarles amor por la botánica y la biología, saliendo a recoger nuevas muestras que añadir a su herbario. De vez en cuando prensaba con especial estima algunas de las flores autóctonas que encontraba y las metía cuidadosamente en un sobre para que, cruzando los mares, llegaran a Turquía, Japón y Estados Unidos a manos de sus queridas Arma, Martha, Caroline y Mary.

El 30 de junio de 1894, cuatro años después de lograr matricularse por libre, Juliana Campo, Sara Marqués y Esther e Isabel Alonso, cuatro alumnas del Instituto Internacional, recibieron el título de bachiller concedido por el Instituto de Guipúzcoa. Habían aprobado todas las asignaturas obligatorias, además de aprender inglés, música y dibujo. Incluso habían realizado hermosas labores de costura como las que se exigían en las escuelas españolas. Lo celebraron a lo grande. Hasta la prensa española se hizo eco de aquellas «mujeres formadas por mujeres», la punta de lanza de una nueva España que despertaba tímidamente. Dos de aquellas chicas pioneras, Esther y Juliana, decidieron no detenerse. Querían que el viaje continuase.

Había llegado el momento de asaltar la universidad.

29

Al salir de la biblioteca de Smith la primera jornada de trabajo llamé a mi padre por teléfono. Estaba eufórica por las numerosas cajas que había consultado durante todo el día y por la perspectiva de pasarme dos semanas enteras en la sala de las colecciones especiales. El miedo que me había dominado antes de coger el avión, le expliqué, sin saber lo que me iba a encontrar, había dado paso a una explosión de entusiasmo. En una sola mañana había visto muchos documentos que me parecían de enorme valor. Había tenido en mis manos fotografías que no había visto nunca, planos de los edificios de Miguel Ángel 8, así como cartas e informes que contaban con todo detalle la historia del Instituto Internacional.

Hasta había encontrado dos pequeñas hojitas de papel que me habían conmovido profundamente, le conté. Una estaba fechada el 13 de julio de 1874 y era una lista de clase. Escritos a lápiz, se leían los nombres de algunos alumnos de Santander, como Elia Rigadas, María Gutiérrez o Ramón Campos, seguidos de una señal que indicaba si habían acudido o no al colegio aquel día. Enseguida, le confesé a mi padre, había querido saber quiénes eran aquellos niños. ¿Qué edad tendrían? ¿Cómo irían vestidos? Me pregunté si habrían

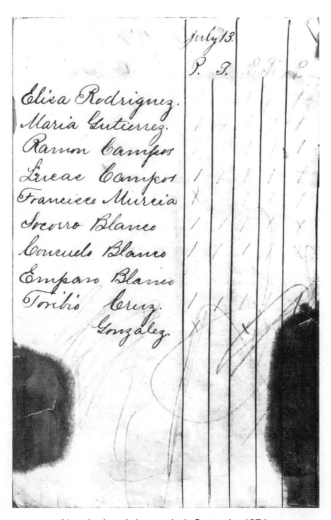

Lista de clase de la escuela de Santander, 1874.

Primeras compras del Instituto Internacional.

llegado solos a clase o si irían acompañados por su padre, como los pequeños que había visto pasar bajo mi ventana por la mañana. En la otra hojita había descubierto anotadas a mano las primeras compras realizadas para el Instituto Internacional. Cuatro camas. Cuatro muelles. Cuatro colchones. Ocho almohadas. Cuatro mesas. Cuatro mesas de noche. Esta lista también me pareció un acto de amor.

Intuí que mi padre trataba de formular una pregunta al otro lado de la línea. «Si el Instituto Internacional se fundó en España, donde todavía existe, ¿por qué los archivos están en Northampton?». Desde luego, era una buena pregunta. Yo misma me la había hecho cuando empecé a interesarme por la historia del Instituto Internacional y de la Residencia de Señoritas. Es más, ahora que había tenido que cruzar el Atlántico siguiendo el rastro de nuestra genealogía, oculta entre aquellas listas borrosas, la tenía más presente que nunca. A pesar de que era un poco tarde para mi padre, recuerdo que traté de explicarle por teléfono cómo y por qué habían acabado allí todas aquellas cajas que me causaban tanto entusiasmo.

Como la de cualquier otro fondo documental, público o privado, la historia del archivo del Instituto Internacional comenzaría
con un gesto simple e insignificante: el gesto de guardar. Empezó cuando los Gulick pusieron a buen recaudo el primer papel
que consideraron importante para la misión y para el colegio.
Cartas, recortes de periódico, informes dirigidos a la Junta para
las Misiones. Sabemos que decidieron conservar las fotografías
de las primeras alumnas que obtuvieron el bachiller en el instituto de San Sebastián, realizadas con esmero en un estudio de
la ciudad, pero también el brazalete con la joven bordada en la
tela azul, el sello del instituto, que llevó el portero del colegio, o
los programas de aquellas veladas musicales en las que participaban los pequeños Gulick, con bonitos dibujos de flores.

Poco a poco, entre aquel montoncito de hojas guardado en
un cajón, se irían colando otros documentos, en apariencia menos importantes, como la lista de la compra de camas y colchones
para que durmieran las primeras internas. Cada año, cada curso,
con la llegada de nuevas alumnas y profesoras, las cajas y cajones
irían acumulando más fotografías, fichas y cartas. Y cuando
quisieron darse cuenta, los primeros papeles que habían guardado se habían convertido en un archivo. Al principio sería
pequeño, pero iría creciendo con el paso del tiempo. Hasta
llegar al siglo xx. La documentación no se generaba solo en
España, en las distintas sedes que fue ocupando el Instituto
Internacional, sino también en Estados Unidos, en Boston, pues
ya hemos visto que en 1892 se creó allí la corporación. Esta
tenía una oficina y una secretaria. Con su actividad generó aún
más documentos, como actas de reuniones, cartas, informes y
nuevos recortes de periódico.

Cuando en los años sesenta del siglo xx cerró la oficina de
Boston, la parte estadounidense del archivo viajó dentro de unas
cajas hasta Madrid, donde se sumaron a las que había deposi-
tadas en el Instituto Internacional. Carmen de Zulueta cuenta
que entonces se encargó a Enriqueta Martín que pusiera en
orden el archivo e iniciara su catalogación.[126] Enriqueta, antigua
alumna de la Residencia de Señoritas vinculada al Instituto

desde los años veinte, había sido durante mucho tiempo la directora de la biblioteca.[127] Estaba al tanto de las técnicas de catalogación y documentación, pues el propio Instituto había sido pionero en el desarrollo de cursos de biblioteconomía, y ella misma había contribuido a introducir en España modernos sistemas de clasificación bibliográfica americanos. Aunque ya estaba jubilada, no había nadie mejor preparado que ella para llevar a cabo la tarea. Hablaba inglés, conocía personalmente a muchas de las personas que firmaban los documentos o aparecían mencionadas en ellos, y había escuchado de primera mano numerosas historias sobre la fundación del Instituto Internacional en Santander. Los Gulick, las alumnas del colegio de San Sebastián o los nombres de las primeras misioneras no le resultaban extraños. Al mirar una fotografía seguramente no reconocía todos los rostros, pero sí muchos de ellos. Y sabía a quién debía preguntar.

Enriqueta se volcó pacientemente en la tarea. La imagino a comienzos de los años setenta, trabajando por las mañanas en la biblioteca del Instituto, sentada a una mesa de madera con una lámpara, concentrada entre cientos y cientos de legajos. Ordenó cartas y otros papeles, así como sus copias, en carpetas numeradas, que organizó por materias y también siguiendo criterios cronológicos. Lo que más trabajo debió de darle fue redactar una breve reseña de cada documento. Las escribía a mano, en unas papeletas que colocaba en el ángulo superior izquierdo de los documentos, a modo de resumen. En ellas sintetizaba de qué trataba cada uno, pero además añadía sus propios comentarios, en los que confirmaba o refutaba el contenido.

Con el fin de facilitar las búsquedas, Enriqueta preparó un archivador, con fichas-guía azules y blancas, que contenían referencias cruzadas cuando varios documentos trataban los mismos asuntos. Finalmente, redactó a máquina unas «Indicaciones para el uso del archivador y ficheros», así como unos índices alfabéticos, con nombres de personas e instituciones y referencias a las diferentes carpetas. El objetivo de aquel trabajo inmenso y tan laborioso estaba claro. Enriqueta Martín buscaba preservar la memoria del Instituto Internacional, haciendo posible que las investigadoras como yo pudieran conocerlo en el futuro.

Sin embargo, poco tiempo después, Carmen de Zulueta cuenta que su esfuerzo se fue al traste.[128] Fue a finales de los años setenta, en una época cercana a la aparición del archivo de la Residencia de Señoritas en el jardín de la calle de Fortuny. Según cuenta Zulueta en su libro, la habitación del Instituto Internacional donde se habían guardado hasta entonces las cajas de Enriqueta se alquiló y todos aquellos «papeles viejos», ordenados primorosamente, se dejaron de cualquier manera en el sótano. Fue entonces cuando saltaron las alarmas ante aquella situación y el Comité de Boston decidió que los papeles cruzaran el Atlántico, algunos de ellos por segunda vez, para ser depositados en una universidad de Estados Unidos. Al fin y al cabo, el Instituto Internacional era una institución educativa estadounidense y pensaron que allí podrían conservarse mejor.

Y así fue como el archivo atravesó el océano y llegó hasta la biblioteca de Smith College, en Northampton. No era cualquier lugar. Además de tener una relación histórica con el Instituto Internacional, hacía algunas décadas que en la universidad se había creado la Sophia Smith Collection, en memoria de la fundadora del *college*. Estaba previsto que se fueran guardando allí los papeles y legados de grandes líderes del feminismo, como sería el caso de Gloria Steinem, pero también de artistas y escritoras, como Sylvia Plath, y de otras instituciones similares al Instituto Internacional, como el American College for Girls de Estambul, donde Arma Smith, la amiga de Catha, trabajó de misionera.

Las responsables de la creación de aquel gran archivo sobre la historia de las mujeres fueron Margaret Storrs y Mary Beard. En la década de los cuarenta, cuando faltaban varios años para que naciera la otra Mary Beard, su tocaya feminista especialista en cultura clásica, y unos cuantos más para que se crearan los programas de Women's Studies en Estados Unidos, aquellas dos mujeres sumaron fuerzas para recaudar fondos y apoyos y también para recibir las primeras donaciones. Su lema era «No

Documents — No History», pues estaban convencidas de que solo si creaban archivos relativos a las mujeres se podría escribir su historia, tan lamentablemente olvidada y suprimida a lo largo del tiempo. Era el único modo de poder poner en valor su contribución a la historia de la humanidad.

«Así que ya sabes cómo llegó el archivo a Smith College —le dije a mi padre—. Una historia interesante, ¿verdad?».

Como tuve tiempo de contarle antes de colgar, el sistema que había seguido Smith para ordenar los documentos no era el que estableció originalmente Enriqueta Martín en Madrid, basado en materias, índices alfabéticos y referencias cruzadas; con todo, al consultar las primeras carpetas me di cuenta de que su trabajo no se había perdido, pues las archiveras que recibieron las cajas para catalogarlas habían decidido conservar las papeletas que ella redactó resumiendo cada documento. Las colocaron con un clip en el ángulo superior izquierdo del mismo, el lugar donde la propia Enriqueta había querido que estuvieran para guiar a los investigadores del futuro. Nunca olvidaré la sensación que tuve al verlas cuando abrí la primera carpeta. Eran un rastro, un resto, las huellas de otro Jano que cruzó los mismos umbrales que yo cincuenta años atrás.

Entre aquellos papeles encontré otra hoja escrita por Enriqueta. La letra era de persona mayor, parecida a la de mi abuela en la etiqueta de su equipaje. En ella esbozaba el «Proyecto de ordenación de los documentos, cartas y otros papeles del Instituto Internacional». Estaba fechada a comienzos de octubre de 1972, exactamente un siglo después de que Alice Gulick, por fin desocupada después del ajetreo de la instalación en el muelle de Calderón, se sentara en su escritorio de Santander para escribir una carta a su amiga Emily Perrin.

Sin documento no hay historia, pensé mientras abría una nueva carpeta.

Proyecto de ordenación de los documentos, cartas y otros papeles del Instituto Internacional

1° Dividir por materias, personas, fechas o las tres cosas

2° Hacer fichas borrador para que alguien que escriba bien a máquina, las ponga en limpio y tantas fichas como materias, personas, lugares, instituciones etc. sean necesarias. Pueden ser varias para un mismo documento.

3° Numerar las divisiones de materia y pasar el número correspondiente a cada ficha de modo que se pueda obtener el documento que interese.

4° Ordenar los legajos, papeles, mapas etc. por el orden natural de la numeración.

E. M, 5 Octubre 1972

Indicaciones para el uso del archivador y ficheros de Enriqueta Martín.

30

Cuando el 24 de junio llegué en autobús a Amherst desde Northampton, iba dándole vueltas a la historia de los manuscritos de Emily Dickinson. Al tomar Main Street reconocí los muros de piedra de la primera iglesia del pueblo, hoy decorada con banderas arcoíris y carteles en los que se lee BLACK LIVES MATTER, que había visto en alguna de mis compulsivas búsquedas por internet. Sabía que The Homestead quedaba a escasos metros, de modo que continué caminando. Al ver la casa un poco más adelante, detrás de una fina cortina de lluvia, me invadió una sensación extraña. Me acordé de Lucy Honeychurch, perdida en el interior de Santa Croce. También yo me había acabado convirtiendo en una peregrina que buscaba respuestas en las huellas del pasado. Tan desconcertada como ella, tuve que dar varias vueltas hasta encontrar la puerta.

Al entrar en la casa me impresionó el silencio reverencial de los visitantes, quienes tenían un aspecto de lo más variopinto.

Recuerdo sobre todo a una familia que estaba haciendo un *college tour* por la costa este, una costumbre habitual entre algunas familias de Estados Unidos, para que su hija adolescente eligiese universidad. «Desea estudiar literatura —me dijo el padre—, por eso nos ha arrastrado a visitar la casa». Miré a la chica atentamente. Me pareció que tendría la misma edad que Emily cuando conoció a Susan, y no pude evitar acordarme del señor Dickinson, quien se fue a la tumba sin saber que su hija era «la hermana de Shakespeare».

Al subir por la escalera a la segunda planta, acariciando con la mano el curvado pasamanos, me invadió una risa tonta. Creo que fue una reacción nerviosa, incontrolable. Una de las guías que nos había recibido nos había contado que, al acercarse a la habitación, muchas personas lloraban. Pensé que, en el fondo, reír y llorar no eran respuestas tan distintas.

Entré en la habitación de un modo no tan diferente a como debió de hacerlo Lavinia en su día. Aunque luego supe que algunos de los muebles auténticos se encontraban expuestos en Harvard, pude ver la pequeña cama de madera, el escritorio, las cortinas de fino encaje y el retrato de Elizabeth Barrett Browning colgado en la pared. También una reproducción fiel del vestido blanco. Me dejé invadir por la maravillosa luz natural y la energía que reinaba en la atmósfera. Al fijarme en el papel de rosas de la pared, recordé el que había visto por la mañana en una coqueta cafetería de Northampton cerca de la estación, donde esperé el autobús comiendo una *lemon pie*. Era idéntico. Me pareció una señal, un poco como si Dickinson se hubiera encargado de irme marcando el camino con aquellas flores.

Según me explicó otra de las guías, las obras de restauración de la estancia habían comenzado en 2013, con motivo de la celebración del doscientos aniversario de la construcción del edificio original. Durante los trabajos de albañilería, al reparar las paredes del dormitorio, fueron apareciendo pequeños fragmentos del empapelado original del siglo XIX. Como supervivientes de otro tiempo, aquellas pequeñas rosas habían permanecido sepultadas cientos de años debajo de varias capas de

Fragmento de papel de pared de la habitación de Emily Dickinson.

papel y pintura. Cuando más tarde vi una fotografía, sentí que aquellos trozos de papel parecían tan heridos y a la vez tan vivos como los manuscritos de Emily.

Al salir de The Homestead continuaba lloviendo. Fui caminando despacio bajo mi paraguas, desafiando el viento y el paso de los automóviles, hasta el cementerio. Al llegar a la tumba de Dickinson, vi que había colocados encima de la lápida algunos objetos, como lápices y monedas. Yo no tenía nada, así que me contenté con hacer una borrosa fotografía.

Antes de regresar a la parada de autobús para volver a Northampton, no me resistí a volver a pasar por la tienda de la casa museo. Había visto que, entre las tazas y los libros, una de las cosas que vendían era un sencillo collar con un pequeño medallón, que mostraba reproducido un trocito del empapelado de rosas. Me debatí internamente sobre si adquirirlo o no. Me volvía la risa tonta al imaginarme con él puesto, más infantil imposible, cuando regresara a Madrid y escribiera estas páginas.

Al final, pudo el gesto infantil. Aunque ya «estuviera lejos de la Infancia», me dije, aquel manojo de flores que llevaría en el pecho sería lo más parecido a sentir la mano apretada de Emily. Como una amiga, me ayudaría a subir y bajar las colinas de la vida, logrando que, entre nosotras, se acortasen todas las distancias. Como escribe Jaques Derrida, «si queremos saber lo que el archivo habrá querido decir, no lo sabremos más que en el tiempo por venir».

III

MUDANZAS

UN PLAN DIVINO

1

Lo cierto es que las puertas de la universidad no estaban cerradas a cal y canto para las mujeres españolas. A diferencia de otros países donde sí se le prohibía de manera explícita matricularse, en nuestro país no existía una prohibición formal que impidiera a una mujer asistir a clase. Con todo, los obstáculos a los que debía enfrentarse para hacerlo eran numerosos, como vimos al contar la historia de Concepción Arenal. Las mujeres no solo estaban obligadas a solicitar un permiso especial, sino que, además, durante las lecciones, tenían que sentarse en un banco separado y no podían frecuentar las zonas comunes junto al resto de los estudiantes.

Alice era muy consciente de que el sistema que ella había seguido en San Sebastián para los estudios de bachillerato, educando por libre a sus alumnas y acudiendo exclusivamente a las instalaciones del instituto para que pasaran los exámenes una o dos veces al año, podía suscitar muchos problemas y antipatías en la Universidad Central. En un momento en que las estudiantes que se aventuraban a matricularse eran muy pocas, la existencia de un grupo de alumnas como el suyo, formadas lejos de Madrid por profesoras americanas con sus propios métodos y programas, sin duda les llamaría la atención a los profesores, todos varones.

Por otro lado, sospecho que, desde el colegio, lo que sucedía en la capital parecía lejano y complicado, un mundo que escapaba completamente a lo que profesoras como Catha y Anna Webb conocían y controlaban en San Sebastián. Si hoy los trámites administrativos siguen dándonos dolores de cabeza al volver de un año Erasmus, imaginemos cómo serían las cosas en los años noventa del siglo XIX. Es muy comprensible, en definitiva, que Alice quisiera interesar a los catedráticos de Madrid en sus planes para que los secundasen. No solo pretendía que vieran con buenos ojos a las alumnas que deseaban continuar estudiando, como Esther y Juliana, sino también que apoyasen su proyecto educativo a largo plazo, cuyo objetivo final era fomentar que accediera a la universidad un número cada vez mayor de mujeres.

Alice decía a menudo que había sido la Divina Providencia quien la ayudó a abrir las puertas de la universidad a sus alumnas. La historia, que a ella le encantaba contar con todo lujo de detalles, es desde luego de lo más asombrosa, pues relata un encuentro mágico, con gran trascendencia posterior, que poco a poco se iría transformando en una de las leyendas fundacionales del Instituto Internacional. La recogió su hermana en un lugar destacado de su biografía, pero además circuló en distintas versiones a través de los documentos conservados en los archivos de Estados Unidos.

Para contarla con la misma emoción que ella debía de sentir al relatarla, tenemos que dar marcha atrás y regresar hasta la infancia de Alice en Auburndale. Debemos imaginarla en aquella pequeña población a orillas del río Charles, en las afueras de Boston, donde se celebraban las reuniones familiares de la Popcorn Society a las que graciosamente admitieron al gato Quiltam Qualter. Volver a verla de niña, una fría mañana de invierno, caminando por un sendero nevado, a punto de entrar en la Lasell Seminary con un paquete de libros bajo el brazo. Allí la esperaría puntualmente Emilia Innerarity, la amiga de origen cubano con la que ya vimos que jugaba en aquella época y quien seguramente despertó su interés por el idioma español y la cultura hispanoamericana.

Emilia era una niña muy guapa. Morena, con rasgos dulces, poseía una belleza que en Boston resultaba exótica y que conservaría al crecer. Había nacido en 1848 en San Juan de los Remedios, en Cuba, por lo que tenía la misma edad que Alice. Su padre era Santiago Innerarity, de ascendencia inglesa, y su madre, originaria de Cuba, Enriqueta Eloísa Baussá. Por más que he rastreado en los libros sobre su historia familiar,[1] no he podido saber qué fue exactamente lo que llevó a los Innerarity hasta Auburndale, pero sí he leído que, aunque Emilia naciera en Cuba, la familia de Santiago, su padre, era de Florida, península que había formado parte de las colonias españolas y que se vendió a Estados Unidos en 1821. Imagino que los Innerarity se mudarían a Boston por algún negocio familiar, relacionado con los ingenios de azúcar, con idea de quedarse en el norte una buena temporada, razón por la que matricularían a Emilia en la escuela, donde su camino se cruzó providencialmente con el de Alice. Supongo que Auburndale, con sus iglesias puritanas, le resultaría un lugar muy distinto a los paisajes caribeños de su infancia, donde se crio rodeada de edificios coloniales y siempre cerca del mar.

Los Innerarity eran una familia liberal, abierta de mente, afín a los círculos reformistas de Boston en los que se movía la familia de Alice, con la que trabarían amistad, o al menos relación, a través de sus hijas. Desconozco cuánto tiempo permanecieron en Auburndale, pero todo apunta a que no fue mucho. Imagino que regresarían a la soleada Florida y que las dos niñas se despedirían como sucede todo a esa edad, con lágrimas en los ojos y la promesa de escribirse muy pronto. Cuando la madre de Emilia murió, fue Sara Gillespie, la segunda esposa de su padre, quien la cuidó como si fuera su propia hija. Sara era una mujer cariñosa, cultivada, muy informada sobre la situación política internacional, un interés que compartía con su marido, Santiago. En las fotografías que han quedado de ella se intuye un rostro inteligente y una mirada despierta.

En 1860, apenas unos años antes de que Alice pusiera rumbo a Holyoke, los Innerarity decidieron trasladarse a Madrid. Si es muy posible que las dos niñas ya se hubieran distanciado, para entonces, al cruzar Emilia el Atlántico, debieron de perder definitivamente el contacto. Cada una siguió su vida: Alice relacionándose con los círculos misioneros y feministas de Holyoke, como ya sabemos, y Emilia abriéndose paso en España, un país inmerso en aquellos años en una gran convulsión política. En todo caso, aunque sus caminos fueran alejándose cada vez más, el recuerdo de su encuentro permaneció vivo en su memoria. Supongo que de vez en cuando se preguntarían, nostálgicas, qué habría sido de su querida amiga, tratando de imaginar si se habría casado o tenido hijos. Tal vez incluso soñaban con volver a encontrarse algún día.

En España, los Innerarity no tardaron en frecuentar las reuniones intelectuales liberales. Santiago empezó a asistir a las tertulias a las que acudían Sanz del Río y Fernando de Castro, los krausistas que, a comienzos de los años sesenta, deseaban propiciar reformas y cambios en el país. Parece que Sara Gillespie también encajó muy bien en aquel círculo de librepensadores, especialmente con Giner de los Ríos y Gumersindo de Azcárate, la generación más joven, a quienes permanecería unida durante toda su vida. De hecho, fue ella quien comenzó a darles clases de inglés,[2] despertando en Giner y Azcárate un interés temprano por todo lo anglosajón que más tarde formaría parte de las señas de identidad de la Institución Libre de Enseñanza.

Poco después de estos encuentros iniciales, en el Madrid de principios de los años sesenta, los Innerarity empezaron a organizar una tertulia en su hogar, situado en la calle de la Puebla,[3] que Sara había decorado con sencillos objetos artísticos españoles y donde reinaba un ambiente agradable.[4] Allí justamente, según contó después Alice recreándose en los detalles, comenzó la Divina Providencia a mover sus hilos, pues fue entre las cálidas paredes de aquella casa, en la que siempre podían escucharse animadas conversaciones sobre reforma social, donde Gumersindo de Azcárate, uno de los grandes políticos españoles del siglo XIX, se enamoró de Emilia Innerarity.

Su querida amiga de Auburndale.

2

Formaban la pareja perfecta. Emilia era buena y dulce, y acababa de cumplir dieciocho años. Pero, aunque pareciera un auténtico ángel del hogar, no era ninguna niña tonta. Educada por unos padres liberales, poseía cultura y, al igual que Sara Gillespie, a quien adoraba, un refinado gusto para el arte.[5] Con todo, al mirar las fotografías que se han conservado de Azcárate en la época en que se conocieron, comprendo que también ella se enamorase perdidamente de él. Era un joven de León de veintiséis años, alto y delgado, que dejaba una impresión excelente allá donde iba. Destacaba por su físico, con un aire a Don Quijote cuando fue envejeciendo, pero también por su gran inteligencia y una inmensa capacidad para el trabajo. Al parecer, tenía ademanes un tanto bruscos, como se aprecia en algunas imágenes en las que la cámara lo atrapa en medio de un discurso, con el dedo en alto. No obstante, quien lo conocía enseguida quedaba cautivado, como le sucedería a Emilia, por su gran cordialidad. Idealista y tolerante, todas las biografías que se han escrito sobre él subrayan la bondad de su carácter, así como el profundo sentido democrático que movía su quehacer político. Su forma de hablar también era característica, pues utilizaba un lenguaje tranquilo y directo, sin palabras malsonantes.[6] Teniendo en cuenta el apoyo que siempre ofreció a la causa de la educación femenina, así como la admiración que sentía por la figura de Concepción Arenal, debía de ser un gran amigo de las mujeres, el compañero feminista que muchas deseamos tener, pero en versión krausista decimonónica.

Su sobrino Pablo de Azcárate, destacado político de la Segunda República y autor de una de sus biografías, realiza un retrato de su rutina diaria que admira por la laboriosidad metódica y concienzuda con la que organizaba sus días. A las siete, don Gumersindo ya estaba en pie. Después de un desayuno frugal pasaba las mañanas entre su correspondencia, que contestaba puntualmente, sus clases de la Universidad Central, donde fue profesor desde 1869 hasta 1915, y la preparación de las consultas y dictámenes jurídicos que le hacían numerosas instituciones, entre ellas, la embajada británica. Por las tardes iba religiosamente al Congreso, del que fue diputado por León durante treinta años, y al Ateneo, al que estuvo muy vinculado desde su llegada a Madrid. Antes de cenar aún le quedaba tiempo para implicarse en numerosas iniciativas y organizaciones, como la Asociación para la Enseñanza de la Mujer, de la que fue presidente, el Instituto de Reformas Sociales, la Junta para la Ampliación de Estudios e Investigaciones Científicas o la Institución Libre de Enseñanza, de la que fue uno de sus fundadores. A las diez y media caía rendido en la cama, pero dormía muy poco, pues a las tres de la madrugada ya estaba despierto otra vez, entregado a largas horas de lectura nocturna. A pesar de esta rutina, tan agotadora, cuenta su sobrino que Azcárate también se permitía algunos placeres, como tomarse de vez en cuando un chocolate en Doña Mariquita, junto a la Puerta del Sol, hacer solitarios después de cenar o salir los domingos por la mañana a pasear por El Pardo con Giner de los Ríos. Les unía una amistad profunda. Cuando Giner murió, en 1915, dos años antes que él, Azcárate colocó en su dormitorio una fotografía en la que se veía al maestro almorzando al pie de una encina durante uno de aquellos paseos.[7]

En todo caso, el Azcárate al que conoció Emilia en las tertulias de la calle de la Puebla aún no era profesor universitario y todavía no había ganado su escaño en las Cortes. Era un joven desconocido, con una irresistible perilla a lo Gustavo Adolfo Bécquer y toda la vida por delante. Había estudiado Jurisprudencia y Derecho en Oviedo y Madrid, y acababa de hacerse amigo de Giner en las tertulias a las que asistían, junto al resto de los krausistas, en la calle Cañizares. Gracias a su padre, Patricio de Azcárate, a quien estaba muy unido, hacía poco que había conocido a Sanz del Río y a Fernando de Castro, cuyas enseñanzas lo entusiasmaron.

Cuando Emilia se fijó en él, Azcárate tenía ya un empleo, algo que ofrecerle, pues antes de cumplir veintidós años había aprobado una oposición para una plaza de auxiliar en el Registro

Gumersindo de Azcárate.

General de la Propiedad con un sueldo anual de 12.000 reales.[8] A juzgar por las cartas que han perdurado, gracias a las cuales podemos hacernos una idea de cómo se desarrolló el breve noviazgo, la unión fue total. En una de ellas, fechada una noche de junio de 1866, Azcárate escribe a su novia desde el Ateneo para contarle en primera persona las escenas de disturbios y violencia que acaba de presenciar. Aquel fue un mes de gran agitación, pues se produjo la sublevación del cuartel de San Gil, uno de los antecedentes directos de la revolución de 1868, que pondría fin al reinado de Isabel II y situaría al propio Azcárate en el centro de la vida política española. En su carta de respuesta, Emilia le contesta muy preocupada, temiendo que sacrifique vanamente su gran valentía, pero también orgullosa de que existan hombres que saben que a veces «hay cosas más importantes que la vida».[9]

La boda se celebró el 20 de octubre de 1866 en la parroquia de San José, en el número 43 de la calle de Alcalá, la misma iglesia, por cierto, en la que muchos años después, en plena posguerra franquista, se casarían mis abuelos. En aquel momento,

Azcárate no había atravesado todavía la crisis religiosa que tanto marcaría su vida posterior, así que el matrimonio se celebró con absoluta normalidad, según el rito católico, con don Patricio y doña Sara como padrinos. Solo siete meses más tarde, Emilia ya esperaba un bebé. Imagino que la alegría de aquellos primeros tiempos de casados se mezclaría con la agitación, palpable en el ambiente, de estar atravesando la frontera de un tiempo nuevo.

Poco antes de viajar a Estados Unidos, una mañana, en Madrid, me acerqué a la biblioteca de la Real Academia de la Historia para consultar el fondo documental de Azcárate. Aunque es sabido que, como a mi abuela paterna, a don Gumersindo no le gustaba acumular papeles y rompía todo lo que le parecía irrelevante, escribió tanto a lo largo de su vida que, aun así, nos ha dejado a los investigadores un buen puñado de cartas, eso sí, escritas con una letra muy difícil de descifrar. Solicité la partida de matrimonio con Emilia Innerarity. Mientras buscaban el documento no pude evitar ponerme triste. Sabía que Emilia había muerto por las complicaciones del parto, a las cuatro y media de la madrugada del 16 de febrero de 1868, menos de un año y medio después de la boda. El niño que tuvo apenas sobrevivió unas horas. Aquella pérdida no solo sería el origen de la crisis religiosa de Azcárate, sino que también constituiría la carga más pesada de su vida. Así que quise ver también el certificado de defunción, aunque luego me apenó mucho leerlo, al imaginar la tristeza que debió de sentir Gumersindo, mi nuevo amigo feminista, durante la noche del 15 al 16 de febrero. Supuse que junto a él estaría Patricio, su padre, consolándolo por el doble dolor. Me acordé asimismo del pequeño Willie, enterrado entre náufragos, y pensé que, como tantas mujeres de la historia, las dos amigas de Auburndale habían compartido el lado más cruel de los horrores del parto.

Pasados bastantes años de aquella tragedia, Azcárate volvería a casarse, aunque nunca tendría descendencia. Cuando lo supe entendí mejor aquellas furiosas lecturas nocturnas que describía su sobrino. En todo caso, Azcárate nunca perdería el contacto con los Innerarity, a quienes seguiría muy unido. Continuaría visitándolos y mandándoles largas cartas a su casa de Hendaya, adonde debieron trasladarse en 1873 por los problemas económicos que afectaron a sus propiedades en Cuba. En la Real Academia de la Historia se conserva un gran fajo de las que ellos le mandaron. Desprenden un afecto enorme hacia Azcárate por parte tanto de Santiago Innerarity como de Sara, quien siguió comunicándose con su antiguo y querido yerno en inglés, el idioma que ella le enseñó a amar.

Como leí en estas cartas que iban y venían con mucha frecuencia entre Madrid y Hendaya, Sara firmaba la suyas con un enternecedor «tu mamá inglesa» y las encabezaba a menudo con una afectuosa fórmula, «Dear Big Boy». Es imposible no conmoverse al pensar en el Azcárate de entonces, quien ya peinaría alguna cana, sonrojado y a la par agradecido de que aún se dirigieran a él como un niño.

3

Existen versiones distintas sobre cómo ocurrió el encuentro entre los Gulick y los Innerarity, probablemente por tratarse de una historia que la propia Alice iría cambiando con el paso del tiempo al contarla a diferentes personas de su entorno. La más melodramática de todas, sin duda, es la que relata su hermana Elizabeth en su biografía. En ella nos cuenta que Alice fue un día de visita a la casa de una familia del norte de España y, sorprendida, distinguió en una de las fotografías de la pared el retrato en blanco y negro de su querida amiga de la infancia. Al reconocer aquel rostro, continúa Elizabeth, Alice se giró hacia la señora de la casa, vestida de luto, para preguntarle temblando: «¿Acaso no se trata de Emilia,[10] quien jugaba conmigo en Auburndale?». «Es Emilia —respondió entonces la señora—, y yo soy su madre. ¿Es posible que tú seas Alice?».

Aunque me encantaría creer que el encuentro se produjo así, como en el final de una película de James Ivory, lo cierto es que existen muchos elementos que no terminan de encajar. El más relevante es que Enriqueta Eloísa, la madre biológica de Emilia, llevaba mucho tiempo muerta. Cuesta creer que Sara, pues tuvo que ser Sara Gillespie a quien visitó Alice en su agradable casa de Hendaya, la reconociera tan fácilmente. En aquel momento habían pasado ya dos décadas desde la muerte de Emilia, y si bien no descarto que la pena y el luto siguieran muy presentes, tal como Elizabeth recrea la escena parece que la joven acabase de fallecer solo unos días antes. Además, Elizabeth confunde los nombres, pues se refiere a ella como Amelia y no como Emilia. Pese a que se trata de un error comprensible, pues la pronunciación es parecida en inglés, este fallo delata cierta ausencia de rigor, lo que resta credibilidad a la historia del catártico encuentro.

En todo caso, Elizabeth no es la única en fantasear al tratar de imaginar aquel momento. Carmen de Zulueta también siente atracción por la escena, aunque su descripción de los hechos sea más escueta. En sus libros sobre la Residencia de Señoritas y el Instituto Internacional, el encuentro entre los Gulick y los Innerarity no se produce en una casa, sino simplemente en «Hendaya». Reconozco que esta otra versión también me encanta, pues me la imagino a plena luz del día, como en un luminoso cuadro de Sorolla, con Sara y Alice charlando bajo una coqueta sombrilla en la playa, vestidas de blanco, y los pequeños Gulick correteando en la orilla del mar.

Fuera como fuese, de lo que no hay duda es de que el encuentro se produjo. Al conocer la existencia del Colegio Norteamericano y los grandes planes de Alice, los Innerarity no tardaron en hablarle de sus amigos Giner de los Ríos y Gumersindo de Azcárate, el viudo de su hija Emilia. Sería un fantástico aliado para ella. Seguro que estaría encantado de recibirla en Madrid.

Unas semanas más tarde, Alice viajó a Madrid para conocer a Azcárate. Me fascina pensar en aquel instante, en el que ambos tendrían el pasado a flor de piel. ¿Dónde se encontrarían? ¿En el despacho de la casa de Azcárate? ¿O en los edificios de la Universidad Central? ¿Hablarían en español o en inglés? ¿Se caerían simpáticos enseguida? Me gustaría pensar que Alice, para romper el hielo, le contaría entre risas algún detalle de Emilia de pequeña y que Gumersindo, a su vez, le diría que su esposa nunca olvidó a su amiga de Boston.

Como le encantaba contar a Alice en los discursos que daba por Estados Unidos, Azcárate escuchó con gran interés sus planes de crear un Mount Holyoke en España. En memoria de su querida Emilia, le prometió hablar con los demás profesores de la universidad y ayudarla en todo lo que estuviera en su mano para que sus alumnas pudieran realizar allí sus estudios superiores. Conseguiría que algunos de sus colegas, como Nicolás Salmerón, se interesaran por las estudiantes y las ayudaran.

«¿Acaso no fue un plan divino? —concluía Alice al rememorar aquel viaje a Madrid en sus discursos—. Fue la mano providencial de mi amiga de la infancia la que me ayudó a abrir las puertas de la universidad».[11]

5

Desde luego, el momento que escogieron los Gulick para ir a Madrid en busca de apoyos era de lo más propicio. Los años noventa fueron una época de gran impulso para el feminismo no solo en los países anglosajones, sino también en España. El debate sobre la educación superior de las mujeres estaba entrando en otra etapa, con nuevas voces que reclamaban una mayor igualdad en este ámbito.

En otoño de 1892, mientras Mary Cassatt daba las últimas pinceladas a su jardín para el Woman's Building, en España tuvo lugar el Congreso Pedagógico Hispano-Portugués-Americano, como parte de las conmemoraciones del cuarto centenario de la llegada de Colón a América. Los congresos pedagógicos habían comenzado su andadura en 1882, aunque Fernando de Castro ya quiso impulsarlos en 1870, durante el tiempo que fue rector.[12] En sintonía con los celebrados en ciudades como Hamburgo (1848), Bruselas (1880) o Londres (1884), al que acudió Francisco Giner de los Ríos, en sus sesiones se debatían aspectos cruciales sobre educación, tanto en los niveles elementales como en las enseñanzas superiores. No eran foros solo para especialistas, sino que tenían repercusión en la opinión pública, y eran numerosas las personas interesadas que seguían las ponencias en la prensa. Además, habitualmente se complementaban con una exposición, a la que el ciudadano de a pie podía acercarse para ver algunos de los principales avances en materia educativa.[13] Aunque entre sus participantes estaba representado un amplio espectro de tendencias educativas, la Institución Libre de Enseñanza figuraba entre sus más activos promotores.

El congreso de 1892 se celebró en Madrid entre el 13 y el 27 de octubre, y en él se inscribieron más de dos mil personas, algunas procedentes del extranjero, en su mayoría profesores, pero también inspectores de educación, periodistas, escritores y políticos.[14] Aquella ocasión pasaría a la historia del feminismo por el protagonismo que tuvo en los debates la educación de las mujeres, con intervenciones tan estelares como las protagonizadas por María Goyri o Emilia Pardo Bazán. De hecho, la quinta sección del congreso, titulada «Concepto y límites de la educación de la mujer y de la aptitud profesional de esta», estaba enteramente dedicada a esta temática, discutida aún más apasionadamente, si cabe, que en las décadas anteriores. Otras participantes célebres fueron Concepción Arenal, quien no pudo acudir en persona pero cuya ponencia se leyó en las sesiones, y Berta Wilhelmi, educadora y activista de origen alemán vinculada a la Institución Libre de Enseñanza, comprometida desde sus orígenes con la educación de las mujeres, como ha estudiado Nuria Sánchez Madrid en su ensayo *La música callada. El pensamiento social en la Edad de Plata española (1868-1936)*.[15]

En todo caso, el congreso de 1892 no fue el primero en el que se debatió sobre la educación femenina, como bien recordó María Goyri cuando tomó la palabra, momento que, dicho sea de paso, aprovechó para enviar un efusivo saludo a sus «hermanas de América» y un abrazo a las «alumnas americanas».[16] En el congreso celebrado una década atrás, en 1882, ya se habían votado dos conclusiones referentes a las mujeres, señalando la necesidad de crear, más allá de las Escuelas Normales de Maestras, establecimientos de cultura para mujeres e instando a dejarles el paso libre para acceder también a otros estudios.[17] «Estas son teorías de hace diez años —sentenció Goyri—, pues los institutos y las universidades han abierto sus puertas a la mujer, desde el momento en que han admitido en sus aulas a algunas señoritas».[18]

En efecto, las cosas estaban cambiando a marchas forzadas y las reivindicaciones eran mucho más ambiciosas que antaño, cuando se organizaron las Conferencias Dominicales. Ahora se exigía el acceso de las mujeres al sistema educativo superior, que tantas trabas seguía poniéndoles, así como el libre ejercicio de las profesiones para las que se titulaban con gran esfuerzo. Las cifras de incorporación de las niñas a la educación primaria revelaban que iban por el buen camino, pues ya representaban el 44,53 por ciento de los alumnos en el conjunto de España,[19] pero el número de bachilleras y universitarias seguía siendo desolador. En 1892 solo había siete mujeres matriculadas en todas las universidades del país.[20] «No temáis la concurrencia —exhortó Goyri a sus colegas masculinos en el congreso—, trabajad, no ahogando las aptitudes de la mujer, sino siguiendo vuestro camino como hasta hoy, pues habéis partido antes que nosotras, tenéis más camino andado, y al volver la vista para ver a qué distancia venimos, no hacéis más que perder el tiempo, y así quizá os alcanzaremos antes».[21]

Aunque esta y otras intervenciones fueron muy alabadas, sin duda, la gran protagonista del congreso de 1892 fue Emilia Pardo Bazán. Hizo una intervención a título personal, «Relaciones y diferencias entre la educación de la mujer y del hombre», y se ocupó además de presentar las conclusiones y hacer un resumen de las ponencias de toda la sección quinta. Por aquel entonces, doña Emilia no solo era una escritora muy reconocida con una sólida obra a sus espaldas —*Los pazos de Ulloa* había visto la luz en 1886—, sino que acababa de protagonizar una sonada polémica, con gran repercusión mediática, con «los inmortales» de la Real Academia Española. Como explica Isabel Burdiel en su magnífica biografía, la RAE había rechazado su ingreso —para el que nunca se forjó una candidatura formal, por cierto—, pero lo peor era que se había reafirmado en el acuerdo que vetaba el acceso a las mujeres, concertado en 1853 cuando la escritora cubano-española Gertrudis Gómez de Avellaneda lo había solicitado. «¿Para qué quiere doña Emilia ser académica? —preguntó Clarín con malicia—, ¿quiere que la llamen la *Latina*? […] Más vale que fume. ¡Ser académica! ¿Para qué? Es como si se empeñara en ser guardia *civila*, o de la policía secreta».[22]

No es de extrañar, entonces, que Emilia llegara al congreso de 1892 un tanto airada, «estomagada», diría ella, con el ceño inquietantemente fruncido. «Yo no soy redentora, predicadora ni emancipadora —había afirmado años antes—, pero siempre que al alcance de mi mano, en mi esfera de acción, […] pueda reivindicar algún derecho para esta categoría de *parias* y *sudras* a que estamos relegadas, lo haré, lo haré, lo haré».[23] A esas alturas de la vida, caricaturizada hasta el extremo, no le temía a nada. «Me han dicho que Zola está a punto de enloquecer por miedo a la muerte» —le había escrito a Galdós tiempo atrás—. ¡Qué tonto es ese hombre de genio! ¡Miedo a la muerte! Si hubiera vivido en una semana lo que yo […], y lo que tú, no le tendría miedo alguno».[24] Estaba más que dispuesta a dar la batalla.

Sin embargo, su intervención fue memorable no solo por la vehemencia con la que defendió una educación igual para hombres y mujeres o la determinación con la que exigió que las tituladas pudieran ejercer su profesión libremente, sino también porque se atrevió a hacer algo mucho más delicado: nada menos que poner en cuestión todo el ideario que había sostenido gran parte del feminismo decimonónico, a saber, que las mujeres debían formarse para poder educar a los hijos y guiar espiritual y moralmente a sus familias. «Aspiro, señores, a que reconozcáis que la mujer tiene destino propio —dijo ante la sorpresa de su auditorio—, que sus primeros deberes naturales son para consigo misma, no relativos y dependientes de la entidad moral de la familia que en su día podrá constituir o no constituir».[25]

Como señala Burdiel, con esta clase de argumentos, Pardo Bazán presentaba una enmienda a la totalidad contra la ideología victoriana de la separación de esferas, rechazando la exaltación de la maternidad y la superioridad moral de la mujer. Es más, adelantándose medio siglo a la Simone de Beauvoir de *El segundo sexo*, no aceptaba ni siquiera la categoría colectiva de «mujer», basada en una identidad natural, esencialista, ligada a sus funciones como madre. Pardo Bazán reivindicaba la comprensión de las mujeres en plural, como seres humanos no gregarios, merecedores de la misma libertad y diferencia que los varones. «Su felicidad y dignidad personal —continuaba su ponencia— tienen que ser el fin esencial de su cultura, y que por consecuencia de ese modo de ser la mujer está investida del mismo derecho a la educación que el hombre en el sentido más amplio de cuantos puedan atribuírsele».[26]

El hecho de que sus ideas fueran muy diferentes, e incluso opuestas, a las de Arenal en *La mujer del porvenir* o a las de la propia Gulick en sus sentidos discursos por Estados Unidos es una prueba manifiesta de que, en la última década del siglo, el debate feminista se había vuelto mucho más rico, complejo y profundo. También más encendido, pues ahora la vía «pardobazanista» ofrecía una alternativa para pensar la participación de las mujeres en la vida pública que no fuera la ampliación de su influencia en la esfera doméstica:

> Solo aspiro a gozar de la libertad… no para abusar de ella en cuestiones de amorucos […] sino para descifrarme, para ver de lo que soy capaz, para completar en lo posible mi educación, para atesorar experiencia, para… en fin, para ser algún tiempo y ¡quién sabe hasta cuándo!, alguien, una persona, un ser humano, en el pleno goce de sí mismo.[27]

El rechazo que le causaba la exaltación de la maternidad la llevó, incluso, a rehusar como aliados de las feministas a quienes decían perseguir la educación de las mujeres pero, convirtiéndolas en maestras de sus hijos, las mantenían en un estado de perpetua dependencia. De este modo, se alejaba de las ideas que Rousseau expresó en el *Emilio*, donde este defendía por activa y por pasiva que la educación de las mujeres, meros adornos ilustrados, debía someterse siempre a su función de madres y esposas. Mucho más cercana a las teorías de John Stuart Mill, cuya obra introdujo en España, Pardo Bazán consideraba que el sometimiento de las mujeres a través de la maternidad era un obstáculo para la mejora del género humano.[28] «Rechazo esta alianza, porque, insisto en ello, considero altamente depresivo para la dignidad humana, representada por la mujer tanto como por el hombre, el concepto de destino relativo, subordinado al ajeno».[29]

Sus palabras, tan modernas para 1892, señalan el sendero por el que caminará la siguiente generación de feministas.

6

Gracias al apoyo de los profesores de Madrid, los Gulick empezaron a recoger los frutos de dos décadas de duro trabajo en España. Durante los siguientes cursos académicos, sus alumnas siguieron brillando con luz propia en los exámenes del Instituto de Guipúzcoa; las estaciones misioneras a cargo de William, como Santander, Logroño o Pradejón, continuaron con su labor evangélica, y a San Sebastián llegaron nuevas profesoras para trabajar en el Instituto Internacional, como Mary Page y Alice Bushee, quienes les resultaron de gran ayuda a Catharine y Anna Webb. A Alice Bushee nos la volveremos a encontrar, muchos años después, al final de esta historia.

A juzgar por los informes que enviaron a mediados de los años noventa a la Junta para las Misiones, las cosas iban mejor que nunca. Asimismo, era evidente que la actitud hacia los protestantes había cambiado mucho desde el día, entonces ya lejano, que los Gulick llegaron a Santander. En gran parte había sido gracias a la buena impresión que producían en los vecinos de San Sebastián los resultados académicos alcanzados por sus alumnas, así como a su conexión con algunos influyentes intelectuales liberales.

También Catharine Barbour estaba feliz. En 1895 regresó a Estados Unidos durante un curso académico para completar sus estudios de máster en Holyoke, donde nuevamente tuvo a Arma como compañera de habitación, que había vuelto de Turquía con el mismo propósito que ella. Encontrarse donde su amistad había nacido, siete años después de dejar el *college*, debió de parecerles un auténtico regalo. Volvieron a ser las jóvenes despreocupadas que un día habían sido, sin nadie más en quien pensar que ellas mismas. Aunque eran mayores que las demás, enseguida se sintieron integradas otra vez entre los protectores muros de su querida *alma mater*, participando en todas las actividades comunitarias y tratando de mostrarse simpáticas con las nuevas estudiantes. Para ello, Catharine y Arma organizaron divertidas reuniones en su pequeña habitación, a las que invitaban a sus compañeras a tomar chocolate español y café turco.[30] Según recordaría Arma años después, Catharine se volcó aquel curso en ampliar sus conocimientos científicos y, al mismo tiempo, en despertar interés entre las chicas de Holyoke por la causa de la educación femenina en España, como había hecho Alice con ella siete años atrás. Cada vez que podía les hablaba de las niñas de San Sebastián, a las que escribía cartas a menudo.[31]

Aunque no debió de ser sencillo regresar a España tras aquel maravilloso año, en el Colegio Norteamericano, Catharine encontró nuevos motivos para tener esperanzas en el futuro. En el otoño de 1896 consiguió disponer de un laboratorio para sus clases de biología. Hasta ese momento había debido compartirlo con las profesoras de química y física, pero por fin había logrado conquistar aquel pequeño espacio solo para ella. Aunque no había mucho sitio y no había tenido tiempo de adecentarlo completamente, al menos ya había instalado un lavabo y un estante junto a la mesa. Poco a poco, les cuenta en una carta a sus amigas,[32] en los escasos ratos libres que le dejaban las clases lo iría poniendo a su gusto.

Además de Esther y Juliana, otras dos alumnas decidieron que querían estudiar Farmacia, lo que enorgullecía mucho a Catha. Fue ella quien se ocupó de prepararlas los primeros tres cursos, durante los que fueron a Madrid solo para los exámenes. No era fácil encontrar plantas medicinales para hacer experimentos, y tuvo que comprarle raíces y ramas a una herborista que las conseguía en el jardín de unos jesuitas, pagando más de la cuenta, sin duda, por ser americana y protestante. No obstante, ahora estaba feliz con los resultados de sus pupilas.[33] De hecho, en el otoño de 1897, ella misma las acompañó a Madrid durante dos semanas para que se matricularan en la facultad y se instalaran en la ciudad. Habían decidido que, para obtener la licenciatura, era mejor que vivieran permanentemente en la ciudad los dos últimos cursos. En San Sebastián carecían de los aparatos de laboratorio necesarios para un nivel tan avanzado y, además, los profesores no veían con buenos ojos tanto ir y venir. Preferían que fueran alumnas oficiales y asistieran a la facultad con regularidad.

Durante aquel viaje a Madrid, Catharine pudo comprobar por sí misma las dificultades que debía enfrentar una mujer en España a finales del siglo XIX para entrar en una clase universitaria. Aunque no existiera una prohibición formal, la burocracia era interminable, y así se lo contó a sus amigas en una carta especialmente interesante. «Lo que más nos ha demorado de todo —escribe con desesperación— ha sido ¡lograr que los profesores firmasen el papel en el que prometen mantener el orden en sus clases cuando las señoritas estén presentes en el aula!».[34] Y eso que entonces, añadía, al saber que estudiarían presencialmente, se mostraban más amables que antes. Les permitían entrar con ellos por una puerta privada y sentarse en las primeras filas, cerca de su mesa. Aunque temidos, aquellos profesores también despertaban la admiración de Catharine; los respetaba por su exigencia y reconocía que sus métodos eran modernos. Sabía que a sus alumnas les esperaban dos años de duro trabajo, pues la carrera de Farmacia en España tenía un nivel de dificultad no muy distinto al de Medicina.[35]

Con todo, existía un obstáculo aún mayor que ganarse la simpatía de los viejos dinosaurios: encontrar alojamiento en Madrid para aquellas jovencitas. Como veremos al reconstruir los orígenes de la Residencia de Señoritas, a finales de siglo no existían en la ciudad opciones que fueran convenientes para las chicas de provincias como ellas. Los conventos católicos no veían con buenos ojos los aires de emancipación femenina, y además quedaban descartados por completo en el caso de nuestras jóvenes, educadas por protestantes. Las pensiones, como contaría María de Maeztu tiempo después, estaban llenas de bichos y de inquilinos de reputación sospechosa, poco recomendables como compañía para aquellas universitarias. No había nada parecido a los *colleges* del Reino Unido o Nueva Inglaterra donde pudieran no solo hospedarse sino disfrutar de un ambiente enriquecedor y estimulante desde el punto de vista cultural. En aquella ocasión, las dos jóvenes aspirantes a farmacéuticas pudieron instalarse con la madre de una de ellas, ahorrándose esa dificultad. «Tienen muchos amigos en Madrid —les cuenta Catha al final de su carta a sus amigas—, así que no estarán completamente solas en la "gran ciudad"».[36]

A pesar de los resultados que consiguió con su trabajo, Catha siempre se mostró muy humilde. «Por favor, chicas —pide en otra de sus cartas circulares—, no actuéis como si hubiera logrado algo, porque no lo he hecho. Solo doy zumbidos como una abeja en un barril, pinchando a la gente y montando alboroto, y luego me atribuyen un trabajo que no he realizado».[37] Crítica consigo misma, en otra misiva se lamenta de la poca tolerancia que tiene al sufrimiento físico. Un simple dolor de muela, confiesa, la mantiene preocupada toda una noche, preguntándose qué será de ella cuando una enfermedad de verdad venga a visitarla. «¡Tengo que cambiar esta parte de mi carácter!»,[38] se propone.

«No me puedo creer lo mayores que nos estamos haciendo —escribe a su grupito en mayo de 1896, al regresar del año sabático en Holyoke en compañía de Arma—. Pero aún no he llegado al punto —añade— en el que me gustaría ser más joven.

Por supuesto que, por mi experiencia actual, me encantaría estar otro año en el *college*, pero creo que no estoy dispuesta a renunciar por ello a la luz de los años vividos… Siempre tengo prisa por saber qué es lo que vendrá a continuación».[39]

De haber visto lo que le esperaba, Catha se habría quedado muy sorprendida. A las diez menos veinte del 15 de febrero de 1898, el acorazado norteamericano Maine saltó por los aires en la bahía de La Habana. Dos meses más tarde, en abril, Estados Unidos le declaraba la guerra a España. La situación del Instituto Internacional, una organización en suelo enemigo, de pronto se volvió extremadamente delicada para las alumnas y las profesoras.

BIARRITZ, 1898

7

La tensión se palpaba en el ambiente desde hacía mucho tiempo, pero, aun así, la salida de España del embajador Woodford pilló a los Gulick con el pie cambiado. De hecho, cuando estalló la guerra, Alice se encontraba en Estados Unidos, muy lejos de la avenida de la Libertad, en una de sus largas giras por el país recaudando fondos para el Instituto Internacional. Al frente del colegio se había quedado el reverendo Gulick, con el apoyo de Catharine, Anna y el resto de las misioneras. Entre ellas aparece por primera vez un nombre, el de Susan Huntington, que más adelante será decisivo para la historia del Instituto Internacional. Por el momento es suficiente con saber que era una alumna de Wellesley, con quien tanta relación tenían, y que llegó a San Sebastián en 1895, seguramente animada por su madre, una activa feminista cercana al mundo de las misiones.

Aunque en los informes que enviaron a la Junta para las Misiones los años anteriores a menudo habían mencionado el clima de gran agitación política, solo comparable, según ellos, al periodo de la guerra carlista que se libraba cuando llegaron al país, en los años setenta, la realidad es que no vieron venir la magnitud del conflicto ni la repercusión que tendría en sus vidas. En las conversaciones de la calle, reconocían en sus informes, la situación de Cuba era un tema omnipresente sobre el que todo el mundo parecía tener algo que decir, si bien ellos preferían no alarmarse, confiando en que sus amigos liberales, quienes les desaconsejaban que abandonaran el colegio, tuvieran razón. «Hace tiempo que vivimos con el "lobo" —escribe Catha a sus amigas en marzo de 1898, en referencia a la guerra—, pero no pensamos mucho en ello; solo algunos minutos al día, cuando leemos el periódico por la mañana».[40]

Los problemas en Cuba no eran nada nuevo. Durante los más de veinte años que los Gulick llevaban en España no habían dejado de llegar noticias sobre la situación de la isla, a menudo al borde del colapso, como seguramente les contarían los Innerarity, preocupados por la suerte de sus negocios, pendientes de un hilo, como quedó constancia en las cartas que enviaban a Azcárate. La primera guerra de Cuba (1868-1878) o los movimientos insurgentes con gran apoyo popular liderados por José Martí, que estallaron en Baire en 1895 para reclamar la independencia, fueron solo algunos de los puntos álgidos de una época marcada por la rebeldía y el conflicto constantes. En aquel momento, España estaba en franca decadencia, y apenas conservaba una mínima parte de lo que había sido su imperio de ultramar. Tras las guerras de emancipación que se fueron sucediendo desde principios de siglo, a duras penas mantenía el control de Cuba, Puerto Rico y Filipinas, sus únicas posesiones aparte de otras pequeñas islas del Pacífico.

La Paz de Zanjón, que puso fin a la guerra de los Diez Años, firmada en 1878 tras la capitulación del ejército cubano ante las tropas del general Martínez Campos, declaraba el compromiso de establecer mejoras notables en la isla, pero la aplicación de los acuerdos en materia de autonomía y libertad se demoraba, o, sencillamente, no interesaba introducir ningún cambio sustantivo.[41] Aunque la esclavitud se había abolido, los antiguos esclavos debían pagar el precio de su libertad, lo que a menudo la volvía inalcanzable. De este modo, la explotación a la que los indianos sometían a los cubanos en las plantaciones, obligándolos a trabajar en condiciones inhumanas, avivó las quejas hacia la metrópoli y las aspiraciones de independencia.

«La cuestión cubana» se discutía a menudo en las Cortes, enfrentando a los partidarios de introducir reformas e incluso propiciar la autonomía política y administrativa de la colonia, como Antonio Maura, ministro de Ultramar entre 1892 y 1894, y quienes se oponían a ello. Como afirma Pablo de Azcárate en su obra sobre la guerra del 98, eran muchos los que se mostraban reacios a que cambiase el estatus de la isla. Los políticos, tanto de signo conservador, con Cánovas a la cabeza, como liberales, liderados por Sagasta, que llegó a oponerse al plan propuesto por Maura, su propio ministro, preferían no precipitarse, aunque eso implicara que la corrupción y el desgobierno continuaran reinando en la isla.[42]

Durante el siglo XIX, las guerras carlistas y los sucesivos pronunciamientos y vaivenes revolucionarios, así como los incesantes cambios políticos, habían debilitado a España internamente, justo lo contrario de lo que le sucedía a Estados Unidos, en los albores de su despliegue imperialista, una nación joven, avanzada y moderna, cuyo poderío era muy superior. Sus intereses comerciales en la isla, extensibles al Pacífico, eran evidentes, tanto como su posición cada vez más hostil respecto a la presencia española. Cuando en 1895 estalló el conflicto en Cuba, y ante la incapacidad de España de ponerle fin, comenzó en Estados Unidos una «guerra de opinión», fomentada por Joseph Pulitzer y William Randolph Hearst, los nuevos magnates de la prensa, que alimentó un sentimiento antiespañol entre los habitantes del país. De hecho, se considera que fue la guerra hispano-estadounidense la que inició una nueva forma sensacionalista de hacer periodismo, inventando noticias falsas y apostando por el amarillismo para ganar adeptos.

Uno de los blancos de la crítica era el general Valeriano Weyler, al frente del ejército español en Cuba desde que en 1896 sustituyó al general Martínez Campos. Weyler trató de frenar a los insurgentes con medidas desproporcionadas, concentrando a la población campesina lejos de sus casas en condiciones terribles, lo cual provocó miles de muertes. El modo de proceder del Gobierno español causó un gran rechazo internacional, sobre todo en Estados Unidos, donde se apoyaron las aspiraciones independentistas de los cubanos. Además, a nadie se le escapaba que, sin España, los intereses comerciales de los estadounidenses en la isla se verían favorecidos.

La voladura del Maine, que provocó la baja de 266 marines americanos, y sobre la que aún siguen corriendo ríos de tinta, fue la gota que colmó el vaso. Supuso el desencadenante de la declaración de guerra de Estados Unidos, que, a pesar de no poder determinar la causa de la explosión, acusó al ejército español de haber torpedeado la nave con una mina marina. Los estadounidenses alegaron que estaba fondeada en La Habana por una parada rutinaria, en visita de cortesía para garantizar la seguridad de sus ciudadanos, pero su presencia en las aguas del Caribe sin duda fue intimidatoria. Como apunta Pablo de Azcárate, animaba a los insurrectos y daba al traste con el plan de autonomía que el Gobierno español por fin se había comprometido firmemente a implantar, como evidencia el hecho de que en 1897 hubiera revocado las órdenes de concentración del general Weyler, que tanto sufrimiento habían causado.[43] Fue demasiado tarde. Al grito de «Remember the Maine, to Hell with Spain!», comenzó la guerra el 21 de abril de 1898. Con ella, Estados Unidos salía a escena como nueva potencia mundial para dar la estocada final al imperio español.

Así, en la primavera de 1898, Alice se vio de pronto y por sorpresa atrapada en el ojo del huracán, con el corazón dividido. A miles de kilómetros del colegio de San Sebastián, sin saber muy bien qué pasaría con su familia, sus alumnas y sus profesoras, permaneció en Estados Unidos, atenta a las noticias que iban apareciendo sobre la guerra, muy pronto extendida al archipiélago filipino. El trabajo que habían desarrollado con devoción durante las últimas décadas parecía estar a punto de desvanecerse, y temía que se reavivaran los viejos odios contra los protestantes por el hecho de ser estadounidenses.

Inquieta, permaneció durante una semana en Washington, tratando de entender los entresijos políticos del conflicto, preguntando a sus amigos influyentes y dando también su opinión, como experta en España, en sus charlas y discursos. Según recoge su hermana en su biografía, cuando estalló la guerra, a pesar de tener sentimientos muy fuertes hacia el país que la había acogido, Alice creía firmemente que aquella era la única manera de «salvar Cuba». Desaprobaba una reacción de venganza por el desastre del Maine, del que dudaba que fuera responsable España, y lamentaba que las armas fueran el único recurso para solucionar el conflicto, pero estaba convencida de que era necesario poner fin a la tiranía española en la isla, representada por los horrores del general Weyler. En este sentido, Alice reaccionó como la mayoría de los estadounidenses. Por un lado, deseaba que terminara la guerra cuanto antes; por el otro, en ningún momento pareció darse cuenta de que su país no tenía ningún interés, y menos en los últimos meses, en que el conflicto se resolviera de manera pacífica, con la aplicación por parte del Gobierno español de un régimen de autonomía y las reformas políticas que satisficieran a los cubanos. Si la pérdida de la isla significaba un duro golpe para España, un auténtico «desastre nacional» dados los lazos culturales y sentimentales que existían, la posibilidad de hacerse con ella también provocaba intensas emociones en Estados Unidos. Aquella no era, ni mucho menos, la primera vez que Estados Unidos había querido comprar Cuba.

Naturalmente, al otro lado del Atlántico, las pretensiones del presidente McKinley, quien poco antes de declarar la guerra requirió a España que renunciara y se retirara inmediatamente de Cuba, no fueron muy bien recibidas. El sentimiento antiyanqui se extendió como la pólvora, y la prensa española, al igual que la estadounidense, se llenó de titulares exaltados y caricaturas llamando a la guerra. Frente a las acusaciones sobre el Maine, España nutrió la teoría contraria, abonando la sospecha de que la explosión había sido un montaje estadounidense, un *casus belli* provocado para justificar la entrada de Estados Unidos en la guerra. Y si en Estados Unidos los periódicos representaban a los españoles como ridículos Quijotes, obsesionados con el honor pero con la armadura raída, en España también se sucedieron las expresiones de desprecio hacia el Tío Sam, de rostro sombrío y barba blanca, enfundado en un traje no menos ridículo que el del caballero de la Mancha, con los colores y las estrellas de la bandera americana, obsesionado a su vez con el brillo de los dólares. Como relata el historiador Juan Francisco Fuentes en su libro *Bienvenido, Mister Chaplin*, dedicado a la americanización de la cultura española contemporánea, en muchas ciudades españolas se celebraron mítines y manifestaciones antiyanquis, e incluso se quemó un muñeco del presidente McKinley con el morro de un cerdo en Oñate, Guipúzcoa.[44]

Aunque apoyara la guerra, Alice también defendió en sus intervenciones públicas y en las conversaciones íntimas con amigos estadounidenses la existencia de una «nueva España» muy distinta a la que avergonzaba a la opinión internacional con la actuación de sangrientos militares como Weyler[45] o la intransigencia de los indianos a la hora de posibilitar la aplicación de reformas. De acuerdo con su visión regeneracionista del futuro de España, pensaba que el país, «oprimido por la Iglesia y el Estado» desde hacía demasiado tiempo, tristemente empobrecido por quienes habían marcado su historia, era víctima de sus gobernantes. Como le escribió por carta a una amiga, «los españoles han luchado para acabar con las fuerzas que los han dominado y adormecido».[46]

Así, crítica con la manera en que la prensa retrataba a la nación española, no dudó en ponerse del lado de la gran mayoría de los españoles, que, según su experiencia, eran personas muy distintas a los sangrientos asesinos que los periódicos de Pulitzer y Hearst se empeñaban en mostrar. «Trabajadores», «amables» y «generosos» son algunos de los adjetivos con los que los defendió y reclamó tolerancia. «Un español cruel es cruel, al igual que un anglosajón cruel también lo es», repetía en sus intervenciones.

Aprovechando la coyuntura en favor de su propia causa, no exenta de paternalismo y de cierto sentimiento de superioridad, en sus mítines afirmó que la manera de ayudar a los millones de inocentes que, en España, eran víctimas de la tiranía de sus gobernantes y de la superstición de la Iglesia católica consistía en el trabajo misionero y educativo como el que desarrollaba el Instituto Internacional. Apropiándose esta vez de la retórica biologicista habitual en las interpretaciones del conflicto bélico, muy popular en la época, según la cual existían naciones moribundas, como España, y otras más vivas, como la anglosajona,[47] en uno de sus discursos para recaudar fondos declaró que era «absolutamente necesaria una transfusión de vida nueva».[48]

El 23 de abril de 1898, dos días después del estallido de la guerra hispano-estadounidense, llegó un telegrama del reverendo Gulick procedente de Francia. «School safely moved to Biarritz». Solo cinco palabras que tranquilizaron a Alice y al mismo tiempo la dejaron sumida en la incertidumbre. El Instituto Internacional había tenido que trasladarse urgentemente al otro lado de la frontera ante el aumento de las tensiones en la ciudad.

Al parecer, esta vez el lobo había venido de verdad.

8

Unos días antes, Catharine y Anna Webb habían ido a Biarritz para buscar una casa en la que poder vivir en el caso de que la situación se agravase y fuera necesario salir del país. Situada en el País Vasco francés, a cincuenta kilómetros de San Sebastián, Biarritz era una bonita ciudad balneario con un puerto de pescadores que ya había seducido a Victor Hugo medio siglo antes en su viaje por los Pirineos. Las misioneras pensaban que no llegarían a verse en la obligación de exiliarse, pues contaban con la simpatía de muchos donostiarras, y además la mayoría de sus alumnas eran españolas. Confiaban en que los ánimos acabarían calmándose, pues trasladar todas sus pertenencias sin contar aún con el soñado edificio sería un esfuerzo y una molestia enormes.

Por añadidura, si abandonaban la casa de la avenida de la Libertad, ¿quién les aseguraba que tendrían un lugar al que volver? Cuando la guerra terminase, ¿no sería como empezar de cero?

En la frontera franco-española, las dos misioneras coincidieron con varios diplomáticos estadounidenses del equipo del embajador Woodford, que había abandonado Madrid hacía unas horas.[49] Les recomendaron encarecidamente que siguieran su ejemplo lo antes posible, pues su seguridad no podía garantizarse en absoluto. Al volver a San Sebastián descubrieron a varios guardias civiles, con sus sombreros de tres picos y las casacas azules, apostados con sus fusiles delante del colegio. Aunque parecían muy dispuestos a protegerlas, su inquietante presencia también parecía corroborar la inminencia del peligro del que las habían advertido sus compatriotas. Cuando el alcalde le dijo al reverendo Gulick que le era imposible hacerse cargo de lo que pudiera ocurrir, los acontecimientos se precipitaron rápidamente. Esa misma tarde comenzaron a hacer las maletas, y la madrugada del 23 de abril, dos profesoras americanas encabezaban una fila de cincuenta niñas por el puente de Santa Catalina camino de la estación de tren. A las seis, todas ellas estaban sentadas, muy serias, en los vagones, con las sábanas de lino del Instituto dobladas dentro de los baúles y una pequeña pamela de verano en la mano. Aunque parezca increíble, un esforzado sombrerero estuvo trabajando durante toda la noche para que se las pudieran llevar al otro lado del Bidasoa.[50]

Catharine se quedó con el reverendo Gulick en el colegio para terminar de embalar muebles y maletas. Según recordó muchas veces tiempo después, fue una tarea absolutamente agotadora para ella. «Si nunca habéis intentado trasladar un colegio de un país a otro en treinta y seis horas, aún os queda algo que aprender en la vida —escribiría con sarcasmo a sus amigas en una de sus cartas circulares—. Nunca en mi vida he trabajado tanto».[51] A media noche llegaron ellos también al nuevo hogar en tierra francesa, ubicado en las afueras de Biarritz. Imagino que sería entonces, tras aquel día extenuante, cuando el reverendo salió a la calle y fue a la oficina postal para enviarle el telegrama a Alice.

Sin embargo, que hubieran llegado sanos y salvos a Biarritz no significaba que pudieran retomar su actividad a la mañana siguiente como si nada. Enseguida se lamentaron de haber llevado bultos innecesarios y haber olvidado, en cambio, las cosas más importantes. Aunque era una de las más grandes de todo Biarritz, la casa en la que se instalaron no estaba preparada para recibir a un colegio, por lo que no disponía de cubiertos y de camas suficientes para todas. Los primeros días, las niñas tuvieron que compartir cuchillos y vasos, en una escena que nos recuerda a la de los padres de William a bordo del Parthian, y varias de ellas debieron dormir entre dos sillas. Lo bueno del nuevo hogar es que tenía un jardín, donde podían saltar y jugar libremente, algo que siempre habían deseado en San Sebastián. La casa, ubicada en un acantilado sobre el mar, estaba a quince minutos a pie del centro de la ciudad, lo que les daba la impresión de vivir en plena naturaleza.[52]

Antes de salir del país, el reverendo había escrito a los padres de todas las niñas, extranjeras y españolas, para explicarles los planes que tenían de llevar el colegio a Biarritz mientras se prolongase el conflicto. Significativamente, ni una sola de las familias se opuso a la solución ni solicitó que su hija regresara a casa. Es más, el curso siguiente no solo siguieron las mismas alumnas, sino que el colegio aumentó el número de matrículas.

Unos días después de la marcha, Catha regresó a San Sebastián para vaciar definitivamente el edificio de la avenida de la Libertad y devolver las llaves al dueño de la finca. No se podían permitir tener abiertas dos casas, y era más sensato, además de menos costoso, reunir todas sus pertenencias en Biarritz hasta que pudieran comprar el nuevo edificio en el que instalar definitivamente el Instituto Internacional. Mientras recogía las últimas cosas, un grupo de españoles pasó por la calle recaudando donativos para los heridos en la guerra. Oculta tras la ventana, sin querer revelar su identidad, Catha les echó unas monedas. Pedro Garrido, el portero de la finca, lo vio y subió los escalones de dos en dos para agradecerle el gesto. Las precauciones que tomó la misionera fueron en balde, sin embargo, pues todo San

Sebastián sabía que en aquella vivienda aún quedaban algunas profesoras del Instituto Internacional, y hasta la prensa se hizo eco de su solidaridad con los soldados españoles.[53]

Catha tardó dos semanas y dos días en recoger las más de sesenta y cuatro habitaciones del colegio, incluidas la capilla y la sala de reuniones, con todos sus muebles y aparatos de laboratorio. Como sabía su grupito de amigas, quienes se reirían al leer sus novedades en la carta circular, Catha odiaba hacer maletas más que ninguna otra cosa en el mundo, así que, durante esos días, solo le quedó el consuelo de pensar que, con aquel castigo, corregiría otra de las debilidades de su carácter. Muchas manos la ayudaron, algunas por dinero y otras por amistad, pero aun así fue tremendamente cansado recoger hasta el último libro y el último periódico que habían ido acumulando durante los diecisiete años que habían vivido entre aquellas paredes. Jamás se le habría ocurrido, cuando una tarde de primavera conoció a Alice en Mount Holyoke y la oyó hablar del colegio por primera vez, que sería ella la encargada de cerrar las puertas. Al ir metiendo en cajas los lápices, los cuadernos y las muestras prensadas de flores recordaría el día en que llegó, resfriada, al portón de madera del número 40 de la avenida de la Libertad junto al reverendo.

Cuando la casa quedó completamente vacía, con todos los cachivaches en once coches alquilados camino de Biarritz, su voz rebotó en las paredes. *Good bye.* Quizá entonces se daría cuenta de que ya no era tan joven. Aun así, las palabras con las que terminó la carta circular a sus amigas fueron optimistas. «Seguimos vivas. Y no tenemos la menor intención de morirnos».[54]

9

Durante las primeras semanas, la vida en Biarritz fue difícil. Aunque las estudiantes mayores hicieron todo lo posible por ayudar a sus profesoras, la sensación constante que tenía Catharine era la de estar rodeada de una terrible confusión.

Le asaltaban a menudo grandes preocupaciones y a veces hasta le costaba recordar cómo era su vida antes de la «hégira», como se refería a su precipitada salida de España. Además, en ausencia de Alice, la responsabilidad de dirigir un colegio recayó definitivamente sobre sus hombros. Si el edificio de San Sebastián le parecía limitado, en Francia encontró aún más dificultades para organizar las aulas y dormitorios. La casa, llamada Villa Notre Dame, había sido del arzobispo, quien la había decorado con mobiliario francés antiguo, que a ella le resultaba tan impersonal como pasado de moda. Echaba terriblemente de menos San Sebastián. Por suerte, las vistas desde el acantilado eran magníficas y cada tarde quedaba embelesada con la luz dorada del atardecer sobre el golfo de Vizcaya. También el jardín compensaba los sinsabores del traslado, y hacía lo que podía para que las alumnas pasaran fuera todo el tiempo posible, jugando al críquet y a los bolos. Al haber llegado en primavera, pronto pudieron salir a recoger margaritas, prímulas y violetas, con las que trataron de alegrar las sombrías habitaciones del caserón, en penumbra tras las pesadas cortinas de cretona.[55]

Y es que la naturaleza seguía siendo un consuelo para Catharine en momentos duros como aquel. En cuanto pudo tomarse un descanso fue a Osse-en-Aspe, una población de los Pirineos, para caminar por la montaña y recoger flores. Como contaría después a sus amigas, encontró veinte especies primaverales que nunca había visto, y su bolsa volvió a Biarritz llena de anémonas amarillas, prímulas naranjas, grandes gencianas azules y hermosas plantas hepáticas, como las que dibujaba el biólogo alemán Ernst Haeckel en sus preciosas láminas, tan populares a finales de siglo. Un día especialmente feliz pudo ir en ferry con dos de sus compañeras hasta un pueblecito francés a dos horas de Biarritz, donde un muchacho las guio hasta un campo cubierto de anémonas de color escarlata. Quedó aturdida por su belleza. Aunque había podido comprarlas en el mercado algunas veces, hasta entonces nunca las había visto creciendo salvajes. Imagino que una de aquellas anémonas rojas iría directa a su herbario o quizá a otra de las cartas circulares que continuaron viajando desde Biarritz hasta las manos de sus amigas en Turquía, Japón y Estados Unidos.[56]

Poco a poco, Catha fue haciéndose a la nueva situación. En los periódicos leyeron que el Tratado de París, firmado en diciembre de 1898, había puesto fin a la guerra hispano-estadounidense. España renunciaba a Cuba, que declaró la independencia, y tuvo que vender Puerto Rico, Filipinas y la isla de Guam a Estados Unidos por veinte millones de dólares. Para muchos, aquella transacción supuso el verdadero debut de Estados Unidos como potencia imperialista y el comienzo de la presencia norteamericana, «pseudocolonizadora» en palabras de Pablo de Azcárate, en el continente asiático.[57] Aunque Catha tuvo que prescindir de algunos materiales para sus clases, la rutina escolar, que se impuso otra vez con la llegada del curso 1899-1900, la ayudó a recuperar la sensación de normalidad. Las niñas siguieron con el mismo programa de siempre, preparando los exámenes de bachillerato y de la universidad. Ella continuó peleándose con los libros de los profesores españoles, avanzando en la traducción de un manual de botánica escrito en inglés. Pero, aunque el conflicto hubiera terminado bastante rápido, enseguida quedó claro que el Instituto Internacional no volvería a cruzar el Bidasoa hasta que los Gulick pudieran comprar el nuevo edificio al que trasladarse definitivamente. Y para eso aún faltaba reunir mucho más dinero.

La gran duda era dónde debían instalarse. ¿En el País Vasco o en otro lugar? Las misioneras dedicaron muchas horas a pensar en las opciones con más posibilidades de prosperar. Francia les había gustado cuando iban de compras o de paseo, pero durante aquella estancia provisional que tenía mucho de exilio, se sentían más unidas a España que nunca. Aunque Catha prefería regresar a San Sebastián, reconocía que Madrid era una buena opción y se decantaba a menudo por la capital. Gumersindo de Azcárate, quien se había convertido en el asesor y principal consejero del Instituto, recomendaba a los Gulick que pensaran seriamente en irse a Madrid. Estaba convencido de que allí, con el apoyo de la Institución Libre de Enseñanza, encontrarían un entorno más favorable para el desarrollo de su obra educativa, sobre todo si seguían adelante con la idea de continuar enviando estudiantes a la Universidad Central.

En el mes de febrero de 1899, Alice llegó por fin a Biarritz, acompañada de algunas personas cercanas al Comité de Boston, que estaba detrás de la gestión del Instituto Internacional. Sin que le diera tiempo ni siquiera a quitarse el sombrero, un remolino de niñas la llevó en volandas por Villa Notre Dame haciéndole un *tour* por la casa. Querían enseñarle los nuevos dormitorios y las clases.[58] Cuando por fin la dejaron sentarse acaparó la atención de todas, incluida Catharine, pues tenía muchísimo que contar. Mientras profesoras y alumnas salían precipitadamente de España, les dijo, su hija Grace y ella habían estado en la prisión naval de Seavey's Island, en la costa de Maine, cuidando a los mil seiscientos prisioneros de guerra españoles, la mayoría capturados en la batalla de Santiago. Puedo imaginar las expresiones de asombro, mezcla de curiosidad y horror, que se dibujarían en las caras de su joven auditorio.

Cada mañana, añadió, vestidas con uniformes de la Cruz Roja, se desplazaban desde Portsmouth hasta el hospital de la isla en un bote militar y no volvían hasta que caía la tarde. Su función consistía en atender a los heridos y leerles las cartas que llegaban desde sus hogares españoles. Su conocimiento del idioma y la cercanía que tenían con su cultura las capacitaba para la tarea. Los prisioneros habían llegado completamente devastados, destrozados por la enfermedad y la derrota. Ellas trataban de consolarlos y hacerles menos penosa la situación. Durante el tiempo pasado con ellos, contó Alice, incluso habían podido conocer al mismísimo almirante Cervera cuando visitó a sus hombres, quien le había dedicado unas amables palabras en su libro de autógrafos. El almirante Sampson, su viejo antagonista al frente del ejército americano, apostilló Alice, también había firmado, animándola a continuar con su empeño de abrir el Instituto Internacional.

Gracias al descanso y la alimentación, muchos soldados se recuperaron y Alice y Grace pudieron despedirlos unos meses

Prisioneros españoles de la flota del almirante Cervera en Seavey's Island.

más tarde, cuando subieron a bordo del barco Ciudad de Roma para regresar a su casa, en poblaciones como Ferrol, Cádiz y Cartagena; otros, sin embargo, no lo harían nunca. Treinta y uno de aquellos soldados murieron en el hospital y fueron enterrados en un pequeño cementerio de Kittery, frente a la isla, del otro lado del Piscataqua River. A menudo, Alice formó parte de la pequeña comitiva encargada de enterrarlos.

Como Alice le contó por carta a su familia de Estados Unidos, los días pasados en Biarritz, después de la experiencia con los prisioneros, fueron muy intensos para ella. Tenía sentimientos encontrados.[59] Por un lado, se alegraba al ver que el Instituto Internacional había hallado un nuevo hogar, aunque fuera en Francia. Al salir al jardín y contemplar el acantilado, le admiraba la belleza del paisaje, que se extendía, como las nubes, hacia el horizonte. Forzando la vista, hasta le parecía distinguir en la lejanía un pequeño saliente de tierra en la bahía que imaginaba cercano a Santander. Pero, por otro lado, era evidente que se encontraban en una situación más precaria que nunca. Entre profesoras y alumnas había casi sesenta personas viviendo en Villa Notre Dame.

El deseo de disponer de un edificio propio, como siempre había soñado, era cada vez más fuerte.

10

Durante el tiempo que pasaron en Biarritz, el Instituto Internacional recibió una distinguida visita.[60] Katharine Lee Bates, amiga de Alice, estuvo unos días en Villa Notre Dame, a comienzos de 1899, antes de aventurarse en un viaje por España, donde pasaría los siguientes meses recorriendo pueblos y ciudades de Andalucía, Madrid, el País Vasco y Galicia.

Bates, conocida escritora de Nueva Inglaterra, había sido enviada a Europa como corresponsal del *New York Times* para que redactara una serie de crónicas sobre España tras la firma del Tratado de París. Como hemos visto, a finales del siglo XIX, en Estados Unidos se vivía una verdadera fascinación por el país que sería su enemigo, y, en cuanto se materializó la derrota, la actitud que prevaleció fue esencialmente la de la reconciliación.[61] Sin duda, el hecho de haberle dado la estocada final al decadente imperio español favoreció dicha actitud, no exenta de sentimientos de admiración por el pasado imperial hispánico, y al mismo tiempo de superioridad. Como ha estudiado Juan Francisco Fuentes, tras la guerra, en España tampoco llegó a arraigar un verdadero sentimiento antiyanqui, lo que explica que Bates pudiera recorrer el país sin poner su vida en serio peligro.

La visita de la escritora al colegio de Biarritz debió de ser todo un acontecimiento. Aunque en esta ocasión no iba acompañada de Katharine Coman, profesora de economía política también en Wellesley, su nombre y el de Bates han permanecido emparejados en la memoria colectiva para siempre, pues ambas mujeres, amigas y amantes durante décadas, son una de las más célebres representaciones del «matrimonio bostoniano», la unión entre mujeres que Henry James representó en su novela. Por aquel entonces, Bates ya era una estrella en los ambientes culturales y literarios de Estados Unidos. Componía novelas y poemas en los que a menudo retrataba a mujeres trabajadoras que se enfrentaban a la pobreza, para así introducir sus ideas reformistas. En 1893, cuando iba camino de un curso de verano en Colorado, había escrito «America, the beautiful», que obtuvo

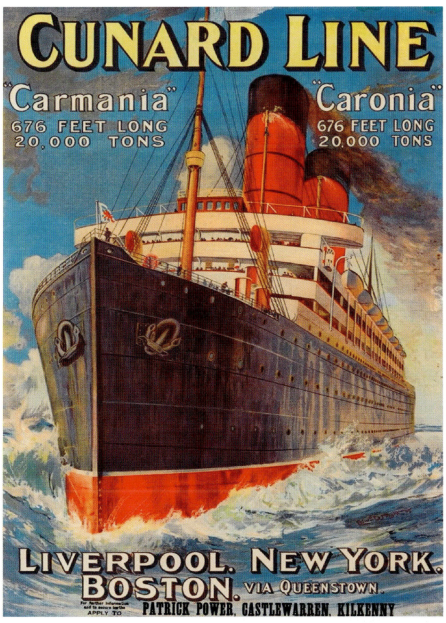

Cartel publicitario de las travesías transatlánticas de la Cunard Line. Aunque su propósito inicial era transportar el correo entre Gran Bretaña y Estados Unidos, pronto se convirtió en una de las compañías preferidas por los trotamundos de ambos continentes. En su viaje hacia España, Alice y William Gulick se embarcaron en el S/S Siberia en diciembre de 1871 y, durante los siguientes años, cruzaron el océano en numerosas ocasiones.

Daguerrotipo de la poeta Emily Dickinson, hacia 1847. La imagen se tomó cuando tenía dieciséis años, en la época en la que fue estudiante en Mount Holyoke Female Seminary, en South Hadley, Massachusetts. Era una institución educativa femenina exigente, célebre por el nivel de sus programas, pero también por el estilo de vida estricto y religioso que fomentaba entre las colegialas. A pesar de su amor por el estudio, Dickinson nunca encajó del todo y finalmente no llegaría a graduarse.

Una de las páginas del herbario de Emily Dickinson conservado en la Houghton Library de la Universidad de Harvard. En una época en que las mujeres se enfrentaban a numerosas dificultades para estudiar, los herbarios les permitieron acceder al conocimiento científico de una manera práctica y creativa. Como Catharine Barbour y otras muchas jóvenes de Nueva Inglaterra, la poeta comenzó a coleccionar plantas y flores cuando era pequeña, y mantuvo su amor por la botánica durante toda su vida. Algunos herbarios como el de Dickinson son auténticas obras de arte que además testimonian la amistad entre mujeres, pues era habitual pasear con amigas y hermanas para recoger especímenes curiosos.

Ilustración de Frank T. Merrill para la edición de 1880 de *Mujercitas*, de Louisa May Alcott. En ella vemos a Jo March en pleno torbellino creativo, con el gorrito que se ponía para escribir sus libros en el desván. El personaje de Alcott, amado por lectoras de diferentes generaciones, fue una fuente de inspiración para autoras feministas como Simone de Beauvoir o Ursula K. Le Guin, quienes reconocieron en aquella joven novelista un modelo a seguir.

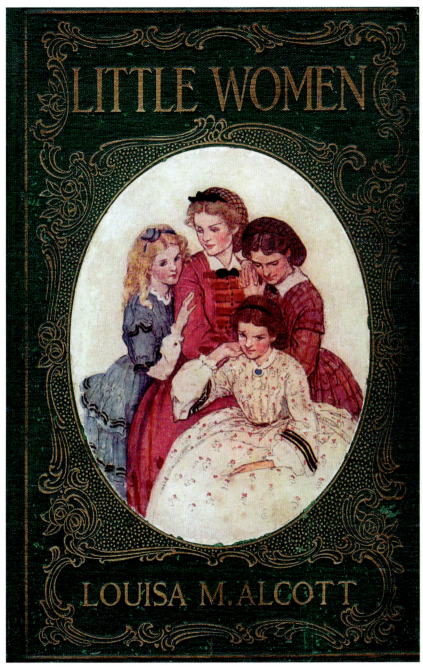

Edición de *Mujercitas* de 1915 con las icónicas ilustraciones de Jessie Willcox Smith. Convertida en un clásico desde su publicación en 1868, la novela de Louisa May Alcott refleja un ambiente familiar parecido al que conocieron Alice Gulick y sus hermanas durante su infancia en Auburndale, en las afueras de Boston. Como Meg, Jo, Amy y Beth, nuestras protagonistas vivieron en una época marcada por los movimientos de reforma estadounidenses y la lucha por la educación femenina.

ORDINATION OF THE FIRST AMERICAN FOREIGN MISSIONARIES.

Ilustración de la ordenación de los primeros misioneros americanos en Salem, Massachusetts, en febrero de 1812. Fundada en 1810, la Junta Americana de Comisionados para las Misiones Extranjeras fue la organización misionera estadounidense más importante del siglo XIX. En 1871, el reverendo William Gulick acudió a Salem, donde aceptó la misión que les llevaría a él y a su esposa Alice a España, una de las tierras papales más hostiles a la reforma protestante.

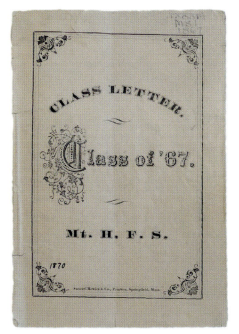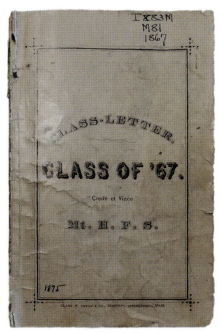

Como hoy haríamos con una *newsletter* o un boletín informativo, la *Class Letter* era una manera de mantener en contacto a las estudiantes de una misma promoción cuando terminaban sus estudios en Mount Holyoke Seminary. Desde su casa de Santander, Alice Gulick envió noticias de su vida de misionera a sus amigas de promoción, la de 1867.

Invitación de 1901 para asistir a la clausura del curso académico del Instituto Internacional cuando tuvo su sede en Biarritz. Las alumnas y profesoras tuvieron que desplazarse desde San Sebastián a Francia en 1898, al estallar la guerra hispano-estadounidense.

Al igual que las instituciones educativas femeninas que le sirvieron de modelo a Alice Gulick, como Mount Holyoke College y Wellesley College, el Instituto Internacional diseñó este sello distintivo. Las armerías españolas están reflejadas en el cuarteleado de los escudos, y la lámpara de aceite simboliza la necesidad de iluminar a las niñas a través de la educación. La imagen pertenece al brazalete que llevó bordado en su uniforme el portero del Instituto Internacional.

Mary Cassatt, detalle del mural *Modern Woman: Young Women Plucking the Fruits of Knowledge or Science*, expuesto en el Woman's Building de la Exposición Universal de Chicago en 1893. Cassatt subvirtió el relato bíblico de la caída de Eva creando un jardín exclusivamente femenino donde la fruta del conocimiento se transmite sin culpa de generación en generación. Como en el resto de sus obras, Cassatt utilizó un estilo sofisticado y moderno para explorar la subjetividad de las mujeres y las relaciones entre madres e hijas. Aunque en su momento no recibió muy buenas críticas, hoy su utopía feminista refleja de manera extremadamente hermosa y elocuente la apasionante aventura en la que se embarcaron las educadoras de finales del siglo XIX.

En esta divertida ilustración de Lillian Young de 1896, la *New Woman* está lista para lo que se proponga: montar en bicicleta, jugar al golf, salir de paseo o leer el periódico. Los nuevos trajes hechos a medida vistieron a las mujeres para que se movieran más cómodamente en clase, en el trabajo o al practicar deportes al aire libre. La indumentaria típica estaba formada por diferentes piezas: una blusa, una falda, una chaqueta ajustada de mangas abullonadas y unos botines. Los sombreros también se volvieron más pequeños y manejables, como en la ilustración, donde nuestra aventurera porta una linterna de bicicleta para iluminar el camino en alguna salida nocturna.

Fundada en 1870, Wellesley College fue una de las instituciones femeninas que más apoyó a Alice Gulick en su misión educativa en España. Como Mount Holyoke College, Smith College o Vassar College, Wellesley fue creada para ofrecer a las mujeres una educación de calidad similar a la que los varones recibían en centros como Harvard o Yale. Más adelante, en el siglo XX, estas y otras universidades para mujeres como Radcliffe, Barnard y Bryn Mawr formarían las Seven Sisters, la versión femenina de la Ivy League.

Programa de mano de las veladas musicales que organizó el matrimonio Gulick en San Sebastián.

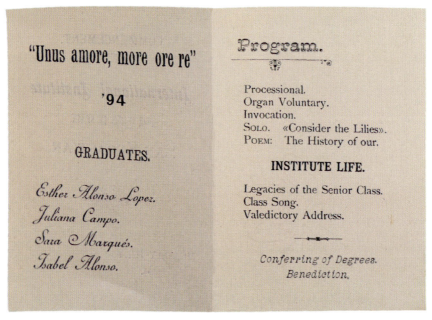

Programa de la ceremonia de graduación de 1894. Esther, Juliana, Sara e Isabel, «mujeres formadas por mujeres», fueron las primeras estudiantes del Instituto Internacional que recibieron el título de bachiller.

Una de las profesoras del Instituto Internacional sentada en la fuente del jardín de Fortuny a comienzos del siglo XX. La ropa deportiva y el hecho de que lea el periódico reflejan los aires de modernidad que las americanas trajeron consigo hasta Madrid desde Estados Unidos.

UNITED STATES LINES.   "LEVIATHAN"   59,956 TONS.
WORLD'S LARGEST LINER.

Una de las postales que la doctora Mary Louise Foster envió a María de Maeztu a la Residencia de Señoritas para informar sobre cómo había ido el viaje. El Leviathan, publicitado como el transatlántico más largo del mundo, estaba equipado con todo tipo de lujos. En la Cena del Capitán del 22 de diciembre de 1929 los viajeros degustaron sopa de tortuga, tournedó, endivias y tarta de calabaza, entre muchas otras delicias.

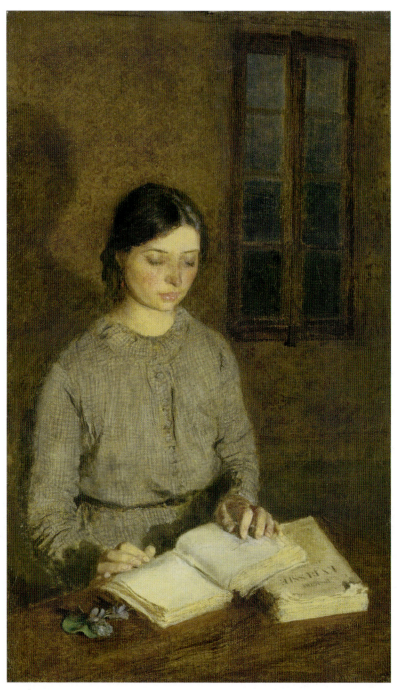

Gwen John, *Dorelia reading about the light bulb*, óleo sobre lienzo, 1904. Como escribió Virginia Woolf en *Un cuarto propio*: «La literatura está abierta a todos. Cierra con llave tus bibliotecas, si quieres, pero no hay barrera, cerradura, ni cerrojo que puedas imponer a la libertad de mi mente». La conquista de la educación femenina volvía necesaria la búsqueda de espacios como los que pintó Gwen John, habitaciones donde la concentración y la vida imaginaria fueran posibles.

Cubierta de la primera edición de *Un cuarto propio*, de Virginia Woolf, publicado en la editorial Hogarth Press en 1929 con una ilustración de su hermana Vanesa Bell. El ensayo se gestó en las dos conferencias que pronunció Woolf sobre las mujeres y la novela en los *colleges* para mujeres de Girton y Newnham, en Cambridge.

Fotografía de grupo en el jardín de la Residencia de Señoritas en la sede de Fortuny 53, hacia 1930.

Felicitación que envió Ruth Lee Kennedy en nombre del grupo de Smith College de 1932-1933 para felicitar la Navidad a María de Maeztu y a las profesoras y alumnas de la Residencia de Señoritas. A comienzos de los años treinta la relación entre ambas instituciones se vio impulsada por el *Junior Year Abroad*, un programa de intercambio que atrajo a la Universidad Central de Madrid a numerosas estudiantes americanas. Los lazos de estas amistades internacionales continuaron epistolarmente, como en esta postal navideña en la que Ruth pregunta a sus amigas españolas cómo han ido las cosas durante el año.

un éxito inmediato. El poema, pronto convertido en una canción patriótica tan famosa como el himno nacional, celebraba los vastos paisajes estadounidenses, con sus montañas majestuosas y sus cielos inmensos. También se hacía eco de «las ciudades de alabastro», en referencia a las blancas construcciones de la Exposición de Chicago, como el Woman's Building, que visitó durante aquel trayecto.

Bates ya se había ganado el corazón de los lectores más pequeños hacía tiempo, en 1889, cuando publicó su poema «Goody Santa Claus on a Sleigh Ride», en el que dio un marcado protagonismo a la esposa de Santa Claus, popularizando su figura. En uno de sus entrañables versos iniciales, una reivindicativa Mamá Noel le pregunta a su famoso esposo: «¿Por qué tienes que quedarte tú con toda la gloria de la feliz historia de Navidad y la pobre Señora Claus nada más que con el trabajo?».

Lo cierto es que la propia Bates se parecía bastante a la Goody Santa Claus de su poema. Rellenita y peinada con un moño, en las fotografías siempre aparece con unos anteojos sobre la nariz y una camisa abotonada hasta el cuello. Imagino que, al oír las ruedas de su coche llegar al Instituto Internacional, las alumnas

SHAKE THE PACK!

Ilustración de la primera edición de *Goody Santa Claus on a Sleigh Ride* (1889), de Katharine Lee Bates.

Katharine Lee Bates.

debieron de pensar que Mamá Noel en persona acababa de hacer su mágica aparición en Biarritz.

Aunque llegaba sin regalos, tenía mucho que contarles. Había estado en París perfeccionado su español, un idioma que amaba por influencia de su madre, Cornelia Frances Lee, alumna de Holyoke cuando aún vivía Mary Lyon.[62] En Estados Unidos, madre e hija a menudo disfrutaban traduciendo juntas autores clásicos españoles, como Bécquer. Las seducía la España pintoresca y legendaria que ciertos autores de comienzos de siglo, como Washington Irving o George Borrow, cuya lectura recomendó Bates a Cornelia vivamente, habían contribuido a crear en la imaginación popular desde la época romántica. En París, la profesora de Bates fue una monja española llegada de Manila, Filipinas, de donde había tenido que salir atropelladamente al estallar la guerra. Durante varios meses, Bates había estado yendo dos o tres veces por semana al convento, silencioso y extremadamente pulcro, para encontrarse con aquella «hermanita», a quien luego retrató en sus escritos como una religiosa exquisita y parlanchina, siempre dispuesta a contarle sus aventuras en el archipiélago del Pacífico. Las clases las daban en una pequeña y austera celda, en la que solo llamaba la atención un crucifijo, labrado en madera de olivo, colgado de la pared.[63]

Según Bates contaría después en un texto titulado «Oh la Señorita!», una pequeña joya en la que refleja su visión de distintas mujeres que fue encontrando en España, a su original profesora le gustaba especialmente explayarse sobre la guerra, y relataba con muchos detalles el día en que, en el convento de Manila, empezaron a oír el estruendo de los cañonazos por encima de sus cánticos. Escuchándola, Bates no podía dejar de sospechar que aquella experiencia había sido una manera de escapar del aburrimiento de su vida monacal. Pasadas varias semanas, le aseguró la hermanita entre grandes aspavientos, la situación se había vuelto tan desesperada que el cónsul francés había facilitado la salida de la isla de las veintisiete monjas en un pequeño y sucio barco que las llevó hasta Hong Kong. Durante la travesía, añadió compungida, tuvieron que viajar apiñadas en cubierta, luchando contra la sed, pues el agua se agotó enseguida. Aun así, había merecido la pena, añade Bates con fino humor en su escrito, pues aquella prueba había traído consigo «la felicidad del martirio».[64]

«Oh la Señorita!» apareció en *Carreteras y caminos de España,* el libro sobre su viaje por el país que Bates publicó en 1900. En él alaba a Emilia Pardo Bazán,[65] a quien retrata como una gran defensora de los derechos de las mujeres, lamentando que la escritora fuera una excepción y no la norma. También recoge en este libro las crónicas que fue publicando en el *New York Times* durante el viaje, desarrollado entre febrero y julio de 1899. Las significativas palabras con las que abre la primera de ellas, «España es una contradicción», las pone en boca de nuestro William Gulick, su anfitrión en Biarritz, cuya hospitalidad le resulta más digna de alabanza que la de un cuerpo diplomático al completo. Al parecer, William se las dijo el día en que el colegio en pleno salió a despedirla a la puerta de Villa Notre Dame, deseándole que tuviera un feliz viaje.

Durante los siguientes meses, Bates pudo visitar toda la península, parando en ciudades como Madrid, donde recorrió el Museo del Prado, Sevilla, donde disfrutó de las procesiones de Semana Santa con olor a incienso, o Granada, donde quedó embrujada por la Alhambra, como les había ocurrido a tantos otros viajeros anglosajones. Asombrada por la belleza de los balcones, las ruinas y las iglesias que iba encontrando, no escatimó palabras de admiración hacia pintores como Velázquez o escritores como Ganivet.

Sin embargo, Bates no solo visitó lugares pintorescos y artísticos, sino que trató de tomarle el pulso a la actualidad política, cosa que plasma en numerosos textos, como el que se hace eco de una manifestación en solidaridad con los presos de Montjuïc y con presencia del líder socialista Pablo Iglesias, en la que coincidió con Azcárate, Moret y Salmerón.[66] Los presos eran los detenidos a raíz del atentado terrorista que se produjo en Barcelona en 1896 durante la procesión del Corpus Christi. El juicio celebrado contra ellos, el «proceso de Montjuïc», tuvo una gran repercusión internacional y suscitó las críticas de numerosos intelectuales, como Azorín, Baroja o Unamuno, pues desencadenó una represión encarnizada, marcada por numerosas torturas y vejaciones, hacia cualquier persona que fuera sospechosa de identificarse o sencillamente simpatizar con el anarquismo. Así, en ocasiones como aquella, Bates pudo comprobar cuánta verdad escondían las palabras del reverendo Gulick. Por un lado, en las calles sentía la enorme influencia de las fuerzas conservadoras, como el clericalismo o el militarismo, pero también podía percibir los nuevos aires que algunos liberales trataban de introducir en el país, sumergido en pleno «desastre nacional».

Alberto Egea y Carlos Ramos, en sus respectivos trabajos sobre los libros de viajes de Bates, subrayan que uno de los aspectos que los hacen más interesantes es que se escribieran a finales de siglo, un momento clave, pues la imagen misma de lo hispánico estaba cambiando. Frente a la España cruel, fanática y católica que se colaba en algunos discursos de Gulick en la década de los ochenta, Bates destaca la hospitalidad y la laboriosidad como rasgos netamente hispánicos.[67] No cae tampoco en el estereotipo de los escritores románticos anteriores, quienes a menudo exaltaban los paisajes españoles pero retrataban a sus habitantes como bandidos o toreros, casi siempre atrasados, vagos y poco civilizados. Por el contrario, en sus crónicas, Bates muestra una genuina admiración por los campesinos y labradores del campo español, e incluso idealiza su modo de vida, llegando al extremo de desear que sus compatriotas vean el mundo «desde la perspectiva de los españoles».[68] Tampoco duda en suscitar simpatía hacia los soldados derrotados o en denunciar los abusos estadounidenses en Filipinas.[69] En el contexto de su viaje por España, con los cañones de guerra aún humeantes, su visión resulta especialmente llamativa. Según apunta Egea, se trata de una postura casi tan contradictoria como la España que encontró, pues Bates no dejaba de ser, ya en aquellos años, la patriótica autora de «America, the beautiful». Al igual que les sucedió a los Gulick, su conocimiento de la lengua española sin duda favoreció un contacto más auténtico, menos prejuicioso, con las personas que fue tratando a su paso. De hecho, eso fue lo que le acabó ocurriendo con la monja de Manila, con quien hizo tan buenas migas en el convento de París.

Al final de «Oh la Señorita!», Bates relata que una de las cosas que más apreció de su viaje fue ir conociendo, aquí y allá, a algunas estudiantes del Instituto Internacional, convertidas en maestras de escuela y repartidas por toda la geografía española. Al salir de Biarritz se había preocupado de llevar sus señas, y al ir visitándolas a lo largo de su trayecto, Bates se hizo una idea inmejorable de ellas. Aquellas educadoras, escribió, eran «valiosas semillas», armadas de esperanza, poder y grandes recursos.[70] Los rostros de una España nueva que trataba de abrirse paso.

11

En una época en la que hacía falta un marido o un padre para cualquier cosa, una mujer como Bates, viajando sola por Europa, debía de ser todo un espectáculo. La imagen de aquella aventurera, subiendo alegremente en el ferrocarril, curioseando en el Prado o hablando con los campesinos gallegos es, desde luego, insólita. Con todo, Bates no fue, ni mucho menos, la primera anglosajona que viajó por el mundo. Otras Lucy Honeychurch, la moderna peregrina de *Una habitación con vistas*, habían seguido su instinto viajero apartándose de la ruta indicada en su guía Baedeker a la menor oportunidad. Tampoco fue la única que quiso dejar por escrito sus impresiones sobre España.

Por ejemplo, sus compatriotas Susan Hale o Louise Chandler, ambas escritoras, se enamoraron de los paisajes españoles y de sus gentes algunos años antes que ella. La primera llegó a España en 1883, pero también recorrió otros muchos lugares, como Egipto, Tierra Santa o Europa, en ocasiones acompañada de su familia y a veces sola, como cuando se fue de viaje a Argelia y Sicilia en 1896.[71] Por su parte, Louise Chandler escribió *Viaje ocioso por España y otros países*, publicado en 1897, solo un año antes de que estallara la guerra con Estados Unidos. En su caso, tener marido no le cortó las alas, pues era un conocido editor de Boston, lo que le abrió la puerta a poder dedicarse profesionalmente a la escritura.[72]

España estaba de moda, de eso no hay duda. Hasta Virginia Woolf la escogió como destino al que viajar con su hermano Adrian en 1905. Por aquel entonces, la escritora tenía veintipocos años, y se suponía que el sur sería bueno para curar la depresión que le sobrevino tras la muerte de su padre, Leslie Stephen, una figura central en su vida. En el caso de Virginia Woolf tenemos la suerte de que se hayan conservado algunas anotaciones del diario que llevó durante aquel viaje, como esta, fechada el 8 de abril de 1905:

La noche ha sido más cómoda de lo que pensaba. En vez de desvestirnos, nos echamos en una especie de sofá con una almohada bastante blanda. Viajamos durante todo el día, llegando a Badajoz, en la frontera española, a las ocho. [...] el paisaje no es bonito, en su mayor parte es una llanura y está desarbolado, con un sol abrasador. [...] Llegamos a Sevilla a las ocho y media, fuimos hasta el Hotel Roma, tomamos una deprimente cena y a la cama.[73]

Como vemos, a diferencia de Bates, en aquella primera incursión por tierras españolas, a Woolf el país le pareció desagradable. Sin embargo, es muy posible que la tristeza que la dominaba condicionara su mirada. De hecho, en visitas posteriores, esta imagen negativa iría cambiando significativamente, hasta llegar al extremo opuesto en 1912, cuando, en una carta, le confesará a Sydney-Turner, miembro del círculo de Bloomsbury, que España le parece, con diferencia, el país más espléndido que ha visto en su vida.[74]

En todo caso, ninguna de estas intrépidas aventureras le llegaba a la suela del zapato a Nellie Bly, también estadounidense, la gran trotamundos de finales del siglo XIX. A su lado, cualquier viajero, incluidos mis abuelos o yo misma subida en el Transmongoliano, no parecemos más que unos aficionados. Aunque su nombre ya era conocido por algunos reportajes que había realizado, infiltrándose en un manicomio para mujeres durante diez días o informando como corresponsal extranjera sobre los obreros de México, Bly se hizo mundialmente famosa en 1889, una década antes de que Bates visitara el Instituto Internacional. Ese fue el año en que dio la vuelta al globo con el temerario objetivo de batir el récord de Phileas Fogg, el personaje de Julio Verne en *La vuelta al mundo en ochenta días*. Lo hizo como enviada del *World*, el periódico dirigido por Joseph Pulitzer, famoso por fomentar noticias sensacionalistas y grandes titulares que multiplicaran sus ventas.

Según contó la propia Bly en una de sus deliciosas crónicas, publicadas después en forma de libro,[75] la idea de dar la vuelta al mundo se le ocurrió un domingo por la tarde, desesperada porque le faltaban temas sobre los que escribir aquella semana. Con timidez pero llena de convicción, la mañana siguiente se la propuso a su jefe, quien se quedó sorprendido y, como era previsible, respondió con una rotunda negativa. Una mujer no podía dar la vuelta al mundo sin carabina, le dijo, por no hablar de que sería inmanejable el número de baúles y maletas que necesitaría llevar con ella. Sin embargo, añadió, la idea era realmente buena, así que encargaría a un compañero varón de la redacción que se ocupara de hacerla realidad. Lejos de desalentarse, Nelly contratacó argumentando que si se le ocurría hacer tal cosa, le propondría a otro periódico salir igualmente y acabaría llegando antes que él.

Un año después, cuando la idea ya parecía olvidada, recibió una llamada de su jefe. «¿Puede empezar a dar la vuelta al mundo pasado mañana?», le preguntó de sopetón. «Puedo empezar ahora mismo», respondió ella doblando la apuesta.[76] Dos días más tarde, el 14 de noviembre de 1889, Nellie estaba subida a bordo del *Augusta Victoria*, rumbo a Londres, viendo cómo se alejaban los edificios de Nueva York. Iba vestida con el único traje que pensaba llevar, sobre el cual se había puesto un largo abrigo con un estampado de cuadros que estaba a punto de convertir en icono de la moda. Su ligero equipaje era un pequeño bolso de mano en el que fue capaz de meter todo lo que necesitaba. Dos gorros de viaje, tres velos, un par de zapatillas y un juego completo de artículos de aseo; tintero, plumas, lápices y papel; alfileres, agujas e hilo; una botella pequeña y un vaso; un salto de cama, una chaqueta y varias mudas completas de ropa interior, así como un buen número de pañuelos y cintas.[77] Según dijo, lo más complicado fue hacerle sitio a un frasco de crema facial, sin el que se negó a partir, temerosa de que se le agrietara la piel al ir cambiando de clima. Como no tenía pasaporte, en el tiempo récord en que ella se preparó para embarcar, la redacción tuvo que enviar a Washington a otro periodista para que le pidiera uno especial al secretario de Estado, James Blaine. Volvió victorioso a Nueva York, pero por los pelos, justo cuando el *Augusta Victoria* se disponía a zarpar.

NELLIE BLY, LAST TIE.

When Nellie Bly, the final Tie,
That bound the earth, had knotted,
The World looked on and cried Welldone,
The Globe was bravely trotted.

USE
DR. MORSE'S Indian Root Pills,
for Biliousness, Headache, and Constipation.

Publicidad con la imagen icónica de Nellie Bly hacia 1890.

Nellie Bly no solo logró batir el récord del personaje de Verne, autor con quien por cierto tuvo tiempo de verse al pasar por Amiens, sino que se hizo famosísima al crear una gran expectación entre los lectores del *World*. Tanto fue así que el periódico decidió lanzar un concurso, titulado «Nellie Bly Guessing Contest», en el que los participantes debían acertar, al minuto, cuánto tardaría exactamente en completar la vuelta. Lo logró en setenta y dos días, seis horas y once minutos. En el último tramo, el trayecto en tren desde San Francisco hasta New Jersey, una muchedumbre de seguidores la esperaba en cada parada para vitorearla. Como era de suponer, los competidores de Pulitzer no se quedaron de brazos cruzados. En cuanto tuvieron noticia de que se realizaría el viaje, la revista *Cosmopolitan* envió a su propia periodista, Elizabeth Bisland, para que diera también la vuelta al mundo, pero en sentido contrario. No consiguió superar a Bly.

Después de su viaje, Nellie acabó convirtiéndose en un símbolo de Estados Unidos. Su arrojo, su sentido del humor y su determinación representaban a la perfección los valores de la Nueva Mujer y de la joven Norteamérica como potencia mundial emergente. Aunque en una lectura actual de sus textos es inevitable captar lo mucho que de espíritu imperialista tenía su hazaña, a menudo carente de comprensión o empatía hacia los pueblos que recorrió y sus habitantes, también es innegable que su aventura supuso un espaldarazo para otras muchas mujeres, como Bates, que reclamaban el derecho a viajar por el mundo como Phileas Fogg. Gracias a su éxito, Nellie Bly logró que en la imaginación colectiva se impusiera una nueva y optimista visión del mundo, atravesado por barcos transatlánticos y líneas de ferrocarril, que lo hacía más accesible para las mujeres.

LA MARGARITA DE HARVARD

12

Regresemos ahora a Biarritz, al Instituto Internacional, un año después de que recibiera la visita de Bates. Cuando en septiembre de 1900 comenzó el nuevo curso, Anna Webb y el resto de las profesoras notaron a Catha más cansada de lo habitual. Esta volvió de las vacaciones de verano con ilusión, contándoles un montón de anécdotas y asegurando que había disfrutado más que nunca, pero sus compañeras enseguida se dieron cuenta de que no tenía la misma energía de siempre. Había estado con algunas alumnas en París, visitando la Exposición Universal, y después había pasado con ellas una temporada en Londres, donde había tenido lugar una gran reunión evangélica. Aprovecharon la ocasión para recorrer los jardines botánicos y laboratorios de biología en compañía del profesor Underwood, de la Universidad de Columbia, una oportunidad única para la formación de las alumnas. Entonces, Catha ya se sintió agotada, pero lo atribuyó a la intensa actividad que había llevado a cabo durante el curso y a los estímulos que le brindaba Londres, una de las ciudades más avanzadas del mundo para el estudio de la botánica.

Sin embargo, al retomar las clases en Biarritz, fue evidente que algo no iba bien. Se encontraba cada vez más débil y nerviosa. Los Gulick decidieron enviarla a los Pirineos, a su querida Osse, para que se tomara una temporada de descanso, como en su día hizo en compañía de Anna, sin pensar en otra cosa que no fuera dormir, dar pequeños paseos, respirar aire fresco y comer alimentos saludables. Desde que regresó del año sabático en South Hadley había pasado una temporada muy dura, especialmente los últimos años, sobrepasada por el trabajo y las preocupaciones del traslado forzoso, así que debía recuperarse antes de regresar a clase. Fue estando en Osse, en el mes de octubre, cuando la carta circular que se enviaba con sus amigas le trajo la noticia de que Martha Clark estaba esperando otra niña, a la que pensaba llamar Elinor. «Qué feliz estoy —escribió en su respuesta— de que Florella vaya a tener una hermana». «Y tú, Martha, estabas destinada a ser madre [...]. Qué raro que solo una de nosotras se haya casado», añadió.[78]

A las tres semanas ya estaba de vuelta en Villa Notre Dame, lista para continuar con el ajetreo del laboratorio y pelearse de nuevo con los manuales de biología. Sin embargo, solo hicieron falta dos días para que los médicos le recomendaran que volviera de inmediato a Estados Unidos, sin fecha de regreso, con la obligación de guardar reposo absoluto. Tras hacerle algunas revisiones, le diagnosticaron una enfermedad extraña, autoinmune, asegurándole que pronto estaría bien, siempre y cuando no volviera a trabajar en una buena temporada. En noviembre embarcó rumbo a Nueva York. Al llegar, algunos familiares la esperaban en el puerto para llevarla a Manchester, en Connecticut, donde vivía su hermano pequeño con su familia.[79]

Estaba cada vez más débil. Pasaba el día tumbada, leyendo y escribiendo, sin apenas poder caminar. Eso sí, seguía empeñada en traducir el libro de botánica para sus alumnas españolas. A veces pasaban por su cabeza algunas ideas que le devolvían la fuerza, como la de viajar a Mount Holyoke para celebrar el aniversario de su promoción o visitar a una de sus queridas amigas, Mary Anderson, la única del grupo que se había quedado en Estados Unidos, quien no vivía lejos. De hecho, durante el verano de 1901 estuvieron muy cerca, ambas en el montañoso estado de Vermont, a escasos kilómetros la una de la otra. Catha lo pasó descansando en una casita de verano en Eagle Point, a orillas del lago Memphremagog, cuidada por su cuñada y su sobrina; y Mary, del otro lado del monte Jay. Estaba al tanto de su enfermedad y seguramente temía no volver a verla, así que imagino que no fue nada fácil para ella esperar con paciencia a que se presentara la ocasión de encontrarse. Y es que Mary seguiría siendo la misma chica impulsiva de siempre, la que se abalanzaba sobre las nuevas alumnas en el tren, aunque ahora se hubiera convertido en una respetada profesora de ciencias de Boston, muy comprometida con la protección de la flora de Nueva Inglaterra.

Por fin, la providencia, en quien también Mary confiaba plenamente, movió sus hilos para que las dos amigas pudieran pasar un rato juntas.[80] El encuentro se produjo en el tren en que ambas regresaban de Vermont, al final del verano. No fue un encuentro casual, pero casi, pues Mary no avisó a Catha de que estaría en el tren que pasaba a la una de la tarde por Newport hasta la noche anterior. Sabía que ese era el que cogería su amiga para volver a casa tras las vacaciones. Tentó a la suerte al máximo, pues no quería condicionar los planes de los Barbour, imponiendo su persona, y menos sabiendo lo delicada que estaba Catha.

Al entrar en la estación, Mary miró por la ventanilla desde su asiento. Los andenes estaban atestados de gente, la mayoría eran turistas procedentes de otra exposición universal, esta vez organizada en la ciudad de Buffalo, Nueva York. Parecía imposible distinguir a nadie en la multitud. Cuando ya empezaba a perder la esperanza, oyó una voz familiar a su lado. «¡Aquí estás!». Era Catharine, quien llevaba en las manos una maceta con un precioso helecho. «Se lo llevo a mamá», añadió sonriendo. «Mamá» era la segunda esposa de su padre, quien todavía vivía y cuidaba de Catha.

Mary notó enseguida que estaba muy enferma. Se la veía extremadamente delgada, sin vitalidad en la mirada. Sin embargo, las dos amigas no permitieron que las conversaciones tristes protagonizaran aquel momento mágico. Se lo debían a los viejos tiempos. Así que empezaron a hacer planes para el futuro. Catharine dijo que iría a estudiar a Nueva York y le prometió a Mary que luego le haría una visita en Boston. Mary asintió, siguiéndole el juego, pero ya se estaba preparando para lo peor. Sentadas una al lado de la otra compartieron un tentempié en una circunstancia no muy distinta a cuando se formó su grupito de cinco amigas en el tren, de camino a Holyoke. Catha apenas podía masticar pequeños trocitos de comida, pero hizo muchas bromas al respecto, para quitarle importancia. Al terminar, Mary cogió sus manos, pequeñas y delgadas, entre las suyas, dejando que su amiga apoyara la cabeza sobre su hombro. Continuaron el viaje en silencio. Más tarde, Mary le contaría al resto del grupo que, durante aquellos últimos momentos, había repasado mentalmente el tiempo que habían vivido juntas, tratando de encontrar unas palabras finales que decirle. No había malentendidos que aclarar, ni malas contestaciones de las que arrepentirse. Ni siquiera se le ocurrió un solo recuerdo triste que pudiera empañar el futuro. Así que se conformó con agradecer en silencio aquella preciosa amistad. Había hecho que mereciera la pena vivir.[81]

Al entrar en la estación de St. Johnsbury se dijeron adiós. Sin lágrimas, prometieron volver a encontrarse pronto. Mary la contempló bajar del vagón con dificultad, ayudada por su familia, que la acompañó al coche que la esperaba en la carretera. La imagino caminando, con un vestido definitivamente grande y la expresión de animalillo en peligro más acentuada que nunca. En el último instante en que Mary pudo verla, mientras el tren reanudaba la marcha, Catha estaba parada bajo la luz del atardecer, con el hermoso helecho en las manos.[82]

Unos días después, el 5 de septiembre, moría en su casa de Connecticut. Cuando llegó la noticia a Biarritz, sus alumnas y compañeras del Instituto Internacional se hundieron en la tristeza, sin poder creerlo. Fue un auténtico jarro de agua fría. Organizaron una ceremonia en su memoria, en la que Frederick Gulick, el mismo que puso música al poema de las mariposas de Emily Dickinson, tocó la marcha fúnebre de Chopin y algunos de los himnos favoritos de Catharine. «Los últimos días de su vida —escribió Alice en un breve texto de recuerdo sobre la misionera— estaba traduciendo un manual de botánica. [...] Si hubiera vivido más —añadió—, habría llegado a ser una distinguida científica».[83]

Cuando Arma Smith se enteró de su muerte, de golpe le pasaron por delante los dieciocho años de amistad que habían compartido. Volvió a ver a su mejor amiga durante el viaje que hicieron juntas de Zúrich a Génova, con las botas de alpinismo colgadas en la mochila. Al pensar en ella, les dijo a las demás, la recordaría como era entonces. Guardaría para siempre su imagen a los pies de la Mer de Glace, en los Alpes, cuando la vio cortar con extrema delicadeza una flor alpina especialmente rara. Quería preservarla, le dijo, para su querido herbario.[84]

La última carta circular que escribió Catha llegó a las manos de Martha, Arma, Caroline y Mary meses más tarde, cuando hacía tiempo que todas estaban al tanto de la trágica noticia.

13

Precisamente porque sabía que Catha hubiera querido ir una última vez a Holyoke, para ver de nuevo sus muros y corredores, cuando visité el campus me resultó imposible no acordarme de ella a cada paso. South Hadley está muy cerca de Northampton, a escasos veinte minutos en coche por una carretera a orillas del río Connecticut. Durante el curso escolar circulan autobuses con regularidad, pero en verano es complicado moverse de una población a otra en transporte público. «Voy a buscarte a Smith, no te preocupes», me dijo Nieves, catedrática de Español, cuando le pregunté en un wasap cómo podría llegar hasta Holyoke. Había contactado con ella unos días antes y me había ofrecido enseñarme la universidad. «Nos vemos a las diez de la mañana en la puerta de Haven House», añadió. Al leer su mensaje, agradecí que en mi jardín americano no solo hubiera Janos bifrontes custodiando puertas, sino también divinidades mercuriales como ella, que me señalaban el camino y me acompañaban al recorrerlo.

Nieves apareció puntual en su coche, con montones de informaciones interesantes. Llevaba muchos años dando clases en Holyoke y durante el trayecto me contó que Luis Cernuda llegó allí como profesor en 1947, durante el exilio, gracias a la ayuda de Concha de Albornoz, intelectual vinculada al Lyceum Club femenino. Según él mismo dejó escrito, agregó Nieves, la estancia se le había hecho insoportable, pues acabó totalmente harto del frío y la vida solitaria. «A ver si a ti te gusta más», me dijo mientras aparcaba.

Al ver los edificios imponentes, me sobrecogió pensar que Dickinson y Alice hubieran estudiado allí. Mientras tomaba algunas fotografías, Nieves me contó que todos los años, desde 1900, durante el fin de semana conocido como *commencement*, cuando se celebra la ceremonia de graduación y las antiguas alumnas regresan al campus para encontrarse con sus viejas amigas, tenía lugar la Laurel Parade. Se trata de un famoso y emotivo desfile, en el que las graduadas, vestidas de blanco en homenaje a las sufragistas, caminan hasta la tumba de Mary Lyon con una guirnalda. Mientras la escuchaba contarme aquella historia, pensé que a las españolas nos correspondían unas cuantas hojas de aquellas guirnaldas. ¿Acaso la historia de nuestras primeras universitarias no se trenzaba con la suya? Cuando se lo comenté a Nieves, se le iluminaron los ojos. «Ven —me propuso con voz misteriosa—, acabo de acordarme de algo».

La seguí hasta el interior del Skinner Hall, uno de los edificios principales, que se encontraba fresco y en penumbra. «Mira

—me dijo señalando un arco con el dedo—, a lo mejor tú puedes explicarme qué es». Miré hacia arriba, sin entender muy bien a qué se refería, pues sin luz no era fácil hacerse una idea. Poco a poco, mis ojos se fueron acostumbrando a la oscuridad. Tallado en piedra, en la esquina superior, había un medallón rodeado de hojas, una especie de pequeño rosetón que pasaba completamente desapercibido. Me di cuenta de que era un escudo y de que me resultaba muy familiar. Me sorprendí cuando logré descifrar las palabras que lo rodeaban. Las fui leyendo en voz alta para que Nieves las escuchara: International Institute for Girls in Spain. No pude contenerme y, en medio de aquel silencio, estallé con un grito de júbilo.

14

Mientras íbamos caminando hasta los archivos de Holyoke, tuvimos tiempo de especular sobre cómo habría llegado allí el pequeño escudo de piedra. Barajé la posibilidad de que se hubiera realizado a raíz de la muerte de Catha Barbour, como un homenaje a su persona, o quizá para celebrar una donación especialmente generosa al Instituto Internacional. Lo que desde luego revelaba es que el lazo entre ambos centros educativos había sido muy estrecho.

A diferencia de la de Smith, la biblioteca de los archivos de Holyoke no estaba en la parte alta de la universidad, sino en el sótano, en un espacio con un aire más antiguo, sin renovar, con apariencia de celda. El toque posmoderno lo ponía una reproducción en cartón del retrato de Mary Lyon, que me estuvo observando con su gorrito durante todo el tiempo que permanecí allí. A estas alturas, me dije sonriendo para mis adentros, a quien empezaba a parecerme era a Indiana Jones a punto de descubrir el arca perdida.

Como ya iba adquiriendo algo de experiencia en las búsquedas, sabía que para sacar a la luz tesoros ocultos a menudo era necesario coger alguna carretera secundaria. Así que, cuando llegué al mostrador, no solo solicité consultar la caja con los papeles de Alice Gulick, sino también la de su promoción, la de 1867, pues vi que estaba disponible. Me había enterado de que todas las promociones tenían una, donde se guardaban fotografías de grupo y recuerdos de la graduación, así como algunas páginas de la *class letter*, una carta circular parecida a la de Catha y su grupo, que las alumnas seguían enviándose, cuando se separaban, para mantenerse al tanto de sus vidas, como si fuera una *newsletter* decimonónica. Me reí bastante al leer las líneas que Alice había escrito en 1874, contándoles a sus compañeras cómo luchaba con los bichos y los malos olores en la casa de Santander durante sus primeros tiempos en España. Pude ponerles rostro y nombre a sus amigas, pues en la caja había un pequeño álbum con los retratos de toda la promoción: Anna, Julia, Mary...

A su vez, la caja de Catharine Barbour me deparó hallazgos memorables. Encontré, por ejemplo, algunas necrológicas que daban datos sobre sus últimos días de vida y sobre su muerte, en casa de su hermano. Supe que, durante su estancia en San Sebastián, no solo había ido enviando por carta plantas a sus amigas íntimas, sino también a Holyoke, para que pudieran incorporarlas a la colección del *college*, compuesta por miles de especímenes. Busqué en la página web de la universidad si el herbario aún podía consultarse y descubrí que toda la colección se había perdido en un gran incendio en 1917. Me produjo mucha tristeza imaginarme sus anémonas rojo escarlata reducidas a ceniza. Al mismo tiempo, me conmovió saber que, tras el incendio, otra profesora había reconstruido el herbario planta a planta gracias a las donaciones de otras universidades.

Por la tarde, cuando regresé a Northampton, decidí pasar por casa de Nancy, la catedrática emérita de Smith. Era la interlocutora ideal, feminista y familiarizada con la historia del Instituto Internacional. Quería despedirme de ella, pues al día siguiente me marchaba rumbo a Harvard. Me daba pena decir adiós a su jardín, donde la había encontrado atareada entre sus flores los días que me había dejado caer por allí para contarle los avances de mi investigación. Mi rincón favorito era el que tenía un *kousa dogwood*, un árbol blanco que me enamoró en cuanto me bajé del avión en Boston.

Al verme llegar me invitó a sentarme en su porche de madera. Abrimos una botella de vino de California mientras oscurecía. Le conté las aventuras de la jornada, muy emocionada por el hallazgo del medallón, la *class letter* y la historia del herbario. Ella compartió conmigo muchos recuerdos. Me confesó que había sido inmensamente feliz en el programa de Women's Studies de Smith, enseñando a las estudiantes de español a amar a las autoras hispanas. Estaba convencida de que los lazos que se creaban entre mujeres en una universidad feminista como aquella eran muy duraderos, incluso decisivos en un mundo como el estadounidense, en el que la familia tenía menos peso que en los países latinos.

Cuando se había hecho casi de noche, Nancy me contó que cada año leía con sus alumnas la célebre carta de sor Juana, la autora mexicana del Barroco, en la que se lamentaba de que su educación no hubiera estado en manos de «mujeres ancianas, doctas en letras». Aquellas palabras, me dijo, siempre tuvieron el poder de recordarle lo afortunada que había sido de vivir en una comunidad femenina como Smith College.

15

La pérdida de Catharine fue un golpe muy duro para el Instituto Internacional. Anna Webb, con quien había compartido tantas cosas en San Sebastián y Biarritz, notó su ausencia especialmente. A cada paso que daba, percibía el silencio de su voz, no solo en clase sino en los grupos evangélicos que habían frecuentado juntas. Aun así, a menudo sentía que seguía con ellas en Villa Notre Dame, y se sorprendía a sí misma cuando de pronto recordaba frases o palabras precisas que en algún momento les había dicho.[85]

Con mucho dolor, debieron seguir adelante.

La situación del Instituto Internacional, varado aún en Biarritz, sin un edificio propio y definitivo al que trasladar el colegio, continuaba siendo muy precaria. Con todo, los esfuerzos realizados durante décadas por Alice estaban dando sus frutos y por fin el Instituto Internacional contaba con fondos suficientes para plantearse la compra de un inmueble. Muchos padres de alumnas les rogaron que se decidieran por una ciudad como Córdoba, Zaragoza o Barcelona,[86] pero la balanza se decantó finalmente por Madrid, donde los amigos liberales de la Institución Libre de Enseñanza habían asegurado a los Gulick que su obra educativa tendría más apoyos y simpatizantes que en cualquier otra ciudad española. También otros pastores protestantes, entre ellos Cipriano Tornos, los animaron a mudarse a la capital.[87]

Así, cuando terminó la guerra, Alice emprendió la tarea de buscar el edificio que tanto había deseado. No era una empresa fácil, pues ella seguía teniendo entre ceja y ceja el modelo americano de los *colleges* para mujeres, lo que ponía el listón muy alto. Las instalaciones de Holyoke, Wellesley o Smith eran espléndidas, la viva imagen del enorme compromiso que en Estados Unidos habían adquirido algunos filántropos y reformadores sociales con la educación femenina, y ella no pensaba conformarse con menos. Así lo revelan algunos documentos de la época, conservados en los archivos, en los que comprobamos que no solo trató de implicar en su causa a sus amigas feministas, sino también a la mismísima Fundación Rockefeller.

Como no podía ser de otra manera, en Madrid, su asesor inmobiliario fue Gumersindo de Azcárate. De hecho, la mano del viudo de su amiga de Auburndale resultó providencial para abrirle no solo las puertas de la universidad, sino también las del «cuarto propio» que el Instituto Internacional necesitaba, pues fue él quien recibió a los Gulick en la capital con los brazos abiertos[88] y quien les presentó al señor Labiano, el corredor de fincas que los acompañó diligentemente a visitar los diferentes edificios que estaban en venta.

Al principio, ninguno parecía adecuado. Como fue explicando Alice por carta al Comité de Boston, el primer día, el señor Labiano la llevó a ocho kilómetros de Madrid para que viera un caserón que en su día había sido la residencia de verano de una familia latinoamericana y que entonces era un almacén. El precio que habían marcado los dueños era de 25.000 dólares, pero él pensaba que lo bajarían si les hacían una oferta. Aunque la finca disponía de un jardín con bonitos árboles y arbustos, lo que siempre era un punto a favor, también tenía muchas cosas en contra. La más grave era la distancia que había que recorrer, por una carretera solitaria, para llegar a la estación de tren o tranvía. En segundo lugar, estaba rodeado de conventos católicos, lo que hizo sospechar a Alice que la bienvenida no sería demasiado cálida. Haciendo gala de sus dotes comerciales, el señor Labiano trató de convencerla de lo contrario, preguntándole dónde iban a estar mejor, ella y sus señoritas, que rodeadas de monjas. Tendrían la mejor compañía posible, les aseguró. Además, el cura no tendría problema en pasar de vez en cuando para decir misa, añadió, siempre y cuando lo invitaran a comer.[89]

Otro día fueron a la calle de O'Donnell, donde visitaron un edificio que les gustó bastante más. Parecía mucho mejor construido y bien comunicado. Sin embargo, al entrar, les dio la impresión de que en las habitaciones no habría suficiente espacio para todas las alumnas, y menos si tenían en cuenta que esperaban ir creciendo en número durante los siguientes años. Además, era considerablemente más caro, 50.000 dólares, que subirían a 110.000 si adquirían los edificios adyacentes, también disponibles.[90]

Cuando empezaban a desesperarse, oyeron hablar por casualidad de un palacio en el barrio de Argüelles que podría gustarles. Se había interesado por él el embajador estadounidense Bellamy Storer, quien llegó a Madrid en abril de 1899, unos meses después de la firma del Tratado de París. Pero los dueños no habían querido alquilárselo, pues preferían venderlo cuanto antes. Los Gulick preguntaron entonces al señor Labiano y, al verlo, tuvieron el pálpito de que, por fin, habían encontrado lo que llevaban tantos años buscando. Era un precioso edificio clásico de ladrillo, con amplios balcones de piedra blanca, ubicado en la calle de Quintana, en el cruce de las calles del Tutor y de Martín de los Heros, que había pertenecido al conde de Cerrajería, fallecido hacía tiempo.

Proyectado en 1868 por el arquitecto Antonio Ruiz de Salces, a los Gulick les pareció que no se había escatimado ni una peseta en los materiales de construcción, todos ellos de primera calidad. Los baños tenían incluso agua caliente, un verdadero lujo en la época. Disponía de tres pisos, con suelos acabados en piedra, además de torreones, que a Alice le parecieron ideales para ubicar las clases de astronomía. Además, les encantó el barrio, moderno y residencial, tan bien comunicado con los tranvías que pasaban por la calle Princesa y Ferraz. En julio de 1899 se apresuraron a escribir al Comité de Boston. Debían hacer una oferta de 125.000 dólares cuanto antes. Si los jesuitas se enteraban de que iban detrás de él, argumentaron, desaparecería del mercado en un abrir y cerrar de ojos.

A pesar del pálpito de los Gulick, el Instituto Internacional no se instalaría allí. Tampoco los jesuitas. Quien acabaría llevándose el gato al agua sería Isabel de Borbón, primogénita de Isabel II y hermana de Alfonso XII. A partir de entonces, el edificio se llamaría popularmente palacio de la Chata por ella.

Así pues, los Gulick tuvieron que continuar buscando.

16

Mi amiga Silvia no había exagerado. Leer cartas del siglo XIX en una biblioteca como la Houghton Library de Harvard, con elegantes asientos granates y paredes pintadas de color antracita, constituye una experiencia única. Los días que pasé en ella, adentrándome en los archivos de la Junta para las Misiones y en los papeles de la familia Gulick, fueron algunos de los más hermosos de mi vida académica y como escritora. Peter y Fanny Gulick, los fundadores del clan, se comunicaban constantemente con sus hijos, repartidos en misiones de Micronesia, Europa y Japón, escribiendo entre todos una auténtica memoria familiar en la que fueron dejando un detallado registro de los numerosos viajes que hicieron, así como de los nacimientos, cumpleaños y muertes de varias generaciones. Es cierto que realizar las búsquedas en aquel archivo era más complicado que en el de Smith, pues se conservaban cientos y cientos de cartas en inglés, manuscritas y en regulares condiciones, encuadernadas en unos grandes tomos parecidos a los libros de un viejo hechicero. Como diría Virginia Woolf, tendría que haber sido una manada de elefantes y una selva de arañas para poder leerlos todos. Y esta vez no contaba con una Enriqueta Martín que hubiera ido desbrozándome el camino con sus fichas y papeletas.

Aun así, no fueron pocas las pepitas doradas que aparecieron en aquellas cajas. Al poco de comenzar a trabajar en ellas encontré la primera joya: el diario que escribió Sidney Gulick, el hijo de doce años de Luther Halsey, sobrino de Alice y William, cuando viajaron juntos a bordo del Siberia la Navidad de 1871. «El tío William y la tía Alice Gordon se casaron el 12 de diciembre —empecé a leer totalmente emocionada—. El 19 de diciembre la Misión española partió rumbo a Inglaterra a bordo de un vapor llamado Sibiria [*sic*]. [...] El tío William y la tía Alicia venían con nosotros. Lutie y yo teníamos un camarote [...]. Hubo tormenta durante toda la travesía [...]. En Navidad navegamos por grandes mares [...] los niños encontramos nuestros calcetines cargados de regalos [...] tuvimos un viaje muy agradable».[91]

También fue muy especial encontrar un mapa de Santander trazado por Alice a los pocos meses de su llegada a España y un plano de la casa del muelle de Calderón con todas las habitaciones dibujadas, incluido el cuarto de estar, con vistas a la bahía. Se los enviaba a sus suegros para que pudieran hacerse una idea de dónde vivían. Cuando lo vi, volví a imaginármela redactando

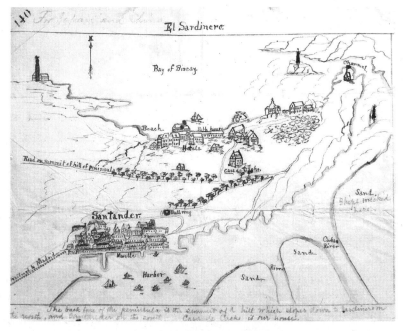

El Sardinero.

Bay of Biscay.

Beach.

Santander

Mapa de Santander, hacia 1874.

aquella primera carta a su amiga Emily Perrin, describiéndole todos los cuartos de la casa para que pudiera ir a visitarla con sus pensamientos. Me di cuenta de que, durante todo aquel tiempo, había imaginado la casa exactamente como era, y hasta los barquitos que se distinguían en los márgenes de la hoja, navegando apaciblemente con las velas abiertas, me resultaron familiares.

Pasé muchas tardes leyendo la larguísima correspondencia entre Alice y su cuñada Louisa, la madre de Sidney y esposa de Luther Halsey, escrita durante el tiempo que ambas vivieron como misioneras en España, aunque en ciudades diferentes, una en Santander y la otra en Barcelona. Sus conversaciones solían girar en torno al clima, la dificultad de encontrar alojamiento y la salud de ambas. En una de ellas, Alice se mostraba muy feliz porque por fin había llegado el órgano para la iglesia, que imaginé cargado por William hasta la capilla de la Rúa Mayor de Santander. En otra, preocupada porque estaba enferma, le ofrecía a su cuñada

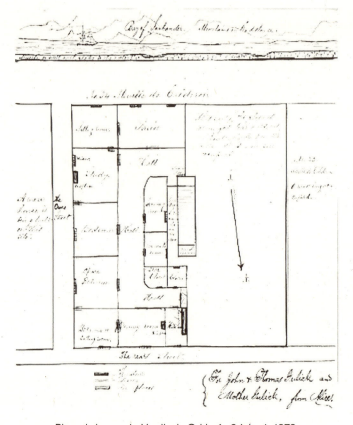

Plano de la casa de Muelle de Calderón 34, hacia 1872.

que Sidney y Lutie se fueran a vivir con ellos una temporada a Santander. Agradecía al pequeño Sidney, con quien me fue imposible no irme encariñando, que le mandase sellos para su colección y le prometía encontrarle algunos carlistas.[92]

En otra carta memorable, Alice le contaba a Louisa que se había propuesto amamantar a Jamie, su hijo, sin ningún tipo de ayuda, al menos durante los primeros meses. Un tiempo después le preguntaba qué creía que sería mejor, si ofrecerle leche de vaca o sopa con pan, pues le parecía que a la gente en España no le gustaba que se mezclasen ambas. Asimismo, me maravilló un dibujo de Sidney dedicado a Ollie, su hermano de cinco años, a quien imaginé muy contento en Nueva Inglaterra el día que lo recibió. Era un barquito, que le hacía llegar con motivo de su

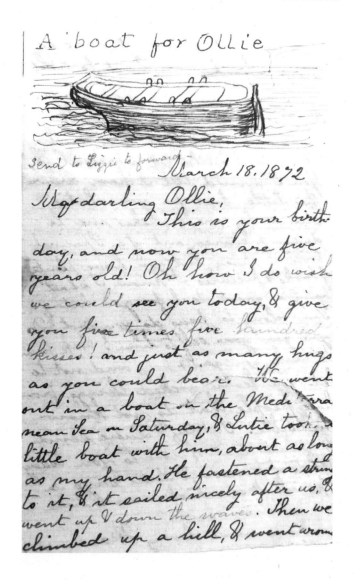

quinto cumpleaños. «¡Cómo desearía que pudiéramos verte hoy —escribía Sidney con su letra infantil— y darte cinco veces cinco besos! Y tantos abrazos como pudieras soportar». Mientras leía aquellas intimidades, pendiente de lo que sucedería después, me daba cuenta del poderoso vínculo que había tejido con los Gulick.

En aquella malla infinita también me sorprendió encontrar objetos con un gran valor sentimental, como una cinta bordada

en punto de cruz en la que se leía «Cousin William». Supuse que la habría bordado el propio Sidney con ayuda de su madre, durante el primer embarazo de su tía Alice, ilusionado con la idea de poder regalársela a su primo cuando por fin lo conociera. Me apenó profundamente entender por qué había sobrevivido aquella pequeña cinta entre los viejos papeles. Por qué la habían conservado doblada y envuelta en una hoja de papel. Recordé las palabras de Derrida, cuando reflexionaba sobre cómo los archivos no existirían sin la posibilidad del olvido.

17

Las horas pasaban veloces en el reloj de pared de la Houghton Library, con sus manecillas doradas marcando el paso. Se me acababa el tiempo y el final de mi viaje a Estados Unidos se acercaba. Había asumido que me resultaría imposible leer todas las cartas, así que, el último día, decidí regresar a algunos paquetes, atados con un cordel, que había de la década de los setenta, cuando los Gulick llegaron a Santander. Hasta entonces me había centrado sobre todo en las escritas por Alice; estas otras, en cambio, eran de William, su esposo. No tenía un minuto que perder, así que me lancé sobre ellas, dando saltos desesperados, con una sola fecha en la cabeza. El miércoles 19 de marzo de 1873. Era el día que había nacido el pequeño William.

Pronto llegó a mis manos una primera nota, destinada a la casa de Barcelona en la que vivían Luther Halsey y Louisa con Sidney y Lutie:

El pequeño William Gordon Gulick envía su amor a su tío, a su tía y a sus primos de Barcelona. Hizo su aparición esta mañana, a las cuatro y cuarto de la madrugada. Él y su madre están bien, muy bien.

Corriendo a toda prisa y con amor para todos,

WILLIAM[93]

Hasta leer aquella breve nota, mi imagen del reverendo Gulick había estado muy condicionada por las fotografías que había visto de él, en las que me resultaba amable pero excesivamente serio, según correspondía a un misionero del siglo XIX. Con su poblado bigote y el cuello de la camisa bien planchado, cuando trataba de imaginármelo siempre lo veía muy solemne, como si en cualquier momento fuera a pronunciar un sermón. Por eso me produjo tanta ternura leer aquel «corriendo a toda prisa». Era el tipo de frase que mi marido hubiera podido escribir en un wasap a sus padres la mañana que nació Leonor, nuestra hija mayor, sobrepa-

Fotografías de los hermanos Gulick. William [Rev. WM. H. Gulick] está en el lado superior derecho.

sado por los acontecimientos, con el pelo revuelto tras la noche en blanco, tratando de encontrar en la cajita que habíamos preparado el primer pijama que ponerle. Aquella frase, «corriendo a toda prisa», pareció obrar un milagro y William me dejó ver su verdadero rostro tras la máscara de reverendo, el de un hombre tan vulnerable como cualquier otro padre primerizo de la historia.

Seguí leyendo. Un poco más adelante, otra carta hacía llegar la feliz noticia hasta América:

> Queridos padres:
>
> El pequeño William Gordon Gulick envía su amor a sus abuelos y a todas sus tías y tíos de Auburndale. Llegó a las cuatro y cuarto esta madrugada. Es un niño pequeño y fuerte, de buen tamaño. A nosotros nos parece maravilloso, como seguro que también os lo parecería a vosotros si pudierais verlo…
>
> Aún no tenemos la caja de mamá, su llegada dependerá de la salida del barco de Liverpool. No la esperamos antes de algunos días, e incluso semanas, pero nos las apañaremos con lo que Alice ha preparado…
>
> Muchísimas gracias por todo lo que sabemos que habéis hecho por nosotros.[94]

Leí otras cartas muy parecidas a esta, destinadas a tíos y tías Gulick repartidos por el mundo, llenas de frases alegres y optimistas. Sin embargo, yo sabía que aquella felicidad era solo un espejismo que duraría muy poco. Cuando llegó a mis manos lo que estaba buscando, la dura realidad se impuso con toda su crudeza. Era una carta larguísima, con la letra muy apretada y la tinta corrida en algunas partes:

> Queridos padre y madre:
>
> El 19 y el 20 os escribí algunas notas rápidas, transmitiéndoos nuestra gran alegría con nuestro querido niño y diciéndoos que en uno o dos días os escribiría de nuevo, contándoos novedades sobre él. Es lo que debo hacer ahora, pero con el corazón cargado de pesar y lágrimas en los ojos, pues nuestro precioso niño ya no está con nosotros.[95]

Lo que seguía era el relato de lo sucedido durante los anteriores cuatro días y medio. Leyéndolo, me enteré de que, la noche antes de ponerse de parto, Alice había pasado muchos nervios porque un barco estuvo a punto de naufragar delante de su casa, en el muelle de Calderón. Los gritos de los cinco marineros pidiendo socorro la habían alterado terriblemente y habían sido la causa, pensaban, de que el niño naciera un poco antes de lo que habían previsto. William contaba después, con palabras llenas de tristeza, la trágica muerte del pequeño.

Al final de la carta, describía cómo se había dirigido al cementerio protestante, tan lejos de la ciudad, caminando por una colina en la que se paró para recoger flores. Me invadió una mezcla de pena profunda y pudor al leer que había cerrado con sus propias manos la tapa del ataúd, colocando unas margaritas encima. No fue fácil continuar leyendo. Vino a mi mente un capítulo de la novela *Cranford*, de Elizabeth Gaskell, titulado «Viejas cartas», en el que uno de los personajes toma la decisión de quemar los mensajes de amor de sus padres por miedo a que caigan en manos de extraños.[96] La idea de que las alegrías y las penas de sus seres queridos pueden dejar indiferentes a los desconocidos le resulta tan insoportable que prefiere destruirlas. Pensé que a mí me había sucedido exactamente lo contrario, pues los Gulick se habían convertido en parte de mi familia.

Un poco después encontré un sobrecito en el que aparecía escrito «From Willie G. Gulick grave in Santander». ¿Qué podían haber enviado hasta Auburndale de la tumba?, me pregunté asombrada al leerlo. Abrí el misterioso sobre con sumo cuidado, temerosa de que pudiera romperse lo que tuviera dentro.

Era una margarita.

Aquella flor seca descubierta en el corazón del archivo me pareció triste y al mismo tiempo muy hermosa. Recordé las margaritas que había visto en el cementerio protestante de Santander, salpicando el suelo aquí y allá, cuando tuve que conformarme con mirar desde la verja. Era una de ellas. Esa flor, me dije, que parecía tan frágil y pequeña, en realidad era mágica y eterna. Gracias a ella, el jardín que encontré cerrado me había abierto la puerta.

Al salir de la biblioteca, mi marido y mis hijos me estaban esperando en la entrada. Habían venido a visitarme a Boston, coincidiendo con los últimos días del viaje.

«¿Adónde vamos hoy, mamá?», me preguntó Enrique, mi hijo pequeño.

«A Auburndale», le contesté.

18

Había leído que en la zona del Norumbega Park podían alquilarse canoas para navegar. Inaugurado a finales del siglo XIX, el parque atrajo durante décadas no solo a los vecinos de Auburndale, sino al público de todo Nueva Inglaterra. Cada fin de semana, miles de personas llegaban en tren para escuchar conciertos al aire libre, ver los animales del zoo, hacer pícnics y divertirse en el agua. Existen numerosas fotografías de aquella época, en las que pueden verse familias chapoteando en el agua o comiendo bajo las grandes vigas de madera del Pavilion Restaurant, con capacidad para doscientos cincuenta comensales. De todo aquello, hoy solo queda la *boat house* original, construida en piedra y madera.

Cuando el parque se inauguró hacía tiempo que Auburndale se había convertido en uno de los barrios residenciales cercanos a Boston más florecientes. La construcción del ferrocarril en 1830 permitió que, durante los siguientes años, muchas familias como la de Alice escogieran vivir en sus granjas, a orillas del río, o en las casas de campo del centro histórico, muchas de ellas todavía en pie. Llaman la atención por los techos inclinados, con aleros amplios y salientes, un tipo de construcción que sigue el estilo gótico que se puso de moda en Nueva Inglaterra en aquellos años. La mayoría de sus habitantes se dedicaban a los negocios, pero también había una importante representación de misioneros o familias religiosas relacionadas con la escuela de Teología de Boston. Algunos de sus vecinos más insignes fueron William Alcott, primo de Bronson Alcott, padre de la autora de *Mujercitas*, y Eliza Walker, fundadora, como vimos, en Auburndale de la Walker House para que los misioneros tuvieran un hogar donde vivir cuando regresaban de sus lejanos destinos o si necesitaban dejar a sus hijos.

Nos dirigimos a la *boat house* para alquilar una canoa y cuatro remos, y así poder recorrer el río Charles durante una hora. El sol se reflejaba en el agua del río, rodeado de bosques, exactamente como lo había imaginado cuando leí los recuerdos de infancia de Alice y sus hermanas. Recordé cuánto lo había echado de menos Alice los primeros tiempos de Santander, y la imaginé en invierno, patinando sobre la superficie helada, riendo alegremente con Anna y Elizabeth Gordon. «Muchas gracias, mamá —dijo Enrique mientras remábamos hacia el espeso bosque—, por habernos traído hasta aquí». ¿Qué habría pensado ella si me viera ahora?, me pregunté con melancolía. Estaba empezando a atardecer.

Tras devolver las canoas fuimos a recorrer Auburndale en un coche alquilado. Sabía que las posibilidades de encontrar la casa familiar de Alice eran escasas. Lo único que tenía era la fotografía, viejísima, que aparecía en la biografía de su hermana, sin ninguna indicación de dónde se encontraba exactamente. Solo se veía un tejado a dos aguas, un porche de madera y un árbol en el jardín. Aun así, no había perdido completamente la esperanza.

Avanzamos por las amplias carreteras, deteniéndonos cuando alguna casa nos parecía similar a la de la imagen. Supuse que

Una postal de época del río Charles, Auburndale, Massachusetts.

nos estaríamos acercando al pasar por delante de la Lasell University, donde imaginé a Alice con los libros bajo el brazo, encontrándose con Emilia Innerarity el primer día de clase, cuando solo era una escuela para niñas. Pero había transcurrido tanto tiempo, me dije, que era inútil buscar ninguna pista allí. Con todo, me animé a preguntar por la familia Gordon a un señor que estaba en un garaje, lavando el coche. Recibí una mueca de incomprensión por toda respuesta.

Un poco después, al reconocer la Walker House, volví a entusiasmarme. ¡Allí era donde Alice, de pequeña, había conocido el mundo de las misiones! Sin embargo, me vine abajo igual de rápido, pues leí en un cartel de la entrada que el centro, transformado en una institución ecuménica, estaba cerrado desde la pandemia. Al mirar por la ventana, con los cristales sucios, las habitaciones se veían abandonadas, con muebles desvencijados y cajas de libros en el suelo. Empecé a asumir la derrota. Teníamos que devolver el coche antes de la noche. Todas las casas parecían iguales y no podía ir llamando en cada puerta para preguntar por una misionera que había vivido allí hacía un siglo y medio.

Cuando estábamos a punto de tomar la salida para regresar a Boston, mi marido me animó a preguntarle a una chica que entraba en una de las casas históricas cargada con bolsas de papel llenas de fruta y verdura. «Venga —me dijo empujándome fuera del coche— el último intento». Me acerqué hasta ella sin excesiva confianza. Torpemente, balbuceando en inglés, empecé a contarle quién era y qué me había llevado desde Madrid hasta Auburndale. Poco a poco, mientras me escuchaba con atención, se le empezó a iluminar la mirada. «Me encanta lo que me estás contando —me dijo—. Estudié Women's Studies en Harvard —añadió guiñándome un ojo—, dame tu móvil y te escribiré si encuentro algo».

Nos quedamos esperando un rato en el coche, mirando la fotografía con obsesión, aguardando una señal. Se estaba haciendo terriblemente tarde. No podíamos quedarnos allí para siempre. Aburridos, mis hijos empezaban a quejarse en los asientos traseros. De pronto, cuando ya habíamos arrancado el coche para coger la autopista, sonó el pitido de un mensaje en el móvil. «Cristina, soy Erin. ¡LA HE ENCONTRADO! La casa de James Gordon es la del número 160 o 163 de Grove Street, muy cerca de donde estabas. Ahora es roja».

«Sí —dijo mi hijo al entrar en el jardín de la casa y ver el árbol centenario—. Es aquí».

19

En el otoño de 1901, cuando el siglo despertaba, nuevo y reluciente, William Gulick escribió una carta al Comité de Boston. Acababa de adquirir una casa en Madrid, de época isabelina, en la que habían vivido unos frailes agustinos de Filipinas que se marcharon a América Latina.[97] Estaba ubicada en el número 5 de la calle de Fortuny (hoy 53), en la esquina del paseo del Obelisco, a corta distancia de la Institución Libre de Enseñanza y de la casa del pintor Sorolla, donde este tenía instalado su estudio. El palacete contaba con un bonito jardín, una fuente de hierro fundido, una caseta para la portería y muchos árboles. Aunque estaba un tanto desvencijada y haría falta una buena reforma, era un inmueble distinguido, muy elegante. La disponibilidad de otros terrenos en la misma manzana, en la calle de Miguel Ángel, donde más adelante podrían construir un edificio nuevo al estilo de los *colleges* norteamericanos, daba a la compra unas perspectivas excelentes.[98] Una enorme alegría se extendió a ambos lados del Atlántico, contagiando a todas las amigas y benefactoras del Instituto Internacional. Cada dólar y cada mitin habían sido bien empleados. Por fin podría erigirse en España una universidad de mujeres que las americanas habían hecho posible.

Aquel día, tres décadas después de su salida de Boston, las mariposas del poema de Dickinson llegaron a puerto. Aunque sospecho que también intuyeron que ocurrirían acontecimientos tristes.

La salud de Alice llevaba muchos años resentida. Las giras agotadoras por Estados Unidos, con los no menos agotadores viajes en barco, acabaron haciendo estragos en ella, al igual que el tiempo pasado cuidando a los prisioneros de guerra españoles. Años antes, estando en Auburndale, había enterrado a sus padres, el matrimonio Gordon, una pérdida a la que debió sumar la de su amiga Alice Freeman Palmer, su gran colaboradora del Wellesley College. A comienzos de siglo tuvo que afrontar además la terrible desaparición de dos de sus hijos, Frederick y Jamie. De todos los Gulick a los que había dado a luz en España, aquellos pequeños cuyos nombres me conmovieron en el padrón de San Sebastián, solo habían sobrevivido sus dos hijas. El dolor fue demasiado para ella.

Carmen de Zulueta relata en su libro sobre el Instituto Internacional que, a comienzos de 1903, Alice ya estaba gravemente enferma de tuberculosis.[99] Sin embargo, en los archivos de Harvard leí una carta que escribió Anna Gordon a la Junta para las Misiones desde Inglaterra, fechada mucho antes, en 1894, en la que relataba que su hermana había superado una mastectomía. Se la habían practicado para extraer un tumor del pecho izquierdo, lo que sin duda nos ofrece pistas adicionales sobre las dolencias que Alice debió de padecer al final de su vida.[100] La operación fue realizada con éxito en Londres, adonde Alice llegó para consultar a los médicos por consejo de la propia Anna, quien estaba en la ciudad con Frances Willard y lady Henry Somerset, quienes sabemos que a menudo actuaban como valedoras del Instituto Internacional. Fue esta última quien la acogió en su residencia de Reigate, no muy lejos de Londres, donde había establecido una clínica para rehabilitar a personas alcohólicas. También era su centro de operaciones feministas, la causa a la que lady Henry dedicaba casi todo su dinero, poder e influencia desde que se había separado de su marido, el segundo hijo del duque de Beaufort. Al igual que Willard, estaba muy comprometida con la emancipación de la mujer, las condiciones de vida de las prostitutas e, incluso, el control de la natalidad. Su desafío a las rígidas normas victorianas, tras una sonada separación, no mermó su popularidad. De hecho, durante aquellos años su influencia fue tal que, en 1913, los lectores del *London Evening News* la escogieron como la persona más adecuada para convertirse en la primera *prime minister* del Reino Unido. Alice no pudo, en definitiva, pasar una convalecencia en mejor compañía.

Cuando, en 1903, volvió a ponerse enferma, lady Henry no dudó en ofrecerle de nuevo su hospitalidad. Antes, en primavera, Alice pasó una temporada en Suiza, a orillas del lago de Lucerna, acompañada de su otra hermana, Elizabeth, y una de sus hijas, Grace, la misma con la que había atendido a los prisioneros en la isla de Seavey. Mientras tanto, el reverendo Gulick se quedó en Biarritz, preparando la mudanza para trasladar el colegio al nuevo edificio de Fortuny. Confiaba en que Alice se recuperaría pronto, así que, siguiendo el consejo que le dieron ella y su hermana, concentró toda su energía en asegurarse de que estuviera todo listo para cuando llegara la alegre caravana de niñas y profesoras americanas al comienzo del nuevo curso.

Como Elizabeth vivió con Alice aquellos meses, son muchos los testimonios que tenemos de esa época. En su biografía cuenta que su hermana pasaba los días leyendo y dictando cartas. Mientras lo hacía, paseaba por el dormitorio de la pensión en la que se alojaba, contemplando por la ventana las impresionantes vistas del lago azulado y las montañas, sin duda uno de los rincones más bellos de Europa. Seguía maquinando maneras de continuar recaudando fondos para su Mount Holyoke en España, la visión que había tenido treinta años atrás. Su hija la peinaba cada mañana para que diera buena impresión cuando bajaran a comer. Casualmente, la esposa del almirante Sampson, célebre por su actuación en la guerra hispano-estadounidense frente a la flota del almirante Cervera, y con quien Alice había tenido relación durante su estancia en la isla de Seavey, también estaba allí. «¡Tiene muy buen aspecto, señora Gulick!», le decía cuando se la cruzaba en el comedor, elogiándole el pelo arreglado para darle ánimos.[101]

Terminó agosto y no se había recuperado. Alice empezó a temer que, tan débil como estaba, no sería capaz de reunir las fuerzas necesarias para estar en Madrid a comienzos de curso. Fue entonces cuando recibió una llamada. Era lady Henry. Le había organizado un cómodo viaje hasta Londres, donde le había preparado una habitación en su clínica de Rigate. No tenía que preocuparse de nada más que de llegar. Así, como la otra vez, cuando le operaron la mama, podría consultar a los médicos. Alice no se lo pensó dos veces.

Al llegar a Inglaterra se sintió un poco mejor. De hecho, su hermana cuenta que, durante algunos días, estuvo animada y con fuerzas. Sin embargo, enseguida volvieron la extrema debilidad y las dolencias. Entonces, el reverendo Gulick, alarmado, tomó la decisión de coger un barco que lo llevara hasta las costas inglesas. Imagino que, durante la travesía, por su cabeza pasarían otras muchas imágenes asociadas a ese mismo viaje. Recordaría su llegada a Europa, recién casado, cuando Alice y él se alojaron en aquel hotelito del pueblo natal de Shakespeare.

Cuando pisó suelo inglés, Alice acababa de morir.

Quizá cumpliendo una última promesa, William hizo lo imposible para que el cuerpo de su esposa pudiera viajar a Madrid. A pesar de los años transcurridos, no había olvidado las palabras que le dijo el otoño que se conocieron. «Cuando vaya a España, iré a buscarte…».

El martes 29 de septiembre de 1903, el féretro cruzó la verja del jardín de Fortuny. Lo colocaron en el recibidor, aún sin muebles pero decorado con flores. Todas las niñas, jóvenes y profesoras estaban allí para acompañarlo al Cementerio Civil. Al final, igual que la margarita de Harvard, Alice había logrado sortear todos los obstáculos, ingeniándoselas para estar presente el primer día de curso en el Instituto Internacional. Habría sido realmente desagradable que la dejaran fuera justo en un momento como aquel, cuando Jano comenzaba ya a girar su rostro en dirección al futuro, empujando las puertas del tiempo hacia el porvenir.

———————

SEGUNDA PARTE

Lejos de casa
1904-1936

IV

ALIANZAS

1

No era la primera vez que el Comité de Boston hacía llegar su propuesta a Susan Huntington. De hecho, desde la muerte de Alice, la abordaban cada cierto tiempo, por si hubiera cambiado de opinión. Ella volvía a repetirles, uno por uno, los argumentos de siempre para declinar la jugosa oferta de convertirse en la directora del Instituto Internacional de Madrid. Aunque tenía un maravilloso recuerdo del tiempo pasado como misionera en San Sebastián, se encontraba muy feliz trabajando en la Universidad de Puerto Rico, de la que era decana. No solo hacía lo que más le gustaba, dedicarse a la pedagogía, también tenía un buen sueldo y un futuro prometedor.[1] Tras el fin de la guerra del 98, Estados Unidos quería mejorar el sistema educativo en la isla, y las americanas con conocimientos de español eran un bien muy preciado. Susan había logrado ganarse el respeto de la comunidad educativa puertorriqueña y sus alumnas la adoraban.

Pero esta vez, cuando le volvieron a plantear la oferta, algo se removió en su interior. Por un momento dudó y se sintió tentada de aceptar. ¿Estaría eligiendo bien?, pensaba. ¿O debería dejar su trabajo y tomar el testigo de Alice? Parecía un movimiento muy arriesgado, y más ahora, con la crisis del Instituto Internacional. Desde la muerte de la fundadora, hacía ya siete años, nada había vuelto a ser lo mismo. En los círculos misioneros de Nueva Inglaterra se comentaba que en Fortuny andaban como pollo sin cabeza, sin alumnas suficientes y con las obras del nuevo edificio a medio acabar.[2] Por no mencionar la cuestión religiosa. Como le había explicado claramente al reverendo Gulick y a su hija Elizabeth, Susan opinaba que el Instituto Internacional debía desvincularse definitivamente de cualquier connotación protestante si quería tener alguna relevancia en la vida de las españolas. Era necesario mirar hacia el futuro y abrazar más que nunca la causa de las mujeres. No estarían traicionando a Alice, sino todo lo contrario, pues continuarían su legado en una nueva etapa.[3]

Aunque las razones de Susan para rechazar la oferta eran muy comprensibles, también lo era que el Comité de Boston insistiera cada cierto tiempo. Si alguien podía salvar el Instituto Internacional de la catástrofe hacia la que se dirigía, esa era miss Huntington. En los últimos años, ni el reverendo Gulick ni su hija habían logrado conducirlo como era debido, demasiado preocupados por las interminables obras y por las rencillas que se desataron tras la muerte de la fundadora entre las misioneras de la vieja guardia, como Anna Webb, y las nuevas profesoras de Madrid. Susan era perfecta: conocía el Instituto desde los tiempos de San Sebastián, cuando vimos que había formado parte de su equipo de misioneras, y además respondía al tipo de mujer profesional, moderna y decidida que más falta les hacía para darle un nuevo impulso.

Como ha estudiado Pilar Piñón, Susan había nacido en 1869 en el estado de Connecticut, a mitad de camino entre Boston y Nueva York, en una ciudad llamada Norwich, «la rosa de Nueva Inglaterra», célebre por sus bellas mansiones. Era soltera, libre como un pájaro. Su madre, Elizabeth Rodgers, ejerció una gran influencia sobre ella, pues seguramente fue quien la animó para que viajara como misionera a España.[4] Su padre, James Monroe Huntington, era un hombre acaudalado, dueño de una fundición y de una compañía armadora.[5] Su apellido revela que estaba emparentado con Archer Milton Huntington, el gran filántropo e hispanista estadounidense que, en aquellos mismos años, fundó la Hispanic Society en Nueva York, al oeste de Broadway. En 1909 se inauguró en sus salas la primera gran exposición de Sorolla, que visitaron ciento sesenta mil personas, un éxito sin precedentes.

Aunque Susan tenía muchas cosas en común con las americanas de nuestra historia, también existían algunas discrepancias entre ellas. Como explica Carmen de Zulueta, al ser veintidós años menor que Alice pertenecía a una generación más joven, diferente en muchos aspectos. Para ella, la educación de las mujeres no era un anhelo por el que hubiera que luchar, sino un derecho ya conquistado que había que mantener y mejorar.[6] La fe religiosa que había empujado a Alice o a Frances Willard hacia el activismo social y feminista ya no tenía el mismo protagonismo que en las décadas anteriores. El acceso de las mujeres al mundo del trabajo era ahora una preocupación mucho más acuciante y terrenal que la salvación de sus almas.

Susan Huntington.

El 16 de septiembre de 1909 Susan escribió una respuesta al Comité de Boston. Aceptaba el puesto de decana del Instituto Internacional, en un principio por un periodo de tres años a contar desde el 1 de octubre del año siguiente, siempre y cuando pudiera imponer algunas condiciones. Exigía tener libertad total en los asuntos académicos, así como la posibilidad de ofrecer los estudios del bachillerato oficial. Y, sobre todo, esperaba contar con los fondos económicos necesarios desde el comienzo del año escolar, pues no quería estar haciendo malabares o pidiendo limosna a los amigos. Proponía un margen de un año para incorporarse con el fin de que pudieran cumplirse estos requisitos y el nuevo edificio estuviera terminado.[7]

Un año después, el reverendo William Gulick, que pronto cumpliría setenta y cinco años, salió a la verja de Fortuny para recibir a la nueva directora. Lo acompañaban las profesoras Benigna Rodríguez y María de Araujo, sus más estrechas colaboradoras. Según relató esta última, la impresión que le produjo Susan al bajar del coche aquella tarde de verano fue magnífica. Era una dama americana de aspecto distinguido, sumamente amable y exquisita en el trato. Con el tiempo, durante los siguientes años, María de Araujo descubriría asimismo que miss Huntington también tenía una enorme capacidad para el trabajo y una energía tan legendaria como inagotable.[8]

Iba a hacerle mucha falta. En Madrid la esperaba un verdadero caos de baldosines y polvo, virutas, ruido y pintura. No había cursos programados, ni clases preparadas. El equipo, saltaba a la vista, era magnífico, con profesoras españolas y otras llegadas de universidades como Bryn Mawr, Columbia o Cornell.[9] Sin embargo, debido a la gran incertidumbre, ni una sola de las antiguas alumnas había renovado la matrícula.[10] Era como si el Instituto Internacional se hubiera desvanecido en el aire.

Otra vez estaba todo por hacer.

2

Por fortuna, Susan contaba con el apoyo de la Liga del Instituto Internacional, una asociación creada por universidades de
mujeres estadounidenses para hacer frente a la construcción del
edificio nuevo y costear los innumerables gastos. No debemos
olvidar que el Instituto Internacional se había convertido en una
corporación independiente en 1892, lo que le daba libertad respecto a la Junta para las Misiones, pero también obligaba a
Susan a llamar a la puerta de otros benefactores y filántropos
que simpatizaran con la causa.

Aunque las amigas de Alice ya habían intentado impulsar
una asociación semejante a finales de los años noventa, fue en
1903, solo unos meses antes de que ella falleciera, cuando se
oficializó el nacimiento de la Liga. El detonante lo encontramos
en una reunión de la que han quedado numerosos testimonios,
organizada en la Old South Church de Boston a finales del mes
de enero. Participaron delegadas de las universidades de Massachusetts, como Holyoke o Wellesley, así como personalidades
del mundo de la política, entre ellas algunos dirigentes tan famosos como el secretario de Estado, John Hay, o el gobernador
de Massachusetts, Winthrop M. Crane, dueño de la empresa
de papelería Crane & Co, conocida por fabricar en exclusiva el
papel para los dólares estadounidenses. Resulta especialmente
emocionante toparnos con este último, pues Louise Crane, su
hija, que entonces aún no había nacido, acabaría siendo la pareja de Victoria Kent durante su largo exilio en Estados Unidos.

En la reunión también estuvo presente el presidente de la
Universidad de Harvard, Charles William Eliot, que la dirigió
durante casi medio siglo. En su discurso apeló a la solidaridad
de sus compatriotas femeninas y fue muy persuasivo. «¿Qué
podéis hacer por la señora Gulick y por el trabajo al que ha
dedicado su noble existencia?», preguntó al nutrido público que
lo escuchaba en la misma iglesia en la que tantos discursos habían dado las hermanas Gordon en el pasado. «Podemos con-
seguirle 60.000 dólares para darle un material en la capital de

España con el que pueda realizar por lo menos una parte del trabajo que tiene entre manos. Y podéis seguir haciendo algo por ella durante los próximos diez años para que se salve su vida, pues es una mujer que ha sufrido muchas penas. Podéis garantizar que este instituto para señoritas en España no dependa solo de su vida, de su dedicación y de su cuidado; gracias a vosotras, y a vuestra ayuda, ha establecido una institución duradera. Ha colocado unas cuantas piedras en sólidas paredes que permanecerán».[11]

En primavera, tras nuevas reuniones y encuentros, la decisión estaba tomada. La Liga coordinaría la recaudación y el empleo de los donativos de las universidades de mujeres para apoyar el Instituto Internacional. Clara Stevens, una vieja amiga de Alice que había sido profesora de Catharine Barbour en Holyoke, fue la persona escogida para presidirla. Junto a ella, en el acta fundacional, aparecen los nombres de otras muchas profesoras de *colleges* femeninos como los de Vassar, Smith, Radcliffe o Wellesley. Entre ellos, reconocemos algunos ya muy conocidos en esta historia, por ejemplo, el de Lee Bates o el de su pareja, Katharine Coman. Siguiendo su compromiso fundacional, a partir de entonces la Liga se esforzaría en conseguir que las mujeres universitarias de Estados Unidos ofrecieran su ayuda, su interés y su simpatía al Instituto Internacional.[12]

Durante los siguientes años, la incesante labor de la Liga, organizada en pequeños grupos por todo el país, fue decisiva. Periódicamente, de costa a costa, se celebraban reuniones informativas y mítines, tanto en clubes de mujeres como en universidades, pero también en los grandes hoteles de Maine donde veraneaban los millonarios. Su objetivo era ganar adeptos que abonasen una cotización en favor del Instituto Internacional. Había cuotas pequeñas, de solo cinco dólares, y otras más elevadas para aquellos que deseaban ser benefactores vitalicios del Instituto Internacional o realizar la donación en memoria de una persona querida. La Liga recibió generosas donaciones, como la de Helen Sanborn, la tesorera, siempre dispuesta a sacar al instituto de cualquier aprieto. Tras su muerte, su testamento reveló que le había legado diez mil dólares, una suma nada desdeñable. En un primer momento, estos donativos se emplearon para finalizar las obras del edificio de Miguel Ángel y, más tarde, costearían los sueldos de las profesoras americanas y servirían para afrontar otros gastos sobrevenidos.

3

Los esfuerzos para dar a conocer el Instituto Internacional tuvieron una embajadora de excepción, escogida entre sus mejores alumnas. Se llamaba Carolina Marcial Dorado y ha pasado a la historia no solo por su apoyo a la educación de las mujeres, sino también porque acabaría convirtiéndose en la primera directora del departamento de español de Barnard College, la universidad de mujeres asociada a Columbia University.

La futura hispanista era hija de José Marcial Palacios, pastor evangélico y agente de la Sociedad Bíblica. Nació en 1889 en Camuñas, Toledo, donde el protestantismo había calado entre sus habitantes gracias al trabajo del pastor evangélico Félix Moreno Astray y de Federico Fliedner, un activo misionero alemán instalado en Madrid. Tanto es así que, en aquella época, se llegó a decir que en Camuñas las conversiones habían sido tan masivas que el pequeño pueblo se había convertido en una especie de «Ginebra manchega». Dadas sus creencias, es comprensible que Marcial Palacios deseara enviar a su hija al colegio de Alice Gulick, aunque San Sebastián quedara un poco lejos de la Mancha.

En 1897, cuando tenía ocho años, Carolina metió sus pertenencias en un baúl. Su llegada al Instituto Internacional coincidió con la presencia de Catha Barbour y pronto se convirtió en una de las pupilas favoritas de Alice.[13] También iba entre las niñas que, con una pamela de paja, cruzó el puente de Santa Catalina en abril de 1898, camino del tren que las llevaría hasta Biarritz. No me resulta difícil visualizarla entonces, con solo diez años, parada en la verja de hierro de Villa Notre Dame o deambulando cerca de los acantilados de la bahía mientras esperaba la visita de Lee Bates.

En 1903, tras la muerte de Alice y la de su padre, Carolina llegó a Madrid para instalarse en Fortuny con el resto de las profesoras y alumnas. Tenemos constancia de que durante aquellos años de transición, mientras se ponían en marcha las obras del edificio de Miguel Ángel, no se desalentó, pues fue una de las jóvenes que superaron con éxito los exámenes de bachillerato en el Instituto Cardenal Cisneros. También sabemos que fue entonces cuando la Liga del Instituto Internacional la «amadrinó», haciéndose cargo de los gastos de su educación e invitándola a viajar a Estados Unidos en otoño de 1905. Con su aire exótico, era la española perfecta para ganarse al auditorio en las reuniones de mujeres. En una de las pocas imágenes que se conservan de ella la vemos mirando a la cámara, con una mantilla blanca de encaje, debajo de la que asoma una cabellera larga y negra. Solo tenía dieciséis años cuando embarcó en Londres rumbo a Nueva York y emprendió una travesía que abriría las puertas a las profesoras de español del futuro.

En las cajas del archivo de Smith encontré numerosos recortes de periódico con titulares tan divertidos como «A charming young Spanish Woman» o «A charming flower of Romantic Spain», que se hacían eco del éxito que cosechó Carolina a su paso por Wellesley, Smith, Radcliffe y Mount Holyoke, pero

Carolina Marcial Dorado.

también por lugares un poco más distantes de Boston, como la Universidad de Chicago.

Cuando regresó a España, Carolina comenzó a enviar cartas a las americanas a las que había conocido para que las publicaran en los periódicos de las universidades. De este modo, sus nuevas amigas y aliadas no perderían el interés por la causa que tan bien se había propuesto representar. Estas cartas, en las que daba cuenta de su día a día en el Instituto Internacional, nos brindan una mirilla para asomarnos al colegio de Fortuny en 1906, unos años antes de que llegara Susan.

4

Mis queridas niñas de Wellesley:

¡Me pregunto cuántas de las que me escuchasteis hace un año aún os acordáis de mí! Sí, he regresado al Instituto Internacional, y estad seguras de que es estupendo volver a encontrarme otra vez entre mis viejas amigas. Verdaderamente, estar aquí de nuevo me llena de ambición y esperanza, así como de todo tipo de buenas sensaciones.

Cuando les conté a las chicas algunas de mis experiencias en vuestro *college*, una de ellas exclamó con entusiasmo: «¡Si alguna vez voy a América, Wellesley es mi lugar!». Después de oír esto, espero que os deis cuenta de lo mucho que pensamos en vosotras y no lo olvidéis. También les hablé de cuánto disfruté durante la visita que os hice al año pasado. Sin duda, fue difícil para mí dejar una tierra de libertad y estoy deseando regresar.

El Instituto Internacional ha vuelto a abrir sus puertas en el mes de enero de 1906. […] En el colegio solo somos once niñas [internas]. Pero en cuanto se inaugure el Memorial Hall tendremos más sitio y vendrán más, o eso esperamos.

Como es el primer *college* de mujeres en España, hemos decidido utilizar nuestros colores nacionales y justo estos días estamos confeccionando unas banderas de color rojo con las letras en amarillo. Planeamos celebrar una *college party* y sorprender a las profesoras de la facultad cantando nuevas canciones del *college* y diciendo nuestros lemas. Tendremos un club dentro de poco, así que ya veis que estamos tratando de crear el espíritu de un *college*, aunque seamos pocas.

* * *

19 de noviembre

El nuevo edificio está progresando, pero por el momento no se podrán terminar las dos plantas de arriba. Esperamos que la primera esté acabada en dos meses. [...] Os gustará oír que nuestra biblioteca Wellesley está lista e incluso los libros se encuentran colocados en los estantes. Pero aún no podemos entrar, pues debemos esperar a que terminen las obras. Mientras tanto debemos utilizar una de las bibliotecas públicas.

Los lunes son nuestro día libre y entonces damos un largo paseo. El último lunes, las señoritas Bidwell y Knowlton nos llevaron a la mitad de nosotras al Prado. Nos quedamos allí una hora, admirando los maravillosos cuadros. Después fuimos al Retiro y pasamos un rato estupendo paseando bajo los árboles. La otra mitad fue con la señorita Gulick [Elizabeth] y Jean a dar un paseo por el campo.

Cuando por la tarde hace bueno, la señorita Bidwell se lleva a las niñas a la Castellana. Les gusta tanto que siempre están dispuestas a estudiar media hora más después de comer y así terminar el estudio de la tarde media hora antes. Ahora hace demasiado frío para ir. [...]

Hay hombres trabajando dentro y fuera del nuevo edificio, terminando de colocar las ventanas y dando la última mano de pintura a las paredes. Todavía queda mucho por hacer en el paraninfo y los suelos no están acabados, tampoco las escaleras ni la barandilla. Están intentando rematar la primera planta lo antes posible. [...] No tengo ni idea de cuándo se terminará el laboratorio de química, y nadie parece saberlo.

El domingo pasado fue el cumpleaños de la señorita Bidwell y fue un día muy feliz para nosotras en Fortuny. Decoramos el comedor con plantas y flores e hicimos un camino verde desde la escalera hasta su sitio, donde pusimos una bandera americana y otra española unidas por una hoja de laurel. Cuando bajó, la estábamos esperando al pie de la escalera y cantamos la marcha real española. Por la tarde nos invitó a chocolate y galletas americanas.

El viernes fue el cumpleaños de la señorita Knowlton. Como le gustan tanto las costumbres españolas y es la directora del departamento de música, recibió la sorpresa de que le dieran una serenata auténtica. Vinieron tres hombres, dos con guitarras y uno con una mandolina. Tocaron y cantaron debajo de su ventana [...].

¿No ha sido maravilloso que la señorita Borden consiga la beca Alice Gulick? En cuanto lo supe me llevé a las niñas al cementerio. Pusimos muchas flores en la querida tumba [de Alice] y allí delante hice la promesa de que viviría para ser la mujer que ella quería que fuese [...].[14]

5

En el archivo de Smith encontré algunos planos de los edificios del Instituto Internacional dibujados en papel cebolla, no muy distintos a los que Alice trazó a su llegada a Santander. Había dos de Fortuny, uno de la casa y otro de los jardines, y un tercero, compuesto de varias hojas, en el que se reconocía el gran edificio de Miguel Ángel, dedicado a la memoria de Alice Gulick. Estaba dibujado con todo detalle, planta por planta. Mientras iba recorriendo sus rincones con la mirada, me llamó la atención que cada estancia tenía un nombre, como si conmemorara una persona o institución amiga.[15] Me recordó a los edificios americanos en los que aparecen grabados en columnas o frontispicios los apellidos de las familias benefactoras como gesto de agradecimiento.

En la primera planta estaba el despacho de la directora, dedicado a Wellesley College. También el gran paraninfo, llamado

Assembly Hall, erigido en memoria de las estudiantes de Holyoke, así como otras aulas en las que se recordaba a Vassar y a Smith. Un piso más arriba, en la segunda, distinguí los nombres de Alice Freeman Palmer, Frances Willard, Mary Lyon y Harriet Beecher Stowe. También me emocioné al ver un aula dedicada a la Lasell Seminary, la escuela para niñas donde se conocieron Alice y Emilia Innerarity. Cuando mis ojos ascendieron hasta la tercera planta, vi un gran laboratorio con el nombre de Catharine Hayden Barbour. Recordé el pequeño rincón donde daba sus clases de biología en San Sebastián y pensé que se pondría muy contenta si lo viera.

En aquel mapa del tesoro feminista conté mentalmente trece aulas, una gran biblioteca, habitaciones para tocar el piano, laboratorios de química, física y biología, dormitorios, cuartos de estar, una zona para guardería, la cocina y los comedores. En el tejado, protegidas por un parapeto, las noches de verano las alumnas podían estudiar astronomía y, en invierno, contemplar la sierra de Guadarrama, coronada de nieve.[16] Imaginé cómo relucirían los pupitres, comprados en Estados Unidos, el primer día de curso, al igual que los aparatos para realizar experimentos, las pizarras y los tinteros. No pude evitar reírme cuando leí en una nota de gastos que la espectacular escalera de hierro forjado que tanto me había impresionado cuando entré en el edificio por primera vez había costado más de lo previsto.[17]

Susan tardó un año en poner todo aquello en orden. Desde Puerto Rico le enviaron manteles de lino blanco para el desayuno y las feministas de la Liga, un gran lote de libros para la biblioteca. Ignacio Bolívar, director del Museo de Ciencias Naturales y padre de una de las nuevas alumnas, aportó una exquisita colección de conchas. Y, desde Boston, Lee Bates, más metida en su papel de Mamá Noel que nunca, hizo llegar la noticia de que regalaría la instalación de agua caliente. Imagino que Susan daría saltos de alegría al enterarse, tantos como cuando abrió la caja en la que Coman les enviaba un gramófono para el gimnasio. Cuando creía que ya lo había visto todo, su amiga Alice Gould, matemá-

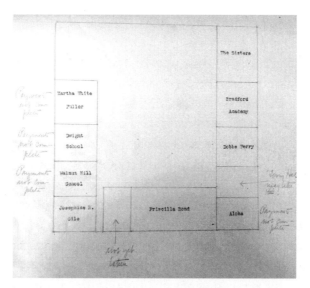

The Sisters' Room en un plano del Instituto Internacional.

tica e historiadora, apareció con un estereopticón para utilizarlo en clase como proyector y linterna mágica.[18]

Una vez que estuvieron en funcionamiento los edificios de Fortuny y Miguel Ángel, comenzaron a referirse a ellos como la «Casa Madre» y el «Alice Gulick Memorial Hall» respectivamente.

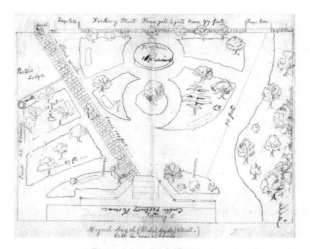

Plano del jardín de Fortuny.

6

El curso 1912-1913 el Instituto Internacional abrió sus puertas con 125 alumnas,[19] ofreciendo los estudios de magisterio, bachillerato y conservatorio, así como un jardín de infancia para las más pequeñas. En el folleto para publicitar el centro se hacía hincapié en que los métodos pedagógicos eran muy modernos y el inglés, la lengua en la que enseñaban. También había clases de música y labores, como era habitual en la época, además de cursos para las hijas de los diplomáticos que deseaban practicar el idioma o visitar los museos.[20] Susan hizo uso de la libertad académica que había exigido para eliminar cualquier rémora protestante del currículum. Naturalmente, respetaba las creencias de sus estudiantes, a quienes incluso animaba a cultivarlas, pero su manera de orientar la cuestión religiosa en el Instituto refleja una evolución patente hacia la tolerancia, afín a la Institución Libre de Enseñanza.

La experiencia que había adquirido como decana en Puerto Rico le resultó muy útil para ponerse al frente del nuevo grupo de profesoras y alumnas. Además de su eficacia, quienes la conocieron también destacaron su bondad, delicadeza y trato maternal, agradable aunque muy exigente. Consideraba que la profesión de maestra era sagrada y solo quienes tenían verdadera vocación debían ejercerla. Valoraba las capacidades intelectuales de sus pupilas, pero sobre todo que pudieran convertirse en una fuente de inspiración para sus propias discípulas.[21] Las pocas fotografías que se conservan de ella la muestran alegre, dulce y sonriente. Aunque era igual de luchadora que Alice, su misión tenía unos objetivos diferentes, y se desarrollaba en circunstancias menos penosas. En una de estas imágenes, mi favorita, tomada en una época posterior, Susan me recuerda a las mujeres del mural de Mary Cassatt. La vemos de perfil trabajando en un jardín, con una pamela para protegerse del sol.

Como recordaría más tarde una de las niñas del instituto, llamada Ana María, Susan era muy firme en el fondo, pero agradablemente irónica en la forma. Por ejemplo, si veía que los pasos de la pequeña se encaminaban hacia la biblioteca a la hora del recreo, pues a Ana María le encantaba pasar el rato leyendo, la tomaba suavemente del brazo y le susurraba: «Ana María, creo que por ahí no se va al jardín».[22] Y es que para ella era muy importante que salieran al aire libre todo lo posible, para moverse y hacer ejercicio. En el archivo de Smith encontré algunas imágenes de aquellos primeros años, y en ellas se distinguen grupitos de niñas jugando al baloncesto o celebrando la fiesta de la primavera, vestidas de blanco, una estampa que recuerda a la procesión del laurel de las jóvenes de Holyoke.

En octubre de 1913 recibieron la visita de Katharine Coman, unida «bostonianamente» con Lee Bates, a quien la Liga envió para que comprobara en qué se estaban destinando los fondos recaudados por las universitarias americanas. En un informe que redactó tras su viaje, Coman dejó constancia de su gran admiración por los logros que Susan estaba consiguiendo poco a poco, tanto en el plano académico como en la vida extraescolar de las alumnas. Describe con detalle la pista de tenis y la de baloncesto, así como los juegos de las niñas más pequeñas en los jardines, bajo los árboles.[23]

Aunque los cursos estuvieran muy bien planteados, la mejor carta de presentación del Instituto Internacional era el propio edificio de la calle Miguel Ángel. Cualquiera que pasaba por delante o entraba en él quedaba impresionado por los medios que se habían puesto al servicio de la educación para niñas, algo poco habitual en España. No es extraño que entre las primeras alumnas matriculadas figuren apellidos célebres, algunos de ellos vinculados a la Institución Libre de Enseñanza. Por ejemplo, hemos visto que el director del Museo de Ciencias Naturales apuntó a su hija, una decisión que también tomaron la escritora feminista Carmen de Burgos, «Colombine», y la familia Sorolla, entre otras. Es más, como cuenta Carmen de Zulueta, se llegó a plantear que el pintor impartiera clases a las niñas, aunque la idea acabó descartándose por el elevado coste que habría supuesto acondicionar un espacio para ello.[24]

Susan no olvidaba que todo aquello no habría sido posible sin la generosidad de las americanas. El 21 de diciembre 1914 escribió a las alumnas de Holyoke para felicitarles el nuevo año y volver a darles las gracias por haber sufragado el coste del paraninfo. Constituía una de las joyas del edificio, con las paredes pintadas de color crema, unos asientos confortables y el retrato de Alice Gulick colgado en un lugar destacado. No en vano empezaba a ser considerado uno de los mejores espacios de la ciudad para organizar charlas, conciertos y lecturas. De hecho, añadió Susan en aquel mensaje navideño, un joven y prometedor filósofo había impartido recientemente una conferencia allí sobre los orígenes de la tragedia. Debían recordar su nombre, pues todo el mundo creía que llegaría a ser el pensador más importante de su generación. Se llamaba José Ortega y Gasset.

7

Entre las habitaciones que encontré dibujadas en los planos del Instituto Internacional, hubo una que enseguida despertó mi curiosidad. Tenía un bonito nombre, The Sisters' Room, y se encontraba en lo alto del edificio, en una de las esquinas orientadas al sur de la cuarta planta. Asocié aquel cuarto con el poema de Dickinson sobre sus dos hermanas y quise averiguar qué uso había tenido. El hecho de que estuviera en lo alto del edificio me llamaba todavía más la atención, pues parecía el refugio perfecto para alguna de mis queridas locas del desván.

Tuve suerte. Husmeando entre los papeles de Susan me topé con un artículo de periódico, fechado en 1913, escrito cuando la nueva directora ya llevaba dos años en Madrid. Lo había redactado ella misma para *The Dana Hall Association Quarterly*, un pequeño boletín que empezó a publicar en esa misma época la Dana Hall, una escuela para niñas de Wellesley. En pocas líneas, Susan explicaba la naturaleza de aquel misterioso cuarto:

Todas las niñas de la Dana Hall que viajen a Madrid deben visitar el Sisters' Room en el Instituto Internacional. Sarah Eastman ha regalado un dormitorio encantador, con el deseo de que siempre sea utilizado por hermanas. Orientado al sur, se encuentra iluminado por la luz de Castilla. Las cuatro camas blancas de hierro, las animadas imágenes de las paredes y las telas con alegres estampados que cuelgan de los percheros convierten la habitación en un lugar muy acogedor. Las propias niñas hacen las camas y tienen la responsabilidad de mantenerlo arreglado. Por eso, todas las mañanas, después de tomar un desayuno con pan y café, suben alegremente los ciento ochenta peldaños de las escaleras, hasta el último piso, para ordenar la habitación.

No hace mucho vino un señor de Toledo para visitar el instituto y ver si su única hija podría ser admitida. Estaba encantado con todo lo que le enseñamos y el Sisters' Room le pareció especialmente admirable. Sin embargo, cuando estaba saliendo del cuarto, me llevó con discreción a un aparte y me dijo: «Solo le pondría un pero a todo el edificio. ¿Cómo pueden tener a cuatro niñas durmiendo solas en un cuarto? La manera más segura de acomodarlas es ponerlas a todas en una única y larga habitación, con una profesora durmiendo al principio y otra al final de la fila». Así es como lo hacen en otras escuelas en España. Si él hubiera sabido lo mucho que les gusta a nuestras niñas la organización americana, que prevé cuartos separados, ocupados por dos o como mucho cuatro niñas, y lo mucho que la experiencia les aporta en su desarrollo, habría comprendido el significado del Sisters' Room en la vida escolar del Instituto Internacional.[25]

¿Quién sería Sarah Eastman?, me pregunté fijándome en el nombre de la profesora americana que aparecía en el artículo y de la que Susan decía que había querido regalar aquel cuarto. No fue difícil encontrarla en internet, donde leí su historia familiar, la pieza que me faltaba para terminar de enamorarme del Sisters' Room.

En 1913, Sarah era la directora de la escuela femenina Dana Hall, ubicada a escasa distancia del Wellesley College. Julia, su hermana mayor, y ella habían nacido en una familia sin apenas recursos del estado de Nueva York en los años treinta del siglo XIX. Su infancia fue muy dura, pues quedaron huérfanas de madre cuando solo tenían seis y cuatro años. Como las dos niñas debían ocuparse de la casa, tenían que turnarse para ir al colegio. Con todo, apoyándose mutuamente, las hermanas Eastman no solo lograron salir adelante, sino que fueron capaces de proseguir sus estudios durante su juventud y en la edad adulta. Sarah se graduó en Holyoke en 1861, cinco años antes que nuestra Alice Gulick, y su hermana Julia estudió en la academia de Amherst, en la que unas décadas atrás Emily Dickinson había empezado su herbario.

Cuando Wellesley abrió sus puertas a las primeras universitarias se vio la necesidad de crear una escuela preparatoria para niñas más pequeñas, pues se temía que las jóvenes llegaran sin tener el nivel suficiente. Y así fue como, en 1881, surgió la idea de abrir la Dana Hall y de poner a las hermanas Eastman al frente. Durante el tiempo que la dirigieron, la transformaron en una institución próspera y legendaria, abierta todavía hoy, en la que descubrí que habían estudiado algunas mujeres muy conocidas, como la gran poeta Sharon Olds. El secreto de su buena gestión, decían, era haber querido crear un colegio en el que se siguieran algunas normas, pero muy pocas. Debía ser el lazo de amistad y respeto entre las alumnas y profesoras lo que garantizase la convivencia en la «escuela-hogar». Entre sus más queridas maestras estuvo Lee Bates, a quien sus estudiantes recordaban jugando con ellas a menudo, siempre dispuesta a participar en sus travesuras e incluso a tirarse por un empinado tobogán riendo a grandes carcajadas. Es muy posible que fuera en compañía de aquellas niñas cuando se le ocurrió crear a Mamá Noel.

Al imaginarme aquel cuartito en lo alto del Instituto Internacional de Madrid me acordé de lo mucho que me desesperaba de pequeña tener que dormir con mi hermano menor, varón para más inri. Recuerdo que cuando no estaba gimoteando a mis padres para que me enviaran a un internado de Inglaterra como los de Enid Blyton les daba la murga con mi habitación, rogándoles que, al menos, me concedieran un cuarto «para mí sola» con una lamparita de noche y una bonita colcha.

La única que parecía entenderme era mi abuela materna. Cuando la visitaba en su casa los domingos por la tarde me desahogaba mientras merendábamos churros con chocolate. Le pedía que me consolara con algún recuerdo de su infancia. En mi imaginación, ella había sido mucho más afortunada que yo, pues en los años veinte había vivido con su hermana en un internado para niñas. Poco importaba que hubiera sido un convento católico de Zaragoza; para mí, su colegio estaba habitado por unas niñas llamadas Darrell y Sally, con quienes mi abuela y su hermana tomaban el té al atardecer junto al fuego crepitante de una chimenea.

Cuando terminábamos los churros, mi abuela me dejaba entrar en lo que ella llamaba la «habitación de la princesa», donde conservaba los muebles que se había llevado consigo al internado, como se hacía entonces. Me fascinaba la bella estructura de caoba de la cama, cubierta por una colcha blanca. También el tocador, con el espejo alargado, la cubeta para el agua y el vaso de plata colocado en la repisa. Algunos veranos me quedaba a dormir allí una o dos noches, y entonces el sumun de la felicidad era deslizarme en camisón entre aquellas sábanas, tersas como un sobre cerrado e impregnadas de un fresco olor a verbena y a limón, como las manos de mi abuela. Pasado mucho tiempo, cuando murió, supe que me había regalado la habitación de la princesa, una herencia tan cargada de simbolismo como el Sisters' Room de las hermanas Eastman.

Hoy, al volver a pensar en aquella obsesión por tener mi propio cuarto, a la que mis padres finalmente se rindieron cuando cumplí diez u once años, me invade la nostalgia. Estaba diciendo adiós a la litera de color amarillo en la que dormía con mi hermano, yo en la cama de arriba y él en la de abajo, refunfuñando por mis privilegios de hija mayor. Allí, con la luz apagada, respirábamos al unísono, juntos pero separados, cada uno soñando su propio sueño. Aún recuerdo el perchero, súbitamente convertido en una sombra inquietante, o las persianas con agujeritos, por los que se colaban los primeros rayos de luz de la mañana. Nada más amanecer, él tocaba una campana imaginaria, como si estuviéramos en una estación de bomberos o en un barco, para que empezáramos el día siguiendo el mismo ritmo, al compás, como las dos mitades de un solo cuerpo. Aunque aquellas noches no parecieran muy literarias, pues los ronquidos del dormilón de mi hermano daban por terminada cualquier escalofriante aventura antes de haber comenzado, en ellas se escribieron algunas de las mejores páginas de mi infancia. Hoy las guardo celosamente en la penumbra de mi memoria, en el mismo cajón donde duermen otras noches memorables de la misma época, como las que pasé en el pequeño camarote de la Trasmediterránea o en la habitación de la princesa.

8

Una tarde, mientras curioseaba entre recortes de periódico en los archivos de Smith, tuve la suerte de encontrar un breve artículo titulado «A day at the Instituto Internacional», fechado en 1914. Estaba dirigido a las estudiantes del Goucher College, una universidad de mujeres del estado de Baltimore, con el propósito de transportarlas imaginariamente hasta el Instituto Internacional, al otro lado del Atlántico, supongo que para suscitar su interés y recaudar fondos. Disfruté mucho leyéndolo y traduciéndolo, pues me hizo viajar hasta el corazón del colegio, aquel pedacito de Estados Unidos en Madrid. Aunque no encontré la firma, intuyo que lo escribió Mabel Haygood, quien, según descubrí, estudió en Goucher en 1910 y fue profesora en Madrid durante un curso académico. Relata así la jornada:

> El día comienza muy pronto, casi de madrugada, cuando los primeros rayos de luz se cuelan entre las ramas de los árboles del jardín de Fortuny y proyectan sus sombras en la pista de tenis. La brisa, fresca y juguetona, levanta las hojas del suelo, haciendo que crujan

suavemente y muevan el agua de la fuente en pequeñas ondas, donde seis pececitos dorados, aún somnolientos, agitan la cola. Se oye a unos pájaros piar en lo alto de un árbol «Buenooos díaaas», y por el paseo de la Castellana se escucha el traqueteo del carro del lechero sobre los adoquines, dispersando a su paso a un grupo de gansos que caminan tranquilamente por la aristocrática calle.

Las casas que se divisan desde la verja, donde trepa la glicinia, están cerradas y silenciosas como tumbas. En la entrada se encuentra Bismark, el viejo perro de la portera, vigilando atentamente la calle con una mirada solemne y reflexiva. Tiene el aire grave, como si recayeran en él innumerables responsabilidades perrunas. Da la impresión de conocer muchas historias del pasado. Igual que su dueña, Bismark ha presenciado la llegada y la marcha de numerosas generaciones en aquel mismo escenario, tan antiguo como cambiante.

De pronto, la gran puerta del dormitorio, situado detrás de la pista de tenis, se abre. Dos niñas bajan las escaleras a grandes zancadas, con una raqueta en la mano. Levantarse tan pronto para jugar un partido es toda una novedad en España, y el Instituto Internacional es uno de los pocos lugares del país donde puede ponerse en práctica tal experimento. Pero ¿no sería más agradable empezar el día paseando tranquilamente por la hierba, entre los macizos de iris y el rosal? En la cuarta planta se abre una ventana. Una niña aún adormilada anuncia que bajará «Muy pronto, muy pronto». Sin embargo, cuando llega la hora del desayuno, el partido aún no ha comenzado.

Poco después, las estudiantes externas van haciendo su aparición puntualmente, pues las clases del colegio comienzan temprano. No son ningunas holgazanas ni lo hacen a rastras. Pasan sus días entre grandes diversiones, en compañía de sus amigas, mucho más entretenidas de lo que lo estarían en sus casas. Incluso las pequeñas de la guardería, con sus uniformes de sarga azul, atraviesan el camino de la entrada a toda velocidad, convencidas de que las mejores cosas siempre ocurren antes de su llegada. Van seguidas por sus nodrizas, quienes no entienden a qué viene tanta prisa. ¿Acaso no tienen todo el día por delante?

Dentro del Memorial Hall, dedicado a Alice Gulick, se multiplican los cotilleos por los pasillos de azulejos blancos y en las escaleras de caracol se abre paso una procesión infinita de jovencitas. Suena una campana y con ella da comienzo una atareada mañana en las aulas, las salas de estudio y los laboratorios de la cuarta planta. Las habitaciones tienen mucha luz, están aseadas y con ventilación. Sobre las puertas aparecen los nombres de los *colleges* americanos y de las escuelas preparatorias que han regalado los muebles y cuya influencia puede sentirse mucho más allá de las cuatro paredes del aula.

La campana vuelve a sonar a mediodía, atrayendo hacia la escalera un torbellino de niñas hambrientas. ¡Ay de la que vaya a clase en la cuarta planta! ¡Tendrá que apañárselas para bajar en un abrir y cerrar de ojos y llegar a la mesa a la vez que su amiga de la segunda! En el comedor, las paredes están decoradas con paneles en los que se distinguen leyendas de la Alhambra, las cortinas transparentes dejan pasar la luz y en las mesas hay geranios rojos.

Después de la comida, los caminos de grava del jardín se llenan de niñas que juegan o pasean contándose los interminables secretos de las quinceañeras, a los que solo pone fin el nuevo sonido de la campana. Dos horas más tarde, tras el tiempo de estudio y las clases de baloncesto, las niñas reaparecen en el jardín para tomar la merienda bajo los árboles entre muchas risas.

Cuando las externas regresan a sus casas, doña Adela recoge a las que viven en el colegio para llevarlas de paseo por la Castellana, una costumbre de la que nadie se priva en Madrid. Bajo los castaños de indias se arremolinan caballeros, jovencitas, dueñas, chiquillos, nodrizas asturianas peinadas con grandes trenzas y con pendientes de filigrana, curas, floristas y vendedores de periódicos. Todo aquel que sea alguien debe dejarse ver o su reputación descenderá varios escalones. Si no tiene caballos, porque los haya vendido para comprar entradas de la ópera o de los toros, no hay que preocuparse, pues por la Castellana siempre se puede pasear a pie.

Por un momento, el cielo parece oscurecerse, pero las lámparas comienzan a resplandecer como joyas en los palacetes de las colinas, en cuyo interior la vida resulta aún más alegre y estimulante

ante la perspectiva de tomar el té. También brillan las luces en Fortuny cuando Eleuteria y Bismark, parados uno al lado del otro bajo la glicinia, abren la verja de la entrada. Las niñas regresan en el mejor momento posible, ¡justo a tiempo para la cena!

Las voces se van apagando poco a poco y la fuente queda envuelta en silencio. Es noche cerrada en el Instituto Internacional. La intensa fragancia de los lirios, las rosas y los pensamientos se deja sentir en el aire y su olor se cuela por las ventanas abiertas de las habitaciones. Hasta las camitas de las niñas llega el aroma dulce de las flores moradas del árbol del amor, pero también el soplo suave de las violetas y la lavanda.

En el jardín del Instituto Internacional, la mano de Susan Huntington, su directora, vela amorosamente para que todas las flores continúen creciendo.[26]

9

Los nuevos aires que trajo Susan no solo se dejaron sentir en su apuesta decidida por desvincular el centro de la obra misionera y apostar por la tolerancia religiosa. También resultan evidentes cuando nos fijamos en unas *poetry readings* que se organizaron en Estados Unidos para recaudar fondos durante los años diez. Se han conservado en el archivo de Smith los folletos y programas de estas reuniones, en las que participaron algunos de los escritores más destacados del momento, como Robert Frost o Amy Lowell, una de las líderes del imagismo, el movimiento poético con el que suele considerarse que comenzó la literatura de vanguardia modernista anglosajona. Sus integrantes abogaban por una ruptura con la tradición literaria victoriana, apostando por la experimentación formal, la utilización del verso libre y la apertura a temáticas que no fueran románticas o decorosas, como en la poesía anterior, y que incluyeran tanto lo grotesco como lo actual. En cuanto a la dicción, defendían la utilización de palabras sencillas y precisas, lo más alejadas posible de la ornamentación estereotipada.[27] Junto a Lowell, algunos de los imagistas más destacados fueron Ezra Pound, Hilda Doolittle y Richard Aldington, mientras que Robert Frost, representante destacado de la New Poetry, tuvo mucha relación con todos ellos. Sin duda, las alianzas que selló el Instituto Internacional con algunos de estos escritores nos muestran cómo los tiempos y los referentes culturales iban cambiando. Los libros de temática y tono sentimental que habían viajado con Alice Gulick desde Auburndale, como las novelas de Beecher Stowe o Louisa May Alcott, dejaron paso en las estanterías del Instituto Internacional a los de estos otros escritores, más rupturistas e iconoclastas, cosa que pronto serían también en España los integrantes de la generación liderada por Ortega y Gasset.

Me resultó muy emocionante descubrir que Amy Lowell había estado relacionada con el Instituto Internacional. Significaba que la gran poeta americana también tenía derecho a una de las hojitas de laurel de nuestro jardín. Y es que siempre he sentido mucha simpatía por su figura, quizá porque el trato que recibió de la crítica literaria anglosajona, caricaturizándola como una bostoniana rica, chiflada y caprichosa que osó arrebatarle el liderazgo del imagismo a Ezra Pound, la vaca sagrada del modernismo, no es muy diferente del que tuvo que sufrir Pardo Bazán en nuestro país. Cuando descubrí que hasta los treinta y seis años Lowell no vio publicado su primer poema, significativamente titulado «Idea fija», y que pasó su vida obsesionada con la poesía de John Keats, de quien llegaría a escribir una biografía de más de mil páginas, la coloqué en mi panteón de escritoras fetiche.

Lowell procedía de una de las familias más ricas de Massachusetts y estaba extremadamente bien dotada para los negocios, como su padre, quien engordó la fortuna familiar gracias a la industria textil. Sin embargo, Amy no puso sus dotes comerciales al servicio del algodón, sino de otra causa menos lucrativa, la poesía moderna, de la que era una ferviente defensora. Es hermoso pensar que fue leyendo unos poemas de Hilda Doolittle, quien firmaba «H. D. Imagiste», como Lowell tomó consciencia de que ese era exactamente el tipo de poesía que ella deseaba escribir. Mujer de armas tomar, igual que nuestra Pardo Bazán, en 1912 se subió en un transatlántico para ir al encuentro de Ezra Pound en Londres, donde, al principio, se hicieron grandes amigos. Gracias a él entró en contacto con los artistas expatriados que estaban renovando la literatura anglosajona, entre ellos Henry James, cuyas últimas novelas, escritas pocos años antes, reflejan su evolución hacia el modernismo. De vuelta en Estados Unidos, Lowell se convirtió en una de las principales promotoras de la nueva poesía, dándola a conocer a través de ediciones y antologías.

Uno de los textos de Lowell que siempre me ha encantado se titula «The Sisters», igual que el cuarto del Instituto Internacional. Se trata de un poema que escribió en 1925, al final de su vida, en el que propone una revisión de la tradición literaria patriarcal, dominada durante siglos por escritores varones, y rinde homenaje a tres poetas a las que amó profundamente: Safo, Elizabeth Barrett Browning y Emily Dickinson. «Ah me! I wish I could have talked to Sapho», leemos en un verso en el que lamenta no haber podido hablar con la poeta griega. «Play ball with the stars», escribe al referirse a Dickinson, a quien imagina jugando a la pelota con las estrellas. Los versos finales del poema, donde se despide de sus hermanas con un alegre «Good-bye, my sisters, all of you are great», no solo son celebratorios, sino también potentes revulsivos que miran hacia el futuro. Aunque afirma que las tres forman parte de una misma familia de escritoras, tan maravillosa como extraña, la conclusión a la que llega es que ninguna le dará las palabras con las que escribir sus poemas. «I cannot write like you», sentencia. De este modo, aunque honre la memoria de sus hermanas, Lowell también sugiere que la nueva generación de mujeres a la que pertenece deberá buscar sus propios caminos, tanto en el arte como en la vida.

Según pude averiguar, aquellas lecturas benéficas tenían lugar los miércoles por la mañana en lugares tan emblemáticos de Boston como el lujoso hotel Copley Plaza, inaugurado en 1912, o el College Club, el primer club para mujeres universitarias de Estados Unidos. En los programas aparece el nombre de Lee Bates, a menudo en calidad de maestra de ceremonias, definitivamente convertida en una de las grandes valedoras del proyecto de su vieja amiga Alice Gulick.

En esta misma época, en España encontramos también el nombre de una nueva profesora asociado al Instituto Internacional. Al principio, su figura se presenta casi de pasada, como la de una actriz secundaria que se asoma tímidamente tras el telón mientras espera con paciencia a que llegue su turno. Primero figura como docente de pedagogía en el curso 1913-1914[28] y, un año después, como conferenciante de un curso de «Moral práctica» que se va a impartir en el colegio para todas las estudiantes.

Es María de Maeztu, y no tardará en ocupar el centro del escenario. Su amistad con Susan Huntington cambiará el rumbo del Instituto Internacional, cuya historia se cruzará con la de la Residencia de Señoritas.

UN NUEVO FLORECER DE ESPAÑA

10

Cuando dio aquella primera conferencia, María de Maeztu era una joven de treinta y cinco años con gran facilidad de palabra, inteligente y decidida. Como relata Isabel Pérez-Villanueva en su biografía, nació en Vitoria en 1881 en el seno de una familia liberal y cosmopolita, muy abierta de mente para los estándares de la época. Su madre, Juana Whitney, era hija del cónsul británico en París,[29] y su padre, Manuel de Maeztu, hacendado de origen cubano, había sido educado en Francia, como Juana. Aunque al nacer María la familia vivía con cierto desahogo, la muerte de Manuel, en 1898, la sumió en una situación económicamente desastrosa. Juana Whitney, al fin y al cabo una extranjera, decidió entonces marcharse de Vitoria con sus cinco hijos y trasladarse a Bilbao, donde abrió la Academia Anglo-Francesa, en la que María y su hermana Ángela trabajarían como profesoras.

Teniendo en cuenta la influencia de su madre y lo limitadas que eran las opciones para las mujeres, es natural que María escogiera estudiar en la Escuela Normal de Vitoria. Sus primeros puestos como maestra los desempeñó en centros de Santander y Bilbao, cerca de su madre, a la que seguía ayudando. En Bilbao también trabajó en una escuela de Las Cortes, un barrio pobre en el que se esforzó para que las niñas acudieran aseadas a clase, aunque para ello tuviera que darles pastillas de jabón pagadas de su propio bolsillo.[30] La escuela, instalada primero en un viejo teatro y luego en un frontón, estaba en unas condiciones muy precarias, pero la joven, como los Gulick, trató de no desanimarse. Por el contrario, y al igual que el matrimonio de misioneros, se propuso revolucionar los métodos pedagógicos tradicionales, desterrando la memorización y animando a las alumnas a seguir sus lecciones al aire libre, dando paseos, como defendían los seguidores de Giner.

Que sus alumnas procedieran de entornos desfavorecidos, pensaba María, no era un motivo para tirar la toalla sino al contrario, era un acicate para su vocación pedagógica, orientada ya entonces a mejorar la sociedad. Mientras trabajaba continuaba estudiando, lo que manifiesta la determinación que caracterizaría su tarea al frente de la Residencia de Señoritas. Morena y de baja estatura, destacaba por su carácter voluntarioso e incluso dominante, un rasgo que puede constatar fácilmente cualquiera que se asome a su correspondencia. A menudo, ella misma se refiere a su obra pedagógica en términos mesiánicos, redentores, como si hubiera sido elegida para llevar a cabo una obra religiosa. En este aspecto, su figura nos recuerda mucho a las de Alice y otras misioneras como Catha, para quienes la educación de las mujeres era una causa sagrada a la que debían entregarse con apasionada vehemencia.

En 1907, María comenzó sus estudios superiores, primero en la Universidad de Salamanca, cuyo rector era Miguel de Unamuno, amigo de su hermano Ramiro. Después, a partir del curso 1909, los continuó en la Universidad Central, donde se matriculó en Filosofía y Letras, y en la recién creada Escuela de

Estudios Superiores de Magisterio.[31] Por este motivo se trasladó a la capital, donde entró en contacto con José Ortega y Gasset, también amigo de la familia. Pronto empezó a relacionarse con la Junta para la Ampliación de Estudios e Investigaciones Científicas, fundada en 1907 y presidida por Ramón y Cajal con el objetivo de modernizar e internacionalizar la ciencia española. Financiada por el Estado, la Junta se creó con la idea de que sirviera de estímulo para otros proyectos de carácter privado y para ejercer una influencia modernizadora sobre la universidad.[32]

A diferencia de otras personalidades destacadas de la Junta, María no había sido alumna de la Institución Libre de Enseñanza, pero su actitud reformista estaba en total sintonía con sus proyectos, revitalizados en aquellos años gracias a los discípulos y continuadores de Giner, como Bartolomé Cossío. Además, conocía a muchos de sus miembros, pues ejercían de profesores en la Escuela de Magisterio donde ella estudiaba,[33] y se benefició del programa de becas para el extranjero de la Junta desde que se puso en marcha. Por ejemplo, formó parte de la delegación española enviada a la Exposición de Londres para estudiar los avances en materia de pedagogía que se estaban produciendo en otros países.[34] Años después, en un escrito fechado en 1941, María rememoraría la importancia que tuvo para ella aquel periodo pasado en Inglaterra, donde vio a sufragistas como Emily Davis escribir con tiza en el suelo de las calles «Votes for Women».[35] Como veremos más adelante, Davis era una gran defensora de la educación femenina y años atrás había fundado el Girton, el primer *college* para mujeres de la Universidad de Cambridge. En su escrito, Maeztu también recordaría la impresión que le causó la visión de Emmeline Pankhurst:

> Los sábados por la noche en la Unión Política y Social Femenina, o los domingos por la mañana en Hyde Park, mistress Pankhurst dejaba prendido en el aire su mensaje como una *buena nueva* y su palabra apasionada hacía vibrar a las piedras. La recuerdo, como si fuera hoy, de pie sobre un banco del parque, alta, delgada, cara al viento, con una total ausencia de coquetería, conservando todavía rasgos de

una gran belleza (tenía cincuenta años) en sus ojos magníficos de mujer iluminada. […] Cuando hablaba, cada palabra era una llama de fuego. Su cuerpo se sacudía al impulso de la voluntad indomable.[36]

A la vuelta de Londres, Maeztu solicitó nuevas pensiones a la Junta para viajar a Europa y visitar escuelas de Suiza, Bélgica y Alemania; en este último país, además, continuó sus estudios de filosofía, un campo de conocimiento por el que siempre se sintió atraída y en el que contó con el apoyo de Ortega y Gasset, su amigo y gran protector.

Cuando, en el curso 1914-1915, Susan Huntington programó la conferencia sobre «Moral práctica» en el paraninfo del Instituto Internacional, existían pocas jóvenes más preparadas y con una visión más afín a la suya en materia educativa que María de Maeztu.

11

Como ha estudiado Pilar Piñón, las relaciones entre el Instituto Internacional y la Junta para la Ampliación de Estudios habían comenzado a estrecharse antes de la llegada de María. A principios de los años diez, por ejemplo, la Junta incluyó a Estados Unidos en la lista de destinos internacionales con los que sería interesante mantener relaciones científicas y a los que podrían enviarse pensionados para que estudiasen diferentes materias, como ingeniería o derecho, pero también economía política.[37] Y, poco tiempo después, en 1912, inauguró la primera edición de los cursos de verano de español para extranjeros a través del Centro de Estudios Históricos, una de sus grandes creaciones.

Dirigidos por Ramón Menéndez Pidal, estos cursos estaban destinados a profesores que desearan mejorar su dominio de la lengua española y conocer el país visitando museos y haciendo excursiones. Los alumnos disponían de alojamiento en la Residencia de Estudiantes, recientemente inaugurada. Ya entonces,

Susan Huntington ofreció los bonitos y recién estrenados dormitorios de Miguel Ángel para acoger a las forasteras que llegaran a Madrid dispuestas a escuchar a intelectuales como Miguel de Unamuno o Américo Castro. Más adelante, el Instituto Internacional ofrecería también su paraninfo para las conferencias inaugurales. Estos cursos para extranjeros despertaron desde el principio tanto interés entre los estadounidenses que en 1915 comenzaron a programarse no solo en verano sino durante todo el curso académico. También fue en aquellos años cuando se lanzaron los primeros lectorados de español, inicialmente en Francia y luego en otros países, como Estados Unidos y Gran Bretaña.[38]

En 1909, antes de ponerse al frente de los cursos de verano, el propio Ramón Menéndez Pidal había estado en Estados Unidos dando una gira de conferencias. De hecho, el *tour* americano del famoso filólogo fue uno de los antecedentes directos de las relaciones que establecería la Residencia de Señoritas con las universidades de la costa este, pues Wellesley y Smith se encontraban en la lista de los *colleges* que visitaron. Como tantas otras veces, Menéndez Pidal viajó con María Goyri, su esposa y colaboradora.

Nacida en 1873, ya vimos que Goyri había estudiado en la Asociación para la Enseñanza de la Mujer, donde coincidió con María Lejárraga en las clases de inglés, cuando tenían dieciséis y trece años respectivamente. Fue allí donde entró en contacto con los pensadores krausistas y con la Institución Libre de Enseñanza, y también donde comenzó a admirar la figura de Concepción Arenal, cuyas obras completas conservaría en su biblioteca personal hasta la muerte.[39] Fue alumna, además, de la Escuela Normal de Maestras, pero le molestó tanto que le suspendieran religión que acabó dejándola. En revancha, el año siguiente se sacó el título de bachillerato en el Instituto Cardenal Cisneros.

Desde pequeña, a Goyri le encantaba andar descalza,[40] caminar por la sierra y hacer gimnasia en una escuelita a la que la apuntó su madre, Amalia. Tenía una memoria privilegiada y aprendió el alfabeto leyendo los letreros de las tiendas, pues era muy curiosa. Cuando iba al Teatro Español regresaba a casa declamando los versos que acababa de escuchar, y en más de una ocasión le aseguró a su madre que quería ser actriz. De mayor, con más de setenta años, Goyri diría que lo que había detrás de aquella vocación temprana era su enorme pasión por la literatura.[41] A los cinco años ya recitaba el romance «¿Dónde vas Alfonso XII?» y, poco después, unas décimas de *La vida es sueño*.[42]

En 1892, Goyri participó en aquel Congreso Pedagógico que rememorábamos hace unas páginas con una intervención que despertó la admiración de Emilia Pardo Bazán. Más adelante, durante la década de los noventa, escribió textos periodísticos reivindicativos sobre la educación de las mujeres y su dignificación laboral,[43] lo que la convirtió en una de las voces más destacadas del «feminismo regeneracionista» de finales de siglo. Fue en esos años cuando coincidió en el Ateneo con Menéndez Pidal, con quien se casaría en 1900. Cuando se conocieron, Ramón hacía la tesis sobre Don Juan Manuel, y ella preparaba una edición crítica de *El conde Lucanor*, así que la química surgió de inmediato. Pasaban horas en los encinares de El Pardo y los alrededores de la Biblioteca Nacional charlando sobre sus investigaciones. Aquellas conversaciones les gustaban tanto como ir en tren a la sierra para subir el puerto de Navacerrada o de la Fuenfría y dormir a cielo abierto bajo las estrellas. A Ramón, recordaría ella años más tarde, le encantaban los caminos difíciles, con una cuesta, donde el aire de la cumbre «le lavaba las tristezas del corazón».[44]

Cuando se hicieron novios, Goyri llevaba años sentada en los bancos de la universidad, primero como oyente y luego, durante el curso 1891-1892, como alumna oficial.[45] Aprovechó el vacío legal que, a finales del siglo XIX, existía en España, donde ya dijimos que no se prohibía a las mujeres la entrada en la universidad, siempre y cuando consiguieran una autorización de la superioridad académica para evitar problemas de conducta entre los varones. Como les sucedería a las discípulas de Catha Barbour en aquella misma época, Goyri no podía mezclarse libremente con sus compañeros y tenía que esperar a que la recogiese el profesor en una habitación separada y la acompañase hasta las primeras filas del aula.[46] A pesar de los obstáculos, durante los siguientes años aprobó todas las asignaturas e incluso se matriculó en el doctorado, aunque no leería su tesis hasta 1909, el año en que acompañó a su marido en el viaje por Estados Unidos.

En las entrevistas que dio en los medios más adelante, Goyri ofreció algunos detalles de su vida conyugal que son muy bonitos. En uno de ellos recuerda a don Ramón construyendo casas y pueblecitos de madera para sus hijos, con solanas, corredores, túneles y hasta un ferrocarril de vapor. Desde pequeño le encantaban los juegos complicados, y quería habituar a los niños a sostener el interés en una obra durable. Cuando Goyri veía a su marido más tarde concentrado en su mesa de trabajo, rodeado de ficheros, carpetas y complejos apuntes perfectamente ordenados, pensaba divertida en lo mucho que nos delatan los juegos que hemos amado en la infancia.[47]

Una de las imágenes de la Edad de Plata que más me emocionan es precisamente una fotografía de la pareja, andando por

María Goyri y Ramón Menéndez Pidal.

la ruta del Cid durante su luna de miel, unos años antes del viaje transatlántico. Menéndez Pidal, quien acababa de ser elegido miembro de la Real Academia de la Lengua, camina muy erguido, con barba y sombrero, desbordando optimismo y juventud. A su lado, vemos a María vestida con un elegante traje negro, pero sin miedo a llenarse las botas de barro. Se habían casado en contra de la voluntad de los padres de él, a quienes Goyri, hija de madre soltera sin grandes recursos, no les parecía suficiente para Ramón. Afortunadamente, los jóvenes siguieron adelante con sus planes, pues aquel viaje de novios tan original, del que harían algunos tramos a lomos de una mula, no solo sería el comienzo de uno de los matrimonios mejor avenidos de la historia de la literatura española, sino también el inicio de una aventura filológica apasionante.

Sucedió en el Burgo de Osma, en la provincia de Soria, no muy lejos del lugar por donde pasan las hijas del Cid en su camino hacia Valencia.[48] Los recién casados se habían propuesto descansar mientras esperaban un eclipse anunciado para aquel día. Cuando estaban conversando con una lavandera, María se puso a recitar el romance de «La boda estorbada», lo que, teniendo en cuenta cuál era su situación, imprime a la escena un tono deliciosamente cómico. Ante su sorpresa, la lavandera reconoció el romance y se apresuró a cantarlo también, seguido de muchos otros que también se sabía de memoria. Entre ellos, María reconoció a su vez el relato histórico de la muerte del príncipe don Juan, lo que le hizo pensar, sobrecogida, que estaba escuchando en vivo y en directo un romance sobre un hecho ocurrido en 1497 del que no existía registro escrito. La rica tradición romanceril castellana, intuyó entonces, no estaba muerta, sino que había perdurado gracias a la oralidad. Ese mismo día, entusiasmados por la dimensión del descubrimiento, comenzaron a recopilar romances y, más tarde, procedieron a ordenarlos y analizarlos. Se creaba así el Archivo del Romancero, al que Goyri y Menéndez Pidal dedicarían el resto de su vida. Con el tiempo, este archivo, en el que trabajaron equipos de filólogos y destacados intelectuales como Tomás Navarro Tomás y Américo

Castro, llegaría a albergar decenas de miles de documentos de valor excepcional gracias a los cuales hoy se conserva toda la riqueza de nuestra literatura oral castellana. Constituye una de las grandes joyas de la filología española y una contribución importante al patrimonio de la humanidad.

Lamentablemente, el viaje a Estados Unidos se hizo en unas circunstancias mucho menos felices. El verano anterior, en 1908, había fallecido Ramón, *Monchín*, el segundo hijo del matrimonio, cuando tenía solo cuatro años. Rotos por la pena, pensaron que irse al extranjero, poniendo el Atlántico por medio, sería la mejor manera de alejarse de los escenarios que tanto les recordaban al pequeño. La invitación la recibieron de la prestigiosa Universidad Johns Hopkins, de Baltimore, la cual deseaba que Menéndez Pidal diera algunas charlas destinadas a los hispanistas americanos sobre la epopeya española,[49] una iniciativa a la que se fueron sumando otros centros académicos. El viaje tuvo lugar entre el 10 de febrero y el 2 de mayo de 1909. Durante aquellos meses fueron de visita a muchas universidades de la costa este, como Harvard, Columbia, Pennsylvania o Chicago, entre otras. Conocieron también varios *colleges* de mujeres, como Smith, Barnard, Bryn Mawr o Wellesley, donde disfrutaron de la compañía de Carolina Marcial Dorado y de Caroline Bourland, una hispanista americana a quien pronto conoceremos.

En sus visitas, el matrimonio tomó notas y apuntó muchas ideas, sobre todo relacionadas con la organización de los centros de enseñanza estadounidenses, tanto los que seguían el sistema de coeducación como los que eran exclusivamente de mujeres. «La característica principal es la alegría —escribe Goyri durante su visita a Bryn Mawr, donde la asombra el lujo del *college* femenino—. Hay varias casas para las alumnas. Tienen por lo general un gabinetito con dos alcobas, ropero y lavabo para dos alumnas. Otras que quieren gastar más tienen para ellas solas las dos habitaciones y otras no tienen más que un solo cuarto y convierten de día su cama en un diván».[50] En otra nota, escrita desde Northampton, adonde llegaron para conocer Smith

College, leemos: «Estos colegios que estamos visitando hacen perder el juicio a cualquiera».[51]

Durante el viaje también tuvieron tiempo para disfrutar: en Nueva York se asomaron a la exposición de Sorolla en la Hispanic Society, que tanto éxito estaba cosechando, y conocieron a Archer Huntington, quien los recibió con gran amabilidad. Finalmente, los Menéndez Pidal-Goyri regresaron a España cargados de reflexiones sobre el sistema estadounidense, reflexiones que deseaban compartir con sus amigos con vistas a la creación de la Residencia de Estudiantes.

Como ha estudiado Isabel Pérez-Villanueva Tovar en su obra de referencia *La Residencia de Estudiantes 1910-1936. Grupo universitario y Residencia de Señoritas*, Giner y Cossío estaban enamorados de las virtudes del sistema anglosajón de Oxford y Cambridge, donde los estudiantes convivían con sus profesores en *colleges* dotados de bibliotecas y laboratorios y donde se ofrecían tutorías y actividades culturales. De hecho, Cossío envió a su hija Natalia a casa de una familia inglesa, donde se haría íntima amiga de Irene Claremont,[52] futura esposa de José Castillejo, secretario de la Junta para la Ampliación de Estudios y gran abanderado del internacionalismo.[53] Por su parte, Alberto Jiménez Fraud, quien se casaría con Natalia y sería el director de la Residencia de Estudiantes,[54] viajó varias veces al Reino Unido para conocer de primera mano cómo era el funcionamiento de su sistema educativo.[55]

No debe extrañar, entonces, que en el Real Decreto de 6 de marzo de 1910, por el que se creó la Residencia de Estudiantes, apareciera mencionada explícitamente la necesidad de fundar instituciones educativas en España que tuvieran como modelo las ya existentes en Estados Unidos y el Reino Unido, aunque luego debieran adaptarse a la realidad autóctona.[56] Quedaba patente de este modo la admiración de la Junta para la Ampliación de Estudios por el mundo anglosajón, con una extensa y dilatada tradición universitaria.

12

Aunque hoy tengamos asociada la Residencia de Estudiantes al emblemático edificio de la colina de los Chopos, en los Altos del Hipódromo, originariamente estuvo en un hotelito alquilado de la calle de Fortuny, concretamente en el número 14.[57] Gracias a esta coincidencia espacial, los vínculos que ya existían entre los institucionistas y las americanas desde los tiempos de Alice Gulick adquirieron entonces una nueva dimensión gracias a la proximidad física. Me resulta fascinante pensar que los primeros huéspedes de la Residencia de Estudiantes, como Juan Ramón Jiménez, tuvieron por vecinas a aquellas chicas que salían a jugar al tenis antes de desayunar y celebraban la fiesta de la primavera bajo la amorosa mirada de doña Susana. «Desde mi ventana del Poniente veo el Colegio de Señoritas —escribió Juan Ramón a su madre hacia 1913—. Está a cien pasos; Jiménez Fraud tiene una sobrina, preciosa chiquilla, allí y la ve y la saca cada día. Da gusto estar allí».[58]

El éxito de la Residencia de Estudiantes fue inmediato y en 1911, solo un año después de su creación, la Junta se vio obligada a ampliar las instalaciones con la adquisición de unos inmuebles de las calles de Fortuny y de Rafael Calvo. Entre los edificios crecía un bello jardín por el que los residentes podían pasear como si estuvieran en un *college* de Cambridge. «Mi cuarto es precioso —le explicaba a su madre Juan Ramón Jiménez—. Tiene tres ventanas grandes al jardín y todo el día lo tengo lleno de sol».[59] Muy pronto, estos locales se quedaron también pequeños y la Residencia de Estudiantes se mudó a los Altos del Hipódromo.

Por otro lado, en 1910 se derogó la Real Orden de 11 de junio de 1888 por la que se exigía a las mujeres que quisieran cursar estudios universitarios que dispusieran de una autorización de la superioridad. Esto supuso una gran victoria para la educación femenina en España, pues implicó que las puertas de la universidad se abrieran legalmente para las mujeres en términos de igualdad con los varones.[60] Sin embargo, el hecho de que se diera este paso tan importante para normalizar la presencia femenina en las aulas no significa que estuviera todo hecho. En realidad, sucedía más bien lo contrario, pues era más necesario que nunca conseguir que las mujeres quisieran ir a la universidad, si no, el derecho adquirido con tanto esfuerzo se quedaría en nada. Llenar las aulas de chicas seguía siendo una empresa repleta de dificultades. El número de alumnas matriculadas en 1910 era anecdótico, por no hablar de que las familias de provincias se llevaban las manos a la cabeza solo de pensar que sus hijas tuvieran que irse a vivir solas a ciudades como Barcelona o Madrid. Las pensiones no eran un lugar apropiado, y los conventos católicos de la época, en los que en principio habrían estado más vigiladas, aún veían con reticencia a las modernas universitarias.

En su sesión del 4 de mayo de 1915, la Junta para la Ampliación de Estudios encargó a José Castillejo crear una Residencia de Señoritas. Estaría ubicada en los hotelitos de la calle de Fortuny que habían alojado a los varones y que habían quedado vacíos. De este modo, se pretendía fomentar que las españolas se trasladaran a la capital para estudiar en la Universidad Central y en la recién creada Escuela Superior de Magisterio. Su directora sería María de Maeztu.

Unos meses después de haber participado como conferenciante en las actividades del Instituto Internacional, el 1 de octubre de 1915, María y Susan se convirtieron en vecinas. Sospecho que a Alice Gulick aquello le habría parecido… un plan divino.

13

En el otoño de 2023, cuando regresé a Madrid de Estados Unidos, empecé a ir de manera regular al archivo de la Residencia de Señoritas. Los documentos que había consultado en Smith y en Harvard eran una fuente inagotable de historias, pero los que me esperaban en la calle de Fortuny, a pocas paradas de metro de mi casa, también. Cada día, al cruzar la verja del jardín y caminar hacia el edificio del mirador acristalado, revivía el origen de mi aventura y sentía que el viaje continuaba.

Al principio no sabía ni por dónde empezar. La correspondencia de María de Maeztu era infinita. Me pasaba horas leyendo sus confesiones a Eulalia, en las que saltaba de un tema a otro a la velocidad del relámpago. Lo mismo expresaba sus opiniones sobre la Junta para la Ampliación de Estudios que a propósito del precio del carbón, su hermano Ramiro o la Primera Guerra Mundial. Me asombraba su fuerte personalidad, patente en cada línea. Cuando miraba el reloj, me daba cuenta de que había perdido una mañana entera entre cotilleos de hacía más de un siglo.

Uno de aquellos días, desesperada entre cartas y expedientes, recordé que la antepasada de un familiar mío estudió en la Residencia de Señoritas. Me lo había contado hacía mucho tiempo su mujer, mi tía, la hermana de mi padre. Pero hasta entonces yo no le había dado demasiada importancia, pues nunca había logrado encontrar su nombre, María Teresa Ibáñez, en los listados de residentes que aparecían en los libros. No dudaba que fuera cierto, pues mi tía me lo había asegurado en varias ocasiones, pero pensaba que quizá María Teresa había vivido en otro lugar, o que no quedaba ninguna huella suya en el archivo de Fortuny; a diferencia de otras célebres residentes con repercusión pública posterior, la existencia de María Teresa había sido anónima, dedicada a su familia en un pueblecito de Alicante, aunque se hubiera codeado con Victoria Kent, de quien mi tía me contó que era buena amiga.

Con pocas esperanzas, tecleé I-B-Á-Ñ-E-Z en el motor de búsqueda del archivo de la Residencia de Señoritas. Esperé durante algunos segundos, concentrada en mi reflejo en la pantalla del ordenador. Enormemente sorprendida, vi que en el monitor aparecía la referencia a varias cartas, que me apresuré a pedir.

La primera de ellas la firmaba David, el padre de María Teresa. Se parecía mucho a otras que había leído, pues lo habitual era que la correspondencia con la Residencia la iniciaran siempre los padres.

Jijona, 13 de agosto de 1916

Sra. Directora de la Residencia de Estudiantes
Madrid

Muy Señora mía:

En fecha del 6 de julio pasado remití a usted una solicitud pidiendo una plaza en esa Residencia para mi hija María Teresa Ibáñez Baldó, y no habiendo tenido contestación a ella, me apuro a dirigirle la presente por si ello pudiera haber sido causa de extravío de la antes citada solicitud.

En espera de sus gratas noticias, aprovecho una vez más la ocasión de poder reiterarme a usted, suyo afectísimo.

Estrecha su mano,

DAVID IBÁÑEZ[61]

Las otras cartas, ya escritas por María Teresa, evidenciaban que el extravío había podido remediarse:

Jijona, 29 de septiembre de 1916

Muy Señora mía:

No siéndome posible estar en esa el día 1 de octubre, fecha en la que dan principio las clases en ese Centro de su digna dirección, tengo el gusto de comunicarle que el 3 o el 4 podré encontrarme ya dispuesta a comenzar los estudios.

Quedo de usted suya afectísima y estrecho su mano.

MARÍA TERESA IBÁÑEZ[62]

Lo que más me llamó la atención de estos dos mensajes fue la fecha, 1916. Confirmaba que María Teresa había sido alumna de la Residencia de Señoritas en sus inicios, durante el segundo curso que estuvo abierta, cuando el número de residentes era extremadamente reducido. El resto de las cartas, fechadas los siguientes cursos, evidenciaban que su relación con María de Maeztu había sido cercana. «Celebro muchísimo se amplíe la obra de la Residencia y deseo progrese más y más», le escribió en 1917. Y un año más tarde: «Prometo hacer lo posible en favor de la obra de la Residencia sin que por ello tenga usted que darme las gracias».

«¿Por qué se fue tan lejos de su casa?», le pregunté a mi tía en un wasap. Junto al texto le envié unas fotos de las cartas con muchos emoticones de corazoncitos y estrellas fugaces. Tardó poco en responderme.

«Si quieres ir a Jijona —decía en su respuesta—, su nieta te espera».

14

Cuando el grupo residencial femenino abrió sus puertas en el otoño de 1915 nadie estaba muy seguro de qué pasaría. En toda España solo había 134 mujeres matriculadas en la universidad, tanto en la enseñanza oficial como de manera libre,[63] así que muchas voces auguraron que el proyecto fracasaría de manera estrepitosa. El mismo hecho de que decidieran bautizarlo como «grupo de señoritas» frente al «grupo universitario» integrado por los varones pone de manifiesto la brecha que existía entre ellos. Mientras que los chicos de la Residencia de Estudiantes eran casi todos universitarios, en la Residencia de Señoritas esperaban otro tipo de alumnas, algunas simplemente interesadas en ampliar su cultura general de manera privada.[64] Por otro lado, solo un año antes, en 1914, las Teresianas del padre Poveda[65] habían inaugurado otra residencia femenina en Madrid. De modo que en la Junta para la Ampliación de Estudios temían que las familias burguesas prefirieran esta institución católica antes que la de la Institución Libre de Enseñanza.

Ahora bien, la falta de alumnas no era lo único que temía María de Maeztu el verano de 1915. Como le escribió a Castillejo, también le preocupaba mucho la ausencia de un equipo que la apoyara. Necesitaba una gobernanta y una secretaria. En un principio, propuso para ello a Rafaela Ortega, la hermana de Ortega y Gasset, quien aceptó embarcarse en la aventura no sin recelo, solo hasta que María encontrara a otra persona. A pesar de los temores iniciales, el curso 1915-1916 la Residencia de Señoritas comenzó su andadura con treinta residentes, veinticinco de ellas españolas y cinco extranjeras, en los números 28 y 30 de la calle de Fortuny,[66] a pocos pasos del Instituto Internacional. Solo dos cursos después, en 1917, tenía ya más del doble de alumnas.[67] Y Rafaela acabaría quedándose al lado de María hasta los años treinta, convertida en una pieza tan indispensable de la maquinaria como lo fue Eulalia.

La Residencia de Señoritas ofrecía todo un proyecto de vida, guiado por el estudio y la búsqueda del perfeccionamiento. Además de asistir a clase fuera del centro, se esperaba de las jóvenes que se implicaran activamente en la vida colegial y que hicieran uso de la biblioteca y las instalaciones deportivas, así como que acudieran a las conferencias. A lo largo de los años, dieron estas charlas destacadas intelectuales, como Gabriela Mistral, Victoria Ocampo o Maria Montessori. María de Maeztu enseguida organizó distintas asignaturas, en función de los intereses de las estudiantes, como pedagogía, matemáticas, física, mineralogía o botánica, pero también de idiomas modernos y de español para las extranjeras. Y a pesar de lo ocupada que estaba, ella misma se encargó de impartir las de filosofía.[68]

Las familias que temían que sus hijas se despendolaran en la capital podían estar muy tranquilas. Para salir a bailes o fiestas, las jóvenes necesitaban su permiso, y los padres recibían información sobre las calificaciones que recibían.[69] Al igual que en una universidad anglosajona, con sus cenas protocolarias, María de Maeztu obligaba a sus alumnas a tomar el té cada día y a colaborar en el funcionamiento de la Residencia. Consideraba que aquellas alumnas no encontrarían un lugar mejor para aprender cómo llevar un hogar. ¿Dónde iban a tener una oportunidad como aquella, repetía, para entender de economía doméstica, ropa blanca e higiene?

15

Para ir a Jijona tuve que pedir un Uber desde Alicante. La ciudad estaba a unos treinta kilómetros de distancia de mi hotel y se llegaba por una carretera montañosa con bastantes curvas desde la que se divisaba la sierra de Almaens bajo un cielo azul inmenso. Mientras veía pasar los árboles que salpicaban el camino, iba pensando en María Teresa, en el viaje que hizo en 1916, primero en diligencia o tal vez en coche, y luego en el ferrocarril hasta Madrid. Había tenido tiempo de conocer su vida gracias a varias conversaciones telefónicas con su nieta, quien estaba entusiasmada de enseñarme dónde había vivido.

Intenté figurarme cómo sería entonces aquella chica, cuando salió de su casa y contempló por última vez el Cabeç del Corb, el pico escarpado cuya visión la había acompañado desde que nació. La imaginé discreta y educada, una joven de apenas dieciséis años que había sacado muy buenas notas durante los cursos anteriores en la Escuela Normal de Maestras de Alicante. Sabía que estaba enamorada de la música, sobre todo del piano, su instrumento favorito. En las veladas que organizaban en la casa familiar, ella y su hermano José, que tocaba el violín, acompañaban a su madre y a su otro hermano, Antonio, cuando cantaban zarzuela. A María Teresa le gustaba dejar abiertas las ventanas del salón, con relucientes azulejos de baldosa hidráulica, para que sus canciones inundaran de belleza la plaza de Alfonso XIII.

En los años diez, Jijona contaba con una población de 7.300 habitantes. Desde finales del siglo XIX habían ido llegando algunos de los principales signos de progreso, como el agua potable, el sistema de alcantarillado o la luz eléctrica.[70] Por otro lado, la población tenía un pasado medieval brillante, del que daban testimonio los restos de su castillo de época almohade, así como algunas tradiciones conocidas en toda España, como las fiestas de Moros y Cristianos y la celebración de la Navidad.

En 1900, cuando nació María Teresa, muchos jijonencos vivían en el campo, dedicados a la agricultura, aunque, desde hacía algún tiempo, cada vez eran más quienes estaban convencidos de que el futuro pasaba por la producción industrial de turrón. Hasta entonces, el delicioso postre navideño se había elaborado artesanalmente y su venta representaba solo un complemento económico para las familias; pero la introducción de la máquina de vapor y, más tarde, del motor eléctrico cambió las cosas. Si en 1906 existían nueve productores, en 1914 podían contarse en el pueblo hasta veinticinco grandes fábricas.[71] Entre aquellos turroneros estaba la familia de María Teresa, dedicada al negocio desde hacía décadas. Ya en 1881 habían abierto dos puntos de venta en las Ramblas de Barcelona,[72] y en 1905, cuando María Teresa no era más que una niña, montaron una fábrica en la Ciudad Condal.

Saqué del bolso la carta que David Ibáñez escribió a María de Maeztu interesándose por la solicitud de matrícula de su hija. Llevaba una copia impresa para dársela a su nieta. Me fijé en el membrete con el nombre de la fábrica familiar de turrones, Antonio Ibáñez, la mejor de España en su ramo según decía, rodeado de varios sellos que indicaban que eran proveedores de la Casa Real. Luego me explicarían que aquellos timbres eran sobre todo una estrategia publicitaria para ganarse a las clases altas, quienes históricamente habían preferido el mazapán al turrón, por considerarlo un dulce de campesinos.

Al bajarme del Uber, Menchu me estaba esperando. Estaba feliz, me dijo abrazándome. Fuimos juntas hasta el ayuntamiento, donde quería enseñarme algunos documentos de la escuelita rural que abrió su abuela cuando regresó de Madrid, tras pasar por la Residencia de Señoritas. Mientras veíamos el material, me contó que solo el 7 por ciento de las mujeres de Jijona sabía leer y escribir a comienzos del siglo XX, así que el destino de María Teresa había sido bastante excepcional. El éxito del turrón, me explicó, trajo prosperidad a la familia, además de situar Jijona en el imaginario colectivo, al asociar para siempre el nombre del pueblo con las fiestas navideñas.

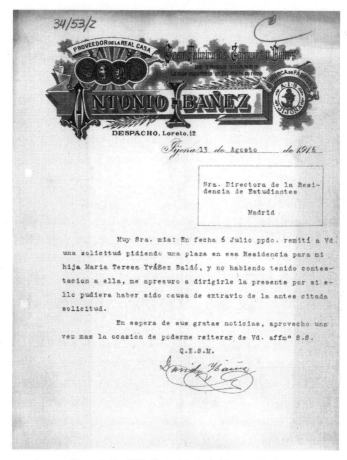

Carta de David Ibáñez a María de Maeztu, 1916.

Como otras alumnas de la Residencia de Señoritas, María Teresa fue a Madrid para continuar sus estudios de Magisterio y de música. Su hermano José fue a Barcelona, donde estudió en el Liceo Garcigoy, en la órbita de la Institución Libre de Enseñanza, antes de empezar Arquitectura. Aunque Maeztu aspiraba a formar universitarias y no solo maestras, todavía tendría que esperar algunos años para ver cumplido su sueño. En toda la Universidad Central solo había 31 mujeres matriculadas,[73] muchas de ellas madrileñas. Por eso, como rezaba su folleto, aceptaban a todas las señoritas que quisieran continuar su formación, tanto dentro como fuera de la universidad.

Aunque María Teresa procedía de una familia culta, puedo imaginarme el impacto que le causaría el Madrid de 1916, con centros culturales de la talla del Círculo de Bellas Artes, el Teatro Real, el Ateneo y la Residencia de Estudiantes.[74] Dado su amor por la música y la zarzuela, me gustaría saber si en la Residencia le hablaron de María Lejárraga, o incluso si se la presentaron. La autora feminista acababa de escribir el libreto de *El amor brujo*, de Manuel de Falla, ballet estrenado en el Teatro Lara con la bailadora Pastora Imperio. El texto fue atribuido a su marido, Gregorio Martínez Sierra, como sucedió con el resto de su obra, incluida *Cartas a las mujeres de España*. En este libro pionero, aparecido precisamente en 1916, Lejárraga animaba a las jóvenes como María Teresa a que estudiaran y se sumaran a las filas del feminismo.[75]

«Se lo propuso una tía suya —me dijo Menchu cuando fuimos a comer al Casino de Jijona tras visitar la casa en la que vivió su abuela—. La tía Otilia Yváñez, que era muy moderna y no tenía hijos, convenció a su hermano para que la niña se fuera a Madrid con ella. Quería ayudar a María Teresa para que pudiera seguir estudiando —añadió—. La idea de la Residencia de Señoritas tuvo que ser suya». Mientras tomábamos el aperitivo, me mostró una carpeta con algunos recuerdos que conservaba. Había mensajes que María Teresa se había escrito con sus amigas de Fortuny pasados muchos años. También recortes de periódico con noticias de sociedad, como la boda de la sobrina de Carmen Castilla, una de sus compañeras, con quien pronto volveremos a encontrarnos en las páginas de este libro. «Fue una de las buenas amigas de mi abuela —me contó Menchu—, junto a Eloísa Castellví y Victoria Kent. Siguió muy unida a todas ellas durante el resto de su vida». «Recuerdo perfectamente entregarle sus cartas cuando le llegaban e incluso ir a visitarlas con ella».

Me había traído además las calificaciones con matrícula de honor que María Teresa obtuvo en los cursos 1912-1913 y 1913-1914 en la Escuela Normal de Maestras. También las papeletas del Conservatorio de Música y Declamación de Madrid, donde estudió piano y pasó los exámenes. Aquellos papeles constituían una evidencia física de su paso por la Residencia de Señoritas, así como de su participación en la aventura de la educación femenina. Supuse que existirían muchas más carpetas como aquella, repartidas en otros muchos archivos familiares anónimos. Pensé que entre todas componían un archivo feminista, épico y colectivo.

Al despedirme de Menchu pensé en mi propia abuela. Recordé que una de aquellas tardes de domingo en las que merendábamos churros también sacó de un armario de su casa una carpeta de cartón azul para enseñármela. Dentro guardaba todas las matrículas de honor que había obtenido cuando era joven.

16

Pensemos de nuevo en la cercanía espacial: en la misma manzana, a escasos metros de distancia, convivían las alumnas del Instituto Internacional, instaladas en la Casa Madre de Fortuny y en el Memorial Hall de Miguel Ángel, con las chicas de la Residencia de Señoritas, alojadas en los inmuebles alquilados por la Junta para la Ampliación de Estudios en la misma calle de Fortuny y en la de Rafael Calvo. La situación, en definitiva, era de lo más propicia para que las dos instituciones, dirigidas por Susana y María, se aliaran.

Sin embargo, cuando iban a cumplirse cinco años de su llegada a Madrid, Susan empezó a plantearse dejar su cargo de directora. La situación internacional, cada vez más tensa por el estallido de la Primera Guerra Mundial, le preocupaba, pero también sentía la necesidad de un cambio personal. Había sido un periodo intenso, en el que había conseguido encauzar la obra de Alice en relativamente poco tiempo, convirtiendo el Instituto Internacional en un centro admirado por los principales pedagogos e intelectuales de España. Algunos de ellos confiaban tanto en el equipo que dirigía que llevaban a sus hijas allí. Aún recordaba el día que William Gulick la recibió en la verja de Fortuny y lo lejano que parecía entonces el éxito. Era evidente que ahora la situación había cambiado mucho, como confirmaba la apertura de un proyecto tan afín al suyo como la Residencia de Señoritas en la misma calle. No tenía duda de que les esperaba un porvenir resplandeciente, pero tampoco de que a ella le hacía falta un descanso: deseaba volver a Puerto Rico, estar con su madre y escribir sobre su pasión por la enseñanza.

Aunque el Comité de Boston le pidió en reiteradas ocasiones que se lo pensara, en abril de 1915, mientras Falla se cubría de éxito con el estreno de *El amor brujo*, Susan se embarcó en el Findland, con destino a Nueva York, en el puerto de Gibraltar. En principio, les respondió, no descartaba retomar la dirección más adelante, pero tenía que pensárselo. Cuando la imagino en aquel transatlántico, el mismo que había transportado a Estocolmo al equipo estadounidense de los Juegos Olímpicos de 1912, no puedo evitar verla triste. En el mes de febrero había muerto su querido amigo Giner, al que tanto admiraba. Al enterarse de su muerte, Antonio Machado, antiguo alumno de la Institución Libre de Enseñanza, escribió en Baeza su famoso poema «A don Francisco Giner de los Ríos», donde imaginaba su corazón bajo una encina casta, soñando «un nuevo florecer de España».

Tras un año al frente de la cátedra de Pedagogía en Puerto Rico, Susan tomó la decisión de no regresar a España. Prefirió volver a Estados Unidos. Su madre estaba delicada de salud y parecía que tal vez habría un puesto para ella en Smith College, más cerca del hogar familiar. Tampoco descartaba casarse, lo que haría imposible que volviera a volar tan libremente de un continente a otro. En todo caso, como enseguida explicó al Comité de Boston, su idea no era ni mucho menos desaparecer, sino seguir implicada muy activamente en el futuro del Instituto Internacional y continuar trabajando a favor de las relaciones con España.

Además de la ausencia de Susan, el estallido de la Primera Guerra Mundial trajo nuevos problemas. Al principio, antes de su marcha, Susan se enorgullecía de que su centro fuera un oasis de tolerancia en el que convivían chicas protestantes y católicas y donde se recibían constantes visitas de intelectuales liberales abanderados del internacionalismo, como Américo Castro y Ramón Menéndez Pidal.[76] Sin embargo, pronto fueron palpables las dificultades que entrañaba la guerra, aunque España y Estados Unidos se declararan neutrales cuando estalló en 1914. El precio del carbón se disparó, lo que encareció el mantenimiento de los edificios, que contaban con una calefacción central tan moderna como cara. Por otro lado, se paralizaron las donaciones que recibían de los filántropos de Estados Unidos, pues otras causas sociales, como la situación de los soldados y sus familias, parecían ahora mucho más urgentes que la educación femenina en España.

El viaje transatlántico también se volvió muy peligroso. Las profesoras americanas no querían realizar la travesía hasta España, pues los barcos podían recibir el ataque de un submarino alemán. En 1915 habían hundido el Lusitania, cargado de pasajeros, un desastre en el que murieron más de mil personas. En esas circunstancias, ni la mismísima Nellie Bly se habría atrevido a cruzar el océano. Así que, en poco tiempo, el Instituto Internacional se quedó sin personal docente. La situación, en definitiva, se volvió bastante crítica, sobre todo a partir de 1917, cuando Estados Unidos entró en el conflicto. Entonces, en el Instituto Internacional, la evidencia acabó cayendo por su propio peso: no podían mantener en Madrid unos edificios tan caros en los que sobraba espacio por todas partes.

¿Qué podían hacer?

Mientras tanto, al otro lado de la calle, la Residencia de Señoritas estaba a punto de morir de éxito. A pesar de los recelos iniciales, las solicitudes de matrícula se habían disparado. Parecía que en España la educación universitaria femenina experimentaba un *boom* imparable. Los hotelitos alquilados de Fortuny empezaron a quedarse pequeños, como había sucedido con el grupo masculino. Además, existía también un grupo de niñas pequeñas a las que era necesario alojar, al igual que a los alumnos del futuro Instituto-Escuela, otra de las creaciones de la Junta para la Ampliación de Estudios.

Aunque estaba a miles de kilómetros de distancia, fue Susan quien encontró la solución a todos sus problemas. ¿Y si unían fuerzas? ¿Qué mejor forma de luchar por la educación femenina que aliándose con quienes en España se habían propuesto el mismo objetivo? Lo más conveniente, dijo, sería cederle a la Residencia de Señoritas el espacio de sus edificios, aunque fuera temporalmente. Lee Bates y el presidente de Smith, William Allan Neilson, apoyaron su propuesta, mientras que otros miembros del Comité de Boston, del ala más conservadora, la vieron con enorme recelo. ¿No perderían sus señas de identidad? ¿Qué quedaría de la misión protestante de los Gulick si se aliaban con los españoles?

Sin embargo, Susan los convenció con la misma determinación con la que amuebló los edificios a su llegada a Madrid.

En 1917, el grupo de niñas de la Residencia de Señoritas se instaló en los edificios del Instituto Internacional,[77] y el 1 de octubre de 1918, el Comité de Boston selló un acuerdo con la Junta para la Ampliación de Estudios para prorrogar la colaboración. Los firmantes fueron Santiago Ramón y Cajal por la parte española y, por la americana, una profesora de Smith College que acababa de llegar a Madrid para trabajar en la oficina del agregado naval de la embajada estadounidense. El puesto que dejaba vacante en el departamento de español de Smith lo cubriría Susan Huntington, a quien incluso prestaría su casa de Northampton, situada frente al campus, en el número 10 de West Street, muy cerca de la biblioteca en la que yo trabajaría más de un siglo después.[78]

Aquella profesora se llamaba Caroline Bourland y es la siguiente americana de nuestra historia.

UNA HISPANISTA EN LA ARMADA

17

Cuando se enteraron de que ese curso no estaría en Smith, algunas de sus alumnas se preguntaron qué se le habría perdido a su glamurosa y atractiva profesora de español en los servicios de inteligencia estadounidenses.[79] Desde luego, pensarían, resultaba un tanto extraño que una especialista en las novelas del siglo XVII como miss Bourland fuera de alguna utilidad en la Armada, trabajando codo a codo con quienes informaban al general John J. Pershing sobre la presencia de submarinos alemanes en aguas europeas. Es cierto que el carácter irascible de Caroline se avenía bastante bien con la disciplina del ejército, pues era de sobra conocida su profunda aversión por las chapuzas o el trabajo mal hecho, como los libros de texto con los que no le quedaba más remedio que apañárselas para dar sus clases de gramática.[80] Pero, aun así, costaba imaginársela en Madrid, rodeada de oficiales con galones, tratando de descifrar una carta náutica en lugar de un intricado soneto de Góngora.

Sin embargo, a la meticulosa Caroline Bourland el puesto le iba como anillo al dedo.

Para empezar, la idea de cruzar el Atlántico no le impresionaba lo más mínimo, pues desde que era muy pequeña había viajado de manera regular a Europa. La primera vez fue en 1881, cuando solo tenía diez años. En aquel entonces, su madre, Clara Parsons Bourland, decidió que el mejor regalo que podía hacerles a sus hijos era llevárselos durante varios años a recorrer mundo. Educada en Nueva Inglaterra, la madre de Caroline era una de las mujeres más activas de Peoria, ciudad del estado de Illinois, donde lideraba las campañas sufragistas y había fundado el Peoria Women's Club, uno de los clubes de mujeres más antiguos de Estados Unidos. Había llegado a aquella ciudad de tamaño mediano al casarse con Benjamin Bourland, un hombre de negocios que apoyaba las ideas de su esposa, aunque estas fueran tan extravagantes como arrastrar a sus seis vástagos por Europa para que vieran catedrales góticas y aprendieran alemán.

A aquel viaje realizado bajo el ala materna lo siguieron otros muchos.[81] Especialmente importantes para Caroline fueron su estancia en Francia durante el curso 1897-1898 para asistir a las clases de la Sorbona y el Collège de France, y el tiempo que pasó en Madrid entre 1900 y 1901 gracias a una prestigiosa beca. Se la concedieron para estudiar con Ramón Menéndez Pidal, quien por aquel entonces acababa de regresar de su intenso viaje de novios. En aquellos años decisivos para su formación como hispanista, Caroline se impregnó del método filológico, basado en una rigurosa investigación de carácter histórico en los archivos. En aquel y en otros viajes que realizó en 1904, 1908 y 1914,[82] Bourland fue a menudo a la Biblioteca Nacional, donde trabó amistad con Tomás Navarro Tomás, discípulo de Menéndez Pidal, a quien también veía en las reuniones que este organizaba en su casa con María Goyri.[83] Durante una de sus estancias en Europa, Caroline recorrió las capitales más importantes junto a su hermano Ben, quien le llevaba dos años. Con toda seguridad, la joven causaría sensación durante aquellos viajes, tan culta y atractiva como era, deseosa de continuar estudiando las tradiciones literarias europeas que su madre le había enseñado.

Incluso yo me quedé impresionada por su belleza al revisar las carpetas con sus papeles mientras trabajaba en los archivos de Smith. Caroline era delgada, de constitución fuerte, con la frente ancha, la nariz bien formada y el cuello tan largo como el de una bailarina. Encontré imágenes de cuando era joven, abrazada a un violín y rodeada de sus compañeras de clase, pero también otras de cuando ya era mayor, con una hermosa cabellera cubierta por las canas y una blusa de cuello *chelsea* que revelaba una gran elegancia natural. Husmeando entre sus cosas descubrí que no solo le gustaba estudiar literatura, sino también componer ella misma poesía y escribir en un pequeño diario con tapas negras y doradas, donde pegaba fotografías de sus amigas y copiaba a mano algunos poemas, como «Full Moon» de Vita

Sackville-West. Sus alumnas, en los textos con que la homena-
jearon tras su muerte, la describían sin excepción como una
profesora muy exigente, apasionada por su trabajo y con un
conocimiento apabullante de las lenguas y literaturas románicas.

Caroline Bourland a distintas edades.

Cuando, en 1918, los servicios de inteligencia naval se pusieron en contacto con ella, Caroline no solo conocía los escenarios en los que se libraba la guerra, como Verdún o Lieja, sino que también dominaba el francés, el español, el italiano y el alemán. Había perfeccionado estos idiomas en Smith College, la universidad en la que se graduó en 1893[84] y que la contrató como profesora cuando regresó de su estancia con Menéndez Pidal en 1902. De hecho, fue ella quien montó el departamento de español de la nada, pues a su llegada a Northampton no había profesores especializados y la biblioteca era un desierto en el que apenas podían contarse seis títulos sobre lengua y literatura hispánicas. Gracias a sus continuos contactos con la Universidad Central de Madrid, fue ella quien puso Smith College en el mapa del hispanismo internacional y quien se convirtió en la primera catedrática de Español en una universidad de Estados Unidos.

Y ese era justamente el perfil que la Armada estadounidense quería para el puesto en Madrid. Buscaban una persona organizada, capacitada para manejar, traducir y analizar información en otros idiomas, especialmente francés, español y alemán, así como para entender culturalmente el país en el que prestaría sus servicios.

18

Al estallar la Primera Guerra Mundial, la mayor parte de la población estadounidense se oponía a participar en la contienda. No estaba bien vista por socialistas y pacifistas, pero tampoco los conservadores aprobaban el coste humano y material que supondría una intervención en el continente europeo. Al igual que cuando se planteó la guerra en Filipinas, la opinión pública prefería que Estados Unidos continuase con su política aislacionista, sin inmiscuirse en problemas externos y manteniendo relaciones neutrales con los dos bloques en conflicto.[85] Aquella Gran Guerra entre potencias e imperios, pensaban, no era cosa suya, por mucho que sus simpatías se inclinasen por el Reino Unido y Francia, con quienes tenían deudas históricas, aunque no faltasen tampoco partidarios de Alemania, sobre todo entre la población de origen germánico e irlandés que vivía en suelo estadounidense.[86]

Sin embargo, una vez desatado el conflicto, Estados Unidos empezó a recibir verdaderos desafíos por parte de Alemania, ante los que no le quedó más remedio que tomar medidas.[87] La primera provocación fue el ya mencionado hundimiento del Lusitania en 1915, una acción que contravenía las convenciones respetadas hasta entonces en las guerras. Estas dictaban que el enemigo debía avisar si iba a atacar, de manera que el otro ejército pudiera estar preparado para defenderse.[88] Dicha medida, que hoy nos asombra, no podía cumplirse con los submarinos, la nueva máquina de guerra que Alemania empezó a utilizar en sus ataques indiscriminados. Era precisamente el efecto sorpresa lo que garantizaba su eficacia. Aunque en principio la guerra submarina se libraba contra el Reino Unido, en ella resultaron hundidos también muchos barcos estadounidenses, a menudo de manera intencionada.

El Lusitania, botado por la Cunard Line en 1906, fue uno de los buques más rápidos, populares y queridos de la compañía. Tenía capacidad para más de dos mil pasajeros, pero desde sus primeros días en el mar, siempre estuvo en el aire que pudiera dedicarse a fines militares, igual que el Mauretania, su gemelo. Sin embargo, cuando estalló la guerra, en el verano de 1914, las autoridades estadounidenses no reclamaron sus servicios a Lucy, como lo llamaba la gente popularmente, cosa que sí hicieron con el Mauretania, al que decidieron convertir en buque hospital mientras durase el conflicto.

El Lusitania siguió yendo y viniendo cada mes de Liverpool a Nueva York, abarrotado de viajeros, incluso después de que el Gobierno alemán advirtiese seriamente que cualquier barco que navegara cerca de las islas británicas podía ser objeto de uno de sus ataques. Aunque el aviso que hicieron público en la embajada de Washington en abril de 1915 atemorizó a todo el mundo, pues terminaba diciendo que los pasajeros que decidieran entrar en la zona de guerra se hacían plenamente responsables de los riesgos que ello implicaba,[89] el 1 de mayo, el Lusitania partió del puerto de Nueva York. Siete días después, cuando estaba a pocos kilómetros de las costas de Irlanda, recibió un torpedo del submarino alemán U-20 y se hundió a muchos metros de profundidad. En pocas horas perdieron la vida 1.198 personas, entre ellas 123 ciudadanos estadounidenses. El Reino Unido y Estados Unidos estallaron en cólera y criticaron duramente el ataque contra pasajeros desarmados. Los alemanes respondieron que el Lusitania llevaba munición a bordo y que la segunda explosión la había provocado una explosión interna, lo que sembró un misterio que tardaría años en resolverse.

Aunque el ataque contribuyó a que Estados Unidos tomara partido por los aliados, en realidad fue otra provocación la que finalmente empujó al país a entrar en la guerra. En 1917, el Gobierno británico interceptó un telegrama enviado por el ministro de Asuntos Exteriores alemán, Arthur Zimmermann, al Gobierno mexicano en el que proponía una alianza militar entre ambas naciones. A cambio de que los apoyaran en la guerra, decía, en la que además pensaban retomar sus ataques submarinos indiscriminados, les brindarían su ayuda y respaldo económico para que recuperaran los territorios de Nuevo México, Texas y Arizona. Para Estados Unidos era evidente que Alemania trataba de conspirar con sus vecinos para ponerles en un aprieto y, de paso, frenar la expansión que había llevado a cabo durante el siglo XIX. Así que, cuando Zimmermann reconoció que el telegrama era auténtico, Washington tuvo que quitarse la venda de los ojos y asumir que la primera potencia mundial difícilmente podía continuar siendo neutral. También reconocieron que debían mejorar sus servicios de inteligencia marítima.

Hasta que entró en la guerra, el personal de la oficina naval de Washington se limitaba a ocho oficiales y a otros tantos civiles que pasaban la mayor parte de sus aburridas jornadas recortando artículos de periódico y clasificándolos en archivadores.[90] Estados Unidos solo tenía un agregado naval en diez de sus embajadas, entre ellas, la de Alemania, de donde tuvo que salir precipitadamente al romperse las relaciones diplomáticas.

En Estados Unidos, una de las primeras consecuencias del hundimiento del Lusitania fue el incremento de la financiación destinada a defensa y la apertura de nuevas oficinas navales en distintas embajadas por todo el mundo, como en las de Estocolmo, Constantinopla y Varsovia, y especialmente en América Latina, en ciudades como Buenos Aires, La Habana y Río de Janeiro, ya que después del *affaire* Zimmermann, Washington había tomado conciencia de la imperiosa necesidad que tenía de controlar la información en su continente, donde Alemania estaba aumentando la actividad de sus espías y la guerra de propaganda.[91]

En las ciudades donde abrieron nuevas oficinas, los estadounidenses a menudo contrataron agentes que ya se encontraban en el terreno. Los hombres de negocios, los misioneros y los profesores se volvieron muy valiosos, pues tenían un conocimiento profundo del país en que vivían y de su idioma. En ocasiones, también contrataron a personas con perfiles profesionales de lo más curioso, como el célebre caso de John Held Jr., famoso ilustrador de la era del jazz, quien partió de incógnito a

América Central disfrazado de arqueólogo con la misión secreta de volver a casa provisto de dibujos de las costas de Belice, Campeche, Veracruz y Cozumel para el ejército.[92]

Madrid fue una de las capitales a las que llegó un agregado naval, el capitán Benton C. Decker, a quien más tarde reemplazaría el capitán Walter S. Crosley, curtido en la guerra hispano-estadounidense. Naturalmente, en el nuevo escenario de guerra submarina se esperaba de ellos que hicieran algo más que leer el periódico. El Gobierno estadounidense tenía serias dudas de que en España, aunque el país se declaraba neutral y Alfonso XIII simpatizaba con los aliados, los sectores conservadores del ejército no estuvieran colaborando con los alemanes, permitiéndoles comunicarse con sus buques agazapados en las profundidades del mar.[93] Así que debían investigar cualquier asunto que pudiera relacionarse con la guerra desde un punto de vista marítimo y elaborar informes de vital importancia para diseñar su estrategia.[94] Esto incluía tareas de espionaje y el seguimiento de cualquier movimiento en las costas. Además, dada la situación geográfica de España, sobre todo debían evitar que los agentes enemigos se embarcaran rumbo a América.[95]

En 1917, Estados Unidos hizo un llamamiento a través de todos los consulados españoles para que los americanos que estuvieran en el país se pusieran rápidamente en contacto con la embajada. No hacía falta que tuvieran tanta maña artística como el dibujante John Held Jr., pero sí carácter y un buen conocimiento del español.[96] Para ganar la guerra, debían aprovechar la experiencia de quienes llevaban años en el país, pues ellos sabían mejor que nadie dónde encontrar buenas fuentes de información.

Imagino que fue entonces cuando llegó a oídos de Caroline Bourland que en Madrid necesitaban a alguien que se ocupase del archivo del agregado naval. Se lo contarían las profesoras del Instituto Internacional, con quienes estaba en contacto, o tal vez Susan, que se mantenía al tanto de cualquier novedad relacionada con España. Buscaban a alguien que supiera idiomas y tuviera habilidad para ordenar gran cantidad de papeles. Ella debió de pensar que no había nadie mejor para el puesto que una americana formada por Menéndez Pidal. Que el archivo estuviera integrado por telegramas cifrados en lugar de por colecciones de romances debió de parecerle un detalle menor.

19

Hacía tiempo que Caroline deseaba tomarse otro año sabático en Madrid. Tenía muchos amigos en el Centro de Estudios Históricos, especialmente en la sección de filología, donde su amigo Tomás Navarro Tomás había creado una revolucionaria escuela de fonética experimental.[97] Pero sobre todo quería ver a Menéndez Pidal, de quien no dejaba de aprender cosas nuevas cada vez que volvían a encontrarse, como la palabra «bicho»,[98] que él le enseñó entre risas cuando ella era una joven doctoranda, y que ahora tendría la oportunidad de utilizar al referirse a los submarinos y torpedos alemanes. Es verdad que su madre, Clara, en un principio se opuso a que se embarcase. Le aterrorizaba que pudiera pasarle algo, pues hasta las americanas aventureras como ella le habían visto las orejas al lobo tras el hundimiento del Lusitania. Pero una cosa era ir como profesora y otra muy distinta viajar para trabajar en la embajada, al servicio de su país y de los aliados, argumentaba Caroline. Además, el hecho de que Susan Huntington fuera a ocupar su puesto y a vivir en su casa de West Street facilitaría las cosas en Smith durante su ausencia.

Por otro lado, el Comité de Boston le había pedido que representara al Instituto Internacional para firmar en Madrid la prórroga de la colaboración con la Junta para la Ampliación de Estudios, una iniciativa que tenía todo su apoyo, pues era una defensora del internacionalismo en las causas sociales, como la educación de la mujer. Así, su viaje le permitiría conocer mejor a María de Maeztu, de quien Susan tanto le había hablado y con quien se había carteado los meses anteriores. Su alumna Gretchen le había traído de España un precioso *Libro de horas* de su parte,[99] lo que auguraba una relación excelente. Maeztu tenía fama de ser una gran profesora, tan exigente como ella misma, con grandes dotes para hablar en público. Caroline estaba segura de que harían muy buenas migas, sobre todo cuando, con motivo de la guerra, se habían estrechado los lazos entre el Instituto Internacional y la Residencia de Señoritas. Algunos incluso comentaban que ambas instituciones se habían fusionado y que cada vez era más difícil distinguirlas. No veía el momento de conocer al grupo de niñas, que ocupaban las habitaciones de Fortuny junto a algunas profesoras americanas,[100] y también el Instituto-Escuela, que la Junta para la Ampliación de Estudios había creado recientemente como un laboratorio pedagógico en el que aplicar los ideales de la Institución Libre de Enseñanza.

Cuando Caroline llegó a Madrid, en la primavera de 1918, Rafaela Ortega fue a presentarle sus respetos a Miguel Ángel, donde decidió alojarse. Desde el primer momento Caroline le pareció una mujer agradabilísima que enseguida manifestó el deseo de ver a María.[101]

Carmen de Zulueta y Alicia Moreno cuentan que la llegada de Caroline a Madrid coincidió con el comienzo de la edad dorada de la Residencia de Señoritas, tan profundamente estudiada por Encarnación Lemus en su obra monumental *Ellas. Las estudiantes de la Residencia de Señoritas*.[102] No solo el número de matrículas había crecido exponencialmente, sino también las posibilidades de acoger nuevas alumnas gracias a los edificios del Instituto Internacional que ahora podían ocupar. De todas partes de España llegaban chicas deseosas de continuar sus estudios de Magisterio o en la Universidad Central.

Las profesoras americanas eran un modelo de modernidad para las jóvenes de provincias, como nuestra María Teresa, con quienes convivían estrechamente y compartían clases de idiomas y conferencias. Para las españolas era toda una novedad la sencillez con que las estadounidenses decoraban sus cuartos con colchas de cretona, así como su actitud cosmopolita y viajera. Por no hablar de las carreras profesionales de las mujeres como Caroline, quienes para ellas eran una fuente de inspiración.

Aunque es justo decir que la admiración era mutua. Tras el estallido de la Primera Guerra Mundial, en Estados Unidos había comenzado a florecer el hispanismo, coincidiendo con el declive de su interés por la cultura y la lengua alemanas, cuya enseñanza llegó a prohibirse en las universidades con el aumento de las hostilidades. En este sentido, son muy ilustrativas las palabras que le escribió Caroline a María pocos meses antes de su llegada a Madrid: «Ya sé que usted se ha enterado por Gretchen del interés fenomenal que se toma ahora en los Estados Unidos a todo lo español. No solo son numerosísimos en todos nuestros *colleges*» y universidades las clases de español, sino también el público está loco del arte, de los muebles y de las antigüedades etc. españolas. ¡Están todas de moda! Por supuesto, nosotros, los viejos amigos del hispanismo aprovechamos la ocasión para tratar de dar una base sólida y permanente a este gusto».[103]

Durante el año que pasó en Madrid, Caroline no perdió ni un minuto de su tiempo. Además de dirigir el archivo del agregado naval y de participar en las negociaciones para prorrogar el acuerdo de colaboración entre el Instituto Internacional y la Residencia de Señoritas, continuó con sus estudios de literatura española y se implicó en iniciativas benéficas, como la asociación Enfermera a Domicilio,[104] que habían puesto en marcha María y Rafaela Ortega con Zenobia Camprubí. Esta última era conocida en los círculos madrileños como la «americanita» por sus lazos familiares con Estados Unidos. De joven había vivido en Nueva York, donde estudió en la Universidad de Columbia y entró en contacto con las feministas americanas.

20

La primera vez que me topé con el nombre de Zenobia fue gracias a mi madre. Cuando yo era adolescente, a veces me leía en voz alta poemas de Tagore, que le encantaban. «No me pidas nuevas conquistas: hazme jardinero de tu jardín», me repetía, citando al poeta indio, si yo llegaba del colegio con la noticia de que me había enamorado. Ya por aquel entonces me interesaban los traductores, así que un día le pregunté si sabía quién se había preocupado de que los lejanos versos de aquel poeta de barba blanca llegaran hasta nosotras. Me contestó que había sido Zenobia Camprubí. Le sorprendió que nunca hubiera oído hablar de ella.

Con el tiempo, llegaría a saber que Zenobia había sido una de las figuras femeninas más relevantes de la Edad de Plata. Gracias a sus numerosas traducciones del inglés, su esposo Juan Ramón Jiménez no solo leyó a Tagore en un tempranísimo 1913, sino también a Ezra Pound o Robert Frost, otros poetas modernistas que ejercerían una influencia determinante en su obra. Zenobia era además una escritora brillante, como evidencian su extenso diario y la nutrida correspondencia que mantuvo con decenas de intelectuales a lo largo de su vida. Su infatigable participación en comités, como el de selección de becarias para Smith que enseguida veremos, da cuenta asimismo de su trabajo en causas sociales, sobre todo relacionadas con el progreso de las mujeres.

Quizá porque fue ella quien la nombró por primera vez, Zenobia siempre me ha recordado a mi madre. Intuyo un aire de familia entre ambas, como si hubieran vivido bajo el mismo techo, aunque mi madre diga que me lo invento. Es verdad que lo que comparten no son más que pequeños rasgos de carácter, coincidencias tontas, pero a mí me parecen de lo más elocuentes. Por ejemplo, mi madre detesta el calor, como Zenobia, quien siempre prefirió el frío de Boston a la humedad de Puerto Rico. También es una diarista nata y, al igual que Zenobia, gran escritora de cartas. Si el mundo se divide entre seres diurnos y nocturnos, las dos se encuentran, sin dudarlo, entre los primeros, reconocibles por su sentido práctico. Incluso alguna vez he pensado que la idea de crear una sociedad llamada Las Abejas Industriosas, que Zenobia tuvo a los trece años, podría haber sido de mi madre. Ama el orden tanto como Zenobia, que dedicó una inagotable energía a organizar los papeles y libros de Juan Ramón. Aunque, en el caso de mi madre, era más bien yo, su hija, y no su marido, el desastre de la casa.

Fue ella quien me enseñó que las maletas se hacen mejor con una lista, para no olvidarte nada cuando vuelves. A estudiar con una hoja en blanco y una regla. A amar los estuches, cuando son de madera y con lápices de punta afilada, así como los cuadernos y todo tipo de archivadores para clasificar apuntes. Aún recuerdo su cara de éxtasis en una tienda de Montpellier, durante un viaje que hicimos a Francia cuando era pequeña, en la que vendían un sinfín de artículos de papelería con bellísimos estampados. Fue entonces cuando me regaló el cuaderno con flores en la cubierta en el que, muchos años después, empezaría a escribir esta historia.

Aunque me ha costado mucho tiempo entenderlo, hoy sé que obligarme a ordenar mis cajones el primer día de vacaciones no era una sofisticada manera que tenía mi madre de torturarme, sino un regalo incluso filosófico. «Decide bien qué tiras y qué guardas», me advertía mientras yo, protestando, aceptaba una bolsa de basura. «Y dónde pones cada cosa, para no perderla», apostillaba siempre con una sonrisa. Años más tarde, en la facultad, escucharía en las clases de metafísica: «Logos significa principio y orden racional del universo». Podrían haber sido sus sabias palabras.

Temía que nos sucediera como a sus padres, quienes, a diferencia de mis abuelos paternos, acumulaban en su casa montones de papeles, libros y objetos inservibles. A su muerte, la tarea de vaciar la casa, revisando cada cucharita, llavero y paño de cocina, resultó agotadora. Fue entonces cuando supe que mi abuela había querido regalarme la habitación de la princesa. Al llegarles el turno a los libros, tuve la suerte de que mi madre me pidiera ayuda. «Tan pronto como salgas de clase —me dijo un día al irme a la universidad—, ven para decidir qué tiramos y qué guardamos».

La biblioteca de mi abuelo era enorme, atestada de libros y revistas desde el suelo hasta el techo. Los había de ciencias, de música y de filosofía, pero también muchas novelas. Me recuerdo algo intimidada, subida a una escalera, temerosa de arrojar a la muerte algún «cuerpo inocente», como en el famoso capítulo sexto del *Quijote*, cuando el barbero y el cura expurgan los libros del caballero andante. Hoy, pasados tantos años, me pregunto qué decidiría quemar, pues he olvidado por completo los títulos de los que nos desprendimos. Los que conservé los puse en unas cajas de cartón en el trastero de mis padres. Como mi abuelo había muerto cuando yo era aún bastante pequeña, sin que tuviéramos mucho tiempo para hablar, pensé que leerlos me serviría algún día para conocerlo mejor.

Una vez, tiempo después de la escena de la biblioteca, con un recuerdo muy vago de la selección que había hecho, abrí la caja. Me sorprendieron enormemente los títulos que encontré. *Pnin*, de Vladimir Nabokov; *Agnes Grey*, de Anne Brontë; un librito sobre George Sand y Chopin en Mallorca; el *Curso de lingüística general*, de Saussure. En el fondo encontré con emoción una edición de 1917 de *El jardinero*, de Tagore, traducida por Zenobia. Algunos libros llevaban la firma de mi abuelo y la fecha en que los había leído. *Hamlet*, de William Shakespeare, 3-12-1938. *Las afinidades electivas*, de Goethe, 21-1-1940. *Momentos estelares de la humanidad*, de Stefan Zweig, 27-7-1940. Todos aquellos libros me atraían tanto que por un segundo me dejó atónita la afinidad de nuestros gustos literarios. Pero luego caí en la cuenta de que había sido yo misma quien había hecho la selección algunos años antes. Los títulos hablaban de él, sí, pero también de mí.

21

La idea de que, en 1919, María de Maeztu viajara a Estados Unidos fue de un querido amigo suyo, Federico de Onís, catedrático de la Universidad de Salamanca y miembro del Centro de Estudios Históricos, que había llegado a Nueva York en 1916, el año en que se casaron Zenobia y Juan Ramón. Fue él quien convenció a la pedagoga para que también ella hiciera un *tour* por algunas universidades de la costa este dando conferencias, circunstancia que además le permitiría asistir a las reuniones del

Comité de Boston en que se revisarían las condiciones del contrato de colaboración entre el Instituto Internacional y la Residencia de Señoritas. Onís tenía mucho interés en que los estadounidenses escucharan a María, pues parte de su trabajo en la Universidad de Columbia consistía en fomentar las relaciones culturales entre ambos países. El rector, Nicholas Murray Butler, lo había contratado para que creara el mejor centro de estudios hispánicos del continente y él se estaba esmerando todo lo posible para lograrlo. Si en 1903 había solo cincuenta alumnos matriculados en el curso de español, en 1920 podría felicitarse por la impresionante cifra de 2.923.[105] Algunos lo llamaban el «cónsul de los profesores». Como decía Caroline Bourland, desde que Alemania había caído en desgracia, había resurgido la Spanish Craze, con la gente enloqueciendo por todo lo que tuviera un aire español.

María llegó a Nueva York a bordo del buque C. López López de la compañía Transatlántica. Desde Mallorca, donde estaba pasando los últimos días de su año sabático, Caroline le envió una carta preguntándole por la travesía, pues una americana que debería haber ido a bordo le había contado que el barco estaba tan sucio y era tan pequeño e incómodo que había preferido quedarse en tierra. Caroline también le decía lo mucho que lamentaba no poder acompañarla ella misma a Northampton. «¡Ojalá pudiera enseñarle a usted los hallazgos de Smith College! —escribió—. Y de mi querido valle de Connecticut... Siento no poder llevarla a tomar el té a mis lugares preferidos».[106]

Aunque María echaría de menos a su amiga, el viaje fue un éxito absoluto. En Estados Unidos la recibieron como a una gran intelectual, y las conferencias que impartió en Columbia, Wellesley y Princeton, apoyadas por la Hispanic Society, tuvieron incluso repercusión mediática. Cuando hablaba, captaba la atención de su auditorio con temas de lo más variopinto, desde la novela española hasta los jardines de Granada. Al referirse a su trabajo al frente de la Residencia de Señoritas, comparaba su obra con Barnard, Smith, Vassar o Bryn Mawr,[107] ganándose inmediatamente la simpatía de las mujeres que había entre el público. Onís estaba eufórico, convencido de que la mejor manera de difundir la cultura española era invitar a conferenciantes como ella. En Nueva York, María estuvo una noche con Carolina Marcial Dorado, quien le contaría la estupenda acogida que tuvieron años atrás sus propias charlas, cuando solo era una niña, entre sus madrinas de la Liga Internacional.

En el mes de mayo, llegó a Estados Unidos José Castillejo. El objetivo de su viaje era fomentar las relaciones de intercambio cultural y educativo con España y participar en la reunión con el Comité de Boston, a la que acudieron juntos María y él. Según contaron a su regreso, las negociaciones concluyeron con excelentes resultados, de lo cual también dejó constancia el Instituto Internacional en su informe anual. Castillejo expresó su satisfacción por la situación en España, donde veía que el terreno estaba preparado para que la acción educativa en favor de las mujeres diera cada vez más frutos. La alianza y coordinación entre las fuerzas americanas y españolas le parecía fundamental. Además, favorecería que el Instituto Internacional tuviera más influencia que nunca, pues al colaborar con la Junta para la Ampliación de Estudios uniría sus fuerzas con quienes estaban impulsando el desarrollo intelectual del país y formando a los profesores del futuro.

El Instituto Internacional decidió continuar alquilando a la Residencia de Señoritas los inmuebles de Fortuny y Miguel Ángel por unos precios muy económicos. Como volvieron a reiterar, el objetivo que perseguían con esta cesión no era tanto obtener un rédito económico como fomentar la colaboración internacional. Eso sí, impusieron algunas condiciones: el nombre del Instituto Internacional debía mantenerse y los edificios tenían que dedicarse a la causa de la educación de las mujeres que habían definido sus fundadores.[108]

El broche final al viaje de María lo puso su estancia en Smith College. Durante varios días del mes de junio, se hospedó con Susan Huntington en la casa que le había prestado Caroline. La trataron como a una eminencia, invitándola a que impartiera el discurso en la famosa ceremonia de graduación y cubriéndola de

María de Maeztu.

reconocimientos, incluido un doctorado *honoris causa* que impulsó Susan. En las fotos del gran día conservadas en los archivos de Smith se la ve exultante, vestida con la toga y el birrete.

En los días de primavera que pasaron juntas en Northampton, dejándose llevar por el optimismo de los nuevos tiempos de paz, a María y a Susan se les ocurrió una idea. ¿Y si lanzaban un programa de intercambio internacional entre sus alumnas y profesoras? ¿Querrían las americanas pasar un año en la Residencia de Señoritas y las españolas otro en Smith College? ¿Encontrarían chicas dispuestas? ¿Tendría éxito el proyecto? ¿O era una locura? ¡Tenían que contárselo a Caroline!

Cuando llegó a Madrid unos días más tarde, a María le esperaba una carta. Era de Caroline, ya de vuelta en Smith. «Siento mucho no haber llegado a tiempo para abrazarla antes de su partida —decía—. Nuestros vapores se habrán cruzado en medio del Atlántico».[109]

Durante los siguientes años, otros muchos barcos se cruzarían en el mar. Si nuestras mariposas hubieran podido verlos desde la altura de algún reflejo, yendo y viniendo por el océano, les habría parecido una excelente manera de dar continuidad a la obra de Alice Gulick.

V

INTERCAMBIOS

UN AÑO EN SMITH COLLEGE

1

Carmen Castilla llegó a la estación de tren de San Sebastián el 28 de agosto de 1921. Aquel día de finales de verano comenzaba su viaje hasta Estados Unidos, donde iba a pasar un año como profesora de español. La joven, de veinticinco años, era una persona muy cercana a la Junta para la Ampliación de Estudios, pues, como vimos, había formado parte de la primera promoción de la Residencia de Señoritas, donde coincidió con María Teresa Ibáñez, y había trabajado como profesora del Instituto-Escuela y en los cursos para extranjeros del Centro de Estudios Históricos.[1] El último año lo había pasado en Teruel como inspectora de enseñanza, pero al ofrecerle María de Maeztu la posibilidad de viajar a Smith no dudó en aceptarla, diciéndose que ya tendría tiempo de volver a su vida de siempre.[2] Además, el programa de intercambio le daba una oportunidad de oro para continuar formándose como maestra de ciencias y conocer cómo estaban organizadas las escuelas de Estados Unidos. Más tarde podría aplicar aquella experiencia a su trabajo en el sistema público de educación, lo que sin duda era otro valioso motivo para recibir el apoyo de la Junta para la Ampliación de Estudios.[3]

En la estación, Carmen iba acompañada de sus padres y hermanos, quienes no querían perderse aquel momento. Sus muestras de cariño la conmovían, aunque también se sentía un poco triste, pensando en lo lejos que se marchaba. Tendrían que pasar muchos meses antes de que volviera a verlos. Por un instante, al imaginar el largo viaje que debía hacer hasta a Massachusetts, notó que se venía abajo y que le flaqueaban las fuerzas. ¿Podría dormir en el tren que la llevaría a París?, se preguntó pesarosa. ¿Iría todo bien en Amberes? Seguramente lo que más le preocupaba era que el barco se moviera durante la travesía. María de Maeztu y Juana Moreno, la amiga de la Residencia con quien había pasado el verano, le habrían contado algunas historias terroríficas sobre las tormentas en alta mar, y ahora temería que le tocara vivirlas en primera persona. A las nueve menos cuarto, la locomotora comenzó a ponerse en marcha, primero lentamente y luego ganando más y más velocidad. Carmen se asomó a la ventanilla con un nudo en el estómago. ¡Adiós, adiós, adiós!, acertó a murmurar mientras las queridas figuras que la despedían moviendo el brazo iban menguando en la distancia.[4]

Afortunadamente, en su vagón también estaba Concha Lazárraga. Al dejarse caer compungida en el asiento, pensó que no sabía qué habría hecho allí sin ella. Se infundieron ánimos mutuamente, tratando de ser optimistas, y se prometieron apoyarse durante el tiempo que durase la aventura. Concha era farmacéutica e iba a estudiar Química en el Barnard College, en Nueva York. Al parecer, ese mismo curso la facultad había contratado a Carolina Marcial Dorado para que creara el departamento de español, así que seguro que aquella española de la que en la Residencia de Señoritas todo el mundo hablaba maravillas les echaría una mano para que se adaptaran lo mejor posible. En Fortuny contaban que Carolina había viajado a Estados Unidos en 1905, cuando solo tenía dieciséis años, así que ellas no podían quejarse demasiado.

Llegaron a París a mediodía. En la estación las estaba esperando Nieves González Barrio, doctora en Medicina, quien también iría con ellas a Estados Unidos para continuar sus estudios en Minnesota. ¡Qué alegría viajar en grupo!, se repitió Carmen para sus adentros cuando consiguieron meterse en un taxi, con los miembros aún agarrotados por las estrecheces pasadas en el coche cama.[5] Poco después, por la ventanilla, se sucedieron a toda velocidad unas cuantas estampas de París, como en el metraje vertiginoso de una película en blanco y negro. Pedacitos de la cúpula de la Ópera, recortada en el cielo, mezclados con una esquina de la plaza de la Sorbona y la visión de la estación de Saint-Lazare, aún en obras tras los bombardeos de la guerra. Al atravesar los Campos Elíseos, camino de la avenida de Wagram, no pudieron evitar reírse por la cara de asombro con que un grupo de parisinos las miraron pasar con los baúles atados en el techo del taxi. Cualquiera diría que se iba a derrumbar.[6]

A la mañana siguiente, cuando quisieron darse cuenta, ya se encontraban otra vez subidas en el tren, traqueteando camino de Bélgica. La imagen que ofrecían los pueblos franceses destruidos por los bombardeos, como Noyon o Saint-Quentin, las llenó de tristeza. En algunas partes no se distinguían más que escombros y bosques quemados. En la frontera belga, al pasar por una de las estaciones, Carmen sintió verdadera pena al ver el gran reloj de pared tirado en el suelo, sucio y tristemente abandonado.[7] Pero Amberes, limpia y cubierta de flores, le pareció otra cosa, una ciudad de lo más alegre. La mañana antes de partir dirigió sus pasos hacia la catedral, para rezar con sus amigas una oración al pie del altar. El templo la sobrecogió, con el enorme campanario dando las horas como si fuera un salmo y las vidrieras dejando pasar la luz. Le pidió a la Virgen tener una travesía feliz.

El día de la partida, al llegar al puerto de Amberes no podía creer lo que veía, mirándolo todo con unos ojos como platos. El puerto le pareció inmenso y lleno de barcos. ¿De verdad iría en aquel tan grande hasta Nueva York? Al asomarse por fin a la cubierta se acordó otra vez de sus hermanos pequeños; habrían disfrutado muchísimo al salir del puerto, al ver aquel buque gigante navegando a tan corta distancia.[8] La puesta de sol sobre el río, con las casas de un lado y la llanura del otro, bañaba la imagen con una luz preciosa, como en un cuadro flamenco.

Cuando se hizo de noche, Carmen trepó a su litera, una de las seis camas de la pequeña cabina que les habían asignado.

Antes de dormirse, con la escotilla abierta y el ventilador en marcha, cogió su cuaderno. Aunque estaba muy cansada, se había prometido escribir en él cada día.

2

El diario de Carmen Castilla llegó a mis manos cuando empecé a documentarme sobre los primeros intercambios académicos entre la Residencia de Señoritas y Smith College en los años veinte. Antes de viajar a Estados Unidos, cuando iba a Fortuny, leía todas las cartas de las pensionadas que podía, atraída por las aventuras que habían vivido tan lejos de sus casas. La mayoría iban dirigidas a María de Maeztu y a Eulalia Lapresta, y en ellas les contaban cómo les iban las cosas o les pedían consejo sobre distintos temas. Que aquellas chicas hubieran estudiado en la universidad ya me parecía un logro, pero que hubieran participado en programas internacionales de intercambio era casi de otro mundo.

Un día, buscando en la biblioteca de mi facultad, me di de bruces con un título, *Diario de un viaje a Estados Unidos. Un año en Smith College (1921-1922)*, que me llamó la atención. Vi que se había publicado hacía algunos años en una editorial universitaria, con notas y una extensa introducción. Aunque sería más tarde cuando descubriría que Carmen había sido amiga de María Teresa Ibáñez, ya entonces pensé que debía leerlo de inmediato. Al abrirlo, mi asombro fue mayúsculo al descubrir que el profesor que lo había editado era Santiago López-Ríos, un colega de la Universidad Complutense, cuyo despacho se encontraba en la misma planta que el mío, a escasos metros de distancia. Al enterarme además de que Carmen era tía abuela de Santiago, el impulso de entrevistarlo se volvió irresistible.

Según me relató Santiago en una de las largas conversaciones que mantuvimos, su interés por profundizar en la relación que mantuvo la Residencia de Señoritas con Smith College comenzó en 2006, cuando investigaba sobre la facultad de Filosofía y Letras de Madrid en la Segunda República. En ese momento,

Santiago era vicedecano de Cultura y preparaba, junto con el arquitecto Juan Antonio González Cárceles, una exposición para conmemorar los 75 años del establecimiento de la facultad de Filosofía y Letras en el edificio de Agustín Aguirre de la Ciudad Universitaria. En ella tendría un lugar destacado la dimensión internacional del proyecto de Manuel García Morente, catedrático de Filosofía de la Institución Libre de Enseñanza al frente de la facultad desde comienzos de los años treinta.

Estimulado por las conversaciones con Isabel Pérez-Villanueva Tovar, Pilar Piñón, Carmen de Zulueta o Ángela Barnés sobre la Residencia de Señoritas, el Instituto Internacional y Smith College, Santiago decidió rastrear una historia familiar. Recordaba que su madre le había contado que dos tías suyas, Juana Moreno y Carmen Castilla participaron en el programa de intercambio con Smith a principios de los años veinte impulsado por María de Maeztu y Caroline Bourland. Sabía que Carmen y Juana habían formado parte de la primera promoción de alumnas de la Residencia de Señoritas, y también que la amistad entre las dos mujeres era tan estrecha que habían acabado "casando" a sus hermanos (Guillermo y Juanita). Santiago había oído hablar de ello desde niño.

Un día, cuando estaba en casa de sus padres, se fijó en una foto que lo cautivó. En ella se veía a Carmen Castilla en su habitación de Smith College, sentada junto a un estante de libros. En la pared colgaba un banderín triangular en el que se distinguía el nombre de Smith. «Aquella fotografía tuvo un gran poder evocador sobre mí —me dijo en otra de nuestras conversaciones—. Me transportó a una historia que quería contar».

La fotografía le llevó a querer recuperar el diario de Carmen, conservado en un archivo familiar.

3

El barco en el que Carmen y sus compañeras cruzaron el Atlántico se llamaba Cantigny. Como explica López-Ríos en su edición, era un buque de la Armada estadounidense que se utilizó para trasladar de vuelta a casa a los soldados que habían luchado en Europa al terminar la Primera Guerra Mundial.[9] Gracias a la intermediación del coronel Thomas Fraley Van Natta, agregado militar de la embajada de Estados Unidos en Madrid,[10] las estudiantes que iban becadas con las pensiones de la Junta para la Ampliación de Estudios, como Carmen, pudieron viajar gratuitamente en este buque, en el que compartieron comedor y cubierta con los oficiales y soldados que habían estado en Alemania y Bélgica. Tenía fama de ser un barco valiente que sabía lo que hacía, pues en 1921 ya había atravesado el Atlántico hasta en seis ocasiones.

Los primeros días de la travesía fueron tranquilos. Al cruzar el paso de Calais, muy cerca de Inglaterra, el mar estaba tan calmo que incluso pudieron distinguir los peces, nadando bajo el agua y dando pequeños saltos sobre la superficie. A Carmen todo le parecía digno de ser anotado en su diario, desde el comedor, limpio y acogedor, donde les servían el almuerzo, hasta los campeonatos de boxeo que se organizaban después de la cena para entretener a los viajeros.[11] Este deporte a veces le resultaba desagradable y prefería pasar el rato cantando canciones españolas populares o mirando el atardecer desde la cubierta. Sorprendida, durante el viaje vio ballenas siguiendo el barco y hasta una tortuga marina de gran tamaño, pero, como le sucedía a Alice y también a mí de pequeña, lo que más le gustaba era observar a los viajeros. Aunque casi todos eran militares, le admiraba la forma en que iban vestidos, como si fueran millonarios, con calcetines de seda y sortijas con piedras preciosas.

A los pocos días de zarpar, su ánimo volvió a decaer. Al entrar en mar abierto empezó a llover y la niebla obligó al Cantigny a tocar la sirena para alertar a otros barcos de su presencia. A Carmen se le encogía el corazón al oír los estridentes silbidos, y en el diario dejó constancia de los mareos a los que, como Alice, tuvo que hacer frente.[12] Unos días después, el mar volvió a estar tranquilo. Y a las cuatro y media de la madrugada del 12 de septiembre se colaron en la cabina los sonidos inconfundibles de un gran puerto al amanecer. Carmen se incorporó en la litera, frotándose los ojos. Por fin habían llegado a Nueva York. A pesar de la niebla que rodeaba los rascacielos, desde la cubierta ya tomó conciencia de su magnitud. Le recordaron las construcciones de madera y metal con las que jugaría un niño pequeño.

Sin embargo, el verdadero espectáculo empezó cuando bajaron a tierra cargadas con sus bultos y maletas. ¡La ciudad parecía un teatro inverosímil!, pensó. Al salir a la calle se vio arrojada de golpe a una corriente eléctrica, arrollada por un tráfico de automóviles y trenes que llenaban el ambiente de agitación y ruido. Parecía que todo el mundo se había vuelto loco de repente.[13] Miles de personas iban y venían de New Jersey a Nueva York por el agua como si fueran subidas en un coche. Las fachadas sombrías, los neones de colores y los enormes rascacielos le causaron una impresión tan honda como la que, unos años más tarde, llevaría a García Lorca a escribir uno de sus poemarios más célebres, *Poeta en Nueva York*.

A las tres de la tarde, muerta de hambre, se sentó con sus amigas en un *diner* cerca de la Universidad de Columbia. Le pareció que era igual que en las películas, con la barra infinita y los taburetes altos. Fue entonces, mientras comían un triste sándwich de tomate y ensalada, cuando vieron abrirse la puerta del restaurante y también de los cielos de Nueva York.[14]

Susan Huntington había llegado para rescatarlas.

4

Para seleccionar a las becarias que irían de intercambio a Estados Unidos se formó un comité integrado por María Goyri, Zenobia Camprubí y Trinidad Arroyo de Márquez, además de Maeztu y Castillejo.[15] Las primeras estudiantes que el comité envió a Northampton, en 1919, fueron Milagros Alda y Enriqueta Martín, la futura bibliotecaria del Instituto Internacional cuyas cuidadosas fichas y papeletas yo encontraría muchos años más tarde, durante la escritura de este libro. Por la parte americana, la primera joven estadounidense enviada para pasar un curso en España fue Emily Porter, cuya fotografía pude ver en los archivos de Smith.[16] En la imagen, que me gustó mucho, aparecía en el campus, con un manguito para protegerse las manos del frío, mirando a la cámara muy sonriente. Me pareció que tenía un rostro muy alegre, incluso divertido, y que sería una de esas alumnas que en clase se sientan en la primera fila con una batería de preguntas inteligentes.

El curso anterior al del viaje de Carmen Castilla, la estudiante que había ido de intercambio a Smith fue Juana Moreno, su amiga y futura cuñada.[17] Aunque de ella no se conserva ningún diario, sí tenemos la suerte de poder consultar algunas de las cartas que escribió desde Estados Unidos, pues Santiago López-Ríos también se ha ocupado de recuperar su memoria en diferentes publicaciones.[18] En este caso, se trata de documentos muy valiosos incluso desde una perspectiva literaria, pues Juana tenía una gran capacidad de observación, así como una prosa cuidada e inteligente. «El verdadero milagro pedagógico americano —leemos en una carta rebosante de humor que escribió a Castillejo en 1921— ha sido saber rodear la cultura de un ambiente atractivo. Por vivir en estos campus, remar en estos lagos y hacer toda clase de *sports* en estos *colleges* y universidades vale la pena soportar al profesor más pesado. […] No les critico porque sean americanos, la mayoría de los españoles son así. Pero creo que en locales como estos, con material como este, con dinero como este y la misma gente que ahora trabaja ahí se conseguirían resultados americanos en España».[19]

Smith College no fue la única institución femenina a la que la Residencia de Señoritas envió estudiantes. Ya hemos visto que Concha Lazárraga iba becada por Barnard College. Y también otras universidades, como Bryn Mawr, en Pennsylvania, o Middlebury, en Vermont, recibieron becarias españolas desde el curso 1920-1921. Más tarde, centros como Vassar, Wellesley o la Universidad de Wisconsin se añadirían a la iniciativa. El Institute of International Education, fundado en Estados Unidos en 1919 con el objetivo de promover los intercambios internacionales para fomentar la paz, colaboró a su vez financiando becas.

Como ha estudiado Raquel Vázquez Ramil, las españolas que recibieron una beca para estudiar en Estados Unidos entre 1919 y 1936 fueron treinta y cinco, de las cuales veintidós eran antiguas alumnas de la Residencia de Señoritas. Se trata de un porcentaje muy elevado que confirma el papel decisivo que desempeñó la Residencia en las experiencias internacionales de toda una generación de mujeres.[20] En su estudio introductorio, López-Ríos precisa que, si bien existían relaciones con otras universidades estadounidenses, fue solo con Smith con quien la Residencia mantuvo un intercambio en sentido estricto, es decir, un programa bidireccional con condiciones similares para ambas partes.[21] Tanto las españolas como las americanas recibían seiscientos dólares por trabajar como ayudantes de conversación, cantidad que invertían en pagar el alojamiento y la manutención en el país de acogida, que también les daba el derecho a estudiar las materias que más interés les despertaran.[22]

A pesar del enorme atractivo de una universidad como Smith, aquellos primeros cursos fue muy complicado encontrar jóvenes españolas dispuestas, como Carmen, a hacer las maletas y cruzar el océano. Por otro lado, las profesoras americanas eran muy exigentes y pedían que las becarias fueran inteligentes, que hablaran inglés y que además tuvieran modales elegantes.[23] El problema era que la mayoría de las chicas de la Residencia no hablaban el idioma o no contaban con el apoyo de sus padres. La idea de que sus hijas pasaran un curso tan lejos de casa debía de parecerles una auténtica locura. Además, aunque se suponía que viajaban con los gastos pagados, la realidad era que la financiación de la Junta para la Ampliación de Estudios era insuficiente y no llegaba a tiempo.[24]

Pero estos no eran los únicos motivos para no dar el salto transatlántico. Caroline Bourland, por ejemplo, quiso que Victoria Kent pasara un año en Smith, pero la joven malagueña declinó la oferta por motivos que no tenían que ver con el idioma o el apoyo familiar. Se encontraba muy ocupada, dijo, estudiando sus exámenes de derecho. Con el tiempo se revelaría que no se había equivocado, pues aquellos estudios la acabarían convirtiendo en una de las abogadas y políticas más célebres de la historia de España.

5

Hasta finales del mes de septiembre no la esperaban en Smith, así que Carmen Castilla pasó casi dos semanas en Nueva York visitando la ciudad. La suerte que tuvo me recuerda a la de Catha Barbour, quien en 1888 también pudo arañar algunos días en Londres antes de llegar a San Sebastián con el reverendo Gulick. Aunque sus viajes están separados por cuatro décadas, en ambos casos fueron excepcionales, pues ni en una época ni en la otra era habitual que las mujeres pudieran hacer turismo en las grandes ciudades sin la compañía de sus padres o maridos. Tanto es así que, en esta ocasión, el paso por la ciudad de Carmen y sus amigas quedó inmortalizado en un artículo aparecido en el periódico *La Prensa* de Nueva York, que en aquellos tiempos dirigía José Camprubí, hermano de Zenobia y por tanto una persona muy cercana a la Junta para la Ampliación de Estudios.

El alojamiento que le había buscado Susan estaba en la calle Ciento Quince, en la parte alta de Manhattan. Era una residencia para chicas llamada Parnassus Club, y en ella se hospedaban estudiantes de Barnard College, la parte femenina de la Universidad de Columbia. También residían allí alumnas de la Juilliard School of Music, fundada en 1905, hoy uno de los centros de enseñanza de artes escénicas más prestigiosos del mundo. Una de las más célebres residentes fue la escritora Carson McCullers, quien se alojaría en sus habitaciones pocos años después que Carmen. De hecho, su estancia forma parte del mito que rodea a la autora de *El corazón es un cazador solitario*, pues cuentan que fue tras perder en el metro el dinero con el que debía pagar su inscripción en la Juilliard cuando tomó la decisión de dedicarse a escribir ficción en lugar de a estudiar música.

Se han conservado algunas fotografías del Parnassus tomadas en los años veinte, cuando Carmen y sus compañeras vivieron allí. El edificio tenía ocho plantas, y en todas ellas había clases equipadas con un piano para que las chicas que estudiaban música pudieran practicar. Había además una terraza en el jardín donde se organizaban fiestas, una pequeña biblioteca y una coqueta recepción en la que esperaban las visitas masculinas. Los cuartos eran sencillos pero acogedores, con una cama y una mesa para estudiar. En su diario, Carmen refleja lo agradable que le pareció a su llegada y las atenciones que recibió de las compañeras americanas, quienes se cruzarían con ella por el pasillo, cargadas con violines, guitarras y abultados fajos de partituras.

Enseguida se sintió integrada. Algunas de las americanas que había conocido en la Residencia de Señoritas, como Emily Porter,[25] se acercaron a visitarla. Según cuenta, los encuentros con Emily le alegraban la vida, pues nadie mejor que ella, que acababa de pasar por la misma experiencia pero en dirección inversa, podía entenderla. Por su parte, Susan Huntington iba casi a diario a buscar al grupo de españolas para acompañarlas por la ciudad, guiándolas por los lugares que debían visitar e invitándolas a su casa, en Brooklyn, donde su hospitalidad legendaria reunía a menudo a toda la colonia española. ¡Qué distintos debían de parecerle estos paseos a los que había dado una década antes por la Castellana seguida de sus pupilas del Instituto Internacional! También fue ella quien las acompañó a conocer la Universidad de Columbia, que las deslumbró con su inmensa biblioteca y la instalación de la telegrafía sin hilos, y el Rockefeller Institute, donde Carmen se llenó de orgullo al ver el retrato de Ramón y Cajal colgado junto a un busto de Pasteur en una de las salas por las que pasaron.[26]

En las páginas de su diario neoyorkino vemos a Carmen recorrer otros muchos lugares, como el barrio chino, con sus tiendas de kimonos y bellos objetos de porcelana, el Museo de Historia Natural, el Metropolitan o el cine Capitol, donde vio *La reina de Saba*, una película muda estrenada con música en directo ese mismo año y protagonizada por la actriz Betty Blythe.

Tampoco quiso perderse la visita a la Hispanic Society y los murales de Sorolla, que le parecieron absolutamente impresionantes. Sin embargo, resulta muy significativo constatar que, durante los primeros días de su estancia en Estados Unidos, el lugar al que dedicó más páginas fue el zoológico del Bronx, lo que refleja su interés por la enseñanza de las ciencias naturales. Las jirafas, los elefantes y los pájaros del parque le despertaron una curiosidad enorme, y dejó anotados algunos comentarios divertidos sobre un desdichado hipopótamo y un tigre de Bengala al que le brillaban los ojos como faros.[27]

6

Aunque el viaje transatlántico de Carmen posea la épica irresistible de las grandes aventuras, con el Cantigny atravesando espesos bancos de niebla bajo el estridente sonido de la sirena, reconozco que, para mí, los pequeños paseos que dio la joven por Nueva York con Susan Huntington poseen una magia semejante, o tal vez incluso mayor. Las dos amigas me recuerdan a otras caminantes de este libro que les abrieron paso, como María Goyri, pero percibo en ellas el aire de una modernidad nueva y cosmopolita. Carmen y Susan se llevaban casi veinte años, una diferencia generacional parecida a la que separaba a Susan de Alice Gulick. Ahora es la figura de Carmen la que se alza junto a la de Susan como la representante de una generación más joven. Para ella, la educación universitaria no solo era un derecho ya conquistado, sino la llave que podía abrirle un mundo de nuevas posibilidades vitales.[28]

El hecho de caminar por la ciudad cogida del brazo de una amiga podría parecer un acontecimiento mucho menos importante que entrar en un aula universitaria o desempeñar una profesión. Sin embargo, como afirma Rebecca Solnit en su ensayo clásico *Wanderlust. Una historia del caminar*, también es cierto que las mujeres han engrosado las filas de insignes paseantes como Baudelaire o Walter Benjamin en tiempos relativamente recientes, lo que convierte a cualquier caminante de esa época en un símbolo a pequeña escala de la emancipación femenina, tan elocuente como lo fue Nellie Bly a finales del siglo anterior. De hecho, hasta bien avanzado el siglo xx se consideraba que las excitantes calles de Nueva York, pero también de París o Berlín, no eran un lugar ni apropiado ni seguro para *flâneuses* ociosas como Carmen y Susan;[29] y muchas calles del mundo continúan sin serlo todavía hoy. Por eso me gusta tanto imaginar a las dos amigas agarradas del brazo, curioseando en los museos y perdiéndose entre las jaulas del zoológico, inmersas en una conversación infinita sobre la Residencia de Señoritas. En comparación con otros momentos de esta historia, su amistad no parece estar alimentada por el paternalismo o el exotismo de la Spanish Craze, sino por una mayor igualdad. Su emblemática imagen representa la voluntad de entendimiento internacional que caracterizó al periodo de entreguerras, en el que se creía que el florecimiento de las relaciones amistosas entre naciones podría evitar una nueva carnicería.

Cuando pienso en ellas me vienen a la cabeza Gloria Fuertes y Carmen Martín Gaite, quienes viajarían a Nueva York unas décadas más tarde que Carmen, en la posguerra. Sus paseos darían lugar a algunas de las obras más especiales de la literatura española contemporánea, como el cuaderno *Visión de Nueva York*, de Martín Gaite, o el famoso poema de Gloria Fuertes sobre los rascacielos. Igual que harían ellas, Carmen y Susan estaban transformando las ciudades en lugares donde las mujeres pudieran abrirse paso y perderse. Como escribe Solnit, al pasear en espacios abiertos, nuestro cuerpo y nuestra mente se conectan con el pálpito del mundo, lo que genera un sentido de profunda pertenencia.

7

Los días ociosos que pasó Carmen en la Gran Manzana llegaron a su fin el 26 de septiembre. Susan la acompañó a la estación, donde estaba esperando el tren de Northampton. En el andén encontraron a otras jóvenes que también iban a la universidad, así que se las presentó, rogándoles que le dieran conversación y no le quitaran el ojo de encima hasta que hubieran llegado sanas y salvas.[30] Por el camino, al atravesar los estados de Connecticut y Massachusetts, vieron pasar los campos y las casas de Nueva Inglaterra bajo la luz dorada de comienzos del otoño, un panorama diametralmente opuesto a los paisajes de Europa que Carmen había cruzado unas semanas antes, donde las huellas de la guerra eran tan visibles. En medio de un alegre jaleo de maletas, raquetas y palos de golf,[31] hicieron transbordo en Springfield, la misma parada que yo haría cien años más tarde. Caroline Bourland, tan sonriente como María Estela cuando me vio bajar del autobús, recibió a Carmen con los brazos abiertos.

Dos días después, apenas instalada en su dormitorio de la Dickinson House, Carmen empezó las clases de zoología y educación en las que se había matriculado. Al igual que les pasó a Alice en Santander y a Catha en San Sebastián, en muchos momentos se sentía muda, incapaz de mantener una conversación. Todo era nuevo, desde la comida hasta el horario. Se sentía perdida, ya que cualquier cosa conocida para ella había desaparecido.

En su diario, Carmen explica que los primeros días los dedicó a decorar su habitación, pues vio que así lo hacían las americanas, a quienes en sus notas retrató muy atareadas comprando cojines y probando adornos. Como buena institucionista, ella optó por la elegancia de la austeridad. Utilizó a modo de colcha un mantón estampado de ocho puntas y colocó en la repisa del cuarto una fotografía en la que se veía a sus once hermanos, una imagen que dejó heladas a sus nuevas amigas americanas.[32] En la pared colgó el banderín triangular de Smith que, mucho tiempo después, atraparía a su sobrino nieto al verlo en su fotografía.

Lo que más le impresionó del campus fue exactamente lo mismo que a mí y a cualquiera que visite Smith College por primera vez: el Paradise Pond, con los botes de madera amarrados, y el jardín botánico, con la gran cúpula de cristal que años después inmortalizaría Sylvia Plath. Aunque echaba mucho de menos a su familia, Carmen trató de adaptarse lo mejor posible. Aceptó las invitaciones de sus compañeras para ir a las fiestas que hacían en las habitaciones con un gramófono, tomó muchos *ice-cream*, fue al cine y caminó por los mismos bosques cubiertos de flores por los que habían paseado Catha Barbour y Emily Dickinson tiempo atrás. En octubre, al mes de su llegada, Caroline Bourland la ayudó a cumplir su sueño de ir en coche hasta Holyoke. Al imaginar a las dos mujeres subidas en el automóvil, viendo pasar plantaciones e invernaderos, me resulta imposible no acordarme de mi viaje hasta allí, con Nieves al volante, charlando sobre la tristeza de Cernuda.

La parte más interesante del diario la encontramos en los meses antes de Navidad, cuando comenzó a nevar en Northampton y se sucedieron las celebraciones de Halloween y Thanksgiving. En esos días vemos a Carmen disfrutar de estas tradiciones y también de su cumpleaños, que fue en noviembre. En su diario se describe a sí misma muy contenta, soplando las velas de la tarta en el comedor de la Dickinson House, a pesar de que el chocolate que tomaron después, que le gustaba tanto como a Gumersindo de Azcárate, le resultara infinitamente más insípido que el de Doña Mariquita. Era la nostalgia, de la que no logró desprenderse ni un solo día.[33] Las cartas que recibía constantemente de sus padres y amigas le ayudaban a sobrellevar un poco la pena, al igual que las veladas que pasó tomando el té con Clara, la madre de Caroline Bourland, o las reuniones del club de español de la universidad.

Emily Porter la invitó a celebrar el Thanksgiving con su familia, para que así conociera a sus abuelos y bisabuelos. Fueron en automóvil por una carretera helada en la que iban oyendo caer de los tejados grandes trozos de nieve.[34] La casa estaba en medio del campo, cubierta por un manto blanco, una imagen que a Carmen le pareció que invitaba a la meditación y al silencio. Eran días para recogerse, cada vez más cortos, y las horas se le iban entre el laboratorio, la preparación de los exámenes y las clases de español que daba como *teaching fellow*.

En el mes de diciembre dejó constancia en su diario de una frustrante decepción que hoy nos hace sonreír. Según cuenta, esperaba con mucha ilusión la visita de Valle-Inclán, quien andaba por América y había sido invitado a darles una conferencia sobre literatura española a las chicas de Smith. Sin embargo, Carmen relata que el creador del esperpento perdió el tren en Nueva York y nunca llegó a aparecer en Northampton. ¡Con lo divertido que hubiera sido verlo pasear por el jardín botánico![35]

Al llegar las Navidades, Carmen se marchó a Nueva York. Allí volvió a alojarse en el Parnassus y se encontró nuevamente con Concha. Fueron juntas a casa de Carolina Marcial Dorado, donde comieron turrón de Jijona, quién sabe si enviado por María Teresa Ibáñez. Aquellos días de fiesta le brindaron la oportunidad de verse también con otras españolas que estaban trabajando y estudiando por la zona, como María Oñate, profesora de español en Middlebury, en Vermont. En esta parte de su viaje, Carmen volvió a llenar su diario de descripciones interesantes, como si los estímulos de Nueva York y el encuentro con amigas españolas avivaran su deseo de escribir. En Nochevieja salió a las calles de Broadway para recibir el nuevo año, 1922. Se dejó contagiar por la alegría de la gente y el bullicio de la ciudad.

Al terminar las Navidades, antes de regresar a Smith, Carmen todavía tuvo tiempo de pasar algunos días en Boston. Me resultó fascinante leer que, durante aquella visita, fue a comer al College Club, donde antaño se habían organizado las lecturas de poesía. Lo hizo el 3 de enero, en compañía de Caroline Bourland, Mary Sweeney y de una de las hijas de Alice Gulick, quien había pedido conocerla.[36] Puedo imaginar la conversación entre las cuatro mujeres, rememorando los tiempos en los que la fundadora llegó a Santander. Su legado, se felicitarían, había sido muy duradero, como bien evidenciaba la presencia de Carmen entre ellas.

Cuando regresó a las clases para el semestre de invierno, en Northampton hacía mucho frío y no resultaba sencillo moverse por el campus, con los caminos de la Dickinson House resbaladizos por el hielo. Aquellos días se le hicieron eternos, preparando clases y exámenes, aunque también se divirtió paseando por la nieve y jugando con el trineo. Recordó más que nunca las tardes pasadas en la sierra madrileña con las compañeras de la Residencia de Señoritas.

A comienzos de febrero se quedó cuidando a Clara Bourland en su casa. Según contó en el diario, fue la propia Caroline quien se lo pidió, pues tenía que ausentarse unos días de la ciudad y no quería dejar a su madre sola.[37] Se trata de un detalle lleno de ternura que nos hace intuir hasta qué punto la experiencia de aquellos intercambios superó con creces el plano académico y dejó una huella duradera en la vida de las mujeres que los protagonizaron.

Excepto el 30 de octubre, Carmen escribió en su diario todas las noches, aunque no fueran más que unas pocas palabras, casi taquigráficas, a menudo dirigidas directamente a sus familiares. Así, la regularidad es uno de los grandes valores que posee este documento, pues da cuenta de su experiencia extranjera día a día. Sin embargo, dejó de hacerlo a finales del mes de marzo. «Ocupadísima. Me voy de vacaciones. He enviado a casa mi retrato. Qué sorpresa y qué alegría. Yo también gozo de ello», fue lo último que escribió en la entrada final, fechada el día que empezaba la primavera.[38]

En su estudio introductorio, Santiago López-Ríos reflexiona sobre los motivos que la llevarían a interrumpir el diario de una manera tan abrupta. Una explicación sería que comenzara a escribir otro, hoy perdido. Esta posibilidad no es completamente descabellada, pues sabemos que Carmen tenía la costumbre de anotar todo lo relativo a las escuelas que visitó en una libreta diferente, lo que hace pensar que tenía varias.[39] Sin embargo, lo más probable es que, con la llegada del buen tiempo, prefiriera dedicar su tiempo a otras actividades menos solitarias. En todo caso, como apunta López-Ríos, de lo que podemos estar seguros es de la importancia que el diario siempre tuvo para ella, pues lo guardó cuidadosamente toda la vida, conservándolo intacto a pesar de la Guerra Civil y de diferentes mudanzas.[40]

Aunque Carmen dejara de escribir, conocemos con cierto detalle qué hizo los meses restantes, hasta que regresó a España. El verano lo pasó en la escuela de español de Middlebury, donde hemos visto que su amiga María Oñate había trabajado como profesora de español durante el curso. En el caso de Oñate, era la situación apurada de su familia, arruinada económicamente, la que la había obligado a permanecer en el país, que a menudo le resultaba triste, ganando un sueldo. «Le extraña a usted que me haya animado a quedarme un año más en este colegio —escribió Oñate a María de Maeztu en una carta—, lo he hecho porque no he encontrado yo otra cosa que me convenciera más. Aquí gano 1.500 dólares, más la casa y la comida: total unos 2.000. Es difícil encontrar un puesto en que paguen tanto, sobre todo en colegios o universidades».[41] Como especula López-Ríos, seguramente fue ella quien intercedió para que Carmen pudiera ir en verano a enseñar español a Middlebury. Al principio, al recibir la invitación, Carmen no parecía muy dispuesta. Creía que cuando llegara el fin de curso estaría deseando regresar a España con su familia.

Sin embargo, finalmente aceptó.

8

Cuando me encontraba en Estados Unidos, empezó a tentarme la idea de viajar yo también a Middlebury. En el mapa me pareció que Vermont estaba un poco lejos, pero estaba resuelta a seguir los pasos de mis personajes hasta el final, sin pensar demasiado en las consecuencias. «¡Vente! —me dijo mi buen amigo Gabriel, profesor de español en la escuela de verano, cuando lo puse al tanto de mis planes—. Es un sitio muy especial. Te va a encantar». El recuerdo de las palabras de María Oñate en otra carta terminaron de decidirme: «Espero pacientemente la venida del verano, época en la cual hay en este colegio un curso de lengua española que parece que es el más importante de los Estados Unidos».[42]

Llegué a mediados del mes de julio.

Como me contó Gabi mientras dábamos un paseo por el campus, Middlebury College se fundó en 1800. En aquel momento, a comienzos del siglo XIX, la facultad ya mostró interés por la enseñanza de lenguas modernas, como alemán o francés. En aquellos años era una disciplina que resultaba muy novedosa tanto en Estados Unidos como en Europa, pues debía competir con la larga tradición académica de las lenguas clásicas, que formaban parte de los programas universitarios desde tiempos inmemoriales. Muchos años después de la fundación del *college*, en junio de 1915, se les ocurrió la feliz idea de crear la primera escuela de verano dedicada al aprendizaje de idiomas.[43] El proyecto, similar al que había puesto en marcha el Centro de Estudios Históricos en Madrid apenas dos años antes, consistía en que el campus acogiera estudiantes llegados de diferentes estados, atraídos por la posibilidad de aprender de manera inmersiva en un lugar retirado como aquel.

El idioma con el que lanzaron la escuela en 1915 fue el alemán. Durante las semanas que duró el experimento, los alumnos que lo probaron quedaron encantados. Frente a los métodos basados exclusivamente en la enseñanza de la traducción o la gramática, que eran una imitación de los que se empleaban para el aprendizaje de lenguas muertas como el griego o el latín, en Middlebury la lengua estaba viva y debía aprenderse viviéndola. Así, además de clases más o menos tradicionales, los estudiantes podían disfrutar de actividades culturales paralelas, como lecturas poéticas o representaciones teatrales, y de la convivencia con profesores nativos, con quienes se comunicaban exclusivamente en alemán. Para ello, la situación del campus, bastante aislado, era perfecta, pues permitía a los alumnos cumplir la *total immersion* durante su estancia. Es decir, no podían utilizar el inglés ni cualquier otra lengua que no fuera la que estaban aprendiendo, un compromiso que hoy se sigue aplicando a rajatabla. «Por contrato», me aseguró Gabi al notar mi cara de escepticismo al contármelo

Cuando Carmen llegó a Vermont el verano de 1922, la escuela de español, creada en 1917, iba por su quinta edición. Su primer director fue Julián Moreno-Lacalle, nacido en Filipinas, un destacado profesor y traductor que trabajaba en la Academia Naval de Estados Unidos, donde ya hemos visto que los hispanistas eran un bien preciado. Precisamente, una de las razones que explican por qué la escuela de español surgió en una fecha tan temprana como 1917 es que dejó de enseñarse alemán con motivo de la intervención de Estados Unidos en la Primera Guerra Mundial.

En Middlebury, además de la escuela de español, en 1922 existía también la de francés, y más adelante, en las siguientes décadas, se irían sumando otras muchas, como las de italiano, chino o ruso. Entre los profesores que dieron clases en aquellos primeros cursos estaban el propio Moreno-Lacalle o César Barja, pero también profesoras que habían pasado el año en Smith, como Carmen, pues para el *college* constituía una muy buena opción incorporar en su equipo pedagógico a aquellas chicas, a menudo maestras, tan bien formadas por María de Maeztu.

La forma en que Moreno-Lacalle había organizado la escuela de verano a Carmen le resultaría muy familiar. Y es que se encontraba en gran sintonía con el ideario de la Institución Libre de Enseñanza y con el programa de la universidad de Columbia impulsado por Onís.[44] El ambiente colegial de la escuela, basado en la camaradería, era muy parecido al que había vivido en la Residencia de Señoritas. Todas las noches se organizaban conciertos, lecturas, actividades deportivas, fiestas y pícnics, cuya función era fomentar que el estudiante practicase oralmente la lengua que estudiaba, un método opuesto a la memorización.

Cuando fui a la biblioteca de Middlebury encontré algunos folletos de los años veinte que me permitieron hacerme una idea de cómo eran las escuelas de verano en la época en que estuvieron allí María Oñate o Carmen. Leí que la mayoría de los estudiantes que se apuntaban eran profesores de español de *high school*, procedentes de lugares como Nueva York, Ontario o Nebraska, que aprovechaban el verano para dar un salto significativo en su conocimiento de la lengua.[45] La experiencia inmersiva, publicitada como la mejor manera de hacer un viaje lingüístico sin ninguno de los inconvenientes de desplazarse al extranjero,[46] comen-

Escuela de verano de Middlebury College. Carmen Castilla es la que
aparece de pie, la segunda a la derecha.

zaba nada más llegar, en cuanto los alumnos cruzaban la puerta
de entrada y dejaban de escuchar inglés. Los cursos que recibían,
todos impartidos por nativos españoles o latinoamericanos, eran
muy variados. Los de fonética, historia o literatura eran los más
frecuentes, aunque también se ofrecían otros más especializados,
como los de música española o uno de sinónimos y antónimos.[47]
Me resultó muy interesante leer en estos folletos la manera en la
que se justificaba la enseñanza del español. América, decían, estaba convirtiéndose en una potencia internacional, por lo que
debía hacer esfuerzos para conocer la lengua y la cultura de otras
naciones. El español, añadían, era una lengua especialmente atractiva por el gran número de hablantes que existían en el mundo,
pero también por la enorme cantidad de países de habla hispana
del continente americano. «Para que entre estas naciones y nosotros se produzca un buen entendimiento —leí—, lo mejor que
podemos hacer es tener conocimientos de español».[48]
     En la biblioteca hallé también algunas huellas del paso de
Carmen por el programa de verano. Encontré, por ejemplo, una
fotografía de 1922 en la que la vemos vestida con una chaqueta de verano blanca con un lacito negro. Rodeada de otros
profesores, se la ve mirando a la cámara, con las manos cruzadas,

quizá preguntándose cómo era posible que aquel viaje que había comenzado en la estación de San Sebastián hacía casi un año hubiera acabado llevándola tan lejos. Cuando se la hicieron le quedaba muy poco para volver a España, así que imagino que se encontraría animada, pensando que pronto vería de nuevo a los suyos.

9

Cuando Santiago comenzó a leer el diario de su tía abuela Carmen, fue como si la tuviera delante, contándole de viva voz las aventuras que habían pasado en América las chicas de la Residencia de Señoritas. Como a otros muchos diaristas, la voluntad que la animaba era dejar un registro de sus pensamientos para recordarlos bien en el futuro, cuando pasara el tiempo. Es muy probable que lo escribiera asimismo para comunicarse con su familia, pues en muchas entradas se dirige directamente a sus padres y a sus hermanos, a quienes pensaría leérselo en voz alta a su regreso.

Sin embargo, cuando lo tuvo en las manos, Santiago enseguida comprendió que el diario no poseía solo un valor sentimental, sino también un importante valor histórico y cultural. La dimensión internacional de la universidad de la Segunda República que tanto le interesaba se convertía en sus páginas en una realidad tangible, de carne y hueso. Los recuerdos de Carmen eran un testimonio único que ofrecía una vía de acceso privilegiada a la intrahistoria, a la vida cotidiana de una época, a menudo invisible. Permitía ver Estados Unidos a través de los ojos de una joven como Carmen, pero también conocer la España de la época.

Con el fin de elaborar un estudio riguroso y una edición bien anotada del diario, así como para averiguar más sobre la fascinante figura de su otra tía abuela, Juana Moreno, Santiago viajó a Smith College. Caminó por los jardines del campus, imaginando a Juana y a Carmen junto al lago o yendo a tomar el té con Clara Bourland. Allí seguían muchos de los edificios que ella describía, los campos de deporte y el pueblecito de Northampton, por el que le gustaba tanto pasear. Cuando más tarde le hablé de María Teresa Ibáñez, lo celebró con alegría, pues deseaba recuperar la memoria de las amigas de Carmen y Juana y reconstruir la red de relaciones tejida en la Residencia de Señoritas.

Diario de un viaje a Estados Unidos. Un año en Smith College (1921-1922) vio la luz en 2012, noventa años después de que Carmen lo escribiera. «Para mí era una gran responsabilidad —me contó Santiago en una de nuestras últimas conversaciones—. Me parecía que aquel testimonio femenino no debía perderse». «Cada investigación —añadió— es como una tesela. De cerca puede parecer insignificante. Pero si vamos poniendo una al lado de otra, al final, construiremos un friso enorme».

LA OTRA ORILLA

10

Un año antes de que Carmen llegara a Northampton, en Madrid recibieron a una nueva directora, llamada Mary Louise Foster. Llegó en junio de 1920 y permanecería allí dos cursos académicos, hasta 1922.[49] El viaje lo hizo a bordo de La Touraine, un transatlántico de la Compagnie Générale Transatlantique, célebre por haber enviado señales al Titanic poco antes del hundimiento. Aunque sus buques no eran muy grandes, estaban amueblados con exquisita elegancia y el menú, con faisán, salmón y helado de pistacho, resultaba tan elaborado como el de un bistró de los Campos Elíseos.

La doctora Foster era profesora de bioquímica en Smith College, donde había estudiado antes de realizar el doctorado en la Universidad de Chicago. Cuando llegó a Madrid era una mujer de casi sesenta años, con gran pasión por su trabajo y varias publicaciones científicas importantes a sus espaldas. Nacida en 1865 en Melrose, Massachusetts, pertenecía a la misma generación que Susan Huntington y se había movido en un ambiente liberal y reformista muy similar al que frecuentaba Susan.

Mary Louise Foster.

En las fotografías que vi en Smith me pareció que todos los rasgos de su figura, como la espalda ligeramente arqueada hacia delante, revelaban una vida dedicada por entero a la investigación y la enseñanza. Alta y delgada, con el pelo blanco recogido con sencillez, su mirada también sugería una gran determinación. Como tantas otras mujeres de esta historia, era soltera, libre para moverse por el mundo. Y continuaría siéndolo siempre.

En 1919, el año antes de trasladarse a Madrid, Mary Louise conoció a María de Maeztu durante el viaje americano de esta e hicieron muy buenas migas.[50] También tenía un trato cercano con Enriqueta Martín, quien recordemos que pasó en Smith el curso 1919-1920. De hecho, las dos mujeres viajaron juntas en La Touraine a La Haya, desde donde continuaron hasta España. Imagino que sería una travesía agradable y que profesora y alumna disfrutarían de su mutua compañía en aquellos comedores parisinos sobre el Atlántico.

En Madrid estaban entusiasmadas con su nombramiento. Aunque las docentes que llegaban de Estados Unidos tenían casi siempre un nivel muy alto, la doctora Foster era un caso excepcional. No solo era una erudita que leía con facilidad en latín y griego, sino que también le encantaba el trabajo práctico en el laboratorio, donde podía pasarse horas entre los tubos de ensayo, decidida a renovar la enseñanza de sus técnicas y métodos. Susan le había hablado de la Residencia de Señoritas y de las estudiantes españolas de Farmacia y Medicina, como Concha o Nieves, la amigas de Carmen. La doctora Foster no veía el momento de participar en aquella aventura educativa.

Cuando llegó al Instituto Internacional, el 5 de junio de 1920, el ambiente era espléndido. La colaboración con la Residencia de Señoritas funcionaba de maravilla, mejor que nunca. Había seis profesoras de Estados Unidos y tenían en total nada menos que cuatrocientas estudiantes, contando las pequeñas y las universitarias.[51] Las modernas clases de gimnasia y danza, a las que asistían alumnas españolas y americanas, eran un éxito, al igual que la biblioteca y las conferencias del paraninfo. Hasta jugaban juntas al béisbol. Como sentenció Susan Huntington después de una visita a Madrid, el Instituto Internacional se había transformado en un auténtico lugar de encuentro entre naciones. Nunca, en los veintisiete años que llevaba conectada con España, había palpado un clima más amistoso.[52]

Cuando la doctora Foster habló con las estudiantes de Farmacia y Medicina se quedó perpleja. Según le contaron, para superar los exámenes de la Universidad Central tenían que estudiar los libros de química de memoria. Apenas recibían clases prácticas, ya que el número de estudiantes matriculados era muy elevado y en el laboratorio de la facultad solo había espacio para treinta. Una de aquellas chicas, futura farmacéutica en Málaga, le dijo muy preocupada que estaba convencida de que suspendería los exámenes. Le parecía imposible recordar que en el experimento número 20 de la página 62 había que poner 10 centímetros cúbicos de cloruro de hidrógeno con una gravedad específica de 1.01, mientras que en el experimento 40 de la página 75 solo eran necesarios 5 centímetros cúbicos.[53]

Si no había laboratorio, pensó entonces la doctora Foster, tendrían que crearlo.

11

La historiadora de la ciencia Carmen Magallón ha constatado que la carrera científica que preferían las españolas en los años veinte era Farmacia. La veían como una opción no solo compatible con la vida familiar, sino íntimamente relacionada con la química, de larga tradición femenina.[54] No es extraño, entonces, que en la Residencia de Señoritas hubiera cada vez más alumnas que llegaban de provincias con la idea de abrir su farmacia al regresar a casa.

La falta de laboratorios no era un problema menor. En el futuro, aquellas chicas prepararían y dispensarían medicamentos, por lo que era vital que experimentaran tantas horas como fuera posible. Pero en las aulas, donde aún estaban en clara minoría, les resultaba muy incómodo abrirse paso a codazos entre los varones para entender las explicaciones del profesor durante las escasas clases prácticas que tenían.

Desde su llegada a Madrid, el contacto de la doctora Foster con la Junta para la Ampliación de Estudios fue muy estrecho. Según dejó escrito en diferentes publicaciones posteriores, admiraba la figura de Giner de los Ríos y compartía con Castillejo su visión educativa. Como él, la doctora Foster pensaba que el sistema anglosajón de las residencias, con bibliotecas y laboratorios, podía ser muy positivo para suplir las carencias materiales de la facultad. Asimismo, defendía con entusiasmo los programas de intercambio como los que la Junta estaba desarrollando.

Dada esta sintonía, a la doctora Foster y a María de Maeztu no les costó mucho esfuerzo convencer a Castillejo de la imperiosa necesidad que tenía la Residencia de Señoritas de contar con un laboratorio propio, destinado exclusivamente a la formación de mujeres. Sin él sería imposible reemplazar los métodos de enseñanza memorísticos y repetitivos, contra los que tanto luchaban los institucionistas, por un aprendizaje basado en la observación y la experiencia.

Inicialmente, la Junta autorizó el uso de dos modestas habitaciones de la Residencia de Señoritas, donde se colocaron pupitres y aparatos con agua, gas y electricidad. Los medios distaban mucho de ser tan ostentosos como en Smith, pero era un primer paso, y hasta Catha Barbour se habría sentido satisfecha. La doctora Foster comenzó sus clases de química analítica, destinada al análisis de sustancias, con veinticinco alumnas, en su mayoría procedentes de las facultades de Farmacia y Medicina. Tenían una duración de cuatro horas semanales. El año siguiente, ya había matriculadas cincuenta estudiantes.

Cuando estuve en los archivos de Smith disfruté mucho entre las carpetas de la doctora Foster. Me maravilló que hubiera conservado los boletines informativos del Instituto Internacional de los años veinte, cuya lectura me permitió sumergirme en los entresijos de aquella época. También estaban su diario de entonces, donde apuntaba refranes en español como «Mujer prevenida vale por dos», y numerosas fotografías en las que se la veía con su moño canoso rodeada de alumnas con bata blanca.

Más adelante, la doctora Foster escribió que nunca olvidaría su estancia en Madrid. Tuvo la enorme satisfacción de formar a las jóvenes españolas, pero al mismo tiempo se dejó transformar por el país que la acogió. Aprendió español y se interesó por la historia de la ciencia en España. Quedó admirada por el pasado árabe y por la figura de Alfonso X, el rey sabio de infinita curiosidad, así como por su Escuela de Traductores de Toledo, gracias a los cuales llegaron a nosotros textos astronómicos y científicos de la Antigüedad. Entre sus papeles encontré un recorte de periódico con los horarios de verano de la Biblioteca Nacional de Madrid y me enterneció especialmente que aquel papelito hubiera sobrevivido. Imaginé que, al cabo de los años, le recordaría las horas felices que pasó sentada en uno de sus pupitres.

12

En septiembre de 1923 comenzó la dictadura de Primo de Rivera, que se prolongaría hasta 1930. Fueron años convulsos pero también apasionantes, en los que en España convivieron tres generaciones de intelectuales, la del 98, la del 14 y la del 27. A pesar de la inestabilidad política y de la interminable guerra del Rif, en Marruecos, de la que Carmen Castilla se hizo eco en su diario, el regeneracionismo daba paso a una visión más optimista y moderna del futuro, emblemáticamente representada por los movimientos de vanguardia y la aparición de nuevas tribunas, cafés literarios y medios de información. Pocos meses antes de que Primo de Rivera diera el golpe de Estado, Ortega y Gasset había fundado la *Revista de Occidente*, entre cuyos propósitos, publicados en el primer número, escribió: «¡Claridad, claridad demandan ante todo los tiempos que vienen! El viejo cariz de la existencia va siendo arrumbado vertiginosamente, y adopta el presente nueva faz y entrañas nuevas. Hay en el aire occidental disueltas emociones de viaje: la alegría de partir, el temblor de la peripecia, la ilusión de llegar y el miedo a perderse».[55]

«Fue esta época de lo más divertido y alegre de mi vida —reconoció Carmen Baroja, hermana del escritor, en sus memorias—. Y la recuerdo con verdadero gusto».[56] Durante aquellos años, prosigue más adelante, comenzó a reunirse, por intermediación de María de Maeztu, un grupo de mujeres en los salones del Instituto Internacional. Querían crear en Madrid un club de señoras como los que abundaban en otros países. La idea procedía de Inglaterra, donde la dramaturga y pacifista Anne Constance Smedley había fundado un Lyceum Club a comienzos de siglo con la intención de ofrecer a las mujeres un espacio fuera de sus hogares en el que pudieran ver a las amigas y organizar tertulias y exposiciones de arte.[57] Su iniciativa fue un éxito y en pocos años, coincidiendo con el auge del movimiento sufragista, se abrieron nuevos Lyceum en ciudades como Nueva York, La Habana, Milán o París.[58] «Esta idea resultaba un poco exótica en Madrid —pensaba Carmen Baroja—, y la mayoría de las que la teníamos era por haber estado en Londres».[59]

Sin embargo, tuvo una acogida más que entusiasta. Los salones que les prestaban en Miguel Ángel y en Fortuny se quedaron pequeños enseguida, y, en 1926, las ciento quince socias fundadoras[60] decidieron alquilar un piso en la calle de las Infantas, en una casa llamada de las Siete Chimeneas, y sufragaron los costes con cuotas de diez pesetas mensuales. Se contaba que en aquel bonito edificio había un fantasma, una dama blanca, y Carmen Baroja propuso que la nombraran presidenta honoraria. Me gusta pensar que aquella misteriosa sombra era la de Alice Gulick, que las siguió desde Miguel Ángel. Le había hecho muy feliz que en el edificio que tanto esfuerzo le costó construir acabara fraguándose una de las asociaciones feministas más importantes de la historia de España.

La junta del Lyceum Club Femenino estaba integrada por María de Maeztu, que ejercía de presidenta, Victoria Kent, Isabel Palencia, María Lejárraga y Zenobia Camprubí, entre otras. Como declaró María en una entrevista publicada en *El Heraldo de Madrid*, el propósito que las movía a asociarse era suscitar un movimiento de fraternidad femenina en el que las mujeres colaborasen y se auxiliasen mutuamente.[61] Se organizaban por secciones, dedicadas a beneficencia, biblioteca, teatro, literatura o arte. La presidenta de esta última era Carmen Baroja, quien preparó algunas exposiciones para que las mujeres artistas, como Elena y María Sorolla, hijas del pintor, expusieran sus obras y hablaran con los críticos. Después de las inauguraciones se servían meriendas, y cualquier excusa era buena para quedarse hasta tarde charlando sobre temas culturales y políticos. Por su parte, la sección «Social» era una de las más animadas, pues en ella se debatía sobre los derechos de las mujeres y el sufragio femenino. Años más tarde, las diputadas Victoria Kent y Clara Campoamor, distinguidas liceístas, protagonizarían un histórico debate en el Parlamento sobre el voto femenino que se había iniciado allí.

En sus *Memorias habladas, memorias armadas*, la escritora Concha Méndez, una de las integrantes más jóvenes de la asociación, recordaba que al liceo acudían muchas mujeres casadas con hombres importantes, a las que ella llamaba «las maridas». A menudo los invitaban para que impartieran conferencias, aunque no todos aceptaron. Es muy conocido el caso de Benavente, quien declinó la invitación con un exabrupto: «¿Cómo quieren que vaya a dar una conferencia a tontas y a locas?».[62]

13

En 1923, apenas un mes antes de que viera la luz el primer número de la *Revista de Occidente*, María de Maeztu viajó de nuevo a Estados Unidos. El motivo oficial de su visita era que debía volver a reunirse con el Comité de Boston para prorrogar los alquileres de los edificios y dar nuevas conferencias en la Universidad de Chicago. Sin embargo, tenía un objetivo secreto, que solo había confesado a Eulalia, su confidente. Deseaba convencer al comité de que le vendiera a la Junta para la Ampliación de Estudios los dos edificios de Fortuny y Miguel Ángel, la Casa Madre y el Alice Gulick Memorial Hall. Desde hacía tiempo deseaba poseer aquellos espacios de manera permanente para la Residencia de Señoritas, la gran «obra» de su vida. Ni siquiera Castillejo estaba completamente al tanto de sus ambiciosos planes, pues María temía que se torcieran si se enteraba. Su idea era que se los vendieran por un precio simbólico, como correspondía a la naturaleza filantrópica del Instituto Internacional, y pensaba que no había nadie mejor que ella para cerrar el trato. Debían ser cautas, le dijo a Eulalia, y contárselo a Castillejo cuando ya estuviera todo hecho.[63]

La travesía la hizo en el transatlántico France, que había servido de hospital durante la Primera Guerra Mundial. Era el único buque de la Compagnie Générale Transatlantique que tenía cuatro chimeneas y era conocido por la fastuosidad con la que estaba decorado su salón, con cortinas y alfombras que parecían sacados de Versalles. Pero el lujo y las comodidades no evitaron que Maeztu se mareara, y en una carta a Eulalia escribió:

8 de junio de 1923

Mi querida Eulalia:

Aquí estoy entregada en todas las furias del mar, que apenas me ve se desencadenan en tempestad. Por ventura parece que llegamos mañana, de otro modo, no sé lo que sería de mí con este mareo que no para ni un minuto. El barco es una maravilla y todos dicen que no se mueve, pero yo advierto enseguida los cambios del agua como si el golpe de sus olas me diera en el corazón. En fin, ¡como ha de ser, es!

Cuando llegó a Nueva York y vio que Susan Huntington la estaba esperando en el muelle respiró aliviada.[64] ¡Todo por las chicas de la Residencia!, le dijo mientras dirigían sus pasos hacia Brooklyn. Por ellas y para ellas cruzaba el revuelto mar.[65]

Según ha estudiado Pilar Piñón, las negociaciones con el Comité de Boston no fueron fáciles. Susan y el presidente de Smith, William Allan Neilson, apoyaban a María, tan convencidos como siempre de que la colaboración con la Junta para la Ampliación de Estudios era la culminación del trabajo iniciado por Alice Gulick. Sin embargo, el ala más conservadora, vinculada todavía al mundo de las misiones, se mostraba de nuevo reticente hacia aquellos acuerdos.

El 15 de junio, Susan y María se desplazaron a Boston para la reunión del comité. El reverendo William Gulick había muerto poco tiempo antes, a los ochenta y seis años, y en el ambiente se notaba que la decisión que se tomara afectaría de manera decisiva al futuro del Instituto Internacional. María de Maeztu tomó la palabra para convencer a los presentes:

> Quiero expresar el profundo agradecimiento que sienten las mujeres de España hacia los miembros del Instituto. Ciertamente, sin el esfuerzo de la señora Gulick, España nunca habría alcanzado hoy su nivel de progreso. Las niñas de todas partes de España dan las gracias y muestran su gran aprecio.[66]

Tras las deliberaciones, el Comité de Boston votó a favor, aunque solo parcialmente. Aceptaba vender la Casa Madre por 50.000 duros, un precio muy por debajo de su valor,[67] pero se reservaba la propiedad del Memorial Hall, en Miguel Ángel. La condición que imponían para la venta era que el edificio de Fortuny conservara el nombre del Instituto Internacional y se dedicara permanentemente a la educación superior femenina y al avance de las mujeres, los ideales que habían guiado al matrimonio Gulick.[68]

Aunque la venta se aprobara en 1923, la incertidumbre administrativa que produjo el golpe de Estado de Primo de Rivera impidió que se hiciera efectiva hasta enero de 1927.[69]

El mismo año en que la doctora Foster regresó a España.

14

El laboratorio de la Residencia de Señoritas había continuado funcionando. Durante la década de los veinte, llegaban noticias a Smith College sobre las innumerables jóvenes españolas que lo utilizaban. Siempre que podía, la doctora Foster trataba de conseguir becas para que las más brillantes continuaran estudiando en Columbia, Chicago o en el propio Smith College.

Animadas por estos buenos resultados, María y ella comenzaron a soñar con la idea de crear unos laboratorios nuevos que estuvieran mejor equipados y que se parecieran más a los que la doctora Foster dirigía en Smith. Así, reunieron la financiación necesaria y lograron de nuevo el apoyo de la Junta para la Ampliación de Estudios. Desde Northampton, la doctora Foster supervisó la reforma, dando indicaciones y consejos sobre los aparatos que debían comprar y el mobiliario adecuado. Y en 1927 se desplazó al Instituto Internacional, donde pasaría un año para vigilar la última etapa de las obras.

El buen ambiente que había conocido se mantenía. Gracias al acuerdo con la Junta para la Ampliación de Estudios, el nivel del Instituto Internacional era más alto que nunca, pues ahora los intelectuales de mayor renombre de España aceptaban dar conferencias y cursos, a menudo gratuitamente. Asimismo, con frecuencia el bonito paraninfo albergaba reuniones de asociaciones internacionales, como la de la Federación Internacional de Mujeres Universitarias, una red de la que Susan Huntington y María de Maeztu formaban parte. Cuando una estudiante americana y otra española que compartían habitación decidieron espontáneamente utilizar sus respectivos idiomas en días alternos, muchos pensaron que aquel intercambio era todo un símbolo del éxito alcanzado. En reconocimiento a la labor educativa del Instituto Internacional, España concedió a William Allan Neilson, por aquel entonces su presidente, la Orden de Alfonso XII. La ceremonia tuvo lugar en uno de los salones de Fortuny, en presencia de ciento cincuenta distinguidos intelectuales.[70]

Como contó Susan Huntington en Boston, la buena fama de la doctora Foster llegó a oídos de los profesores de la Universidad Central. Un día, uno de los catedráticos de Química que conocía los laboratorios estadounidenses por haber estado en California, decidió acercarse a Fortuny. Quedó impresionado por el nivel de las prácticas de las alumnas, todas mujeres. Ante la sorpresa de las estudiantes, tomó la decisión de convalidárselas oficialmente.[71] Cualquier alumna que superara el curso de la doctora Foster, dijo, no tendría que cursar las horas de laboratorio en la facultad. La noticia corrió como la pólvora y la doctora Foster acabó dirigiendo las prácticas de alumnas procedentes de diecinueve provincias de España.

Con algunas creó lazos de auténtica amistad y colaboración científica. Una de ellas fue Dorotea Barnés, su ojito derecho, quien, gracias a su apoyo, pasó en Smith College el curso 1929-1930. Desde allí, al poco tiempo de instalarse, Dorotea escribió a María de Maeztu:

Northampton, 5 de noviembre de 1929

Señorita Doña María de Maeztu:

Perdóneme que distraiga unos momentos su atención, pero en este ambiente que tanto me recuerda el de la Residencia y entre personas que la conocen y la nombran con el cariño y respeto que usted se merece, no me resisto a la tentación de enviarle un afectuoso saludo.

Estoy encantada en esta ciudad universitaria femenina que con gusto trasplantaría a mi país. Esto es mucho más fácil que la dura competencia que nos vemos obligadas nosotras a mantener. Muchas veces me acuerdo de cuando decía usted en la última conferencia que le oí pronunciar en Miguel Ángel 8, que necesitábamos crearnos una cultura para nosotras, ni mejor ni peor, distinta, femenina.[72]

El 1 de marzo de 1928, María de Maeztu, acompañada por las alumnas y profesoras de la Residencia de Señoritas, condujo a la doctora Foster hasta la puerta del nuevo laboratorio. Con mucho misterio, descubrió una placa de bronce y tomó la palaba:

> Estamos aquí reunidas para dedicar nuestros nuevos laboratorios de química. Han sido construidos con dinero americano y los cursos han sido fundados y organizados por una americana. En los Estados Unidos la costumbre es perpetuar la memoria de tales servicios dando el nombre del fundador al edificio. Así, para que las que os sucederán en los años venideros se familiaricen con el nombre de esta profesora, este laboratorio se llamará «Laboratorio Foster».[73]

En 1931, estando de nuevo en Madrid, Dorotea recibió el Premio Extraordinario en Ciencias Químicas. Entre los papeles de la doctora Foster, encontré en Smith dos documentos interesantes relacionados con ella. Uno era una publicación de 1930, *Estudio de la Cistina y de su espectro de absorción*, firmada por Dorotea. El otro, la invitación a su boda, que la española le haría llegar cuando se casó. Que la doctora Foster la hubiera guardado me emocionó tanto como que hubiese conservado el recorte con los horarios de la Biblioteca Nacional.

PASEANDO CON VIRGINIA WOOLF

15

Durante los mismos años en que la Residencia de Señoritas vivía su edad dorada, tuvo lugar un acontecimiento de los que marcan época y dan voz a toda una generación. Aunque no se produjera ni en Madrid ni en Estados Unidos, sino en Inglaterra, se trata de un hecho tan simbólico, y con tanta importancia posterior, que su historia también debe formar parte de nuestro jardín. Sucedió en la Universidad de Cambridge, en 1928, durante el periodo escolar llamado Michaelmas, cuando las «hojas caen de los árboles cubriendo la avenida» y los alumnos de Trinity y St. John's se reencuentran después de las vacaciones de verano. En octubre, pocos meses después de que se descubriera en Madrid la placa del laboratorio Foster, Newnham y Girton, dos *colleges* de mujeres de la famosa universidad a orillas del río Cam, recibieron la visita de Virginia Woolf. Sus novelas de este periodo, como *La señora Dalloway*, *Al faro* u *Orlando*, radicalmente modernas y experimentales, estaban revolucionando la historia de la literatura de una manera tan profunda como lo habían hecho los poemas de Emily Dickinson décadas atrás. La escritora, distinguida integrante del grupo de Bloomsbury, había sido invitada por dos asociaciones femeninas de estudiantes para que impartiera unas conferencias, tituladas «Women and Fiction».

Estas charlas serían la génesis de *Un cuarto propio*, publicado un año después, en 1929, un clásico sobre el que innumerables feministas han escrito, ya sea para ensalzarlo como un manifiesto o para criticarlo por sus aspectos más controvertidos. Entre ellos destacan especialmente el hecho de que Woolf prefiriera la libertad material, representada por las quinientas libras y la habitación, a derechos políticos como el voto, así como que lamentara que algunas escritoras, como Charlotte Brontë, hubieran compuesto sus textos dominadas por la rabia, lo que les habría impedido manifestar su genio de manera completa e intacta. Incluso María de Maeztu, en 1941, escribió una reseña de la obra llena de alabanzas en la que recordaba sus viajes a Londres,[74] y, ya en nuestros días, Rebecca Solnit le ha dedicado algunas páginas hermosísimas de su ensayo *Una guía sobre el arte de perderse*.[75]

Sin embargo, a pesar de las muchas lecturas que se han realizado hasta la fecha, todavía no se ha prestado suficiente atención al hecho de que *Un cuarto propio* naciera en dos *colleges* de mujeres ni a que lo hiciera gracias a la invitación de unas estudiantes universitarias. Forzosamente, las palabras de Woolf resonarían con una fuerza especial en los oídos de sus primeras receptoras e incluso la metáfora de la habitación cobra otra dimensión si pensamos que la charla estuvo dirigida a uno de los pocos grupos de mujeres de Inglaterra —y del mundo— que disponían de un cuartito en el que desarrollar sus inquietudes intelectuales.

Aquellas mujeres inglesas de finales de los años veinte nos recuerdan poderosamente a las protagonistas de nuestra historia. Las alumnas y profesoras de Newnham y Girton no solo compartían con Alice, Susan, María o Carmen el haber accedido recientemente a la educación superior, sino también que lo habían hecho a través de una institución de mujeres, viviendo en comunidades femeninas como Holyoke, Wellesley y Smith, o en la Residencia de Señoritas. En este sentido, aunque *Un cuarto propio* tuviera su origen en Cambridge, «paseando despacio por aquellos colegios, por delante de aquellas salas antiguas», como escribió Woolf, también podría haber nacido perfectamente en un paraninfo de Massachusetts o de Madrid, por iniciativa de la Liga del Instituto Internacional o del Lyceum Club Femenino. De hecho, María de Maeztu en los años veinte llegó a invitar a Virginia Woolf a que diera una conferencia en Madrid, si bien la escritora inglesa declinó cordialmente su propuesta porque, al parecer, «se encontraba en el campo».[76]

La idea de visitar Newnham y Girton empezó a rondarme la cabeza un año después de haber ido a Estados Unidos, durante la primavera de 2024. Según pude informarme, en sus archivos no solo se conservaban algunas huellas del paso fugaz de Virginia Woolf por Cambridge, sino también numerosos documentos interesantes, como las cartas de Emily Davis, fundadora de Girton, así como fotografías y memorias de algunas de las primeras *girtonians*. De los dos *colleges* en los que estuvo Woolf dando las conferencias, este era el más antiguo, pues se inauguró en una fecha tan temprana como 1869, dos años antes que Newnham, cuando las mujeres comenzaban su batalla para acceder a la universidad. Ambos se convirtieron en una referencia para muchas instituciones femeninas posteriores, no solo en Inglaterra, sino también en España, donde hemos visto la influencia que tendría la tradición universitaria anglosajona en las creaciones de la Junta para la Ampliación de Estudios. Cuando me fijé en el año de apertura de Girton, 1869, me pareció que además escondía una hermosa casualidad, pues era exactamente el mismo año en que habían tenido lugar las Conferencias Dominicales en el Paraninfo de San Bernardo de Madrid. Imaginé a Concepción Arenal y a Emily Davis unidas en la misma página de la Historia, luchando juntas por la misma causa, aunque fuera en puntos geográficos distantes.

El edificio de ladrillo rojo de Girton, con su torre gótica y sus largos corredores, se alzaba en mi imaginación como una de las estaciones finales de mi peregrinación, la que había empezado en Fortuny y me había ido llevando a tantos otros lugares, desde la Biblioteca Histórica de la Complutense hasta Harvard, pasando por Santander, San Sebastián, Jijona, Smith, Holyoke o Middlebury. Tampoco se me escapaba que aquel viaje me permitiría cumplir mi viejo sueño de vivir en un internado inglés, lejos de casa, aunque fuera durante un tiempo breve. Mientras hacía las maletas, volví a las líneas que escribió Virginia Woolf en su diario en 1928: «los pasillos de Girton son como las bóvedas de la iglesia mayor en una catedral... nunca terminan... fríos y brillantes».[77]

No veía el momento de atravesarlos.

16

En octubre de 1928, Virginia Woolf visitó Cambridge en dos ocasiones. La primera, que fue el sábado 20, estuvo en Newnham; y la segunda, solo seis días después, en Girton. Desde su fundación, entre ambos *colleges* femeninos siempre había existido una amistosa rivalidad, así que no es sorprendente que tanto el uno como el otro quisieran recibir a la escritora. Según leemos en las anotaciones de su diario y sus cartas, la semana anterior a su primera visita, Woolf la pasó en Borgoña, Francia, con Vita Sackville-West; y regresó a Inglaterra el 1 de octubre. Era una época importante, pues esos mismos días vio la luz *Orlando*, una de sus novelas más celebradas, inspirada en la propia Vita. En su diario, Woolf dejó escrito que se sentía cansada por el esfuerzo que había supuesto terminarla y deseosa de volver a sumergirse en la lectura que había dejado pendiente, los diarios de Fanny Burney. «Lo que me emociona es escribir, no ser leída», anotó.[78] A pesar de esta declaración tajante, en la misma entrada del diario también dejó constancia de haber examinado todas y cada una de las críticas de la obra que habían aparecido en la prensa. Incluida la de la escritora Rebecca West en el *New York Herald Tribune*, quien celebró la novela a bombo y platillo, como «una obra maestra poética del más alto nivel».[79] Durante los primeros seis meses se vendieron 8.104 ejemplares, más del doble de lo que había conseguido *Al faro* en todo un año.

Como escribió su sobrino y biógrafo Quentin Bell, la década de los veinte fue en general una de las más felices para Woolf.[80] Aunque su humor podía cambiar con facilidad, pasando abruptamente del entusiasmo a la melancolía, por entonces se reía a menudo y estaba escribiendo sus mejores obras. Además, fue en aquella época, los tiempos en que floreció el grupo de Bloomsbury,[81] cuando Vita llegó a su vida decidida a colmarla de alabanzas y dispuesta a seguirla «hasta el fin del mundo» si era necesario.[82] Al principio, Woolf la encontró «poco adecuada» a su gusto, más exigente: «florida, con bigote, con colores de periquito, con toda la facilidad flexible de la aristocracia, pero sin la agudeza del artista».[83] Aunque pronto sucumbió a su encanto. «Me gusta Vita y también estar con ella y su esplendor: brilla en el colmado de Sevenoaks con la brillantez de una vela encendida, andando sobre sus piernas que son como hayas resplandeciendo como un clavel, adornada con racimos apretados, perlas colgando».[84]

El 20 de octubre, los Woolf pusieron rumbo a Cambridge en automóvil, acompañados de Vanessa, la hermana de Virginia, y de Angélica, su sobrina. Hacía poco tiempo que habían adquirido un Singer y Virginia estaba entusiasmada con la libertad de movimiento que les daba. Le encantaba ver pasar por la ventanilla el campo de Sussex, con sus edificaciones señoriales y sus escarpados acantilados sobre el mar. Al principio incluso tomó algunas clases para aprender a conducir. Sin embargo, tras estampar el vehículo contra un seto, decidieron que fuera Leonard quien se pusiera al volante.[85]

El título de la conferencia que le habían propuesto suele traducirse al español como «Las mujeres y la novela», una interpretación poco precisa de «Women and Fiction» que aumenta la vaguedad del ya de por sí vago título original. En todo caso, como buena conferenciante, Woolf no se limitó a disertar sobre un tema tan general como el que le sugerían, sino que lo transformó en una serie de preguntas, muy profundas y todavía hoy pertinentes, sobre la relación que las escritoras —y por extensión las mujeres— habían mantenido a lo largo de la historia con asuntos que estarían solo aparentemente alejados, como la educación, la tradición literaria, el lenguaje, la pobreza… y un largo etcétera.

Cuando aquel «bello día de octubre» Woolf llegó a Newnham animada por sus éxitos recientes, su hermana Vanessa dijo que en el ambiente podía palparse el triunfo, como si escucharan una especie de ovación.[86] Cambridge no era un lugar desconocido para ella; más bien todo lo contrario. Su padre, Leslie Stephen, había sido estudiante y *fellow* de Trinity Hall, y otros muchos hombres de su familia, como su marido, sus hermanos o su cuñado, Clive Bell, también habían estudiado en el elitista Trinity College. Asimismo, Woolf tenía amistad con algunos de sus destacados profesores, cercanos al grupo de Bloomsbury, como Bertrand Russell, John Maynard Keynes o Edward Morgan Forster, con quienes a menudo disfrutaba tomando el té y conversando en la célebre The Orchard, un bello jardín en Grantchester, el pueblo de las afueras de Cambridge donde vivía el poeta Rupert Brooke, quien lo había puesto de moda. Con este último, por desgracia fallecido durante la Primera Guerra Mundial, cuentan que una Woolf veinteañera llegó a bañarse desnuda en el Byron's Pool, una parte del río Cam popularmente conocida con este nombre por ser el lugar donde nadaba el poeta romántico un siglo atrás, cuando estudió en Cambridge. Pero los numerosos contactos de Woolf también se extendían por los *colleges* femeninos. Su prima Katherine Stephen había sido bibliotecaria de Newnham y ocupaba cargos importantes en la dirección del *college*. Y su amiga Pernel Strachey, hermana de Lytton, miembro del grupo de Bloomsbury, era la decana de Newnham aquel otoño, cuando la invitaron a dar la conferencia. De hecho, fue ella quien intermedió para que Woolf aceptara.

Algunos de los documentos que se han conservado en los archivos de Cambridge, como los testimonios de varias asistentes a las conferencias, nos ofrecen unas pocas pinceladas íntimas que nos permiten reconstruir detalles muy interesantes de aquellos días. Por ejemplo, sabemos que la estudiante de Newnham que le hizo llegar la invitación a Woolf fue Elsie Elizabeth Phare, presidenta de la asociación literaria del *college*, quien con el tiempo llegaría a ser una reconocida crítica literaria. Imagino que fue ella a quien encargaron que, una vez finalizada la conferencia, escribiera la reseña que apareció en *Thersities*, la revista del *college*, pues la estudiante que la hizo firmó con sus mismas iniciales (E.E.P):

> La señora Virginia Woolf nos visitó el sábado 20 de octubre y habló en el College Hall sobre «Women and Fiction». Las razones por las que durante tanto tiempo ha habido tan pocas mujeres novelistas en gran parte tienen que ver con la arquitectura: no era sencillo, y sigue sin serlo, escribir en un cuarto de estar. Ahora que las mujeres están escribiendo (y la señora Woolf animó a su auditorio a escribir novelas y a enviarlas a la Hogarth Press) no deberían tratar de adaptarse a las normas literarias preexistentes, que resultan ser masculinas, sino crear otras que les sean propias; deben

rehacer el lenguaje para que se convierta en un elemento más fluido, capaz de tener un uso delicado.

Fue una conferencia especial y exquisita, y quedamos muy agradecidas a la señora Woolf por su visita, así como a la señorita Strachey por haber aceptado presidir el encuentro.

E. E. P.[87]

En el archivo encontré también otras notas de Elsie, escritas mucho tiempo después, en 1989 y 1991, cuando tenía más de ochenta años. Son muy divertidas, pues en ellas rememora con una precisión asombrosa otros detalles menos oficiales de aquel día. Por ejemplo, cuenta que, el 20 de octubre, cuando Virginia Woolf hizo su triunfal aparición acompañada de su marido Leonard, el grupo selecto de estudiantes y profesoras que iban a escucharla llevaban esperándola más de una hora. Al lógico malestar por su tardanza se sumó entonces la sorpresa de que se hubiera traído a un marido con ella, toda una excentricidad en un *college* femenino como el suyo. Aquello obligó a sus anfitrionas a cambiar a toda prisa la planificación de los asientos de la *high table*, siempre tan protocolariamente programada en las cenas de Cambridge. A pesar del tiempo que había transcurrido, Elsie retenía en su memoria lo esencial de la conferencia —«mi recuerdo es que nos preguntó qué habría sucedido si el genio de Shakespeare hubiera vivido en el nombre de una mujer»—, pero también la imagen nítida del rostro pálido y los largos pendientes de la escritora, así como la invitación que la decana, Pernel Strachey, les había hecho para que tomaran café en sus habitaciones cuando terminó la conferencia.[88] Esa noche, los Woolf se quedaron a dormir en Newnham y, a la mañana siguiente, Dadie Rylands, conocido académico y director teatral, los recibió para comer en el King's College. Como veremos, este almuerzo le serviría a Woolf de inspiración para escribir una de las escenas más famosas del primer capítulo de *Un cuarto propio*.

En cuanto a la invitación de Girton, la joven que se la hizo llegar fue Irene Biss, futura historiadora económica de gran prestigio y en aquel momento secretaria de la asociación de estudiantes llamada ODTAA (One Damn Thing After Another), aunque finalmente ella no pudo asistir a la conferencia porque se encontraba enferma. En este caso, en el archivo de Girton se conserva la carta manuscrita que Woolf le envió, respondiendo a su invitación. Fechada en el mes de enero, está escrita con tinta morada en una hoja de papel azul, y en ella Woolf se disculpa por lo mucho que había tardado en responderla. También lamenta no poder ir antes al *college* para dar la conferencia que le han pedido. «Tengo tanto trabajo que terminar —escribe— que no veo cómo podría ir antes del mes de octubre. ¿Sería demasiado tarde para ustedes?».[89]

Como sabemos, no lo era. Una semana después de visitar Newnham, el 26 de octubre, Woolf viajó de nuevo a Cambridge, esta vez acompañada de Vita. Woolf era la primera persona a la que invitaba la asociación, pues esta se había creado recientemente. La conferencia tuvo lugar en la Reception Room, una hermosa sala con las paredes tapizadas con unos bordados de Julia Carew en los que se veían exóticas representaciones de flores y animales. Si atendemos al testimonio de Muriel Clara Bradbrook, futura *mistress* del *college*, que por aquel entonces solo tenía diecinueve años, la impresión que dejó Woolf entre las asistentes fue muy similar a la de la semana anterior. Curiosamente, también serían los largos pendientes de la escritora lo que Muriel mejor recordaría pasados los años.

17

El capítulo de *Un cuarto propio* íntegramente ambientado en Oxbridge, nombre con el que popularmente se conoce en conjunto a Oxford y Cambridge, es el primero, el que abre la obra con su famoso arranque: «Pero, me diréis, le hemos pedido que nos hable de las mujeres y la novela. ¿Qué tiene esto que ver con una habitación propia?».[90] A lo largo de un día de octubre, una unidad temporal muy querida por Virginia Woolf, pero también por otros autores modernistas como James Joyce, quien la había utilizado en el *Ulises*, la narradora recorre diferentes lugares de la ciudad, como el río o los comedores de los colegios, mientras da rienda suelta al torbellino de sus pensamientos. Expresados en el estilo vanguardista de aquellos años, caracterizado por la utilización del flujo de la conciencia y el dibujo de escenas de carácter impresionista, la mayoría de ellos giran en torno a la educación femenina y a la pobreza de las mujeres. Si bien más adelante será el espacio cerrado de la «habitación propia» el que domine el ensayo, es interesante señalar que el texto comienza a cielo abierto, en los jardines de la universidad, con una voz narrativa en movimiento que nos arrastra por Cambridge al ritmo de las ideas que va hilvanando. La estructura del capítulo, muy experimental, tiene por tanto un carácter deambulatorio, pues las reflexiones de la narradora van y vienen, superponiendo pasado y presente, al dejar vagar su imaginación mientras camina. Así, los reflejos del río, un edificio con las ventanas iluminadas o la silueta fantasmal que intuye sentada en una mecedora provocan en la narradora asociaciones mentales similares a las que despliega la señora Dalloway durante su famoso paseo por Londres, escrito por Woolf apenas tres años antes.

En el ensayo, Oxbridge no es, ni mucho menos, un escenario neutral. La configuración espacial universitaria, retratada por Woolf como un enmarañado laberinto de puertas y campos de césped donde las mujeres no son bienvenidas, aparece ya, desde las primerísimas páginas, como materia de reflexión. «Así fue como me encontré andando con extrema rapidez por un cuadrado de hierba —escribe al poco de comenzar el ensayo—. Irguióse en el acto la silueta de un hombre para interceptarme el paso. Y al principio no comprendí que las gesticulaciones de un objeto de aspecto curioso, vestido de chaqué y camisa de etiqueta, iban dirigidas a mí. Su cara expresaba horror e indignación. El instinto, más que la razón, acudió en mi ayuda: era un bedel; yo era una mujer. Esto era el césped; allí estaba el

HONOUR TO AGNETA FRANCES RAMSAY!
(CAMBRIDGE, JUNE, 1887.)

Caricatura de Agnata Frances Ramsay, brillante estudiante de Clásicas
en Girton, de George du Maurier. *Punch*, 1887.

sendero. Solo los *fellows* y los *scholars* pueden pisar el césped; la grava era el lugar que me correspondía».[91]

Esta cómica escena debió de provocar más de una risita cómplice entre las estudiantes femeninas de Newnham y Girton que escuchaban a Woolf, habituadas como estaban a que su presencia en la universidad estuviera acompañada de polémica. En este sentido, las numerosas caricaturas que, desde la fundación de los *colleges* femeninos, encontramos en la prensa británica muestran las enormes reticencias que, durante décadas, suscitaba la entrada de una joven *scholar* en las aulas o la visión de una graduada, orgullosamente engalanada con su toga. De hecho, hasta 1948, veinte años después de la publicación de *Un cuarto propio*, las mujeres no fueron aceptadas como miembros de pleno derecho de la Universidad de Cambridge. Así, la atención que presta Woolf a la lógica espacial académica, donde se revela de manera cristalina no solo la ideología patriarcal que sostiene la institución universitaria, sino también el modo en que las mujeres han sido históricamente apartadas del conocimiento, es una de las razones que precisamente convierten *Un cuarto propio* en una obra radical, avanzada a su tiempo, donde vemos prefigurarse, con medio siglo de antelación, los estudios espaciales feministas que florecerían en los años ochenta.

El meollo del capítulo lo encontramos unas páginas más adelante, cuando seguimos a la narradora hasta el interior de dos *colleges*, uno masculino y otro femenino, circunstancia que le sirve para comparar, de nuevo en tono humorístico, la riqueza de uno con la austeridad del otro. Mientras que en el almuerzo la narradora está rodeada de hombres de excelente humor que se felicitan mientras fuman habanos por lo admirable que les parece la compañía de «la gente de su propia especie», en la cena, rodeada de mujeres, se cruza con la silueta encorvada de una erudita, impresionante y sin embargo humilde, con la frente ancha y el vestido raído. Y si en el almuerzo ve pasar ante sus ojos fastuosas fuentes de lenguados, extendidos sobre una colcha de crema blanquísima, seguidas de perdices, todo tipo de salsas, ricos vinos y deliciosos postres, en la cena ha de contentarse con un frugal caldo de carne, servido en una triste vajilla transparente, acompañado de flan y ciruelas pasas.[92]

Tras la cena, la narradora sube a las habitaciones de su anfitriona, llamada Mary Seton, una vaga referencia a las damas de honor de María Estuardo. Aunque naturalmente se trate de una recreación ficcional, sabemos que tras la cena real en Newnham, Virginia Woolf estuvo en las habitaciones de la decana, Pernel Strachey, donde también tuvo ocasión de charlar con algunas de las estudiantes, entre ellas Elsie Phare. Muchos años después, además de los largos pendientes de Woolf, Elsie recordaría que el tema de conversación había sido la poesía de una jovencísima Stella Gibbons, futura autora de la saga de Flora Poste, quien en aquellos años empezaba a despuntar en la escena literaria londinense.

En el ensayo, en cambio, la narradora se encuentra a solas con Mary Seton en su habitación, al abrigo del pequeño fuego de la chimenea, y el tema central de la conversación es la historia de los *colleges* femeninos, aunque se introduzca de manera alusiva, en consonancia con el estilo modernista que domina todo el capítulo. «¿Qué fuerza se esconde tras la vajilla sencilla en que hemos cenado?», interroga a la decana.[93] La pregunta da lugar a un largo excurso, el más largo del capítulo, en el que la narradora razona acerca de cómo los cimientos de la ciudad de Cambridge, «los libros juntados allá abajo», se levantan sobre la riqueza que han atesorado los hombres durante siglos, la verdadera razón que ha permitido que florezcan «la urbanidad, la genialidad y la dignidad, hijas del recogimiento y el espacio».[94] «Nuestras madres —continúa su reflexión—, no nos han proporcionado nada por el estilo».[95] Las mujeres, pobres y sin tradición, han debido dedicarse a tiempo completo a la maternidad, y su dinero ha sido durante siglos propiedad de los hombres. Esta desigualdad ha producido la prosperidad de un sexo y la inseguridad del otro, incluidas las escritoras. «Medité sobre por qué motivo Mrs. Seton no había tenido dinero para dejarnos; y sobre el efecto de la pobreza en la mente […] y pensé […] en la seguridad y la prosperidad de que disfrutaba un sexo y la pobreza y la inseguridad que achacaban al otro y en el efecto en la mente del escritor de la tradición y la falta de tradición».[96]

En el siguiente capítulo, el escenario cambia. La narradora deja atrás el santuario de la universidad para desplazarse a Londres, a la sala de lectura del Museo Británico, donde pasa una larga jornada consultando libros relacionados con la historia de las mujeres. «Las puertas de golpe se abrían y cerraban y allí se quedaba uno en pie bajo el vasto domo, como si hubiera sido un pensamiento en aquella enorme frente calva que tan magníficamente ciñe una guirlanda de nombres famosos».[97] Y entre una gran pila de obras plagadas de comentarios misóginos, hará su aparición el famoso Profesor Von X, parodia de todos los hombres ilustres que han escrito maldades sobre las mujeres a lo largo de los siglos. «Había dibujado una cara, una silueta. Eran la cara y la silueta del Profesor Von X entretenido en escribir su obra monumental titulada *La inferioridad mental, moral y física del sexo femenino*. No era, en mi dibujo, un hombre que hubiera atraído a las mujeres. [...] Su expresión sugería que trabajaba bajo el efecto de una emoción que le hacía clavar la pluma en el papel, como si hubiera estado aplastando un insecto nocivo mientras escribía».[98]

Al terminar el segundo capítulo, la narradora regresa a su casa por las calles de Londres, al anochecer. Es entonces cuando da comienzo la segunda parte del ensayo, que ocupa el resto de la obra y que no se desarrolla en espacios académicos oficiales, como la universidad o la biblioteca, sino en su habitación, mientras va leyendo los libros de su estantería, desde los clásicos hasta la literatura contemporánea. Es en estos capítulos donde encontramos las célebres reflexiones sobre el anonimato de las mujeres en la historia y la literatura; el trágico destino de la hermana de Shakespeare o la importancia de poseer quinientas libras y un cuarto propio para alcanzar la libertad mental que permita dedicarse a la escritura.

En las últimas páginas del ensayo, la narradora mira por la ventana de su habitación y sus pensamientos se mezclan de nuevo con la ciudad de Londres. Es la mañana del 26 de octubre de 1928, el día, como sabemos, de la segunda de sus conferencias, la que impartió en Girton acompañada de Vita Sackville-West.[99] En esta parte la narradora vuelve a dirigirse directamente a sus lectoras implícitas, trasunto de las estudiantes de Cambridge, en un emocionante monólogo en el que habla de nuevo sobre la hermana de Shakespeare y augura su regreso. «Ahora bien, yo creo que esta poeta que jamás escribió una palabra y se halla enterrada en esta encrucijada vive todavía. Vive en vosotras y en mí, y en muchas otras mujeres que no están aquí esta noche porque están lavando los platos y poniendo a los niños en la cama. Pero vive; porque los grandes poetas no mueren; son presencias continuas; solo necesitan la oportunidad de andar entre nosotros hechos carne».[100]

18

Aunque me hubiera encantado alojarme en Girton, tuve que buscarme una «habitación propia» en otro *college* de Cambridge. Como me dijeron cuando llegué, estaban acabando el curso, en pleno periodo de exámenes, y no cabía ni un alfiler. Al final casi lo preferí, pues lo primero que salta a la vista es lo lejos que se encuentra de la facultad y de otros *colleges*, como el King's, el Trinity o el St. John's. Al abrir sus puertas en el siglo XIX, me explicaron, pensaron que sería menos amenazador mantener a las mujeres a cierta distancia, alejadas del centro de la universidad. Aunque eso significara que tuvieran que resignarse a pedalear varios kilómetros con sus incómodos vestidos de entonces o a desplazarse en coches de caballos para llegar a clase.

Así que, durante mi estancia, fui dando largos paseos por Huntingdon Road para llegar al archivo de Girton. El camino que conducía al gran arco de la entrada era precioso, por un campo cubierto de flores, con casas de campo y hasta un pequeño lago. Andar aquella distancia a diario me hizo sentir, como escribía Solnit, que mi cuerpo y mi mente se conectaban no solo con el pálpito del mundo, sino también con las pisadas de todas las mujeres que la habían recorrido antes que yo. También con el corazón andariego de *Un cuarto propio*.

Mientras caminaba, a menudo pensaba en Emily Davis, la fundadora del *college*. Llegó a Londres en 1860 y se adhirió a las filas del círculo de Langham Place, llamado así por reunirse en la calle del mismo nombre. El grupo estaba integrado por un puñado de feministas victorianas que se habían propuesto unir fuerzas en favor del voto y la educación superior femenina. En sus oficinas se celebraban reuniones y se editaba el *English Woman's Journal*. Cuando se lanzó la primera campaña sufragista de Inglaterra, en 1866, Davis estaba entre las activistas que la impulsaron. Y cuando comenzó a debatirse que Cambridge admitiera mujeres en sus exámenes, también estaba implicada en ello.

Para cumplir su sueño de fundar Girton, Davis tuvo la suerte de contar con varias cómplices. La primera y más importante fue Barbara Bodichon, otra sufragista del círculo de Langham Place, a quien Davis estuvo unida por una larga amistad. En Cambridge se conserva la extensa correspondencia en la que ambas discuten todos los aspectos relativos a la creación del *college*, al que Bodichon destinó generosas sumas de dinero. «¡Cuánto trabajo tenemos por delante!»,[101] le escribió Davis en 1868, cuando su fundación aún pendía de un hilo. Inicialmente, el centro abrió sus puertas con el nombre de College for Women en Hitchin, una pequeña ciudad situada a unos cincuenta kilómetros al sur de Cambridge. Sin embargo, en muy poco tiempo, este espacio provisional se quedó pequeño, por lo que en 1873 se decidió trasladarlo a Cambridge, donde el arquitecto Alfred Waterhouse construyó el *college* en unos amplios terrenos situados en las afueras de la ciudad. Al principio pudo albergar solamente a una decena de alumnas, pero, con el tiempo, fue ampliando sus instalaciones para dar cabida a muchas más.

Otro de los apoyos de Emily Davis fue la escritora George Eliot, quien en marzo de 1868 le envió una contribución de 50 libras en un sobre, acompañada de una nota elocuente: «Queremos adherirnos al buen trabajo».[102] En aquellos años, Eliot ya era una reconocida escritora que, en novelas como *El molino del Floss*, había abordado la educación femenina, un tema que la afectaba directamente al haber sido ella una precoz y apasionada lectora. Vivía en The Priory, su casa de Londres, con el crítico literario George Henry Lewes, al que amaba aunque estaba casado con otra mujer, motivo por el que Eliot había tenido que soportar el desprecio de la «buena sociedad». Sin ir más lejos, su hermano Isaac le retiró la palabra al enterarse de que pensaba continuar viviendo así, transgrediendo las rígidas normas victorianas, y mantuvo su promesa durante varias décadas.[103]

Pero cuando Davis y Bodichon decidieron abrir su *college*, Eliot estaba en otra fase de su vida. Como escribe Lyndall Gordon en un hermoso libro sobre escritoras proscritas, ya no era ninguna principiante intentando abrirse paso entre sus contemporáneos, sino una señora de cincuenta años que había llegado a la cumbre haciendo lo que le daba la gana y a la que

Henry James y Leslie Stephen, el padre de Virginia Woolf, admiraban abiertamente.[104] Carolyn Heilbrun escribe que Eliot se negó a aceptar las dos únicas narrativas disponibles en la época para las mujeres como ella: vivir escondida por ser una adúltera o casarse.[105] La escritora prefirió crearse una existencia guiada por sus propios valores y concentrarse en escribir sus obras maestras. En los testimonios que dejaron sobre ella quienes la conocieron la vemos con una pose seria, vestida de negro, sentada en una silla baja[106] junto a una mesa repleta de libros.[107] Según la propia Woolf, la gran dama del realismo había transformado el rechazo en ganancia y su increíble vitalidad intelectual había triunfado.[108]

Así fue como también debió de verla Emily Davis el día en que Eliot la invitó a tomar el té en The Priory. El señor Lewes y ella, le dijo, deseaban que les contara los avances de su proyecto para crear un *college* de mujeres. Me encanta pensar que el periodo en el que Davis y la novelista estuvieron en contacto, a finales de los años sesenta, coincide en el tiempo con el proceso de escritura de *Middlemarch*, la gran novela de Eliot, una de las más importantes de toda la literatura inglesa, en la que la situación de la mujer tiene un protagonismo central. Uno de sus personajes principales, la señorita Dorothea Brooke, es una moderna Santa Teresa, «enamorada de la intensidad y de la grandeza», que desea tener una vida épica entregada al conocimiento, como nuestra Alice Gulick.[109] La obra, que Virginia Woolf consideraba una de las pocas novelas inglesas escritas para gente adulta, refleja excepcionalmente bien la búsqueda de instrucción femenina. Igual que Eliot y Gulick, Emily Davis también estaba cansada de que se desperdiciaran superficialmente tantas vidas valiosas.[110]

19

Uno de los recuerdos más hermosos que tengo de Cambridge es el tiempo que pasé sentada en los archivos de Girton leyendo una colección de memorias de las primeras estudiantes del *college*. Aunque algunas de ellas, como Elsie o Irene, se acabaron convirtiendo en escritoras o académicas conocidas, con una vida pública notoria, la mayoría de aquellos textos pertenecían a jóvenes anónimas que en algún momento de su vida habían sentido la necesidad de poner por escrito lo que para ellas había significado estudiar allí. Como Santiago López-Ríos con el diario de su tía abuela, en muchos casos ni siquiera habían sido ellas, sino sus descendientes, quienes habían legado sus escritos al archivo.

Por las mañanas, ilusionada ante la idea de adentrarme en las vidas de aquellas desconocidas, me despertaba en cuanto entraban los primeros rayos de sol en la habitación de mi *college*. Después del desayuno caminaba casi una hora a través del campo, las primeras semanas bajo la lluvia y después con el sol de frente, para coger Huntingdon Road. El edificio de estilo gótico victoriano, con sus estancias de techos altos y sus corredores infinitos, era impresionante. La torre de la fachada principal, «elevada como la de una aterradora catedral», en palabras de Woolf, hacía pensar en el escenario de una ficción, con su aspecto de fortaleza feminista. Esta impresión se acentuaba una vez dentro, de camino a la sala de lectura del archivo, cuando pasaba por delante de la Reception Room, tapizada con los mismos bordados de animales y flores exóticas que vería Woolf el día de su conferencia. También cuando me asomaba a la Stanley Library, donde una luz mortecina se colaba por las ventanas ojivales con vidrieras de colores. A la hora del almuerzo, mi aventura continuaba en el comedor, rodeada de una apoteósica galería de retratos de damas ilustres. Como me había sucedido en otros momentos al escribir este libro, por un instante dudaba si lo que estaba viviendo era un cuento victoriano o una distopía feminista.

«Mujeres jóvenes, muertas de hambre, pero valientes», anotó Woolf en su diario en referencia a las estudiantes que conoció. También en esto tuve que darle la razón en cuanto empecé a leer las memorias de Winifred Newman, alumna residente de Girton hace más de un siglo, entre 1916 y 1920. En ellas recordaba que

Girton College.

el primer año estuvo alojada al final de un ala del edificio llamada Orchard Wing, donde pasaba mucho frío, pues el carbón
escaseaba y aquel invierno las bajas temperaturas batieron todos
los récords. Menos mal que su cuarto estaba cerca del de su
amiga Gwen y podían compartir el fuego de la chimenea. El
college estaba demasiado alejado del centro de Cambridge para
beneficiarse del tendido eléctrico o del sistema de desagüe municipal, así que estudiaban con lámparas de gas o velas, y debían
contentarse con unos sanitarios excavados en la tierra.[111] Winifred no fue la única que pasó frío. En sus divertidos recuerdos,
Elizabeth McLeod, que llegó a Girton bastante tiempo antes,
en 1881, también relataba los esfuerzos que debía hacer para

salir de la cama a las seis y media de la mañana, con los dedos y el cerebro congelados y la nada halagüeña perspectiva de tener que redactar un ensayo en latín sin ayuda del diccionario antes de que el reloj marcase las diez.[112]

Cuando iban a clase, la sensación de aislamiento a menudo continuaba. Por ejemplo, Winifred rememoraba que en la escuela de arte a la que asistía, situada en Bene't Street, el profesor se empeñaba en dirigirse a las alumnas con un rimbombante «Gentlemen», aunque fueran todas chicas. «En cierta manera —escribió—, era como si fuéramos fantasmas».[113] Desde luego, ella estudió durante un periodo especialmente duro, coincidiendo con la Primera Guerra Mundial, por lo que la comida estaba racionada y cada vez que tenían un minuto libre debían sacar las agujas y ponerse a tejer calcetines para los soldados del frente. Según recordaba otra alumna, Margaret Flood, en las habitaciones abundaban las goteras y su cuarto se llenaba de grandes charcos de agua cuando llovía.[114] A menudo, las chicas echaban de menos a sus familias, pues la mayoría de ellas era la primera vez que estaban lejos de sus casas. De hecho, la estadounidense Gisela Richter, quien llegaría a ser una famosa arqueóloga y divulgadora del mundo clásico, explicaba que fue en Girton donde se sintió sola por primera vez en su vida.[115] Aun así, a muchas alumnas les parecía un verdadero sueño estar allí; Constance Laycock, por ejemplo, reconocía que nunca lo habría conseguido sin hacerse con una de las becas que ofrecía el *college*, razón por la que se pasaba el tiempo volcada en sus estudios, con miedo a perderla y a que el hechizo en el que creía vivir se desvaneciera.[116]

Iris Gaddum, hija de un distinguido científico, rememoraba otros obstáculos a los que su madre, una de las primeras residentes, había tenido que hacer frente.[117] Recordaba el fastidio que le provocaba desplazarse hasta las clases de la facultad. Su madre había escogido ir a Girton en lugar de hacer una buena boda y detestaba tener que usar uno de los coches de caballos, a los que llamaban «gruñidoras». Aunque en los años ochenta aún fuera vista como un medio de transporte muy poco femenino, prefería ir en bicicleta. Al principio, Emily Davis, quien por aquel entonces era la *mistress* del *college*, no quería ni oír hablar del velocípedo. Aunque estaba completamente comprometida con la causa de las mujeres, también era conocida por sus ideas conservadoras en materia de vestimenta o hábitos sociales. Pero la madre de Iris era tan tozuda como ella, así que perseveró en su reivindicación hasta que lograron llegar a un acuerdo. Davis autorizó que las estudiantes fueran pedaleando hasta un pub de Castle Hill, a condición de que le prometieran que dejarían las bicicletas allí aparcadas para seguir el resto del trayecto a pie. Las *girtonians* aceptaron el trato, aunque a la madre de Iris siempre le pareció incomprensible que Davis prefiriera que los granjeros y *fellows* de Cambridge la examinaran de arriba abajo al salir de un pub arreglándose el peinado a que la vieran pasar por delante pedaleando.

Las normas de Girton, en definitiva, eran tan estrictas como las de Holyoke o la Residencia de Señoritas. A la hora de la cena nadie podía comenzar antes de que la *mistress* pronunciara su bendición, y si las residentes querían ir de visita a un *college* masculino y participar en una actividad universitaria tan inofensiva como, por ejemplo, jugar una partida de ajedrez, necesitaban una carabina, normalmente una alumna de cuarto o una joven profesora. Aunque algunas, como la doctora Power, eran tan bonitas que los chicos, en cuanto las veían aparecer, dirigían su interés hacia ellas.

Sin embargo, lo que de verdad hacía que aquellas chicas se desanimaran era tener que demostrar constantemente que tenían las mismas capacidades que sus compañeros varones. Ni siquiera pasando los exámenes, los temidos *tripos*, a los que con tanto esfuerzo les había costado ser admitidas, sus títulos tenían el mismo valor que los de ellos. Por no hablar de las bromas que a menudo debían soportar, como las que proliferaban en las viñetas de la prensa, en las que aparecían retratadas como *bluestocking ladies*, marisabidillas con las que ningún hombre en su sano juicio querría compartir su vida.

Aun así, en todas las memorias que leí, las residentes insistían en que los años del *college* fueron los mejores de su vida. Abundaban las palabras de añoranza al rememorar paseos, *garden parties* y fiestas, aunque invitaran solo a chicas. También la nostalgia por la piscina cubierta, una de las primeras que se construyeron en la Universidad de Cambridge, las pistas de tenis, los partidos de hockey y las excursiones a Ely para visitar la catedral. Winifred Newman, por ejemplo, recordaba que las bajas temperaturas le habían hecho tiritar de frío, pero también le permitieron patinar sobre hielo, una de sus aficiones favoritas, en compañía de su querida amiga Gwen.[118] A su vez, Gisela Richter, la arqueóloga que conoció la soledad entre los muros del *college*, recordaba que había podido vencerla con la ayuda de las buenas amigas que había hecho, como la rusa Ania Abrikossova, con quien se mantendría en contacto toda la vida. Gracias a ella, relataba, en 1930 pudo viajar a San Petersburgo para estudiar durante tres semanas la gran colección de arte clásico del Hermitage.[119]

Según fui leyendo más escritos, me di cuenta de que lo que más repetían aquellas chicas, sin excepción, era la enorme novedad que había supuesto en su vida tener un «cuarto propio» donde trabajar a sus anchas. Me admiró no solo la cantidad de veces que aparecía mencionado, sino las largas descripciones que hacían, pasados tantos años, del mobiliario y la decoración. Era evidente que aquellos cuartos, y la libertad que evocaban, habían dejado una huella muy profunda en su memoria. Por ejemplo, Elaine Bond, estudiante de Literatura inglesa, recordaba la maravilla que era disponer de dos espacios, uno para dormir y otro para estudiar, separados por una cortina.[120] Por su parte, Mary Clover, una de las primeras residentes, contó que le encantaba sentarse a trabajar en el escritorio de su habitación, equipado con una cajonera y un tintero para su pluma.[121] Pero quien más me enterneció fue Tillie Hunt, que entró en Girton en 1914 con una beca. En sus memorias relata el gran impacto que le produjo tener intimidad, sobre todo después de haber compartido una habitación minúscula con sus tres hermanas.[122]

Al contemplar después algunas fotografías conservadas en los álbumes del archivo, donde vi los famosos cuartitos, con sus sillas, sus escritorios, sus chimeneas y sus pequeños jarrones, enseguida me vinieron a la cabeza las obras de Gwen John, una artista galesa que ha pasado a la historia del arte por pintar obsesivamente su habitación, muy parecida a las que se veían en las fotografías. En sus cuadros, de una simplicidad extrema, la luz ilumina el espacio, recogido y en calma, con escasos objetos. Solo se aprecia una silla de mimbre, una pequeña mesa junto a la ventana y unas flores recién cortadas. Se trata de una representación maravillosa e íntima del trabajo de la artista en la que es imposible decir más con menos.[123]

Precisamente, unos días antes de leer las memorias de las residentes, vi uno de sus cuadros en el Museo Fitzwilliam de Cambridge, titulado *La convaleciente*, en el que John retrató a una querida amiga americana, Isabel Bowser, en una de sus

Gwen John, *The Convalescent*, hacia 1923-1924.

típicas habitaciones. Me quedé prendada de aquella silla que pintaba una y otra vez, como si escondiera un gran misterio. En *La convaleciente*, Isabel está sentada en ella, con un vestido azul que parece una túnica, mientras lee absorta una carta que sostiene entre las manos. Luego supe que aquel hermosísimo cuadro contaba una trágica historia, pues Isabel falleció poco tiempo después, dejando a su amiga sumida en la tristeza.

Era evidente que existía una corriente subterránea que unía aquella silla de mimbre con *Un cuarto propio* y también con las habitaciones de las primeras residentes de Girton. Recordé que Woolf había sido autodidacta y me pregunté si detrás del tono de ligera superioridad con el que escribió sobre las *girtonians* no se escondería una pizca de envidia por aquellas vidas estudiosas, disfrutadas lejos de casa, que sin duda intuyó durante su visita. Me pareció que las palabras que anotó en su diario al regresar de Cambridge aquel mes de octubre cobraban entonces nuevos sentidos: «Inteligentes, entusiastas, pobres; destinadas a formar manadas de maestras de escuela. Amablemente, les dije que bebieran vino y tuvieran un cuarto propio».[124]

20

Uno de los últimos días que pasé en el archivo de Girton me topé con varias referencias a la Fire Brigade y tuve auténtica curiosidad por saber de qué se trataba. ¿Qué podía ser aquella brigada de incendios? Leí que todo había empezado en 1879, cuando dos estudiantes presenciaron cómo ardía un pajar cerca del *college*. Llenas de angustia, con la visión de las llamas aún grabada en la retina, regresaron caminando por Huntingdon Road, hablando de lo terrible que sería que sucediera algo semejante en Girton. La única medida contra el fuego que había tomado Emily Davis hasta ese momento era colocar tres pequeñas mangueras en el pasillo, que nadie sabía utilizar y que no les servirían absolutamente de nada si debían hacer frente a un incendio como el que acababan de ver. Se les helaba la sangre solo de pensar en las chicas, atrapadas en sus cuartos o tropezándose con la falda al bajar entre gritos de pánico por las estrechas escaleras de caracol. De golpe tomaron conciencia del peligro que corrían viviendo tan alejadas del centro. Podían estar seguras de que si había un accidente, los bomberos no llegarían a tiempo.

Cuando regresaron al *college*, las dos estudiantes explicaron a las demás el peligro que suponía vivir tan aisladas y las convencieron para crear la Fire Brigade. Un tiempo después recibieron la visita de los bomberos de Londres, quienes aplaudieron la iniciativa y se ofrecieron para formarlas. Les enseñaron a manejar correctamente las mangueras, a subir por una empinada escalera hasta las habitaciones de las plantas superiores, a lidiar con el humo e incluso a rescatar con una cuerda a una compañera que se hubiera quedado atrapada. Las estudiantes se tomaron la Fire Brigade tan en serio como todo lo que hacían, esmerándose en ella igual o más que en los *tripos* de matemáticas o de griego clásico. Nombraron a una capitana, a quien trataban como si fuera una auténtica heroína, y a un cuerpo de bomberas en cada pasillo. Asimismo, realizaban simulacros de vez en cuando. Finalmente, para inmortalizar lo orgullosas que estaban de su brigada, sus componentes comenzaron a fotografiarse al estilo en que lo hacía el equipo de hockey o el de tenis. En el archivo vi muchas de estas imágenes, en las que se las veía agarradas a sus mangueras, mirando a la cámara desafiantes, como si quisieran dejar claro que podían defenderse solas. La Fire Brigade permaneció en activo hasta 1932. Y aunque solo tuvo que actuar en una ocasión, cuando en 1918 las llamaron para sofocar un incendio en el pueblo, me pareció que constituía un símbolo poderoso de la lucha de las mujeres.

El último día, cuando ya iba a regresar a Madrid, no pude resistir la tentación de pararme en la portería de Girton, donde había visto una vitrina con algunos souvenirs. Me toqué el medallón con las rosas de Emily Dickinson que llevaba colgado en el cuello mientras pedía que me enseñaran un llavero con la fachada del *college* en miniatura. Era de metal, de color rojo teja. Al ver la torre, las ventanas ojivales y el arco de entrada volví a pensar

La Fire Brigade, Girton College.

que Girton parecía una fortaleza feminista. ¿Quién no querría llevarse la llave de aquel castillo? En sus largos corredores aún habitaba el valeroso fantasma de aquellas jóvenes a las que conoció Virginia Woolf.

VI

FINALES

UN GRAN SALPICAR DE AVENTURAS

1

Poco tiempo después de regresar de Inglaterra, una mañana de comienzos de septiembre de 2024, recibí una llamada de mi madre. Al principio me costó entender lo que quería decirme. Estaba fuera de sí, como si hubiera ocurrido una desgracia. «Inundación», «cajas» o «catástrofe» fueron algunas de las palabras que capté al otro lado de la línea. Me llevé las manos a la cabeza, preparándome para lo peor, mientras secretamente me encomendaba a las bomberas de Cambridge. Poco a poco, cuando se fue tranquilizando, acertó a contarme lo que había sucedido, que resultó ser incluso peor de lo que había imaginado.

La noche anterior, a las cuatro de la madrugada, mi padre la ha había sacado de la cama a gritos: «¡Levántate, que se nos inunda la casa!». Habían vuelto de las vacaciones hacía solo unas horas, así que su desorientación en medio de la oscuridad fue total. ¿De qué estaba hablando? ¿Se había vuelto loco? Le pasaron por la cabeza las fuertes tormentas de verano, aunque enseguida descubriría que no tenían ninguna relación con el desastre. Medio dormida, salió de la cama en camisón y trató de encontrar el interruptor a tientas. Se había ido la luz. De la planta de abajo subía un sonido alarmante, como si estuviera lloviendo a cántaros dentro de casa. Descalza, siguió a mi padre escaleras abajo.

Todo estaba inundado: la cocina, la despensa, el vestíbulo y el salón. El agua les llegaba hasta los tobillos. Guiados por la poca luz que se colaba por las ventanas, entraron en la cocina, de donde procedía el ruido que había despertado a mi padre. Detrás de la nevera se había reventado una cañería y por la pared salía un chorro enorme de agua. A juzgar por cómo estaba todo, debía de llevar así varias horas, mientras mis padres dormían despreocupadamente.

Como es natural, lo primero que pensaron fue que tenían que cortar el agua, pero no sabían dónde estaba la llave de paso; y eso que llevaban tres décadas viviendo en la misma casa. Lo que sí recordaban era que había otra llave fuera, junto al buzón de la puerta de la entrada, de modo que se precipitaron a la calle en pijama, armados con un gran destornillador para forzar a palancazos la cerradura del contador. Cuando lograron cortar el paso volvieron a entrar. El panorama era desolador. Las alfombras estaban empapadas y todos los muebles parecían dañados. Se asomaron a la puerta del sótano e intuyeron que por los puntos de luz del techo también estaría cayendo agua a borbotones. No obstante, a oscuras y dada la hora, poco podían hacer. Tuvieron que resignarse a coger una escoba cada uno y achicar el agua de la cocina y el salón, empujándola hacia la calle, como si estuvieran remando en una charca. Así estuvieron hasta las siete de la mañana.

Por fin se hizo el silencio. A través del teléfono sentí la respiración de mi madre. Esperaba que dijera algo.

Sin embargo, a mí me costaba formular la pregunta. La que me había quemado los labios durante todo el tiempo que estuvo hablando. En el sótano, en un cuarto con algunos trastos, estaban los muebles de la habitación de la princesa. Le había prometido muchas veces a mi madre que me los llevaría, aunque nunca encontraba el momento, entre otras cosas porque no tenía sitio para ellos. Soñaba con una casa donde poder ponerlos; pero por el momento solo era eso, un sueño.

En el sótano también estaban las cajas con la biblioteca de mi abuelo. Y justo debajo de una lámpara cuyo cableado imaginé subiendo hasta la cocina, mi primer escritorio, en el que hice los deberes del colegio, estudié la carrera y terminé mi tesis doctoral. En los pequeños cajones blancos había muchas cosas que con el paso de los años se habían ido quedando allí. Todos mis diarios de pequeña; mis primeros cuentos, entre ellos «La tetera», que escribí cuando solo tenía nueve años; las notas de EGB; mis cuadernos de adolescente, llenos de citas y párrafos copiados de los libros que leía; recortes de periódico; los carnets de la Sociedad Secreta de los Seis, que fundé un verano con mis amigos para resolver misterios; un archivador comprado en Montpellier; el diario de mi año de intercambio en México; las invitaciones de boda de los primeros amigos que se casaron; un pañito bordado a punto de cruz con mi nombre que me regaló una amiga de la carrera; flores secas; billetes de metro; entradas de la Filmoteca y mis agendas de los años de universidad, con un registro diario de lo que hacía y a quién veía.

Junto al escritorio, en una estantería pegada a la pared, estaban también algunos de los libros que leí en la infancia y la adolescencia, como las novelas de Enid Blyton o un ejemplar subrayado de *La voz a ti debida*, de Salinas, que prácticamente me aprendí de memoria a los quince años, cuando me enamoré por primera vez. Y todas mis cartas, cientos de cartas, las que recibí hasta los veintisiete, cuando me fui definitivamente de casa de mis padres. Había cartas de amor, pero también las «cartas circulares» que mi mejor amiga y yo nos entregábamos cuando ella salía y yo entraba en el apartamento donde recibimos nuestras primeras lecciones de inglés. Al llegar yo, ella estaba aún dentro de clase con la profesora, curiosamente llamada Alicia, así que nos limitábamos a susurrar un «hola» fugaz al cruzarnos en la puerta. Pero como dejábamos nuestras cosas en un mueble del pasillo, la comunicación entre nosotras fluía de todos modos: antes de entrar en clase yo abría su mochila para recoger el mensaje que me había dejado e introducir el mío, que contestaba el de la semana anterior. Quizá fuimos la última generación que coleccionó «sobres y cartas» y se quiso tanto epistolarmente.

«¿Y habéis bajado al sótano?», le pregunté a mi madre temblando.

«Está todo mojado. Ven en cuanto puedas».

2

Mucho tiempo antes de que a mis padres se les inundara la casa, la última de nuestras americanas se dirigió a la Universidad de Harvard una mañana de 1979. Katherine Whitmore era una mujer menuda de ochenta y dos años, con el pelo corto y una nariz recta y distinguida. Saltaba a la vista que de joven había sido muy guapa. En un bolso llevaba una colección de 354 cartas, con sus sobres, 144 poemas manuscritos, algunos recortes de periódico de los años treinta, unas postales sin usar y un folleto de la primera edición de la Universidad Internacional de Verano de Santander, inaugurada en 1933.[1] En la portada se distinguía una vista aérea del Palacio de la Magdalena y un trocito de la misma costa cantábrica, lluviosa y húmeda, en la que comenzaba nuestra historia.

Durante años y años, Katherine había guardado celosamente aquellos papeles, sin enseñárselos a nadie. A veces los miraba, volvía a leer las cartas y los poemas, e incluso anotaba con bolígrafo algunas frases en los sobres para acordarse de la fecha en que los había recibido; pero nada más. Su relación con Pedro Salinas había sido difícil desde el principio, cuando se conocieron en Madrid a comienzos de los años treinta. Él ya era un intelectual muy conocido que llevaba toda una vida casado con Margarita Bonmatí, con quien tenía dos hijos, Soledad y Jaime, y de quien nunca tuvo intención de separarse. Ni siquiera cuando Margarita descubrió las cartas y trató de suicidarse en Aranjuez

Katherine Whitmore (de soltera Reding) cuando era joven.

tirándose a un río desde una barca. En cambio, para Katherine, aquel frustrado incidente fue un aviso. Entendió de inmediato que su relación era muy peligrosa y jamás sería aceptada, ni en España, ni en Estados Unidos, donde ella comenzaba una respetable carrera como profesora de literatura española.

Pero, con el correr del tiempo, y sobre todo al intuir su final, Katherine había empezado a ver las cosas de manera distinta. No quería llevarse el secreto a la tumba. Jorge Guillén, también poeta y uno de los pocos amigos de Salinas que estaban al tanto de su relación clandestina, había logrado convencerla. Debía donar las cartas y los manuscritos, le decía cada vez que se presentaba la oportunidad.[2] Serían una fuente preciosa, incluso revolucionaria, para estudiar al gran poeta del amor de la generación del 27. «Pero, Jorge —le respondió ella en una ocasión,

Katherine Whitmore (de soltera Reding).

todavía insegura—, es muy difícil para mí dejar estas cartas tan apasionadas para que algún estudioso las lea y escriba sobre ellas [...]. ¿No es una invasión de la intimidad?».[3] Seguramente recordaba que el propio Salinas había bautizado con el nombre de «cartas traicionadas» las misivas que una mano torpe convertía en un libro, sacándolas al sonrojo de los escaparates y la venalidad, cuando se trataba de mensajes escritos para permanecer atados en un manojo con cintas de colores.[4]

Los archiveros de la Houghton Library que recibieron a Katherine aceptaron el legado y lo metieron en unas cajas para incorporarlo a la gran colección sobre el escritor que tiene Harvard, confirmándole que cumplirían el requisito al que ella supeditaba la donación de aquel secreto tesoro. Nadie podría abrirlo hasta pasados veinte años, el 1 de julio de 1999. Entendían que, cuando llegara ese momento, habría transcurrido el tiempo suficiente para que su historia de amor saliera por fin a la luz.

Al desprenderse definitivamente de ellas, Katherine tal vez pensó que las cartas serían una manera muy elegante de vengarse de los críticos literarios. Desde la muerte del poeta, estos habían especulado sobre la amada que inspiró *La voz a ti debida* y las obras que siguieron.[5] Con sus comentarios, algunos parecían querer reducir su existencia a la de una ilusoria *donna angelicata*, etérea y pasiva. Entre ellos, Leo Spitzer, quien desde la Universidad Johns Hopkins había llegado al extremo de concluir que la misteriosa musa no era real. «No conozco poesía de amor donde la mujer solo viva en función del espíritu del hombre y no sea más que un "fenómeno de conciencia" de este», escribió en un artículo.[6] Y eso que Spitzer había sido un colega muy cercano de Salinas.

Las cartas revelarían que se equivocaba. Quien había inspirado el «gran salpicar de aventuras» de *La voz a ti debida*, uno de los libros de amor más hermosos del siglo XX, era ella. Una profesora de Smith College, ya anciana.

3

Para asegurarse de que no la malinterpretaran, Katherine tomó la precaución de escribir un pequeño texto autobiográfico mecanografiado, titulado «La amada de Pedro Salinas», y lo depositó con los demás papeles en Harvard. Desde luego, se trata de un testimonio insólito en la historia de la literatura, donde las

Palacio-Residencia de la Universidad Internacional.

MINISTERIO DE INSTRUCCIÓN PÚBLICA

**UNIVERSIDAD INTERNACIONAL DE
VERANO EN SANTANDER (España)**

CURSO 1933

Folleto de la primera edición de la Universidad de Verano de Santander, 1933.

musas no han tenido la oportunidad de dar demasiadas explicaciones y las escritoras, como Dickinson, a menudo juegan al escondite.

Todo comenzó el verano de 1932, un año después de la proclamación de la Segunda República, con la que numerosos intelectuales vinculados a la Junta para la Ampliación de Estudios y a la Institución Libre de Enseñanza pasaron a ocupar puestos políticos de gran relevancia. Por aquel entonces, Katherine era una joven profesora de Smith College que había llegado a Madrid desde Northampton con el objetivo de seguir los cursos de verano para extranjeros. Muy querida por sus estudiantes, se había formado en la Universidad de Kansas, así como en las de California y México.[7]

Aquel verano viajó a Madrid acompañada de Caroline Bourland, su jefa en el departamento de español, pero también una gran amiga, aunque le sacara más de veinticinco años. En Smith, Katherine podía quedarse horas en su despacho, escuchándola contar anécdotas sobre el tiempo que había pasado trabajando en el archivo naval durante la Primera Guerra Mundial o sobre la amistad que la unía a Menéndez Pidal, de quien tantas palabras aprendió cuando hacía la tesis. Aunque las historias que más le gustaban a Katherine eran las que protagonizaba Clara Parsons Bourland, la madre de Caroline, recorriendo Europa con ella y sus cinco hermanos de pequeños. Se reía mucho al oírla rememorar el día en que dos de ellos perdieron el sombrero al asomarse a la ventanilla del tren o la vez que debieron encerrarse en un hotel de París porque Robert, el benjamín de la familia, había cogido el sarampión y tuvieron que hacer cuarentena.[8]

En Madrid, Caroline le aconsejó a Katherine que se apuntara a un curso sobre la «Generación del 98», impartido aquel año por Salinas en la Residencia de Estudiantes. El tema le atraía mucho, desde luego, pues la literatura contemporánea era su especialidad, y además sabía que Salinas era un escritor destacado de la generación del 27, el nuevo grupo de artistas que estaban revolucionando el arte y la literatura españoles. De modo que la joven profesora se apuntó sin dudarlo.

El primer día del curso, cuando llegó a la colina de los Chopos, en los Altos del Hipódromo, Katherine miró el reloj y se dio cuenta de lo tarde que era. Al entrar en clase, la única silla que quedaba libre estaba en un rincón apartado y desde allí apenas se veía al profesor. Al terminar, salió rápidamente del aula, sin comunicarse con nadie. Aunque enseñaba español, aún cometía muchos errores al hablar y le costaba soltarse. El segundo día faltó, quizá para librarse del apuro que le habría dado tener que responder a una pregunta de Salinas.

Dado este comienzo tan poco prometedor, nada pudo sorprenderle más a Katherine que las noticias que trajo Caroline cuando, más tarde, se encontraron en el piso que habían alquilado para pasar el verano. Según le contó su amiga, se había tropezado con Salinas por la calle. Se conocían del ambiente de la Residencia de Señoritas y del Centro de Estudios Históricos, así que enseguida se pusieron a charlar de lo divino y lo humano. De la situación política, tan emocionante, de los amigos comunes, de la literatura del momento. Cuando faltaba poco para despedirse, continuó diciéndole Caroline a Katherine, Salinas no tardó en deslizar la información de que Margarita estaba fuera de la ciudad, de vacaciones. Así que, si quería, la invitaría con gusto a cenar. De paso, añadió el poeta como quien no quiere la cosa, podía traer a su amiga americana, pues había oído que había venido de Estados Unidos acompañada de una.

«¡Hay que ver cómo los acontecimientos más maravillosos dependen de las decisiones más triviales!», escribió Katherine en su texto autobiográfico. Aunque al principio ella se resistió todo lo que pudo, insegura por el idioma, Caroline no cejó en su empeño. «Vas a perderte una tarde muy agradable», le dijo varias veces para convencerla.

Cuando Katherine y Pedro por fin se conocieron aquella noche, él no tardó en confesarle que no había nada casual en su encuentro. Se había fijado en ella nada más verla entrar en clase. También le dijo que la estaba esperando, y no porque hubiera aparecido tarde, sino porque ese mismo verano, en París, una mujer gitana había predicho que pronto llegaría a su vida un gran amor.[9]

4

Con la excusa de hablar sobre Unamuno, quedaban en la terraza del hotel Palace. Katherine se sentaba con su cuaderno y su bolígrafo, atenta a lo que dijera el maestro, aunque a menudo era él quien la asaltaba con sus preguntas. ¿Quién era? ¿De dónde venía? ¿Dónde había estudiado?[10] Imagino que Katherine le hablaría entonces de Smith College, del jardín botánico con la cúpula de cristal y del lago con los botes amarrados. También iban juntos al Museo del Prado, donde Salinas le enseñó los cuadros de El Greco, o de excursión a Toledo, para deambular por sus estrechas callejuelas y continuar dialogando sin descanso sobre literatura. En estas salidas a veces se les añadía Caroline, tan apasionada por la Edad Media como ellos.

Al terminar las clases del curso de verano, antes de emprender el regreso a Estados Unidos, Caroline y Katherine se fueron a pasar unos días a Mallorca. Entonces, Salinas empezó a mandar cartas. La primera, escrita con tinta verde en un papel adornado con el famoso membrete de la Residencia de Estudiantes, llegó a comienzos del mes de agosto. En ella el poeta recreaba su despedida en la estación, marcada por la tristeza. «Y tengo, anoche, hoy la sensación de andar entre fantasmas y sombras».[11] Aunque también por la convicción de que su amor continuaría por correspondencia. «Una mujer, una Katherine, se queda allí, metida en aquel cajón de madera, entre seres desconocidos, frente a una noche triste e incógnita. Allí hay que dejarla. Fatalmente. Y la otra mujer, la otra Katherine, permanece invisible y presente mirándome en la mirada noble, pura y honda de siempre».[12]

A aquel primer mensaje siguieron otros muchos. Katherine los contestaba todos, a veces en inglés y a veces en español, cada día más segura con el idioma. Sin embargo, como no se ha conservado ninguno de ellos, solo podemos imaginar lo que dirían. La única voz que escuchamos es la de Salinas, masculina, como en *Werther*, de Goethe, o *Frankenstein*, de Mary Shelley, clásicos de la literatura epistolar. Para oír a la Katherine de las cartas hemos de conformarnos con algunas frases sueltas, desperdigadas aquí y allá, cuando el propio Salinas las repite. «Soy muy práctica», parece que le dijo al principio de su relación.[13] «You are my greatest reality»,[14] un poco más adelante. «Even increasing faith in miracles», cuando el otoño ya estaba avanzado.[15]

Aunque también es posible imaginar las cartas de Katherine al leer lo que Salinas escribió sobre ellas. «¿Por dónde contestar, cómo contestar, a qué contestar, de las cartas tuyas, divina criatura mía? —le preguntó una vez—. Paseo tus frases por Madrid, las llevo en mí, repitiéndomelas, pero me parecen tan encantadoras que me dan ganas, de pronto, de detener al primer señor que pasa a mi lado por la calle, a *Monsieur tout-le-monde*, y decirle: "¡Pero usted ve qué criatura tan deliciosa, tan fina, tan encantadora, y las cosas que me escribe!"».[16] En otra ocasión incluso le confiesa lo que más le gusta de ellas: primero, «Los sobres. Escritura. Limpia, breve, dividida y tímida a la vez»; segundo, «El papel en que escribes, ni demasiado grueso ni fino, y la proporcionada y exacta distribución de la letra».[17]

En las suyas, Salinas le habla sobre todo de su amor y le envía primeras versiones de poemas. También enhebra las frases que aflorarán más adelante en los versos de *La voz a ti debida*. «¡Cuántas cosas, Katherine, renacen, viven, mejor dicho, nacen, viven, sí, por vez primera gracias a la luz, al amor que tú generosamente las das, me das, alma, bella mía!».[18] O le comenta su día a día, lo que él llama su «vida exterior», desolado en la Residencia de Estudiantes tras su marcha. «¡Sí, Katherine, qué terrible, la salida de clase, ayer, yo solo! Había un cielo maravilloso de esos cielos de Madrid, que son como la única ternura que se permite el paisaje austero. La misma hora en que bajamos la escalerilla, entre el día y la noche, en ese momento que tanto me conmueve».[19]

A finales de agosto de 1932, poco antes de embarcarse Katherine en el Columbus de vuelta a Estados Unidos, los amantes se encontraron dos veces. La primera duró solo una tarde y fue en la playa de Ifach, en Alicante. Hacía un día precioso.[20] La segunda fue en Barcelona, donde, según escribió la propia Katherine, Salinas ya le comunicó el título del libro que escribiría. «Nuestro libro», dijo. Sería *La voz a ti debida* por una égloga de Garcilaso de la Vega que había leído esa misma mañana.[21] Este segundo encuentro debió de ser más intenso, por lo que leemos en la carta que ella recibiría unos días después. «Perdona esta carta, así a máquina. Pero tengo un pulso tan alterado que me es materialmente *imposible* escribir sino así. No lo volveré a hacer. Me voy esta noche. No puedo estar más en Barcelona. [...] No olvidaré jamás las lágrimas que no has vertido, pero que se te veían esta tarde, veladas de pudor, allí de pie, queriéndome con la mirada. [...] Hemos probado muchos instrumentos de querer. Ahora otros».[22]

5

Cuando estaba en la Universidad de Harvard dejándome atrapar por los recuerdos familiares de los Gulick, un día solicité que me trajeran las cajas con los papeles de Katherine Whitmore. Sabía que ya no guardaban demasiados secretos, pues las cartas se habían abierto y publicado a comienzos de los años dos mil en una cuidada edición de Enric Bou. Su historia de amor incluso había inspirado obras de otros creadores, como *La noche de los tiempos*, una novela de Antonio Muñoz Molina, y el montaje teatral *Amor, amor, catástrofe*, escrito por Julieta Soria y dirigido por Ainhoa Amestoy. Pero, para mí, su existencia aún conservaba intacto todo su misterio.

Mientras esperaba a que la archivera apareciera con las cajas, me maravilló darme cuenta de la cantidad de tiempo que Pedro Salinas llevaba en mi vida. Me acordaba perfectamente de la primera vez que escuché su nombre, a comienzos de los años noventa. Fue en boca de mi profesor de segundo de BUP, Fernando. Si cerraba los ojos, hasta podía verlo todavía el primer día de clase, que además era mi cumpleaños, sentado en el pico de la mesa con las piernas cruzadas, dictándonos los títulos que leeríamos aquel curso. Fue el primer profesor que me habló de libros que sonaban inequívocamente a literatura. Nunca olvidaré el amigo invisible que ideó en Navidades, de lo más salinesco, aunque también habría hecho las delicias de Catha Barbour. Los alumnos, nos dijo, debíamos hacer llegar nuestro regalo por correo postal anónimamente, durante las fiestas. Y, en todos los casos, el regalo debía ser uno de los libritos de la recién creada colección Alianza Cien, que solo costaban cien pesetas y eran tan pequeños que cabían en un sobre. «La magia del juego —nos advirtió— consiste en que imaginéis qué libro le gustaría leer a vuestro amigo invisible. Y cuando recibáis el vuestro, tendréis que buscar pistas en el título para predecir quién lo envía».

A mí me llegó un libro de lo más revelador, *Ernestina o el nacimiento del amor*, de Stendhal. Aún recuerdo quién me lo mandó y la conversación que tuvimos al volver a clase después de Reyes. Lo conservé con el paso de los años, y más adelante lo coloqué en la misma estantería que *La voz a ti debida*, que leímos todos los estudiantes. De este, la edición que compré, o más bien que me compraría mi madre, fue la de la colección Biblioteca Clásica y Contemporánea de la editorial Losada. También era un libro pequeño, blanco y muy manejable. En la cubierta se veía un cuerpo de perfil, con los brazos desnudos en alto y el rostro tapado por unas flores.

Si lo recuerdo con tanta precisión es porque, desde el momento en que lo empecé a leer, Salinas se quedó cerca de mí. Lo terminé de una tacada, sentada en el mismo salón que se inundaría treinta años más tarde, aunque volvería a *La voz a ti debida* muchas otras veces para aprenderme los fragmentos que más me gustaban. Mis versos favoritos han sido siempre los que abren el poema número ocho, en los que Salinas canta súbitamente a la alegría y se pregunta de dónde vendrá aquel «gran salpicar de aventuras» que ha irrumpido en su vida como si fuera un vendaval. «Y súbita, de pronto / porque sí, la alegría. / Sola, porque ella quiso, / vino. Tan vertical, / tan gracia inesperada, / tan dádiva caída / que no puedo creer / que sea para mí». Por aquel entonces, nadie sabía que estaban inspirados en Katherine, y yo tampoco debí de hacerme muchas preguntas sobre quién sería su musa. Lo que sí supe reconocer desde el primer momento fue la extrema belleza de aquel lenguaje tan sencillo que utilizaba el poeta. Señalaba el nuevo camino que algún día me llevaría hasta las clases de la universidad.

Cuando en Harvard toqué el manuscrito del poema, con anotaciones al margen y algunas palabras subrayadas en rojo, fue a mí a quien invadió súbitamente la alegría. Volví a tener quince años, a estar en aquella aula a comienzos de septiembre, escuchando la melodía de mis amores adolescentes. Recordé otro poema: «los tiempos y las espumas, / las nubes y los amores / que perdí estaban salvados. / Si de mí se escaparon, / no fue para ir a morirse en la nada. / En ti seguirían viviendo. / Lo que yo llamaba olvido / eras tú».[23]

Pero esta vez, sentada en la Houghton, fue la mano silenciosa de Katherine la que me entregó aquellos versos tan amados.

6

Durante el curso 1932-1933, las cartas entre Madrid y Northampton volaron continuamente. Katherine le facilitó a Salinas una lista con los barcos que partían desde Europa hacia América y él enseguida la convirtió en su Biblia. «Tengo la cabeza llena de cifras y nombres. Nombres majestuosos, grandiosos, Olympic, Aquitania, etc. De fechas, de puertos, Cherbourg, Le Havre. [...]. Por primera vez escribo en un sobre: Prospect Street. ¡Tu casa! Mi carta lo sabrá todo. Sabrá todo lo que yo no sé, lo que quisiera saber. Cómo es Northampton [...]».[24] En Estados Unidos, Katherine también vivía pegada a los horarios publicados en el *New York Times*, sin pensar en otra cosa que no fuera su amor transatlántico. A pesar de la distancia, aquellos meses fueron para ambos una época de júbilo, aún sin rastro de la cruda realidad que más adelante iría apagando su entusiasmo.[25]

En las primera cartas, Salinas mencionó muchas veces su letra, la realidad material del signo gráfico. «¿Te vas acostumbrando ya a mi escritura, a esta terrible letra mía? ¡Pobrecita! —le dijo en un mensaje del mes de agosto—. Tú que has aprendido tantas cosas, latín, alemán, francés, ¡qué sé yo!, tener ahora que aprender a leer».[26] Se trata del *leitmotiv* de la letra que también aparecerá en *La voz a ti debida*. «Cazaba en alfabetos / dormidos en el agua / en diccionarios vírgenes / desnudos y sin dueño, / esas letras intactas / que, juntándolas luego, / no me decías tú».[27]

En otras, le envió poemas en inglés de Emily Dickinson y noticias del Centro de Estudios Históricos, donde retomó las clases al regresar de vacaciones. También le contó que una tarde estuvo en el piso del número 38 de la calle Monte Esquinza, donde Katherine había vivido con Caroline Bourland cuando estuvieron en Madrid. Allí, le escribió, había escuchado a García Lorca recitar sus poemas, aunque en quien no había dejado de pensar en toda la tarde, escudriñando los muebles y las cortinas, había sido ella. «Mi mirada no salió en las dos horas de aquella habitación. […] ¿Y sabes lo que saqué de todo eso? Pura poesía retrospectiva, poesía hacia atrás, Katherine, revivida. Flores, las florecillas vulgares de la cretona que hay en el fondo del sillón, en la puerta del armario, en las cortinas del balcón. Florecillas rojas y verdes, de una tela barata y vulgar, pero que para mí son, desde esta tarde, jardín de paraíso […] Viva el espacio, vivan las paredes, los muebles, las flores de tela […]. ASCENSOR. ESPEJO. FLORES. TECHO. TÚ».[28]

Gracias a las referencias de las cartas de Salinas, también podemos seguir algunos pasos de Katherine durante aquel año. Asoma entre líneas, rodando en automóvil por las carreteras nevadas de Nueva Inglaterra, haciendo un pícnic con Caroline Bourland[29] o preparando sus clases de español en la biblioteca

Pedro Salinas.

de Smith. En primavera fue de visita a Boston también con Caroline. Desde allí, en un sobrecito, le hizo llegar por correo a Salinas una violeta que luego se colaría en los versos de *Razón de amor*, el poemario que él publicaría después de *La voz a ti debida*: «Esa gota de lluvia / que cae sobre el papel / es, no mancha morada, florida de azar, / sino vaga y difusa violeta / que tú me envías del abril que vives».[30] Salinas la animaba a continuar con esos gestos sentimentales, a los que ella era más bien reticente. «Tú, me parece, tenías como desconfianza y miedo de embarcarte a toda vela en un sentimiento. Experiencias anteriores, ambiente intelectual, puritanismo smithiano, y sobre todo escepticismo un poco melancólico».[31]

Aunque en muchos momentos del epistolario da la impresión de que su amor podría haber continuado solo por correspondencia, los amantes se pusieron de acuerdo bastante pronto sobre dónde y cuándo podrían verse de nuevo. Ya a principios del otoño Salinas le contó a Katherine que el siguiente verano iría a Santander y se quedaría hasta entrado septiembre. En esas fechas estaba previsto que el Gobierno de la República inaugurara uno de sus proyectos educativos estrella, la Universidad Internacional de Verano, de la que él sería el secretario. De hecho, en las cartas de aquel año, Salinas relató a menudo los entresijos de sus conversaciones con el ministro Fernando de los Ríos, sobrino de Giner, a quien convenció para que lo apoyara.

En el mes de enero, la idea de verse comenzó a tomar cuerpo. «Katherine —le escribió Salinas—, yo sé que en América haces los planes de viaje con mucha anticipación. Ve pensando. Estaré solo en Santander todo el mes de julio y agosto. Mira mi plan. Tú pasarías ocho días en Santander "trabajando en la biblioteca Menéndez Pelayo", en julio. Nos veríamos mucho [...]. Y después yo me tomaría mis diez días de vacación, y nos iríamos donde tú quisieras, como tú quisieras».[32]

A Katherine debió de parecerle un plan perfecto. Cuando se volvieran a ver en el Palacio de la Magdalena, pensaría, su presencia quedaría difuminada entre tantos escritores e intelectuales.

LA UNIVERSIDAD NAVEGANTE

7

El verano de 1933 no fue un momento histórico cualquiera. Representa el punto culminante de muchas de las ilusiones que había movilizado la República desde su proclamación dos años antes. El sufragio femenino y el divorcio eran derechos recién estrenados, Maruja Mallo y el grupo de las Sinsombrero revolucionaban las salas de exposiciones, la Barraca de García Lorca llevaba el teatro hasta pueblos apartados y numerosas escuelas abrían sus puertas guiadas por el ideario laicista de la Institución Libre de Enseñanza. El propósito de estas reformas era terminar con el viejo monopolio de las órdenes religiosas y dar acceso a una educación de calidad a quienes continuaban sumidos en el analfabetismo ya bien entrado el siglo xx.

En Smith College, no solo Katherine estaba pendiente de las novedades que llegaban de la otra orilla. La doctora Foster, por ejemplo, publicó un artículo en *The University of Chicago Magazine*, significativamente titulado «The Triumph of Education in Spain», en el que rendía homenaje a Francisco Giner de los Ríos y aplaudía las reformas de la República española, cuyos orígenes remontaba a la revolución de 1868, con la que empezaba nuestra historia. «Los libros, los automóviles y el cine han contribuido a que los españoles votaran mayoritariamente a favor de la República [...] —escribió llena de entusiasmo recordando su aventura al frente del laboratorio—, pero también el trabajo llevado a cabo por los discípulos de un santo moderno, don Francisco, quienes aún se reúnen en su casa para hablar sobre cómo mejorar España y leen sus cartas el día de su cumpleaños».[33]

En cambio, las noticias de Europa no eran tan optimistas. Durante los meses de la primavera de 1933, mientras Katherine y Salinas contaban las horas para volver a verse, Adolf Hitler proyectó su sombra inquietante en la escena internacional. En el mes de julio, el partido nazi se convertiría en el único legal en

Alemania y se confiscarían las propiedades y los bienes de todos aquellos que se consideraran enemigos del Estado. Mientras tanto, en Italia, los fastuosos desfiles fascistas daban propaganda a la dictadura de Mussolini, más fuerte que nunca y con grandes deseos de expansión imperialista. A comienzos de los años treinta, en definitiva, con la Gran Depresión como telón de fondo, sonaban los primeros acordes de los conflictos políticos y sociales que acabarían desembocando en los horrores de la Guerra Civil española y de la Segunda Guerra Mundial.

En medio de aquel escenario tan poco halagüeño, la Universidad Internacional de Verano de Santander se alza como un símbolo luminoso, pacífico y democrático. Refleja el mismo espíritu que los programas de intercambio académico que vimos en los años veinte, con Carmen Castilla y Susan Huntington paseando por Nueva York cogidas del brazo. Como aquellos, la Universidad Internacional confiaba en que la cultura y la educación propiciarían el entendimiento entre naciones y evitarían otra guerra.

Como ocurre en otras épocas históricas, en las que nos maravillan las grandes casualidades que suceden, durante aquel verano de 1933 el Gobierno de la República impulsó otra mítica iniciativa educativa además de la Universidad Internacional. Se trata del célebre Crucero Universitario por el Mediterráneo, en el que participaron cientos de universitarios españoles, algunos de ellos con trayectorias posteriores muy notables, como Julián Marías. Durante los mismos cuarenta y cinco días en los que Salinas convocaba a algunos de sus amigos y compañeros de generación a reunirse en el Palacio de la Magdalena, estos otros jóvenes, capitaneados por Manuel García Morente, decano de la facultad de Filosofía y Letras de la Universidad Central, recorrieron a bordo del Ciudad de Cádiz las costas del Mediterráneo. Hicieron escalas en Túnez, Malta, Egipto, Palestina, Creta, Rodas, Estambul, Grecia, Sicilia, Nápoles y Mallorca.

Mientras nosotros esperamos a que se produzca el encuentro entre Katherine y Salinas, y sin olvidar que la casa de mis padres continúa inundada, sigamos ahora brevemente al Ciudad de

Cádiz durante su aventura mediterránea. Nuestra historia terminará entonces de un modo similar a como empezaba: con un archivo en peligro y un viaje por mar.

8

Pasados los años, Julián Marías lo recordaría en sus escritos. Al terminar el curso 1932-1933 se empezó a escuchar por los pasillos de la facultad que García Morente, el decano, tenía un gran proyecto para las vacaciones.[34] Ya hemos dicho que aquel año sucedió todo a la vez, así que no debería sorprendernos que el escenario donde surgió la idea posea un carácter de lo más emblemático. Hacía solo unos meses, en enero, se había inaugurado el nuevo edificio de Filosofía y Letras en la Ciudad Universitaria, adonde se trasladaron los estudiantes, ilusionados con la universidad que la República quería construir y que disfrutaría de mucha más autonomía. Y eso que el edificio proyectado por el arquitecto Agustín Aguirre aún no estaba terminado y aquella mudanza suponía decir adiós a los viejos locales de San Bernardo, con sus pupitres con tintero y sus fantasmas del pasado. Hacía tiempo que se habían quedado pequeños, entre otras cosas por el impresionante incremento de matrículas que, desde 1910, había acarreado el acceso de las mujeres a las aulas. En 1933 ya no eran una especie exótica, ni se sentaban en las primeras filas como en la época de María Goyri. En 1933 las mujeres eran y seguirían siendo una aplastante mayoría en los estudios de Humanidades.

Quizá fuera el influjo del nuevo edificio el que empujaría a Morente a soñar a lo grande aquel verano. En la Ciudad Universitaria las clases eran desde luego espaciosas y estaban muy bien iluminadas; había proyectadas enormes canchas de deporte, como en Inglaterra; un pequeño jardín invitaba a charlar al aire libre; y hasta se podía subir a una terraza, en la azotea, desde la que se veía la sierra. El diseño era racionalista, a la última de las nuevas corrientes, con plantas simétricas y largos pasillos que recordaban a Le Corbusier.[35] El aire de modernidad lo reforzaban las lámparas de cuatro globos, los relojes eléctricos sincronizados y las fuentes con grifería adaptada para beber.[36] Aunque lo más espectacular era sin duda la monumental vidriera del vestíbulo, de estilo *art déco*. Aunque todavía no estaba terminada, se preveía que tuviera casi diez metros, divididos en tres grandes cuerpos con pilares de hierro, y en ella se verían elementos simbólicos de todas las culturas y corrientes de pensamiento de la historia de la humanidad.[37]

Para estar a la altura de aquella majestuosa vidriera, razonaría García Morente, había que organizar un viaje de fin de curso que sus protagonistas no olvidaran jamás. Como buen institucionista, el decano volvió entonces los ojos hacia las enseñanzas de Giner de los Ríos y trató de encontrar inspiración en sus paseos con Azcárate por El Pardo, cuando el maestro animaba a sus alumnos a experimentar por sí mismos y a aprender a mirar, en lugar de repetir las lecciones de memoria. ¿Por qué no aventurarse mar adentro para conocer los orígenes de la civilización occidental?, pensaría con audacia el decano. Luego, la idea del crucero caería por su propio peso. Podrían ir a Egipto, Grecia, Tierra Santa…, como si fueran una pequeña expedición humanística hambrienta de cultura.

El ministro Fernando de los Ríos se entusiasmó tanto cuando Morente le presentó la propuesta que enseguida decidió apropiársela y convertirla en un proyecto de la República.[38] No solo apoyaría la iniciativa con becas, le dijo, sino que también conseguiría pasajes baratos de la compañía Trasmediterránea, fundada en 1916, y escribiría a los representantes consulares para que fueran recibiendo al grupo de estudiantes en los diferentes destinos igual que acogerían a una delegación diplomática. El crucero sería una universidad navegante, y al mismo tiempo un fantástico escaparate político, con todos aquellos universitarios cargados de ilusión a bordo.

No debió de ser fácil hacer realidad aquel sueño. Participaron más de ciento ochenta profesores y estudiantes, en su gran mayoría de la facultad de Filosofía y Letras de Madrid, pero también de otras disciplinas, como Arquitectura, y de otras ciudades, como Barcelona. Solo un profesor de la talla de García Morente, con su legendaria capacidad de organización,[39] habría sido capaz de conducir a un grupo tan numeroso por las ciudades de medio mundo. Todos eran universitarios, y por tanto formaban parte de una élite, aunque su extracción social era muy diversa. Se embarcaron desde hijos de ministros, diplomáticos, escritores y catedráticos, con apellidos de lo más reconocibles —Garrigues, Vicens Vives, Tovar, Ortega, Pérez de Ayala, Marañón…—, hasta estudiantes que difícilmente hubieran podido costear los gastos por su cuenta.[40] Algunos intelectuales, como Ortega y Gasset o Marañón, dieron conferencias para recaudar fondos e hicieron donaciones. Y para inmortalizar la aventura se envió a Gonzalo Menéndez-Pidal, hijo del matrimonio de filólogos, para que realizara un documental a bordo. Imagino que la película sería tan emocionante como la fotografía de sus padres por la ruta del Cid.

Los profesores y las estudiantes del crucero viajaron en primera clase, mientras que los alumnos varones lo hicieron en segunda y en tercera. Como recordaría después Julián Marías, para evitar tensiones entre estos últimos, Morente decidió que a la mitad del viaje los de segunda pasarían a tercera y viceversa.[41] Aunque en los camarotes dormían más bien poco, pues las tertulias se alargaban casi toda la noche y algunos preferían descansar en las hamacas de la cubierta, mecidos por el Mediterráneo bajo las estrellas. Aun así, como eran tan jóvenes, cuando amanecía, les sobraba energía para subirse en los pequeños botes que los acercaban a puerto y recorrer infatigables las ruinas de Luxor, las callejuelas de Jaffa, las mezquitas de Estambul o los templos griegos. Y cuando volvían al barco por la tarde, antes de retomar las interminables tertulias, incluso tenían tiempo de asistir a las conferencias y clases que impartían los catedráticos a bordo. Es más, según se hicieron eco las crónicas, algunos estudiantes hasta realizaron los cursillos que las oposiciones de aquel año les exigían. Con muy mala pata se habían programado durante las mismas semanas en las que la euforia se apoderó del calendario.

En aquella universidad navegante viajaron algunas de nuestras primeras universitarias, como Laura de los Ríos, Isabel García Lorca, Esmeralda Gijón, Ángela Barnés —la hermana de Dorotea, el ojito derecho de la doctora Foster—, Soledad Ortega, hija del filósofo, o las tres hermanas Giménez. Todas se habían hecho íntimas amigas en la facultad y pertenecían al entorno de la Residencia de Señoritas, pero algunas eran además viejas amigas de la infancia, como Laura e Isabel, que se conocían desde que eran niñas. Sus familias eran de Granada y allí habían crecido con Federico García Lorca y sus otros hermanos mayores como compañeros de juegos y diversiones.

En los escritos que publicaría años más tarde, Isabel García Lorca relató con especial nostalgia el momento en que llegaron a Atenas. «Todos estábamos confusos y llenos de emoción en el barco. Nos íbamos acercando. Cómo recuerdo la magnífica conferencia que nos dio García Morente antes de desembarcar, medio mareado, en la que acabó diciendo: "Y yo, aunque no hubiera nada, miraré el mismo cielo que contempló Platón". Estaba profundamente emocionado».[42]

9

Una mañana de primavera, poco antes de mi viaje a Cambridge, fui a visitar a Mabel, la nieta de Carmen Giménez, una de aquellas cruceristas. Me recibió con su madre, llamada igual que ella. Como les había sucedido a Menchu y a Santiago con los recuerdos de sus familiares, ambas estaban deseando enseñarme fotografías y recortes de periódico que tenían guardados. Desde que murió, casi centenaria, en 2010, su hija y su nieta recordaban a Carmen a menudo. Así que estaban felices de hablarme de su vida ante una taza de café.

Según me contaron, Carmen y sus hermanas Enriqueta y Ana María llegaron a Madrid procedentes de Málaga a comienzos de los años treinta, poco antes del crucero, cuando empezaron sus estudios de Filosofía y Letras en la Universidad

Central. Se habían criado en un entorno culto, donde habían recibido una educación liberal y el apoyo familiar necesario para continuar su formación en la universidad. Su tío era Alberto Jiménez Fraud, discípulo de Giner de los Ríos y director de la Residencia de Estudiantes desde su apertura en 1910, como vimos. De modo que al llegar a Madrid, las tres hermanas se sintieron muy arropadas en la «gran ciudad», como habría dicho Catha Barbour.

Cuando los alumnos de Filosofía y Letras abandonaron los edificios de San Bernardo, ellas iban también con el grupito que inauguró el nuevo edificio de la Ciudad Universitaria. De aquel momento existe una hermosa fotografía en blanco y negro en la que se ve a Ana María vestida con una camiseta de rayas mientras toma apuntes en una de las aulas nuevas. Vivían en la Residencia de Señoritas, en las habitaciones de la calle Miguel Ángel que el Instituto Internacional había cedido gracias a los nuevos acuerdos con la Junta para la Ampliación de Estudios. Me pregunto si les tocaría en la cuarta planta, en el Sisters' Room, que desde luego parecía construido para ellas.

Inauguración de las clases en la Ciudad Universitaria, 1933.

Durante los años en que vivieron en la Residencia de Señoritas, las Giménez disfrutaron de todo lo que el privilegiado entorno ofrecía, como la biblioteca, por aquel entonces convertida en una de las mejores de la ciudad, o las visitas de científicas ilustres, como Marie Curie, quien ya sabemos que en los años treinta fue una de sus huéspedes más célebres. También de las clases de danza que en esos años impartía Edith Burnett, una profesora americana de Smith College, pionera en las enseñanzas artísticas, que pasó una temporada en Madrid. Carmen bailaba tan bien que la profesora americana la escogió para que representara la figura de una estrella en un montaje de fin de curso con aires vanguardistas que tuvo lugar precisamente en la biblioteca del edificio de Miguel Ángel. Cuando le tocaba salir a escena, Enriqueta y Ana María movían las manos con gracia hacia los estantes como parte de la función, lo que más tarde provocaría una broma familiar originada por su amigo Emilio, uno de los hermanos Garrigues, que las observaba divertido entre el público. «¿Encontrasteis el libro que buscabais?», les preguntó riendo al acabar la representación.

De todas las aventuras que Carmen vivió aquellos años, las que más le gustaba contarles a sus nietas eran las del crucero. Siempre destacó el clima de tolerancia y camaradería que reinó durante el viaje y la inmensa fortuna que tuvieron de recibir clases en alta mar. Aunque algunos pasajeros se mareaban al principio, como su hermana Enriqueta, enseguida se acostumbraron a la vida a bordo. Los menús eran deliciosos y los lugares que visitaban cada día, como la Acrópolis o el Bósforo, les dejaban instantáneas que guardarían siempre en la memoria. A veces sucedían incidentes, como cuando Angelita Barnés se cayó de uno de los botes y, al no saber nadar, tuvo que hacerse la muerta para no ahogarse. Afortunadamente, uno de los profesores se dio cuenta de la inminente tragedia y se apresuró a lanzarse vestido al agua para salvarla. Estaban llegando a Atenas, donde los recibieron con una fiesta española en la que las tres hermanas Giménez bailaron sevillanas.

A Carmen también le gustaba evocar los aspectos más sentimentales del viaje, pues fue precisamente durante el crucero cuando se comprometió con Juan, el hijo de Ramón Pérez de Ayala, miembro destacado de la generación del 14 y en aquel momento embajador español en Londres. Existen algunas fotografías preciosas de ellos en el barco, la viva imagen de la juventud y de la alegría de vivir. Aunque se conocían de antes, en el crucero decidieron sellar su compromiso. Al llegar a Alejandría, Juan le regaló una rosa, un gesto que precipitó el sí definitivo. Carmen había leído que era una flor de buenos auspicios y que ahuyentaba las tempestades.

Cuando el Ciudad de Cádiz estaba emprendiendo el regreso, Valle-Inclán decidió unirse a la comitiva. Vivía en Italia, donde ejercía de director de la Real Academia de España en Roma, e imagino que no se le ocurriría una manera más excéntrica de volver a casa para pasar las vacaciones. Sea como fuere, si hace unas páginas perdíamos la oportunidad de ver al escritor paseando por el jardín botánico de Smith, ahora podemos desquitarnos con su impagable estampa de crucerista, uniéndose al cántico de «España está en el mar, para-pa-pa-pa» que se inventaron los viajeros para matar el aburrimiento.[43]

Aunque pasaban la mayor parte del tiempo divirtiéndose, los estudiantes también trataban de sacar ratos para escribir el diario que el decano les había pedido que llevaran. A la vuelta se organizaría un concurso y se publicaría el ganador. Como era de esperar, el primer premio se lo llevó el de Julián Marías, con quien difícilmente se podía competir, aunque por aquel entonces solo tuviera diecinueve años.

Además del hermoso diario, originalmente publicado como *Juventud en el mundo antiguo. Crucero universitario por el Mediterráneo*, el futuro filósofo se trajo de aquel viaje otro valioso recuerdo, un salacot, el sombrero de los exploradores, que compró en Túnez. Como recordaría Javier Marías, su hijo escritor, aquel salacot sería durante toda su infancia un objeto de fascinación, hasta el punto de incluirlo en *Mañana en la batalla piensa en mí*. En la escena de la novela en la que aparece, oímos decir

Julián Marías con el salacot en la exposición *Crucero universitario por el Mediterráneo* organizada en la Residencia de Estudiantes en 1996.

al narrador: «parecía antiguo con su barboquejo de cuero para fijarlo al mentón y su forro verde gastado, en el cual se veía una vieja etiqueta muy cuarteada en la que aún era legible: "Teobaldo Disegni", y debajo: "4 Avenue de France", y debajo: "Tunis"».[44]

Cuando Carmen Giménez murió, sus nietas heredaron la maleta que llevó en el crucero. Aunque no hubiera tenido tanta gloria literaria como el salacot de Marías, para Mabel y su hermana también sería siempre un objeto hechizante. Todavía conservaba restos de las pegatinas con dibujos de Estambul, El Cairo o Atenas que su abuela fue colocando en las tapas de cartón. Hoy están muy desgastadas, pero en ellas se adivina la silueta borrosa de un camello, las ruinas de un templo y la fachada ondulada de un gran hotel.

Crucero Universitario por el Mediterráneo, verano de 1933. Carmen y sus hermanas aparecen en el lado derecho de la imagen.

Crucero Universitario por el Mediterráneo, verano de 1933.

CUANDO NOS VOLVAMOS A VER

10

Mientras el Ciudad de Cádiz surcaba el Mediterráneo, la Universidad Internacional de Verano de Santander llevaba varias semanas yendo sobre ruedas. Aun así, en algunos momentos, a Salinas le costaba creer del todo que aquel vago proyecto que le había planteado a Fernando de los Ríos un año atrás, sentados a la sombra de un árbol en la sierra de Guadarrama, estuviera finalmente haciéndose realidad. Durante todo el curso le había dado muchos quebraderos de cabeza. Como le contó a Katherine en una de las cartas que voló hasta Northampton, fue él quien tuvo que ocuparse de casi todos los detalles, desde el diseño de los programas hasta la compra de mobiliario y el acondicionamiento de los espacios.[45] Entre tantos preparativos, su vía de escape era escribir los poemas de *La voz a ti debida* o revivir mentalmente los breves encuentros con Katherine en Alicante y Barcelona, de los que Margarita aún no sospechaba nada.

Poco a poco, la fecha del encuentro fue acercándose, hasta que por fin llegó el día.

Es difícil saber con precisión cómo sucedieron las cosas entre ellos. En su texto autobiográfico, Katherine cuenta que acudió a la inauguración de la universidad y que aquellos días rodeada de literatos europeos fueron una experiencia muy beneficiosa intelectualmente.[46] Por otro lado, también dejó escrito que este ambiente tan peculiar, con Salinas siempre ocupado de un lado para otro, no era la mejor atmósfera para el amor. Como en Middlebury, los profesores y los alumnos vivían juntos en la Magdalena, la antigua residencia de verano de Alfonso XIII, ahora en el exilio. Es posible que Katherine se sintiera sola entre tantos desconocidos tras meses de íntimo amor epistolar. Seguramente tuvieron menos oportunidades para estar juntos de las que habían soñado, aunque Salinas luego escribiera que ella trataba de ahuyentarlo llamándolo «pestífero» si la perseguía con sus muestras de adoración. La realidad, en definitiva, comenzó a imponer sus garras.

Cuando Katherine retomó las clases en Smith a comienzos de septiembre, Salinas le escribió una carta desde el Palacio de la Magdalena, prácticamente vacío tras la marcha de estudiantes y profesores:

> ¡Cómo he pensado en ti, esta última noche! Al irme de la Magdalena, al dejar atrás un verano tan importante en mi vida, lo que me dejo no es la obra de la Universidad Internacional, no es el recuerdo de lo hecho, no. ¿Qué va a ser sino la memoria dolorida y traspasada de gozo, a la par, de dos cuartos, el tuyo y el mío, de unas horas (¿pocas?, ¿muchas?, no sé, ¿incontables?) en que tú me has traído la máxima felicidad? Tú, siempre tú, por todas partes Katherine.[47]

Volvía la distancia y con ella, las cartas. Y los amantes tendrían que esperar otro año para verse de nuevo.

11

El sótano continuaba sin luz cuando mi hija Leonor y yo nos asomamos al hueco de la escalera. Ella abrió el paso, iluminando los peldaños con la linterna de mi teléfono móvil. Detrás, yo la seguí en silencio con tres cajas de cartón vacías en las que esperaba meter los restos del naufragio. Mientras bajábamos, distinguí en la pared la silueta del mapamundi en el que aprendí las capitales y un cartel de *Una noche en la ópera* con los hermanos Marx sonriéndome. Avanzamos despacio, tratando de no resbalar en los pequeños charcos que aún quedaban en el suelo. Olía a humedad.

Mi madre me había dicho al llegar que los muebles de mi abuela se habían salvado milagrosamente. No estaban debajo de la lámpara, así que no les había caído ni una gota de agua. Aun así, lo primero que hizo mi hija cuando cruzamos la puerta del pequeño cuarto con trastos fue enfocar la luz hacia la cama de madera y el espejo alargado, que nos devolvió nuestro reflejo entre las sombras. «Algún día —le dije— serán para ti». Al lado estaban las cajas con la biblioteca de mi abuelo materno. También parecían secas. Las abrí. Allí seguía intacto *Hamlet*, del que no me resistí a leerle a Leonor, a la luz de la linterna, la segunda escena del primer acto, cuando entra el fantasma:

BERNARDO
Querrá que le hablen.

MARCELO
Háblale, Horacio.

HORACIO
(Se encamina hacia donde está la sombra)

¿Quién eres tú, que así usurpas este tiempo a la noche, y esa presencia noble y guerrera que tuvo un día la majestad del soberano dinamarqués que yace en el sepulcro? Habla: por el cielo te lo pido.
(Vase la sombra a paso lento)[48]

Aunque respiré aliviada, sabía que mi escritorio no había tenido tanta suerte.

Mi hija abrió despacio el primer cajón. Tenía dos centímetros de agua. Con mucho cuidado, fui sacando uno a uno los cuadernos empapados, yo misma sorprendida por la cantidad que había. No hacía falta leer ninguna página para viajar instantáneamente al pasado. Bastaba con mirar las imágenes de las tapas y la llavecita dorada que colgaba de los candados. «Había una vez una Tetera de porcelana de Tokio —leyó Leonor apuntando con la luz—. Era una de las más bonitas y caras del mundo».

Tardamos varias horas en sacar los diarios, las fotos y los cuadernos, entre los que aparecieron los carnets de la Sociedad

Secreta de los Seis. Leonor iba colocándolos en las cajas que habíamos traído, asombrada de que su madre hubiera sido tan pequeña como ella alguna vez. Trabajábamos despacio, tratando de no romper los papeles ablandados por el agua. «Decide bien qué tiras y qué guardas», oímos que me aconsejaba mi madre desde el piso de arriba. Aunque tendrían que pasar un par de semanas desperdigados por las baldosas de mi casa hasta secarse del todo, la mayoría de mis tesoros de papel sobrevivirían.

«¿Y aquí qué hay, mamá?», me preguntó Leonor cuando ya nos íbamos, moviendo la linterna hacia una caja colocada en una estantería de la pared.

Lo primero que emergió cuando introdujo su manita fue una postal. Estaba firmada por mi abuelo paterno y en la foto se veía una avioneta en la cumbre nevada del Monte Cook, en Nueva Zelanda.

21-2-96
Me agradaría poder traerte aquí *but it is very expensive for the whole family*. Tendrás ocasión más adelante. Te recuerdo con cariño, *my dear*.

Un momento después, victoriosamente, Leonor sacó del fondo de la caja el pequeño ejemplar de *La voz a ti debida*. Lo abrimos al azar. «¡Ay!, CUÁNTAS cosas perdidas / que no se perdieron nunca. / Todas las guardabas tú».[49]

12

A diferencia del Crucero Universitario por el Mediterráneo, que no volvería a repetirse, la Universidad Internacional abrió sus puertas de nuevo el verano siguiente. Salinas ocupó otra vez el cargo de director, y Katherine llegó al puerto de Santander a bordo del Cristóbal Colón. Esta vez lo hizo con un grupo de jóvenes de Smith que se quedarían en la Residencia de Señoritas durante el curso 1934-1935 como estudiantes extranjeras. Formaban parte del programa Junior Year Abroad, que aquellos años lanzó Caroline Bourland desde el departamento de español retomando el impulso de los intercambios académicos de los veinte. Las estudiantes pasaban el primer mes en Santander, para perfeccionar la lengua, y después se instalaban en Madrid, donde su aspecto de estrellas de Hollywood causaba verdaderos estragos. Como recordaría Carmen de Zulueta, llegaban elegantes y perfumadas a la Ciudad Universitaria en un autobús desde Miguel Ángel, y lo que más les gustaba eran las clases de gramática de Rafel Lapesa.[50]

Para Katherine fue un año muy ajetreado.[51] Esta vez ella también estaba muy ocupada, pendiente de sus estudiantes y tratando de terminar su tesis doctoral sobre la generación del 98, dirigida por el propio Salinas. Aun así, al salir de clase, aquel otoño trataban de verse en una vieja cafetería de la calle de Ferraz, no muy lejos del Palacio de la Chata que tantos años antes visitaron los Gulick cuando buscaban un edificio para el Instituto Internacional. Por las noches, después de despedirse y volver a sus casas, Salinas la llamaba por teléfono, aunque a ella le parecía muy arriesgado y lo avisaba a menudo del peligro que corrían. Pero la tentación de oír su voz era más fuerte. Aunque no tuviera la magia de las cartas, el teléfono y sus señales eléctricas también eran para Salinas un invento milagroso.

Fue en el mes de febrero cuando Margarita trató de suicidarse. «Nada volvió a ser lo mismo —escribió Katherine en el texto que depositó en Harvard junto a las cartas y sus recuerdos—. La conmoción me devolvió a la realidad. Me di cuenta del carácter de nuestra relación y me sentí culpable. Estaba haciendo daño a otros. No era un "amor en vilo", sino un amor que no tenía un lugar propio».[52]

Cuando su barco zarpó de Málaga en junio de 1935, Katherine estaba convencida de que aquello era el final.

Y lo sería. De su amor y de tantas otras cosas.

POSDATA

LOS ÚLTIMOS FANTASMAS

1

Siempre intuí que la historia de nuestras americanas terminaría con Katherine Whitmore dando clase de literatura española en Smith College. Me emociona imaginarla en los años cincuenta, frente a sus alumnas, explicándoles la Generación del 27 y hablándoles de un poeta llamado Pedro Salinas. Es posible que el brillo de los ojos o un pequeño temblor en las manos la delataran al comenzar a leer en voz alta: «¡Si me llamaras, sí, / si me llamaras! / Lo dejaría todo, / todo lo tiraría: / los precios, los catálogos, / el azul del océano en los mapas, / los días y sus noches, / los telegramas viejos / y un amor».[1] Aunque lo más probable es que ninguna de ellas sospechara nunca que su profesora había inspirado aquellos versos tan hermosos que debían traducir. Y, menos aún, la cantidad de historias que podrían contarse tirando del hilo de aquel amor transatlántico.

Cuando Katherine regresó a Estados Unidos estaba decidida a poner fin a su relación clandestina. Se sentía culpable por el daño que había causado y no comprendía que Salinas pretendiera seguir manteniendo una doble vida tras el intento de Margarita de quitarse la vida. Sin embargo, difícilmente podía suponer que ellos, tan acostumbrados a las distancias, acabarían viviendo a escasos ciento cuarenta kilómetros.[2] A finales de 1935, el departamento de español de Wellesley College invitó a Salinas para que, durante un año, viviera y trabajara en el campus de

Massachusetts como profesor visitante distinguido. Salinas aceptó y llegó en 1936. El estallido de la Guerra Civil y, más tarde, el largo exilio, pasado en Estados Unidos y Puerto Rico, propiciaron que Katherine y él pudieran volver a encontrarse.

Durante el viaje que hice a Estados Unidos, Carlos Ramos, catedrático de español en Wellesley cuyos artículos sobre los viajes de Lee Bates tanto me ayudaron, me enseñó la casa donde había vivido Salinas durante su estancia. Sin duda, recorrer el campus fue uno de los momentos más especiales de mi aventura americana. Me fotografié en una escalera en la que creímos reconocer el lugar donde él se retrató y me emocioné rememorando con Carlos lo mucho que habían apoyado a Alice Gulick sus amigas feministas de Wellesley décadas antes de la llegada del poeta. Fue Carlos quien me contó que la profesora que invitó a Salinas había sido Alice Bushee, por aquel entonces directora del departamento de español, quien recordé que trabajó como misionera en el colegio de San Sebastián con los Gulick, a finales del siglo XIX, en la misma época que Catha Barbour. Curiosamente, el nombramiento de Salinas como visitante fue una de las últimas cosas que hizo Bushee antes de jubilarse en el verano de 1936. Pensé que los círculos empezaban a cerrase.

La última vez que Katherine y Salinas se vieron fue en la primavera de 1951. Él viajó hasta Northampton para pronunciar una conferencia en Smith y Katherine estaba entre el público que acudió a escucharlo. A la salida hablaron unos minutos, aunque el tono de la conversación fue triste. A pesar del tiempo pasado desde su ruptura, Salinas todavía le reprochaba que hubiera puesto punto final a su amor.[3] Se despidieron sin saber que no volverían a verse.

«Quizá no fue ese el último encuentro», escribió Katherine pasado el tiempo, en el texto autobiográfico que depositó en Harvard. En noviembre, le tocaba enseñar algunos poemas de «don Pedro Salinas», una selección que, en los último tiempos, había aprendido a explicar a sus estudiantes con discreción y aparente objetividad, sin levantar sospechas. Sin embargo, aquel año, mientras preparaba sus clases, sintió una gran emoción, como si una esclusa hubiera estallado y la arrollara.[4] «Estaba otra vez con Pedro, y en mi mente se agolparon todos mis queridos recuerdos».[5]

Poco después, a comienzos del mes de diciembre, le llegaría la noticia de su muerte. «Pero sé, con la misma certeza que hoy sé que estoy viva —concluyó en su texto— que estuvo conmigo aquella tarde de noviembre».[6]

2

Cuando comenzó la Guerra Civil en julio de 1936, en el edificio de la calle de Miguel Ángel aún quedaban cuarenta estudiantes, quienes seguían en Madrid acompañadas de María de Maeztu.[7] Lee Mandell, una alumna de Bryn Mawr College que se encontraba refugiada en la embajada de Estados Unidos, consiguió un documento que certificaba que el edificio era propiedad norteamericana. Gracias a eso, María pudo izar una bandera estadounidense en la torre, antaño dedicada a las clases de astronomía, evitando que el inmueble fuera incautado, y ella misma se quedó custodiándolo hasta que lo entregó a la propia embajada al huir hacia el exilio.[8] Cuando pienso en aquel día, imagino a María bajando lentamente la gran escalera de mármol, recorriendo por última vez las aulas y los largos pasillos, justo antes de oír cómo se cerraba a su espalda la pesada puerta de madera.

Esta vez fue a ella a quien le tocó representar el papel de Jano.

«COME HERE, EVERYTHING IS POSSIBLE», le escribió la doctora Foster a Dorotea Barnés en un telegrama.[9] Fue uno de los primeros mensajes de apoyo que empezaron a llegar a España desde Estados Unidos durante aquellos meses trágicos y llenos de incertidumbre de 1936. En Brooklyn, Susan Huntington se volcó para ayudar a los amigos que fueron llegando al puerto de Nueva York con la misma devoción con la que antaño había atendido a Carmen Castilla.[10] Hasta su muerte en 1945, dedicó todas sus fuerzas a reactivar las redes de colaboración que habían tejido las universidades de mujeres con intelectuales españoles, favoreciendo que los exiliados pudieran empezar una nueva vida en suelo estadounidense. Les abrió las puertas de su casa de par en par, como hizo con el edificio de Fortuny a comienzos de siglo, no en vano bautizado en su honor «Casa Susan Huntington» por la Junta de Ampliación de Estudios en 1932.[11]

Cuando terminó la contienda, se inauguró en Fortuny el Colegio Mayor Santa Teresa de Jesús (originalmente Residencia Teresa de Cepeda),[12] dirigido por Matilde Marquina, antigua alumna de la Residencia de Señoritas y miembro activo de la Sección Femenina de Falange. Aunque continuó funcionando como internado para universitarias y Marquina mantuvo en su puesto a algunas personas muy vinculadas a Maeztu, como Eulalia Lapresta, las diferencias entre los dos proyectos fueron evidentes desde el primer momento. En marzo de 1940 comenzó el nuevo curso con una misa en el paraninfo de Miguel Ángel y hasta Estados Unidos llegaron fotografías de una formación para enfermeras militares a la que Carmen Polo asistió sentada en primera fila. Se retiraron los libros de la biblioteca considerados peligrosos e incluso se habló de recibir a una delegación de muchachas de la Alemania nazi.[13] En definitiva, la guerra y la dictadura franquista supusieron el final de muchas cosas, entre ellas el desmantelamiento de las Residencias de Estudiantes y de Señoritas, así como el dramático exilio de muchas de las protagonistas de estas páginas, como Dorotea Barnés, quienes tuvieron que desempeñar en el extranjero las profesiones para las que con tanto empeño se habían preparado.

Carmen de Zulueta señala en su estudio lo delicada que se volvió entonces la situación para la Embajada de Estados Unidos en Madrid. En plena Segunda Guerra Mundial, el edificio del Instituto Internacional, propiedad de una corporación norteamericana, estaba controlado por el brazo femenino de la dictadura franquista.[14] Este escenario llegó a su fin en 1944, cuando el gobierno estadounidense se lo alquiló al Comité de Boston y cedió al Instituto Internacional otros locales para sus cursos y programas en inglés. Fue entonces, durante el tiempo en que estuvo ocupado por el personal de la embajada, cuando se levantó la tapia entre los jardines de Fortuny y Miguel Ángel que yo vería al comienzo de estas páginas.

El Instituto Internacional volvió a su sede de Miguel Ángel en 1950, desde donde siguió colaborando con sus viejos amigos españoles. El Boston, como empezaron a llamarlo en la posguerra, fue el lugar en el que, a menudo, encontraron un resquicio de libertad intelectuales como Julián Marías, Gloria Fuertes o Carmen Laforet. Al igual que había hecho en el pasado con la Residencia de Señoritas, el Comité de Boston cedió generosamente parte de sus instalaciones al colegio Estudio, dirigido por Jimena Menéndez-Pidal, Ángeles Gasset y Carmen García del Diestro, herederas de la tradición educativa de la Institución Libre de Enseñanza. Hoy el Instituto Internacional continúa desarrollando programas de lengua y cultura norteamericanas y sigue difundiendo la memoria de sus fundadoras. A través de los diferentes convenios que tiene con colleges y universidades, cada año recibe miles de estudiantes procedentes de Norteamérica.[15]

A pesar de los cambios y vaivenes de la historia posterior, la lucha por la educación femenina que guio las vidas de Alice Gulick y Concepción Arenal, entre tantas otras, no fue derrotada.

3

Cuando de pequeña viajaba con mi familia en la Transmediterránea me apenaba distinguir las luces del puerto de Barcelona, al regresar de las vacaciones. Significaba que el verano estaba a punto de terminar, pero también que debería esperar muchos meses para subirme en otro barco. En la cubierta, antes de bajar a tierra firme, me fijaba una última vez en los pasajeros, despidiéndome de sus gestos y conversaciones que entendía sin entender. El recuerdo de algunos rostros y palabras me seguía acompañando algún tiempo, al volver a mi vida de siempre y comenzar el colegio en el mes de septiembre. También venía a visitarme algunas mañanas de invierno, cuando veía a mi padre servirse la leche del desayuno en una pequeña taza, réplica exacta de las que usaron en el Titanic, con el dibujo de la banderita de la White Star Line.

Como entonces, ahora me resulta difícil poner fin a mi peregrinación y decir adiós a los personajes de este libro. A la familia Gulick, dedicada a las misiones extranjeras hasta 1960. A Catha Barbour y a sus amigas de Holyoke. A Mamá Noel, a la puritana Mary Lyon y a Nellie Bly, aquella alocada viajera que dio la vuelta al mundo con su pequeña bolsa de mano. Pero también me cuesta despedirme de Susan, de Zenobia, de María Goyri, de la doctora Foster, de Katherine Whitmore y de Caroline Bourland, quien falleció con ochenta y cinco años en un pueblo de Wisconsin.[16] De las bomberas de Cambridge y de María de Maeztu, así como de María Teresa Ibáñez, Carmen Castilla y Carmen Giménez, sus alumnas de la Residencia de Señoritas, tan presentes en los recuerdos de sus descendientes.

Ojalá que sus fantasmas sigan hablándote a ti como lo hicieron conmigo aquel día de 2021, la primera vez que entré en el jardín de Fortuny para visitar el archivo de la Residencia de Señoritas, cuando comenzó mi viaje en el tiempo.

Significará que esta historia transatlántica no ha sido olvidada.

NOTAS

A MODO DE INTRODUCCIÓN

1 Véase Carmen de Zulueta y Alicia Moreno, *Ni convento ni college. La Residencia de Señoritas*, p. 10 y ss.

2 Sobre la recuperación documental y la difusión de la tradición intelectual de la Residencia de Estudiantes, véase Isabel Pérez-Villanueva Tovar, *La Residencia de Estudiantes. 1910-1936. Grupo universitario y Residencia de Señoritas*, p. 11 y ss.

3 María Adelina Codina-Canet y Rosa San Segundo, «Fuentes Documentales y archivo de la Residencia de Señoritas de Madrid (1915-1936)», pp. 493-515.

4 Carmen de Zulueta y Alicia Moreno, *op. cit.*, p. 10.

5 Tal y como se explica en la página web del Centro de Documentación de la Residencia de Estudiantes en referencia a los fondos que conservan. En lo que se refiere a la historia literaria, véase también Dolores Romero López (ed.), *Archivos, repositorios y bibliotecas digitales. Hacia una historia literaria digital de la Edad de Plata*, pp. 17-162.

6 Existen numerosas semblanzas sobre Vicente Chacho Viu. Me he basado fundamentalmente en las elaboradas por Octavio Ruiz-Manjón y Salvador Pons que se recogen la edición conmemorativa de su obra *La Institución Libre de Enseñanza*, que publicó la Sociedad Estatal de Conmemoraciones Culturales y la Fundación Albéniz en 2010.

7 Octavio Ruiz-Manjón, «De un discreto encanto liberal», p. xxxi.

8 Son palabras de Pablo de Azcárate, publicadas en la reseña que apareció en la revista *Ínsula* en 1963.

9 La expresión pertenece a José-Carlos Mainer, citada por Octavio Ruiz-Manjón en «De un discreto encanto liberal», p. XXII.

10 Alicia Moreno y Carmen de Zulueta, *Ni convento ni college. La Residencia de Señoritas*, p. 9-11.

11 *Ibid.*, p. 10.

12 Sobre la relación entre la Residencia de Señoritas y el Colegio Mayor Santa Teresa, véase Margarita Sáenz de la Calzada, «De la Residencia de Señoritas al Colegio Mayor Santa Teresa», pp. 330-341.

13 Sobre los edificios de la Residencia de Señoritas, puede consultarse el artículo de Salvador Guerrero «Un lugar de memoria de la geografía española de la Institución Libre de Enseñanza: los edificios de la Residencia de Señoritas», pp. 296-315. Véase también los libros clásicos de Antonio Jiménez-Landi Martínez, *La Institución Libre de Enseñanza y su ambiente*, publicados en 1996.

14 Salvador Guerrero, *op. cit.*, p. 314.

15 Alicia Moreno y Carmen de Zulueta, *op. cit.*, p. 10.

16 Rosa Capel, «El archivo de la Residencia de Señoritas», pp. 156-161.

17 *Ibid.*, p. 159.

18 Jacques Derrida, *Mal de archivo*, p. 19.

19 *Ibid.*, p. 27.

20 Archivo de la Residencia de Señoritas (Fundación José Ortega y Gasset-Gregorio Marañón). Signatura 34/56/5.

21 Archivo de la Residencia de Señoritas (Fundación José Ortega y Gasset-Gregorio Marañón). Signatura 41/49/3.

22 Sobre las correspondencias de los padres de las residentes con María de Maeztu, véase Encarnación Lemus López, «Padres e hijas», en *Ellas. Las estudiantes de la Residencia de Señoritas*, pp. 27-88.

23 Archivo de la Residencia de Señoritas (Fundación José Ortega y Gasset-Gregorio Marañón). Signatura 33/24/4.

24 Archivo de la Residencia de Señoritas (Fundación José Ortega y Gasset-Gregorio Marañón). Signatura 9/3/3-4.

25 Archivo de la Residencia de Señoritas (Fundación José Ortega y Gasset-Gregorio Marañón). Signatura 38/23/10.

26 Emily Dickinson, *Poemas*, p. 86.

27 Isabel Pérez-Villanueva Tovar, *op. cit.*, p. 263 y ss.

COMIENZOS

1 Elizabeth Putnam Gordon, *Alice Gordon Gulick. Her Life and Work in Spain*, p. 34.

2 *Ibid.*, p. 5.

3 *Ibid.*, p. 34 y ss.

4 *Ibid.*, p. 35.

5 *Ibid.*, p. 209.

6 Emily Dickinson, *Poemas*, 533, p. 167.

7 Sobre el estado de la educación femenina en España a finales del siglo XIX pueden consultarse los libros de referencia de Raquel Vázquez Ramil, *Mujeres y educación en la España contemporánea. La Institución Libre de Enseñanza y la Residencia de Señoritas de Madrid*, así como Carmen de Zulueta, *Misioneras, feministas, educadoras. Historia del Instituto Internacional*.

8 Véase *La cuestión universitaria 1875. Epistolario de Francisco Giner de los Ríos, Gumersindo de Azcárate y Nicolás Salmerón*, editado por Pablo de Azcárate.

9 Raquel Vázquez Ramil, *op. cit.*, p. 25.

10 Concepción Arenal, *La mujer del porvenir*, p. 91. Véase también Concepción Arenal, *La pasión por el bien, Antología de su pensamiento*, edición a cargo de Anna Caballé.

11 Concepción Arenal, *La mujer del porvenir*, p. 39.

12 Anna Caballé, *Concepción Arenal. La caminante y su sombra*, p. 79.

13 *Ibid.*, p. 83, 98 y ss.

14 Delia Manzanero, *Concepción Arenal. Claves de emancipación de la mujer que se halla encarcelada*, p. 92 y ss.

15 Juan José Moreno y Casanova, «Fernando de Castro y Concepción Arenal», pp. 116-131.

16 Concepción Arenal, *La mujer del porvenir*, pp. 155-156.

17 VV. AA., *Conferencias dominicales sobre la educación de la mujer*, p. 3.

18 *Ibid.*, p. 16.

19 Joaquín María Sanromá y Creus, *Primera conferencia. La educación social de la mujer,* pp. 8-9.

20 *Ibid.*, p. 4.

21 *Ibid.*, pp. 4-5.

22 Francisco Pi y Margall, *Conferencia decimocuarta. La misión de la mujer en la sociedad*, p. 4.

23 José Echegaray, *Octava conferencia. Influencia del estudio de las ciencias físicas en la educación de la mujer*, p. 18.

24 Sobre la historia de Nueva Inglaterra, puede consultarse el libro clásico de Philip Jenkins, *Breve historia de Estados Unidos*, p. 38 y ss.

25 *Ibid.*, p. 62.

26 Véase David D. Hall, *The Puritans. A Transatlantic History,* p. 1 y ss.

27 Carmen de Zulueta, *Misioneras, feministas, educadoras. Historia del Instituto Internacional*, p. 23 y ss.

28 Philip Jenkins, *op. cit.*, p. 137.

29 *Ibid.*, p. 137.

30 Carmen de la Guardia, *Historia de Estados Unidos*, p. 141.

31 *Ibid.*, p. 150 y ss.

32 Sobre la experiencia que vivió Louisa May Alcott en una comunidad utópica trascendentalista de niña, véase *Fruitlands*, una divertida novela que ella misma escribió.

33 Carmen de Zulueta, *Misioneras, feministas, educadoras. Historia del Instituto Internacional* p. 39 y ss.

34 Citado en Elizabeth Putnam Gordon, *op. cit.*, p. 19.

35 *Ibid.*, p. 22 y ss.

36 Patricia R. Hill, *The World their Household. The American Woman's Foreign Mission Movement and Cultural Transformation, 1870-1920*, p. 4.

37 *Ibid.*, p. 12.

38 Elizabeth Putnam Gordon, *op. cit.*, p. 20 y ss.

39 Louisa May Alcott, *Mujercitas*, p. 164 y ss.

40 La historia de la Popcorn Society la recoge Anna Adams Gordon, hermana de Alice Gordon Gulick, en *Toots and Other Stories*, p. 29 y ss., un libro en el que recuerda historias y juegos familiares.

41 Carmen de la Guardia, *op. cit.*,p. 161.

42 Sobre los orígenes y evolución de la polémica, puede consultarse el artículo de Sue Zschoche, «Dr. Clarke Revisited: Science, True Womanhood, and Female Collegiate Education», pp. 545-569.

43 Lo relata el propio Edward H. Clarke en la introducción de su libro, *Sex in Education; or, A Fair Chance for the Girls*, p. 5 y ss.

44 *Ibid.*, p. 22.

45 *Ibid.*, p. 66.

46 *Ibid.*, p. 65 y ss.

47 Elizabeth Putnam Gordon, *op. cit.*, p. 23 y ss.

48 Carmen de Zulueta, *Misioneras, feministas, educadoras. Historia del Instituto Internacional* p. 38.

49 Lynn D. Gordon estudia los seminarios y college femeninos norteamericanos en un libro de referencia sobre el tema, *Gender and Higher Education in the Progressive Era*, p. 13.

50 *Ibid.*, p. 20 y 31.

51 *Ibid.*, p. 15. Sobre la historia de Mount Holyoke College, véase Anne Carey Edmonds, *A Memory Book. Mount Holyoke College 1837-1987*. Sobre la puntualidad y la campanita, p. 31.

52 Elizabeth Putnam Gordon, *op. cit.*, p. 26.

53 *Ibid.*, p. 28. Sobre la relación entre Holyoke y el mundo misionero, véase también Anne Carey Edmonds, *op. cit.*, p. 47-49.

54 Lynn D. Gordon, *op. cit.*, p. 13 y ss. Existe una amplia bibliografía que explora las instituciones educativas femeninas en Estados Unidos. Véase especialmente Helen Lefkowitz Horowitz, *Alma mater. Design and Experience in the Women's College from Their Nineteenth-Century Beginnings to the 1930s;* Barbara Miller Solomon, *In the Company of Educated Women. A History of Women and Higher Education in America*; Karen J. Blair, *The Clubwoman as Feminist. True Womanhood Redefined, 1868-1914*; Theodora Penny Martin, *The Sound of Our Voices. Women's Study Clubs, 1860-1910*; Patricia Ann Palmieri, *In Adamless Eden: the Community of Women*

Faculty at Wellesley. De la misma autora, véase también «Here Was Fellowship: A Social Portrait of Academic Women at Wellesley College, 1895-1920».

55 Lynn D. Gordon, *op. cit.*, p. 25.

56 Sobre la historia de la institución educativa, véase Almudena de la Cueva, «La *célula germinativa* de la cultura femenina: la Asociación para la Enseñanza de la Mujer», pp. 204-223.

57 Archivo Histórico de la Asociación para la Enseñanza de la Mujer-Fundación Fernando de Castro.

58 Elizabeth Putnam Gordon, *op. cit.*, p. 32.

59 Nota biográfica. Alice Gordon Gulick Papers, Mount Holyoke College Archives and Special Collections.

60 Patricia R. Hill, *op. cit.*, p. 46.

61 Carta de Alice Gordon Gulick a Emily Perrin. Alice Gordon Gulick Papers, Mount Holyoke College Archives and Special Collections.

62 Sobre Peter y Fanny Gulick puede consultarse la espléndida biografía de Clifford Putney, *Missionaries in Hawai'i. The Lives of Peter and Fanny Gulick, 1797-1883.*

63 En *Story of the Morning Star, The Children's Missionary Vessel*, un texto publicado por la Junta Americana para las Misiones en 1866. Hiram Bingham relata la historia del buque, así como de la campaña de financiación.

64 *Ibid.*, p. 20.

65 Elizabeth Putnam Gordon, *op. cit.*, p. 33 y ss.

66 Charles William Miller reconstruye con todo detalle la historia del viaje en «The Voyage of the *Parthian*: Life and Religion Aboard a 19th Century Ship Bound for Hawai'i», pp. 27-46.

67 Clifford Putney, *op. cit.*, p. 26.

68 *Ibid.*

69 Charles William Miller, *op. cit.*, p. 34.

70 *Ibid.*

71 Clifford Putney, *op. cit.*, pp. 27-28.

72 *Ibid.*, p. 29.

73 *Ibid.*, p. 38.

74 *Ibid.*, pp. 38-39.

75 Sobre la historia de la compañía Cunard Line, véase *History of the Cunard Steamship Company*, pp. 1-30.

76 Sam Warwick y Mike Roussel, *Shipwrecks of the Cunard Line*, p. 12.

77 *History of the Cunard Steamship Company op. cit.*, p. 7.

78 Cunard Steamship Company, *Official Guide and Album of the Cunard Steamship Company*, p. 2.

79 Víctor San Juan, *Breve historia de los transatlánticos*, p. 69.

80 Sam Warwick y Mike Roussel, *op. cit.*, p. 34-44.

81 Cunard Steamship Company, *op. cit.*, p. 16.

82 *Ibid.*, p. 22.

83 Véase Víctor San Juan, *op. cit.*, p. 53-54.

84 Cunard Steamship Company, *op. cit.*, p. 40.

85 George Augustus Sala, «Transatlantic Trips», pp. 91-107.

86 *Ibid.,* p. 94.

87 *Ibid.*, p. 39.

88 Henry James, *Los papeles de Aspern*, p. 15.

89 Cunard Steamship Company, *Official Guide and Album of the Cunard Steamship Company*, p. 21.

90 *Ibid.*, p. 96.

91 Víctor San Juan, *op. cit.*, p. 61.

92 Julio Verne, *Une ville flottante*, p. 1-2.

93 *Ibid.*

94 *Ibid.*, p. 10.

95 Víctor San Juan, *op. cit.*, p. 298.

96 Gulick Family Papers, Houghton Library, Harvard University.

97 Carmen de Zulueta, *Misioneras, feministas, educadoras. Historia del Instituto Internacional*, p. 75.

98 Gulick Family Papers, Houghton Library, Harvard University.

99 Carta desde París, 20 de enero de 1872. Gulick Family Papers, Houghton Library, Harvard University.

100 Carta del 10 de mayo de 1872. Gulick Family Papers, Houghton Library, Harvard University.

101 Carta del 16 de agosto de 1872. Gulick Family Papers, Houghton Library, Harvard University.

102 Citado en Elizabeth Putnam Gordon, *op. cit.*, p. 85.

ENCUENTROS

1 Carta de Alice Gordon Gulick a Emily Perrin. Alice Gordon Gulick Papers, Mount Holyoke College Archives.

2 *Ibid.*

3 Carta del 6 de agosto de 1872. Gulick Family Papers, Houghton Library, Harvard University.

4 Carmen de Zulueta, *Misioneras, feministas, educadoras. Historia del Instituto Internacional*, p. 77.

5 Carta del 10 de agosto de 1872. Gulick Family Papers, Houghton Library, Harvard University.

6 Citado en Zulueta, *Misioneras, feministas, educadoras. Historia del Instituto Internacional*, p. 87.

7 Annual Report of the American Board of Commissioners for Foreign Missions, 1875, p. 77.

8 Gulick Family Papers, Houghton Library, Harvard University.

9 Carmen de Zulueta, *Misioneras, feministas, educadoras. Historia del Instituto Internacional*, p. 81.

10 Sobre el fin del reinado de Isabel II y los años que siguieron al exilio, véase Isabel Burdiel, *Isabel II. Una biografía (1830-1904)*, p. 824 y ss.

11 Artículo del 18 de junio de 1872, «Spain. The Political Situation». Gulick Family Papers, Houghton Library, Harvard University.

12 Elizabeth Putnam Gordon, *op. cit.*, p. 42.

13 *Ibid.*, p. 41.

14 *Ibid.*

15 Elizabeth Putnam Gordon, *op. cit.*, p. 40. Carmen de Zulueta data un poco más adelante la creación de la capilla, en 1876. Véase *Misioneras, feministas, educadoras. Historia del Instituto Internacional*, p. 83.

16 Elizabeth Putnam Gordon, *op. cit.*, p. 44.

17 Emilia Pardo Bazán, *La Tribuna*, p. 223-224.

18 Marcelino Menéndez Pelayo, *Historia de los heterodoxos españoles*, vol. 3, p. 783.

19 *Ibid.*, p. 787-788.

20 *Ibid.*, p. 792.

21 *Ibid.*

22 *Ibid.*, p. 790-791.

23 Clifford Putney, *Missionaries in Hawai'i. The Lives of Peter and Fanny Gulick, 1797-1883*, p. 3.

24 Elizabeth Putnam Gordon, *op. cit.*, p. 44.

25 Manuel Azaña, «Nota preliminar», p. 21-22.

26 *Ibid.*, p. 23.

27 Carmen de Zulueta, *Misioneras, feministas, educadoras. Historia del Instituto Internacional*, p. 51.

28 Marcelino Menéndez Pelayo, *op. cit.*, p. 661.

29 *Ibid.*

30 Carta de Emilia Pardo Bazán a Marcelino Menéndez Pelayo del 8 de julio de 1882, Biblioteca Virtual Miguel de Cervantes.

31 George Borrow, *La Biblia en España*, p. 402.

32 Véase, por ejemplo, Matilde Camus, *Historia de la Iglesia Evangélica Española de Santander*.

33 Libro registro de enterramientos del cementerio protestante de Santander (1864-1938). Archivo Municipal de Santander (A.M.S.), Legajo B-309, n.º 7 y n.º 8.

34 *Ibid.*

35 *Ibid.*

36 Alice Gulick, *Report of the International Institute for Girls in Spain (1901)*, p. 6. Alice Gordon Gulick Papers, Mount Holyoke College Archives.

37 *Ibid.*, p. 8.

38 Patricia R. Hill, *op. cit.*, p. 11.

39 Elizabeth Putnam Gordon, *op. cit.*, p. 76.

40 Edward Morgan Forster, *Una habitación con vistas*, p. 38. Sobre las distintas formas de peregrinaje en la novela de Forster puede consultarse el artículo de Alexandra Peat, «Modern Pilgrimage and the Authority of Space in Forster's 'A Room with a View' and Woolf's 'The Voyage Out'», pp. 139-152.

41 Elizabeth Putnam Gordon, *op. cit.*, p. 77.

42 *Ibid.*, *op. cit.*, p. 78.

43 Carta de Alice Gordon Gulick a Emily Perrin del 19 de abril de 1875. Alice Gordon Gulick Papers, Mount Holyoke College Archives.

44 Carta de Alice Gordon Gulick a Emily Perrin del 17 de febrero de 1876. Alice Gordon Gulick Papers, Mount Holyoke College Archives.

45 Véase Frances Willard, *Glimpses of fifty years: the autobiography of an American Woman*, p. 271.

46 *Ibid.*, p. 340-41.

47 Steven L. Piott, *Americans in Dissent. Thirteen Influential Social Critics of the Nineteenth Century*, p. 123 y ss.

48 *Ibid.*, p. 129.

49 Elizabeth Putnam Gordon, *op. cit.*, p. 81.

50 *Ibid.*

51 Henry James, *Las bostonianas*, p. 37.

52 *Ibid.*, p. 40.

53 *Ibid.*

54 Sobre la figura de la oradora y la dimensión pública de los discursos en la novela de Henry James, véase Caroline Field Levander, « Bawdy Talk: The Politics of Women's Public Speech in *The Lectures* and *The Bostonians*», pp. 467-485, así como Lynn Wardley «Woman's Voice, Democracy's Body, and *The Bostonians*», pp. 639-665.

55 Elizabeth Putnam Gordon, *op. cit.*, p. 82.

56 *Ibid.*, p. 82-83.

57 *Ibid.*, p. 84.

58 *Ibid.*, p. 85.

59 Sobre la salida de Isabel II de España, véase Isabel Burdiel, *Isabel II. Una biografía (1830-1904)*, p. 808 y ss.

60 Annual Report of the American Board of Commissioners for Foreign Missions, 1887, p. 148.

61 Hoja del Padrón de San Sebastián de 1885. Archivo Municipal de San Sebastián, DUA-AMSSH-00008-L350 orr.

62 *Ibid.*

63 Carmen de Zulueta, *Misioneras, educadoras, feministas. Historia del Instituto Internacional*, p. 99.

64 Elizabeth Putnam Gordon, *op. cit.*, p. 91.

65 Esta información tan detallada sobre la vida de Catharine procede de un libro publicado privadamente por su familia y amigos en 1902, *Catharine Hayden* Barbour, p. 34 y ss. International Institute for Girls in Spain records, Smith College Archives.

66 *Ibid.*, p. 35-36.

67 *Ibid.*, p. 40 y ss.

68 Marianne Erickson, «The Scientific Education and Technological Imagination of Emily Dickinson», p. 47.

69 Martha Dickinson Blanchi, «Emily Dickinson Garden», pp. 1-4.

70 Marianne Erickson, *op. cit.*, p. 46.

71 Sobre los manuscritos de Dickinson y el proceso de edición que ella seguía, puede consultarse el trabajo de Ralph W. Franklin, «The Emily Dickinson Fascicles», pp. 1-20.

72 En algunas versiones del descubrimiento, como la que incluye la Houghton Library en la descripción del archivo de Dickinson, no encontramos referencias al lugar en el que aparecieron los fascículos. En otras, hallamos vagas alusiones a otras piezas del mobiliario, como la mesita del escritorio, actualmente en posesión de la propia Houghton.

73 Martha Nell Smith, una de las principales académicas que ha estudiado la obra de Dickinson desde una perspectiva feminista y de género recoge la anécdota en el artículo «Gender Issues in Textual Editing of Emily Dickinson», p. 78.

74 Sandra M. Gilbert y Susan Gubar, *La loca del desván. La escritora y la imaginación literaria del siglo XIX*, p. 573.

75 Emily Dickinson, *Poemas y Cartas 1-600*, p. 25-26.

76 Mary Loeffelholz, «What is a Fascicle? Reading Emily Dickinson's Manuscript Books», p. 23.

77 Harold Bloom, *El canon occidental*, p. 309.

78 *Ibid.*

79 Publicado en *Catharine Hayden Barbour, op. cit.*, p. 47. International Institute for Girls in Spain records, Smith College Archives.

80 William Gulick «Miss Catharine Barbour», International Institute for Girls in Spain records, Smith College Archives [caja 27].

81 Publicado en *Catharine Hayden*, op. cit., p. 48. International Institute for Girls in Spain records, Smith College Archives.

82 *Ibid.*, p. 50

83 *Ibid.*, p. 52.

84 *Ibid.*, p. 55.

85 *Ibid.*, p. 44.

86 *Ibid.*, p. 39.

87 *Ibid.*

88 *Ibid.*

89 Catharine Barbour Papers, Mount Holyoke College Archives.

90 *Ibid.*

91 *Catharine Hayden Barbour, op. cit.*, p. 53. International Institute for Girls in Spain records, Smith College Archives.

92 Catharine Barbour Papers, Mount Holyoke College Archives.

93 *Ibid.*

94 Sobre la situación de la educación superior femenina, véase el estudio pionero de Consuelo Flecha, *Las primeras universitarias en España*, originalmente publicado en 1996.

95 Elizabeth Putnam Gordon, *op. cit.*, p. 111.

96 Annual Report of the American Board of Commissioners for Foreign Missions, 1892, p. 103.

97 *Ibid.*, p. 104.

98 Elizabeth Putnam Gordon, *op. cit.*, p. 111-112.

99 Sylvia Plath, *La campana de cristal*, p. 133.

100 International Institute for Girls in Spain records, Smith College Archives [caja 26].

101 Elizabeth Putnam Gordon, *op. cit.*, p. 115.

102 Richard L. Kagan aborda magistralmente el fenómeno de popularidad hispánica en *The Spanish Craze. America's Fascination with the Hispanic World, 1779-1939*.

103 International Institute for Girls in Spain records, Smith College Archives [caja 26].

104 «A Statement and an Appeal», International Institute for Girls in Spain records, Smith College Archives [caja 26].

105 Véase Mary Pepchinski, «Woman's Buildings at European and American World's Fairs, 1893-1939», en *Gendering the Fair*, p. 193 y ss.

106 Francisco J. Hermida Suárez, «Las naves del descubrimiento», p. XLV.

107 Robert Erwin, «Having It All», p. 287 y ss.

108 Sara Wadsworth y Wayne A. Wiegand, *Right Here I see my own Books. The Woman's Building Library at the World's Columbia Exposition*, p. XV.

109 Griselda Pollock, *Mary Cassatt. Pintora impresionista*, p. 96 y ss.

Por otro lado, *Mary Cassatt. Painter of Modern Women*, también de Griselda Pollock, es una obra imprescindible sobre la pintora.

110 Charles Baudelaire, *El pintor de la vida moderna*, p. 75 y ss.

111 Griselda Pollock, *Mary Cassatt. Painter of Modern Women*, p. 129.

112 Griselda Pollock, *Mary Cassatt. Painter of Modern Women*, p.38.

113 Griselda Pollock aborda estas dinámicas visuales en *Mary Cassatt. Pintora impresionista*, p. 21 y ss.

114 Griselda Pollock, *Mary Cassatt. Painter of Modern Women*, p. 39 y ss.

115 Griselda Pollock, *Mary Cassatt. Painter of Modern Women*, p. 43 y ss.

116 John Hutton, «Mary Cassatt's "Modern Woman" and the Woman's Building of 1893», p. 322.

117 *Ibid.*, p. 334.

118 Griselda Pollock, *Mary Cassatt. Painter of Modern Women*, p. 35.

119 John Hutton, *op. cit.*, p. 334.

120 Caroline Borden, «Read at annual meeting of Corporation», International Institute for Girls in Spain records, Smith College Archives [caja 31].

121 Carmen de Zulueta, *Misioneras, educadoras, feministas. Historia del Instituto Internacional*, p. 110.

122 *Ibid.*

123 Caroline Borden, «Read at annual meeting of Corporation», International Institute for Girls in Spain records, Smith College Archives [caja 31].

124 International Institute for Girls in Spain records, Smith College Archives [caja 31]

125 Caroline Borden, «Read at annual meeting of Corporation», International Institute for Girls in Spain records, Smith College Archives [caja 31].

126 Carmen de Zulueta, *Misioneras, feministas, educadoras. Historia del Instituto Internacional*, p. 15.

127 Encarnación Lemus López dedica un apartado completo a Enriqueta Martín en *Ellas. Las estudiantes de la Residencia de Señoritas*, pp. 401-410.

128 Carmen de Zulueta, *Misioneras, feministas, educadoras. Historia del Instituto Internacional*, p. 15.

MUDANZAS

1 Sobre Gumersindo de Azcárate véase Pablo de Azcárate, *Gumersindo de Azcárate. Estudio biográfico documental*, así como Francisco M. Balado Insunza, *Gumersindo de Azcárate. Una biografía política*.

2 Véase Francisco M. Balado Insunza, *op. cit.*, p. 37 y Raquel Vázquez Ramil, *Mujeres y educación en la España contemporánea*, p. 42.

3 Pablo de Azcárate, *Gumersindo de Azcárate. Estudio biográfico documental*, p. 18.

4 Raquel Vázquez Ramil, *Mujeres y educación en la España contemporánea*, p. 74.

5 *Ibid.*, p. 42.

6 Pablo de Azcárate, *Gumersindo de Azcárate. Estudio biográfico documental*, p. 16.

7 *Ibid.*, p. 30.

8 Pablo de Azcárate, *Gumersindo de Azcárate. Estudio biográfico documental*, p. 35.

9 *Ibid.*, p. 20.

10 Elizabeth Putnam Gordon, *op. cit.*, p. 122.

11 *Ibid.*, p. 123.

12 Véase Rosa María Capel, «La apertura del horizonte cultural femenino. Fernando de Castro y los congresos pedagógicos del siglo XIX», pp. 109-146.

13 Véase Luis Batanaz Palomares, «Los congresos pedagógicos: una plataforma para la renovación pedagógica», pp. 119-123.

14 Véase Narciso de Gabriel, «Emilia Pardo Bazán, las mujeres y la educación. El congreso pedagógico (1892) y la cátedra de literatura (1916)», p. 492.

15 Véase especialmente «La Institución Libre de Enseñanza (ILE) y la educación de la mujer», pp. 68-81.

16 María Goyri, *El feminismo regeneracionista*, p. 117.

17 *Ibid.*, p. 118-119.

18 *Ibid.*

19 Narciso de Gabriel, *op. cit.*, p. 497.

20 *Ibid.*

21 María Goyri, *op. cit.*, p. 118.

22 Citado en Isabel Burdiel, *Emilia Pardo Bazán*, p. 382.

23 *Op. cit.*, p. 382.

24 Emilia Pardo Bazán, *"Miquiño mío", Cartas a Galdós*, p. 145.

25 Citado en Isabel Burdiel, *Emilia Pardo Bazán*, p. 423.

26 *Ibid.*

27 *Ibid.*, p. 424.

28 Véase John Stuart Mill, *El sometimiento de la mujer*.

29 Citado en Isabel Burdiel, *Emilia Pardo Bazán*, p. 425.

30 *Catharine Hayden Barbour, op. cit.*, p. 38. International Institute for Girls in Spain records, Smith College Archives.

31 *Ibid.*

32 *Ibid.*, p. 55.

33 Catharine Barbour Papers, Mount Holyoke College Archives.

34 *Ibid.*

35 *Ibid.*

36 *Ibid.*

37 *Catharine Hayden Barbour, op. cit.*, p. 57. International Institute for Girls in Spain records, Smith College Archives.

38 *Ibid.*, p. 55.

39 *Ibid.*

40 *Ibid.*, p. 58.

41 Pablo de Azcárate, *La guerra del 98*, p. 20.

42 *Ibid.*, p. 21.

43 *Ibid.*, p. 26 y p. 46.

44 Juan Francisco Fuentes, *Bienvenido Mister Chaplin. La americanización del ocio y la cultura en la España de entreguerras*, p. 27.

45 Elizabeth Putnam Gordon, *op. cit.*, p. 140.

46 Elizabeth Putnam Gordon, *op. cit.*, p. 142.

47 Juan Francisco Fuentes, *op. cit.*, p. 22.

48 Citado en Elizabeth Putnam Gordon, *op. cit.*, p. 140 y ss.

49 Elizabeth Putnam Gordon, *op. cit.*, p. 145.

50 *Ibid.*, p. 146.

51 *Catharine Hayden Barbour, op. cit.*, p. 59. International Institute for Girls in Spain records, Smith College Archives.

52 *Ibid.*, p. 59-60.

53 Elizabeth Putnam Gordon, *op. cit.*, pp. 142-143.

54 Catharine Hayden Barbour, *op. cit.*, p. 59. International Institute for Girls in Spain records, Smith College Archives, p. 61.

55 Elizabeth Putnam Gordon, *op. cit.*, p. 169 y ss.

56 *Catharine Hayden Barbour, op. cit.*, p. 61-62.

57 Pablo de Azcárate, *La guerra del 98*, p. 9.

58 Elizabeth Putnam Gordon, *op. cit.*, p. 169 y ss.

59 *Ibid.*

60 De la visita de Katharine Lee Bates se hacen eco en sus libros Elizabeth Putnam Gordon y Carmen de Zulueta. Véase también Carlos Ramos, «Katharine Lee Bates en la España del Desastre: exploraciones culturales y espíritu regeneracionista», pp. 369-398.

61 Sobre las motivaciones que llevaron a Lee Bates a España, véase Carlos Ramos, *op. cit.*, p. 374 y ss.

62 Carmen de Zulueta, *Misioneras, feministas, educadoras. Historia del Instituto Internacional*, p. 127.

63 Katharine Lee Bates, *Spanish Highways and Byways*, p. 352.

64 *Ibid.*, p. 353.

65 *Ibid.*, p. 359.

66 Véase Alberto Egea Fernández-Montesinos, «Rewriting Stereotypes on Spain: Unveiling the Counter-Picturesque in Katharine Lee Bates», p. 72.

67 Alberto Egea Fernández-Montesinos, *op. cit.*, p. 64.

68 *Ibid.*, p. 67.

69 *Ibid.*

70 Katharine Lee Bates, *op. cit.*, p. 432.

71 Alberto Egea Fernández-Montesinos, *Viajeras anglosajonas en España. Una antología*, p. 242.

72 *Ibid.*, p. 307.

73 Virginia Woolf, *Hacia el sur. Viajes por España*, p. 47.

74 *Ibid.*, p. 76.

75 Nellie Bly, *La vuelta al mundo en 72 días*.

76 *Ibid.*, p. 211.

77 *Ibid.*, p. 214.

78 *Catharine Hayden Barbour, op. cit.*, p. 64. International Institute for Girls in Spain records, Smith College Archives.

79 *Ibid.*, p. 12.

80 *Ibid.*, p. 68.

81 *Ibid.*, p. 70.

82 *Ibid.*, p. 71.

83 *Ibid.*, p. 24.

84 *Ibid.*, p. 39.

85 *Ibid.*, p. 28.

86 Mission to Spain, Woman's board, American Board of Commissioners for Foreign Missions archives, Houghton Library, Harvard University [caja 27, vol. 4].

87 Carmen de Zulueta, *Misioneras, feministas, educadoras. Historia del Instituto Internacional*, p. 140.

88 Mission to Spain, Woman's board, American Board of Commissioners for Foreign Missions archives, Houghton Library, Harvard University [caja 27, vol. 4].

89 *Ibid.*

90 *Ibid.*

91 Gulick Family Papers, Houghton Library, Harvard University.

92 *Ibid.*

93 *Ibid.*

94 *Ibid.*

95 *Ibid.*

96 Elizabeth Gaskell, *Cranford*, p. 88 y ss.

97 Mission to Spain, Woman's board, American Board of Commissioners for Foreign Missions archives, Houghton Library, Harvard University. Véase también Isabel Pérez-Villanueva Tovar, *La Residencia de Estudiantes. 1910-1936. Grupo universitario y Residencia de Señoritas*, p. 144.

98 Mission to Spain, Woman's board, American Board of Commissioners for Foreign Missions archives, Houghton Library, Harvard University.

99 Carmen de Zulueta, *Misioneras, feministas, educadoras. Historia del Instituto Internacional*, p. 151.

100 Mission to Spain, Woman's board, American Board of Commissioners for Foreign Missions archives, Houghton Library, Harvard University.

101 Elizabeth Putnam Gordon, *op. cit.*, p. 228.

ALIANZAS

1 Citado en Carmen de Zulueta, *Misioneras, feministas, educadoras. Historia del Instituto Internacional*, p. 168.

2 *Ibid.*

3 *Ibid.* Sobre la visión que tenía Susan Huntington de la institución puede consultarse el artículo «The International Institute at Madrid», publicado en *Hispania* en los años veinte. International Institute for Girls in Spain records, Smith College Archives [caja 26].

4 Pilar Piñón ofrece una semblanza de Susan Huntington Vernon en *Go West Young Woman! Redes transatlánticas e internacionalismo cultural. Las mujeres como protagonistas del intercambio académico entre España y los Estados Unidos (1919-1939)*, pp. 187-225.

5 Sobre los orígenes familiares de Susan, sigo a Pilar Piñón, *Go West Young Woman!*, p. 188 y ss.

6 Carmen de Zulueta, *Misioneras, feministas, educadoras. Historia del Instituto Internacional*, p.167.

7 *Ibid.*, p. 168.

8 International Institute for Girls in Spain records, Smith College Archives [caja 29].

9 International Institute for Girls in Spain records, Smith College Archives [caja 26].

10 Carmen de Zulueta, *Misioneras, feministas, educadoras. Historia del Instituto Internacional*, p. 168.

11 Carmen de Zulueta, *ibid.*, p. 148 y también Elizabeth Putnam Gordon, *op. cit.*, p. 218-219.

12 International Institute for Girls in Spain records, Smith College Archives [caja 26].

13 Sobre Carolina Marcial Dorado, Pilar Piñón ofrece una semblanza en *Go West Young Woman!*, p. 251-278.

14 Estas cartas aparecieron publicadas en inglés en el *College News* de Wellesley. International Institute for Girls in Spain records, Smith College Archives [caja 26].

15 International Institute for Girls in Spain records, Smith College Archives.

16 «A Spaniard's Impression of the International Institute for Girls, Madrid, Spain». Artículo originalmente aparecido en español en *El Heraldo de Madrid* en abril de 1913. International Institute for Girls in Spain records, Smith College Archives [caja 26].

17 «Building costs 1910-12». International Institute for Girls in Spain records, Smith College Archives [caja 26].

18 «Building costs 1910-12». International Institute for Girls in Spain records, Smith College Archives [caja 26].

19 Carmen de Zulueta, *Misioneras, feministas, educadoras. Historia del Instituto Internacional*, p. 174.

20 *Ibid.*, p. 170.

21 «Susan Huntington Vernon». International Institute for Girls in Spain records, Smith College Archives [caja 27].

22 Testimonio que procede de una carta escrita con motivo del fallecimiento de Susan. International Institute for Girls in Spain records, Smith College Archives [caja 29].

23 Katharine Coman, «Girls Schools in Spain». International Institute for Girls in Spain records, Smith College Archives [caja 26].

24 Carmen de Zulueta, *Misioneras, feministas, educadoras. Historia del Instituto Internacional*, p. 174.

25 Susan Huntington, «The Sisters' Room», aparecido en *Dana Hall Association Quarterly* en julio de 1913. International Institute for Girls in Spain records, Smith College Archives [caja 29].

26 Traducción de «A day at the Instituto Internacional», *Goucher Kalends*. International Institute for Girls in Spain records, Smith College Archives [caja 29].

27 Clara M. Parker, «The New Poetry and the Conservative American Magazine», p. 48. Véase también Paul Bradley Bellew, «"At the Mercy of Editorial Selection": Amy Lowell, Ezra Pound, and the Imagist Anthologies», pp. 22-40.

28 Pilar Piñón, *Go West Young Woman!*, p. 204.

29 Isabel Pérez-Villanueva Tovar, *María de Maeztu. Una mujer en el reformismo educativo español*, p. 7.

30 *Ibid.*, p. 13.

31 *Ibid.*, p. 16.

32 Sobre la Junta de Ampliación de Estudios y la relación que mantuvo con la Residencia de Estudiantes, véase Isabel Pérez-Villanueva Tovar, *La Residencia de Estudiantes. 1910-1936. Grupo universitario y Residencia de Señoritas*, pp. 23 y ss.

33 Isabel Pérez-Villanueva Tovar, *María de Maeztu. Una mujer en el reformismo educativo español*, p. 28.

34 *Ibid.*, p. 21.

35 María de Maeztu, *Feminismo, literatura y exilio*, p. 218.

36 *Ibid.*, pp. 218-219.

37 Pilar Piñón, *Go West Young Woman!*, p. 35.

38 *Ibid.*, p. 48.

39 Susana Martín Zaforas, «María Goyri, o el notorio encanto de la discreción», p. 40.

40 María Goyri, *Feminismo regeneracionista*, p. 198.

41 *Ibid.*, p. 222.

42 *Ibid.*, pp. 216-217.

43 *Ibid.*, p. 122 y ss.

44 *Ibid.*, p. 210-2011.

45 Susana Martín Zaforas, *op. cit.*, p. 51.

46 *Ibid.*, p. 54.

47 *Ibid.*, p. 212.

48 Sobre la historia del romancero, véase Diego Catalán, *El Archivo del Romancero, patrimonio de la humanidad: Historia documentada de un siglo de historia*, a quien sigo en la reconstrucción de la aventura.

49 Susana Martín Zaforas, *op. cit.*, p. 106.

50 María Goyri, *Feminismo regeneracionista*, p. 233.

51 *Ibid.*

52 Irene Claremont de Castillejo, *Respaldada por el viento*, p. 12.

53 Carmen de Zulueta, «José Castillejo Duarte, un arquitecto de ideas», pp. 65-80.

54 Véase Natalia Cossio de Jiménez, *Mi mundo desde dentro*.

55 Raquel Vázquez Ramil, *Mujeres y educación en la España contemporánea*, p. 159.

56 Isabel Pérez-Villanueva Tovar, *La Residencia de Estudiantes. 1910-1936. Grupo universitario y Residencia de Señoritas*, p. 40 y ss.

57 *Ibid.*, p. 162.

58 Citado en Pilar Piñón, *Go West Young Woman!*, p. 205.

59 Citado en Isabel Pérez-Villanueva Tovar, *La Residencia de Estudiantes. 1910-1936. Grupo universitario y Residencia de Señoritas*, p. 162.

60 Raquel Vázquez Ramil, *Mujeres y educación en la España contemporánea*, p. 74.

61 Carta de David Ibáñez a María de Maeztu. Archivo de la Residencia de Señoritas (Fundación José Ortega y Gasset-Gregorio Marañón). Signatura 34/53/2.

62 Carta de Teresa Ibáñez [Yváñez] a María de Maeztu. Archivo de la Residencia de Señoritas (Fundación José Ortega y Gasset-Gregorio Marañón). Signatura 34/56/1.

63 Isabel Pérez-Villanueva Tovar, «La Residencia de Señoritas. Mujeres y universidad», p. 149.

64 Isabel Pérez-Villanueva, *La Residencia de Estudiantes. 1910-1936. Grupo universitario y Residencia de Señoritas*, p. 188.

65 Isabel Pérez-Villanueva Tovar, «La Residencia de Señoritas. Mujeres y universidad», p. 144.

66 *Ibid.*, p. 149.

67 Almudena de la Cueva y Margarita Márquez Padorno, «La Residencia de Señoritas [1915-1936]. Una habitación propia para las españolas», p. 42.

68 *Ibid.*, p. 46.

69 Isabel Pérez-Villanueva Tovar, *La Residencia de Estudiantes. 1910-1936. Grupo universitario y Residencia de Señoritas*, p. 191.

70 Joaquín Santo Matas, *José Iváñez Baldó. Un arquitecto frente al caos urbanístico*, p. 19.

71 *Ibid.*, p. 14.

72 *Ibid.*, p. 21.

73 Véase Consuelo Flecha, *op. cit.*

74 Véase Álvaro Ribagorda, «La vida cultural de la Residencia de Señoritas en el Madrid de la Edad de Plata», pp. 161-196.

75 María de la O Lejárraga y Gregorio Martínez Sierra, *Cartas a las mujeres de España*.

76 Carmen de Zulueta, *Misioneras, feministas, educadoras. Historia del Instituto Internacional*, p. 178.

77 Isabel Pérez-Villanueva Tovar, *La Residencia de Estudiantes. 1910-1936. Grupo universitario y Residencia de Señoritas*, p. 262. Véase también Margarita Márquez Padorno «Feminism as a transatlantic bridge to modernity: María de Maeztu's Residencia de Señoritas and the American International Institute for Girls in Spain (1917–1936)», pp. 176–194.

78 Pilar Piñón., *Go West Young Woman!* p. 208.

79 Son recuerdos de sus estudiantes cuando falleció. Caroline Brown Bourland Papers, Smith College Archives [caja 687].

80 *Ibid.*

81 Pilar Piñón ofrece una semblanza de Caroline Bourland, *Go West Young Woman!*, pp. 226 y ss.

82 *Ibid.*, p. 232.

83 Caroline Brown Bourland Papers, Smith College Archives [caja 687].

84 *Ibid.*

85 Véase Carmen de la Guardia, *Historia de Estados Unidos*, p. 267 y ss.

85 *Ibid.*, p. 271.

87 Philip Jenkins, *Breve historia de Estados Unidos*, p. 279.

88 Carmen de la Guardia, *Historia de Estados Unidos*, p. 271.

89 Sam Warwick y Mike Roussel, *Shipwrecks of the Cunard Line*, pp. 69-70.

90 Wyman H. Packard, *A Century of U.S. Naval Intelligence*, p. 13.

91 *Ibid.*, p. 41.

92 *Ibid.*

93 *Ibid.*, p. 65. Véase también José Antonio Montero Jiménez, *El despertar de una gran potencia*, p. 74 y ss.

94 Wyman H. Packard, *A Century of U.S. Naval Intelligence*, p. 13.

95 *Ibid.*, p. 65.

96 *Ibid.*

97 José María Sánchez Ron, «Tomás Navarro Tomás y los orígenes de la fonética experimental de la JAE», pp. 63-86.

98 Carta de Caroline Bourland a María de Maeztu del 5 de febrero de 1917. Archivo de la Residencia de Señoritas (Fundación José Ortega y Gasset-Gregorio Marañón). Signatura 9/3/2.

99 Carta de Caroline Bourland a María de Maeztu del 14 de enero de 1917. Archivo de la Residencia de Señoritas (Fundación José Ortega y Gasset-Gregorio Marañón). Signatura 9/3/1.

100 Carmen de Zulueta y Alicia Moreno, *Ni convento ni college. La Residencia de Señoritas*, p. 114.

101 Carta de Rafaela Ortega del 6 de mayo de 1918. Archivo de la Residencia de Señoritas (Fundación José Ortega y Gasset-Gregorio Marañón). Signatura 21/31/32-22.

102 Encarnación Lemus López, *Ellas. Las estudiantes de la Residencia de Señoritas*.

103 Carta de Caroline Bourland a María de Maeztu. Archivo de la Residencia de Señoritas (Fundación José Ortega-Gasset-Gregorio Marañón). Signatura 9/3/1. Véase también Richard L. Kagan, *op. cit.*, p. 12 y ss.

104 Pilar Piñón, *Go West Young Woman!*, p. 240.

105 Pilar Piñón, *Go West Young Woman!*, p. 52 y ss. Sobre la hispanofilia, véase Kagan, *op. cit.*, p. 12 y ss.

106 Carta de Caroline Bourland a María de Maeztu del 1 de abril de 1919. Archivo de la Residencia de Señoritas (Fundación José Ortega y Gasset-Gregorio Marañón). Signatura 9/3/10.

107 Pilar Piñón, *op. cit.*, p. 99 y ss.

108 *Ibid.*, p. 104.

109 Carta de Caroline Bourland a María de Maeztu. Archivo de la Residencia de Señoritas (Fundación José Ortega y Gasset-Gregorio Marañón). Signatura 9/3/12.

INTERCAMBIOS

1 Véase Isabel Pérez Villanueva-Tovar, «De la Residencia de Señoritas a Smith College. El diario de Carmen Castilla», p. 12.

2 Santiago López-Ríos, «Introducción», p. 22.

3 *Ibid.*, p. 4.

4 Carmen Castilla, *Diario de viaje a Estados Unidos*, p. 73.

5 *Ibid.*

6 *Ibid.*

7 *Ibid.*, p. 74.

8 *Ibid.*, p. 76.

9 Santiago López-Ríos, *op. cit.*, p. 75.

10 Véase Encarnación Lemus López, «La experiencia americana de las pensionadas de la JAE a través de su correspondencia», p. 551.

11 Carmen Castilla, *op. cit.*, p. 79.

12 Carmen Castilla, *op. cit.*, p. 77.

13 Carmen Castilla, *op. cit.*, p. 81.

14 *Ibid.*

15 Encarnación Lemus López, «La experiencia americana de las pensionadas de la JAE a través de su correspondencia», p. 546.

16 Raquel Vázquez Ramil , «The first university women exchanges between Spain and the United States through the Residencia de Señoritas de Madrid (1917-1936)», p. 9.

17 Sobre las estudiantes que participaron en los programas de intercambio véase Raquel Vázquez Ramil, «The first university women exchanges between Spain and the United States through the Residencia de Señoritas de Madrid (1917-1936)», así como Pilar Piñón, *Go West Young Woman! Redes transatlánticas e internacionalismo cultural. Las mujeres como protagonistas del intercambio académico entre España y los Estados Unidos (1919-1939)*.

18 Véase especialmente Santiago López-Ríos, «Juana Moreno: traductora de Thomas Mann», pp. 93-115; Arno Gimber, Isabel Pérez-Villanueva Tovar, Santiago López-Ríos, «Las mujeres como protagonistas de los intercambios científicos-educativos hispanoalemanes en la época de entreguerras», pp. 193-213.Sobre la figura de Juana, véase también Santiago López- Ríos Moreno, «"I May Be Seized by Curiosity": Echoes of Lesbian Desire in a Spanish Letter from Smith College in the 1920s», *Journal of the History of* Sexuality, 24 (2), pp. 179-197.

19 Carta de Juana Moreno a José Castillejo del 16 de mayo de 1921. Publicada en *Diario de viaje a Estados Unidos, op. cit.*, p. 190.

20 Raquel Vázquez Ramil, «The first university women exchanges between Spain and the United States through the Residencia de Señoritas de Madrid (1917-1936)», p. 17.

21 Santiago López-Ríos, «Introducción», p. 35.

22 Pilar Piñón localiza algunas pensionadas más que Raquel Vázquez Ramil, cuarenta y cinco en total, un número que también destaca

si tenemos en cuenta que Estados Unidos no era el país que más becarios recibía de la Junta.

23 Encarnación Lemus López, «La experiencia americana de las pensionadas de la JAE a través de su correspondencia», p. 556.

24 *Ibid.*, 558.

25 Carmen Castilla, *op. cit.*, p. 58.

26 *Ibid.*, p. 84.

27 Carmen Castilla, *op. cit.*, p. 86.

28 Véase Isabel Pérez Villanueva-Tovar, «De la Residencia de Señoritas a Smith College. El diario de Carmen Castilla», p. 12.

29 Anna María Iglesia aborda la figura de las paseantes femeninas en *La revolución de las flâneuses*.

30 Carmen Castilla, *op. cit.*, p. 100.

31 *Ibid.*

32 Isabel Pérez Villanueva-Tovar, «De la Residencia de Señoritas a Smith College. El diario de Carmen Castilla», p. 14.

33 Encarnación Lemus López dedica parte de su artículo a estudiar la emoción de la nostalgia en las cartas de las pensionadas en Estados Unidos. Véase «La experiencia americana de las pensionadas de la JAE a través de su correspondencia», p. 551.

34 *Ibid.*

35 *Ibid.*, p. 150.

36 *Ibid.*, p. 158.

37 *Ibid.*, p. 167.

38 *Ibid.*, p. 184.

39 Santiago López-Ríos, «Introducción», p. 51.

40 *Ibid.*, p. 50.

41 Carta de María Oñate a María de Maeztu del 16 de octubre de 1921. Publicada en *Diario de viaje a Estados Unidos*, *op. cit.*, p. 203.

42 *Ibid.*, p. 199.

43 Sobre la historia de Middlebury College, véase Stephen A. Freeman, *The Middlebury College Foreign Language Schools 1915-1970: The Story of a Unique Idea*; Roberto Véguez, *En las montañas de Vermont: los exiliados en la Escuela Española de Middlebury College 1937-1963*, así como Carmen de la Guardia, «Diásporas cultura-

les: los republicanos españoles y la transformación del hispanismo estadounidense», pp. 117-128.

44 Véase Roberto Véguez, «Los inicios: de 1917 a 1930», *op. cit.*

45 Middlebury College Special Collection. Signatura F6, II, 3.

46 «The Middlebury School of Spanish», Middlebury College Special Collection.

47 Lucy L. Wenhold «The Spanish School at Middlebury», Middlebury College Special Collection. Signatura F 6, II, 3.

48 «The Middlebury School of Spanish», Middlebury College Special Collection.

49 Sobre Mary Louise Foster pueden consultarse los trabajos de Carmen Magallón, «El laboratorio Foster y su papel en la formación de las científicas españolas», pp. 282-296, así como «Físicas, químicas y biólogas españolas en el primer tercio del siglo xx: redes internacionales de apoyo. El Laboratorio Foster de la Residencia de Señoritas», p. 33-69, entre otros.

50 Sobre la relación entre la doctora Foster y María de Maeztu, véase Carmen Magallón «El laboratorio Foster y su papel en la formación de las científicas españolas», p. 285.

51 *Notes and News, I. I. G. S.*, 1, abril 1922.

52 Informe de Susan Huntington, Mary Louise Foster Papers, Smith College Archives [caja 794].

53 Mary Louise Foster, «The education of Spanish Women in Chemistry», Mary Louise Foster Papers, Smith College Archives [caja 794].

54 Carmen Magallón, «Físicas, químicas y biólogas españolas en el primer tercio del siglo xx: redes internacionales de apoyo. El Laboratorio Foster de la Residencia de Señoritas», p. 47.

55 «Propósitos», *Revista de Occidente*, 1, p. 3.

56 Carmen Baroja y Nessi, *Recuerdos de una mujer de la generación del 98*, p. 82.

57 Sobre los orígenes del Lyceum club, véase Concha Fagoaga, «La relación del grupo de señoritas de la Residencia de Estudiantes con el Lyceum Club», pp. 318-329.

58 Véase Matilde Eiroa San Francico, «El Lyceum Club: cultura, feminismo y política fuera de las aulas», p. 202.

59 Carmen Baroja, *op. cit.*, p. 89.

60 Tània Balló, *Las Sinsombrero*, p. 28.

61 *Ibid.*, p. 27.

62 Carmen Baroja y Nessi, *op. cit.*, p. 91.

63 Citado en Pilar Piñón, *Go West Young Woman!*, p. 109.

64 *Ibid.*, p. 110.

65 Archivo de la Residencia de Señoritas (Fundación José Ortega y Gasset-Gregorio Marañón). Signatura 19/7/5.

66 Citado en Pilar Piñón, *Go West Young Woman!*, p. 111.

67 Carmen de Zulueta, *Misioneras, feministas, educadoras. Historia del Instituto Internacional*, p. 232.

68 *Ibid.*

69 *Ibid.*

70 *Notes and News*, I.I.G.S., 1928.

71 Susan Huntington Vernon en carta a Miss Greene, Mary Louise Foster Papers, Smith College Archives [caja 794].

72 Carta de Dorotea Barnés a María de Maeztu del 5 de noviembre de 1929. Archivo de la Residencia de Señoritas (Fundación José Ortega y Gasset-Gregorio Marañón). Signatura 24/43/1.

73 Citado en Carmen Magallón, «El Laboratorio Foster y su papel en la formación de las científicas españolas», p. 283.

74 María de Maeztu, *Feminismo, literatura y exilio*, pp. 217 y ss.

75 Rebecca Solnit, «La puerta abierta», en *Una guía sobre el arte de perderse*, pp. 7-25.

76 María de Maeztu, *Feminismo, literatura y exilio*, p. 231.

77 Virginia Woolf, *Diario de una escritora*, p. 172.

78 *Ibid.*, p. 171.

79 *Ibid.*

80 Quentin Bell, *Virginia Woolf. Una biografía*, p. 434.

81 *Ibid.*, p. 49. Véase también Quentin Bell, *El grupo de Bloomsbury*.

82 Citado en Clive Bell, *Virginia Woolf. Una biografía*, p. 442.

83 *Ibid.*, p. 441.

84 *Ibid.*, p. 443.

85 *Ibid.*, p. 460.

86 *Ibid.*, p. 476.

87 GBR/0271/GCRF 8/4/5. Girton College Archives.

88 GBR/0271/GCRF 8/4/5. Girton College Archives.

89 GBR/0271/GCRF 8/4/5.Girton College Archives.

90 Virginia Woolf, *Una habitación propia*, p. 9.

91 *Ibid.*, p. 13.

92 *Ibid.*, p. 18-19.

93 *Ibid.*, p. 31.

94 Como sentenció la escritora Winifred Holtby en *Virginia Woolf. Memoria crítica*, uno de los primeros libros que se escribieron sobre la autora, «ni Marx habría explicado mejor la base material de la psicología». p. 174.

95 Virginia Woolf, *op. cit.*, p. 34-35.

96 *Ibid.*, p. 36.

97 *Ibid.*, p. 39.

98 *Ibid.*, p. 44.

99 *Ibid.*, p. 129.

100 *Ibid.*, p. 152.

101 Emily Davis, *Collected letters, 1861-1875*, p. 291.

102 Emily Davis, *Collected letters, 1861-1875*, p. 269.

103 Phyllis Rose recrea de manera inolvidable la relación sentimental de Eliot y Lewes en *Vidas paralelas. Cinco matrimonios victorianos*, pp. 227 y ss.

104 Lyndall Gordon, *Proscritas. Cinco escritoras que cambiaron el mundo*, p. 154.

105 Carolyn G. Heilbrun, *Writing a Women's life*, p. 48.

106 Virginia Woolf, *Escritoras*, p. 87.

107 *Ibid.*

108 Virginia Woolf, *Escritoras*, pp. 92-94.

109 George Eliot, *Middlemarch*, p. 76.

110 *Ibid.*, p. 72.

111 Winifred Newman, «Memories of Girton College and Cambridge from 1916 to 1920», GBR/0271/ GCRF 4/1/9. Girton College Archive.

112 Elizabeth Macleod «From the Macleod Family Magazine', 1881 - 1975», GBR/0271/GCRF 4/1/24. Girton College Archive.

113 Winifred Newman, «Memories of Girton College and Cambridge from 1916 to 1920», GBR/0271/ GCRF 4/1/9, p. 7. Girton College Archive.

114 Margaret Flood, «Memoirs 1910-1933, 1961», GBR/0271/GCRF 4/1/7. Girton College Archive.

115 Gisela Richter, «My memoirs - Recollections of an archaeologist's life', 1972», GBR/0271/GCRF 4/1/23. Girton College Archive.

116 [Muriel] Constance Laycock, «Reminiscences of Girton College», 2019, GBR/0271/GCRF 4/1/33. Girton College Archive.

117 Iris Gaddum, «Reminiscences», 1992, GBR/0271/GCRF 4/1/3. Girton College Archive.

118 Winifred Newman, «Memories of Girton College and Cambridge from 1916 to 1920», GBR/0271/ GCRF 4/1/9. Girton College Archive

119 Gisela Richter, «My memoirs - Recollections of an archaeologist's life', 1972», GBR/0271/GCRF 4/1/23. Girton College Archive.

120 Elaine Bond, «Reminiscences of Girton and Cambridge 1924-1927», 1995, GBR/0271/GCRF 4/1/5. Girton College Archive.

121 Mary Clover, «'An old girl remembers', 1961», GBR/0271/GCRF 4/1/34. Girton College Archive.

122 Tillie Hunt, née Kent (Girton 1914), «'Life at Girton College in 1914' by, 1980», GBR/0271/GCRF 4/1/36. Girton College Archive.

123 Véase Estrella de Diego, *La mujer y la pintura del XIX español*, p. 111 y ss.

124 Virginia Woolf, *Diario de una escritora*, p. 171.

FINALES

1 Véase Enric Bou, «Razones de amor. Las cartas de Pedro Salinas a Katherine Whitmore», p. 15. Del mismo autor, véase también «Defensa de la voz epistolar. Variedad y registro en las cartas de Pedro Salinas», pp. 37-60.

2 Enric Bou, «Razones de amor. Las cartas de Pedro Salinas a Katherine Whitmore», pp. 14-15.

3 *Ibid.*, p. 15.

4 Pedro Salinas, «Defensa de la carta misiva y de la correspondencia epistolar», p. 39.

5 Véase Enric Bou, «Razones de amor. Las cartas de Pedro Salinas
   a Katherine Whitmore», p. 17.

6 Leo Spitzer, «El conceptismo interior de Pedro Salinas», p. 37.

7 Katherine Reding Whitmore, Faculty and staff biographical files,
   College Archives, Smith College Special Collections.

8 Así lo recordaba Katherine en la semblanza que escribió «Caroline
   Brown Bourland». Copia mecanografiada conservada en Caroline
   Brown Bourland Papers, Smith College Archives [caja 687].

9 Katherine Whitmore, «La amada de Pedro Salinas», p. 378.

10 *Ibid.*, p. 378.

11 Pedro Salinas, *Cartas a Katherine Whitmore*, p. 41.

12 *Ibid.*

13 *Ibid.*, p. 58.

14 *Ibid.*, p. 52.

15 *Ibid.*, p. 85; p. 105.

16 *Ibid.*, p. 101.

17 *Ibid.*

18 Pedro Salinas, *Cartas a Katherine Whitmore*, p. 109.

19 *Ibid.*, p. 46.

20 Katherine Whitmore, *op. cit.*, p. 379.

21 *Ibid.*, p. 380.

22 Pedro Salinas, *Cartas a Katherine Whitmore*, p. 58.

23 Pedro Salinas, *La voz a ti debida*, p. 19.

24 Pedro Salinas, *Cartas a Katherine Whitmore*, p. 75.

25 Katherine Whitmore, *op. cit.*, p. 381 y ss.

26 Pedro Salinas, *Cartas a Katherine Whitmore*, p. 44.

27 Pedro Salinas, *La voz a ti debida*, p. 63.

28 Pedro Salinas, *Cartas a Katherine Whitmore*, p. 172.

29 *Ibid.*, p. 218.

30 Pedro Salinas, *Razón de amor*, p. 172.

31 Pedro Salinas, *Cartas a Katherine Whitmore*, p. 210.

32 *Ibid.*, p. 132.

33 Mary Louise Foster, «The Triumph of Education in Spain», Mary
    Louise Foster Papers, Smith College Archives [caja 794].

34 Julián Marías, *Notas de un viaje a Oriente*, p. 29.

35 Véase Santiago López-Ríos y Juan Antonio González Cárceles, «Agustín Aguirre López y Manuel García Morente: la arquitectura de un ideal universitario», p. 11-13.

36 Pedro Feduchi Canosa, «Niquelados impecables con tintes clásicos. Muebles e interiores de la facultad», p. 150.

37 Sobre la construcción de la vidriera, véase Carlos Muñoz de Pablos, «Alegoría de las humanidades. La vidriera Art Decó», pp. 166-175.

38 Francisco Gracia Alonso y Josep M. Fullola i Pericot, *El sueño de una generación. El crucero universitario por el mediterráneo de 1933*, p. 37.

39 Julián Marías, *op. cit.*, p. 29.

40 *Ibid.*

41 *Ibid.*, p. 31.

42 Isabel García Lorca «Mis recuerdos de la Universidad de Madrid y del crucero por el Mediterráneo», p. 662.

43 Javier Marías, «Cruceros hundidos», p. 156.

44 *Ibid.*

45 Pedro Salinas, *Cartas a Katherine Whitmore*, p. 219 y ss.

46 Katherine Whitmore, *op. cit.*, p. 381.

47 Pedro Salinas, *Cartas a Katherine Whitmore*, p. 226.

48 William Shakespeare, *Hamlet*, p. 21-22.

49 Pedro Salinas, *La voz a ti debida*, p. 19.

50 Sobre la presencia de estudiantes estadounidenses en la Universidad Central y el programa del *Junior Year Abroad*, véase Pilar Piñón «Alumnado extranjero en la facultad. Las estudiantes de Smith College», pp. 521-529.

51 Katherine Whitmore, *op. cit.*, p. P. 382.

52 *Ibid.*, p. 382.

POSDATA. LOS ÚLTIMOS FANTASMAS

1 Pedro Salinas, *La voz a ti debida*, p. 12.

2 Sobre la relación de Wellesley College con el exilio español, véase Carlos Ramos, «Exiliados, creadores y pioneras: Historias de

hispanistas en Wellesley College».

3   Katherine Whitmore, «La amada de Pedro Salinas», p. 383.

4   *Ibid.*, p. 384.

5   *Ibid.*

6   *Ibid.*

7   Carmen de Zulueta, *Misioneras, feministas, educadoras. Historia del Instituto Internacional*, p. 261.

8   *Ibid.*, p. 262.

9   Carmen Magallón, «Físicas, químicas y biólogas españolas en el primer tercio del siglo xx: redes internacionales de apoyo. El Laboratorio Foster de la Residencia de Señoritas», p. 69.

10   Véase Pilar Piñón, *Go West Young Woman!*, p. 220 y ss.

11   *Ibid.*, p. 224.

12   Véase Margarita Sáenz de la Calzada, «De la Residencia de Señoritas al Colegio Mayor Santa Teresa», p. 331.

13   Carmen de Zulueta, *Misioneras, feministas, educadoras. Historia del Instituto Internacional*, p. 265.

14   *Ibid.*

15   Como reza la información de su página web: https://www.iie.es/

16   Pilar Piñón, *Go West Young Woman!*, p. 249 y ss.

ARCHIVOS CONSULTADOS

Archivo Histórico de la Fundación Fernando de Castro-Asociación para la Enseñanza de la Mujer.

Archivo de la Real Academia de la Historia. Archivo ILE. Fondo Gumersindo de Azcárate.

Archivo de la Residencia de Señoritas. Fundación José Ortega y Gasset-Gregorio Marañón.

Archivo de la Junta para Ampliación de Estudios e Investigaciones Científicas.

Archivo Municipal de Santander.

Archivo Municipal de San Sebastián.

Archivo Histórico Municipal de Xixona.

Congregational Library & Archives, Boston.

Girton College Archive and Special Collections:
  Memoirs and reminiscences. Code: GBR/0271/GCRF 4.
  Virginia Woolf: collected file, 1928-1991. Code: GBR/0271/ GCRF 8/4/5.

Houghton Library, Harvard University:
  American Board of Commissioners for Foreign Missions archives. Mission to Spain. Woman's board. Identifier: ABC 1-91, ABC 17.5.
  Gulick family papers. Identifier: 65M-183.
  Pedro Salinas letters to Katherine Prue Reding Whitmore. Identifier: MS Span 107.

Mount Holyoke Archives and Special Collections:
  Alice Gulick Papers: Identifier: MS 0792.

Catharine Barbour Papers. Mount Holyoke College missionaries collection. Identifier: RG 29.

Smith College Special Collections:

Caroline Brown Bourland Papers, Smith College Archives. Identifier: CA-MS-00040.

Faculty and staff biographical files, College Archives. Identifier: CA-MS-01008.

International Institute for Girls in Spain records, Smith College Archives. Identifier: CA-MS-00103.

Mary Louise Foster Papers, Smith College Archives. Identifier: CA-MS-00100.

Middlebury College Special Collections & Archives. Summer programs. Identifier: F6.

BIBLIOGRAFÍA CITADA*

ADAMS GORDON, ANNA [1906], *Toots and other stories: old fashioned stories and jingles for new fashioned little folk*, Evanston, edición de la autora.

ALCOTT, LOUISA MAY [1868], *Mujercitas*, Barcelona, Debolsillo, 2007. Traducción de Gloria Méndez.

— *Fruitlands Una experiencia trascendental*, Madrid, Impedimenta, 2019. Traducción de Consuelo Rubio Alcover.

AMERICAN BOARD (OF COMMISSIONERS FOR FOREIGN MISSIONS) [1866], *Story of the Morning Star the Children's Missionary Vessel*, Boston, American Board of Commissioners for Foreign Missions.

ARENAL, CONCEPCIÓN [1869], *La mujer del porvenir*, Sevilla, Eduardo Perié; Madrid, Félix Perié.

ARENAL, CONCEPCIÓN [2022], *La pasión por el bien, Antología de su pensamiento*, Madrid, Siglo XXI. Edición a cargo de Anna Caballé.

AZAÑA, MANUEL [1921], «Nota preliminar», en *La Biblia en España*, Sevilla, Renacimiento, 2011.

---

* *N. B.*: Para facilitar las posibles consultas del lector, las fuentes que detallo en la bibliografía remiten de la manera más sencilla posible a la obra con la que he trabajado. Las fechas entre corchetes corresponden a las ediciones originales. En el caso de que la edición citada no sea la original, añado una segunda fecha junto con los datos de la obra consultada. A su vez, si me parece problemático fechar la obra original, he optado por ofrecer únicamente la edición manejada. Finalmente, he facilitado la información sobre las traducciones que he utilizado. En el caso de las obras que no están traducidas al castellano, así como los materiales de archivo, redactados fundamentalmente en inglés, yo misma me he ocupado de las traducciones que aparecen en el libro.

AZCÁRATE, PABLO DE [1963], «Un libro reciente sobre la Institución Libre de Enseñanza», *Ínsula*, 194, pp. 3-6.

— (ed.) [1967], *La cuestión universitaria, 1875*, Madrid, Tecnos.

— [1967], *Gumersindo de Azcarate: Estudio biográfico documental*, Madrid, Tecnos.

— [1968], *La guerra del 98*, Madrid, Alianza Editorial.

BALADO INSUNZA, FRANCISCO M. [2021], *Gumersindo de Azcárate: una biografía política*, Santander, Editorial de la Universidad de Cantabria.

BALLÓ, TÀNIA [2016], *Las Sinsombrero*, Barcelona, Espasa.

BAROJA NESSI, CARMEN [1998], *Recuerdos de una mujer de la generación del 98*, Barcelona, Tusquets. Edición a cargo de Amparo Hurtado.

BATANAZ PALOMARES, LUIS [1982], «Los congresos pedagógicos: una plataforma para la renovación pedagógica», *Vida escolar*, 220-221, pp. 119-123.

BAUDELAIRE, CHARLES [1863], *El pintor de la vida moderna*, Murcia, Colegio Oficial de aparejadores y arquitectos técnicos de la región de Murcia, 2004. Traducción de Alcira Saavedra.

BELL, QUENTIN [1968], *El grupo de Bloomsbury*, Barcelona, Taurus, 2021. Traducción de Ignacio Gómez de Liaño.

— [1972], *Virginia Woolf. Una biografía*, Barcelona, Lumen, 2022. Traducción de Marta Pessarrodona.

BLAIR, KAREN J. [1980], *The Clubwoman as Feminist. True Womanhood Redefined, 1868-1914*, New York, London, Holmes & Meier Publishers.

BLOOM, HAROLD [1994], *El canon occidental*, Barcelona, Anagrama, 2001. Traducción de Damián Alou.

BLY, NELLIE [2017], *La vuelta al mundo en 72 días y otros escritos*, Madrid, Capitán Swing, 2019. Traducción de Silvia Moreno Parrado.

BORROW, GEORGE [1842], *La Biblia en España*, Sevilla, Renacimiento, 2011. Traducción de Manuel Azaña.

BOU, ENRIC [1998], «Defensa de la voz epistolar. Variedad y registro en las cartas de Pedro Salinas», *Monteagudo*, 3, pp. 37-60.

— [2002], «Razones de amor. Las cartas de Pedro Salinas a Katherine Whitmore», en Pedro Salinas, *Cartas a Katherine Whitmore*, Barcelona, Tusquets, pp. 10-38. Edición a cargo de Enric Bou.

BRADLEY BELLEW, PAUL [2017], «"At the Mercy of Editorial Selection": Amy Lowell, Ezra Pound, and the Imagist Anthologies», *Journal of Modern Literature*, 40 (2), pp. 22-40.

BURDIEL, ISABEL [2010], *Isabel II. Una biografía (1830-1904)*, Madrid, Taurus.

— [2019], *Emilia Pardo Bazán*, Barcelona, Taurus.

CABALLÉ, ANNA [2018], *Concepción Arenal. La caminante y su sombra*, Barcelona, Taurus.

CAMUS, MATILDE [2006], *Historia de la Iglesia Evangélica Española de Santander*, Santander, Ayuntamiento de Santander.

CAPEL, ROSA [1986], «La apertura del horizonte cultural femenino. Fernando de Castro y los congresos pedagógicos del siglo XIX», en María Ángeles Durán Heras y Rosa María Capel Martínez (eds.) *Mujer y sociedad en España: 1700-1975*, Madrid, Ministerio de Trabajo e inmigración, Instituto de la Mujer, pp. 109-146.

— [2009], «El archivo de la Residencia de Señoritas», *CEE Participación Educativa*, 11, pp. 156-161.

CASTILLA, CARMEN [2012], *Diario de viaje a Estados Unidos: un año en Smith College (1921-1922)*, Valencia, Publicacions de la Universitat de València. Edición a cargo de Santiago López-Ríos Moreno.

CATALÁN, DIEGO [2001], *El Archivo del Romancero, patrimonio de la humanidad: Historia documentada de un siglo de historia*, Madrid, Fundación Ramón Menéndez Pidal Universidad Complutense de Madrid.

CLARKE, EDWARD H. [1873], *Sex in Education; or, A Fair Chance for the Girls*, Boston, Houghton Mifflin, 1882.

CLAREMONT DE CASTILLEJO, IRENE [1995], *Respaldada por el viento*, Madrid, Castalia.

CODINA-CANET, MARÍA ADELINA y SAN SEGUNDO, ROSA [2015], «Fuentes Documentales y archivo de la Residencia de Señoritas de Madrid (1915-1936)», *Revista General de Información y Documentación*, 25-2, pp. 493-515.

COSSIO DE JIMÉNEZ, NATALIA [1976], *Mi mundo desde dentro*, Madrid, Nuevas gráficas.

CUEVA, ALMUDENA DE LA [2015], «La célula germinativa de la cultura femenina: la Asociación para la Enseñanza de la Mujer», en

Almudena de la Cueva y Margarita Márquez Padorno (eds.), *Mujeres en vanguardia. La residencia de Señoritas en su centenario*, Madrid, Publicaciones de la Residencia de Estudiantes, pp. 204-223.

CUEVA, ALMUDENA DE LA y MÁRQUEZ PADORNO, MARGARITA [2015], «La Residencia de Señoritas [1915-1936]. Una habitación propia para las españolas», en Almudena de la Cueva y Margarita Márquez Padorno (eds.), *Mujeres en vanguardia. La residencia de Señoritas en su centenario*, Madrid, Publicaciones de la Residencia de Estudiantes, pp. 24-77.

CUNARD STEAMSHIP COMPANY [1878], *Official guide and album of the Cunard Steamship Company*, London, Sutton Sharpe and Co.

— [1886], *History of the Cunard Steamship Company*, London.

DAVIS, EMILY, *Collected Letters, 1861-1875*, Charlottesville, University of Virginia Press, 2004. Edición a cargo de Ann B. Murphy y Deirdre Raftery.

DERRIDA, JACQUES [1995], *Mal de archivo. Una impresión freudiana*, Madrid, Trotta, 1997. Traducción de Paco Vidarte.

DICKINSON, EMILY, *Poemas*, Barcelona, Austral, 2019. Selección y traducción Silvina Ocampo.

— *Poemas y Cartas 1-600*, Sabina editorial, 2023. Traducción de Ana Mañeru Méndez y Carmen Oliart Delgado de Torres.

DICKINSON BLANCHI, MARTHA, «Emily Dickinson Garden», Emily Dickinson International Society, 2 (2), 1990, pp. 1-4.

DIEGO, ESTRELLA DE [2009], *La mujer y la pintura del XIX español: cuatrocientas olvidadas y algunas más*, Madrid, Cátedra.

EDMONDS, ANNE CAREY [1988], *A Memory Book. Mount Holyoke College 1837-1987*, South Hadley, Mount Holyoke College.

EGEA FERNÁNDEZ-MONTESINOS, ALBERTO [2009], *Viajeras anglosajonas en España: una antología*, Sevilla, Centro de Estudios Andaluces.

— [2019], «Rewriting Stereotypes on Spain: Unveiling the Counter-Picturesque in Katharine Lee Bates», *Revista de Filología de la Universidad de La Laguna*, 38, pp. 61-78.

EIROA SAN FRANCICO, MATILDE [2015], «El Lyceum Club: cultura, feminismo y política fuera de las aulas», en Josefina Cuesta, María José Turrión y Rosa María Merino (eds.), *La Residencia de Señoritas y otras redes culturales femeninas*, Salamanca, Ediciones Universidad de Salamanca. pp. 197-225.

ELIOT, GEORGE [1871], *Middlemarch*, Madrid, Cátedra, 2010. Traducción de María Engracia Pujals.

ERICKSON, MARIANNE [1996], «The Scientific Education and Technological Imagination of Emily Dickinson», *The Emily Dickinson Journal*, 5 (2), pp. 45-52.

ERWIN, ROBERT [2010], «Having It All», *The Massachusetts Review*, 51 (2), pp. 286-293.

FAGOAGA, CONCHA [2015], «La relación del grupo de señoritas de la Residencia de Estudiantes con el Lyceum Club», en Almudena de la Cueva y Margarita Márquez Padorno (eds.), *Mujeres en vanguardia. La residencia de Señoritas en su centenario*, Madrid, Publicaciones de la Residencia de Estudiantes, pp. 318-329.

FEDUCHI CANOSA, PEDRO [2009], «Niquelados impecables con tintes clásicos. Muebles e interiores de la facultad», en Santiago López-Ríos y Juan Antonio González Cárceles (eds.), *La Facultad de Filosofía y Letras de Madrid en la Segunda República: arquitectura y Universidad durante los años 30*, Madrid, Sociedad Estatal de Conmemoraciones Culturales, Ayuntamiento de Madrid, Ediciones de Arquitectura. Fundación Arquitectura COAM, pp. 144-163. Catálogo de exposición.

FLECHA, CONSUELO [1996], *Las primeras universitarias en España*, Madrid, Narcea.

FORSTER, EDWARD MORGAN [1908], *Una habitación con vistas*, Madrid, Alianza, 2022. Traducción de José Luis López Muñoz.

FRANKLIN, RALPH W., «The Emily Dickinson Fascicles», *Studies in Bibliography*, 36, pp. 1-20.

FREEMAN, STEPHEN A. [1975], *The Middlebury College Foreign Language Schools, 1915-1970: The Story of a Unique Idea*, Middlebury, Middlebury College.

FUENTES, JUAN FRANCISCO [2024], *Bienvenido, Mister Chaplin: la americanización del ocio y la cultura en la España de entreguerras*, Barcelona, Taurus.

GABRIEL, NARCISO DE [2018], «Emilia Pardo Bazán, las mujeres y la educación. El Congreso Pedagógico (1892) y la Cátedra de Literatura (1916)», *Historia y Memoria de la Educación*, 8, pp. 489-525.

GARCÍA LORCA, ISABEL «Mis recuerdos de la Universidad de Madrid y del crucero por el Mediterráneo», en Santiago López-Ríos y Juan

Antonio González Cárceles (eds.), *La Facultad de Filosofía y Letras de Madrid en la Segunda República: arquitectura y Universidad durante los años 30*, Madrid, Sociedad Estatal de Conmemoraciones Culturales, Ayuntamiento de Madrid, Ediciones de Arquitectura. Fundación Arquitectura COAM, pp. 654-663. Catálogo de exposición.

GILBERT, SANDRA M. y GUBAR, SUSAN [1979], *La loca del desván. La escritora y la imaginación literaria del siglo XIX*, Madrid, Cátedra, 1998. Traducción de Carmen Martínez Gimeno.

GORDON, LYNDALL [2017], *Proscritas: Cinco escritoras que cambiaron el mundo*, Barcelona, Alba, 2020. Traducción de José Calles Vales.

GORDON, LYNN D. [1990], *Gender and Higher Education in the Progressive Era*, New Haven, Yale University Press.

GOYRI, MARÍA [2024], *El feminismo regeneracionista*, Sevilla, Editorial Renacimiento. Edición a cargo de Susana Martín Zaforas.

GRACIA ALONSO, FRANCISCO y FULLOLA PERICOT, JOSEP MARÍA [2006], *El sueño de una generación: el crucero universitario por el Mediterráneo de 1933*, Barcelona, Publicacions i Edicions Universitat de Barcelona.

GUARDIA, CARMEN DE LA [2009], *Historia de Estados Unidos*, Madrid, Sílex.

GUERRERO, SALVADOR [2015], «Un lugar de memoria de la geografía española de la Institución Libre de Enseñanza: los edificios de la Residencia de Señoritas», en Almudena de la Cueva y Margarita Márquez Padorno (eds.), *Mujeres en vanguardia. La residencia de Señoritas en su centenario*, Madrid, Publicaciones de la Residencia de Estudiantes, pp. 296-315.

HALL, DAVID D. [2019], *The Puritans. A Transatlantic History*, Princeton, Princeton University Press.

HEILBRUN, CAROLYN G. [1988], *Writing a Woman's Life*, London, The Women's Press, 1989. Hay traducción española en la editorial Megazul, 1994.

HERMIDA SUÁREZ, FRANCISCO J. [1989], «Las naves del descubrimiento», Boletín de la Real Sociedad Bascongada de Amigos del País, 45 (1-2), pp. 147-172.

HILL, PATRICIA R. [1985], *The World their Household. The American Woman's Foreign Mission Movement and Cultural Transformation, 1870-1920*, Ann Arbor, University of Michigan Press.

HOLTBY, WINIFRED [1932], *Virginia Woolf. Memoria crítica*, Madrid, Hermida Editores, 2019. Traducción de Carlos Manzano.

HUTTON, JOHN [1994], «Mary Cassatt's "Modern Woman" and the Woman's Building of 1893», *Feminist Studies*, 20 (2), pp. 318-348.

IGLESIA, ANA MARÍA [2019], *La revolución de las flâneuses*, Terrades, Wunderkammer.

JAMES, HENRY [1886], *Las bostonianas*, Barcelona, Debolsillo. Traducción de Sergio Pitol.

— [1888], *Los papeles de Aspern*, Barcelona, Tusquets, 2010. Traducción de José María Aroca.

JENKINS, PHILIP [1997], *Breve historia de Estados Unidos*, Madrid, Alianza, 2019. Traducción de Guillermo Villaverde López y Eduardo Cañas Rello.

JIMÉNEZ-LANDI MARTÍNEZ, ANTONIO [1996], *La Institución Libre de Enseñanza*, 4 vol., Madrid, Editorial Complutense.

KAGAN, RICHARD L. [2019], *The Spanish Craze: America's Fascination with the Hispanic World, 1779-1939*, Lincoln, University of Nebraska Press.

LEE BATES, KATHARINE [1912], *Spanish Highways and Byways*, New York, Macmillan.

LEFKOWITZ HOROWITZ, HELEN [1984], *Alma Mater. Design and Experience in the Women's College from Their Nineteenth-Century Beginnings to the1930s*, Amherst, University of Massachusetts Press, 1993.

LEJÁRRAGA, MARÍA DE LA O y MARTÍNEZ SIERRA, GREGORIO [1916], *Cartas a las mujeres de España*, Sevilla, Renacimiento, 2023.

LEMUS LÓPEZ, ENCARNACIÓN [2022], *Ellas. Las estudiantes de la Residencia de Señoritas*, Madrid, Cátedra.

— [2019], «La experiencia americana de las pensionadas de la JAE a través de su correspondencia», *Arenal: Revista de historia de las mujeres*, 26 (2), pp. 541-574.

LEVANDER, CAROLINE FIELD [1995], «Bawdy Talk: The Politics of Women's Public Speech in The Lectures and The Bostonians», *American Literature*, 67 (3), pp. 467-485.

LÓPEZ-RÍOS MORENO, SANTIAGO [2015], «"I May Be Seized by Curiosity": Echoes of Lesbian Desire in a Spanish Letter from

Smith College in the 1920s», *Journal of the History of Sexuality*, 24(2), pp. 179-197.

— [2014], «Juana Moreno, traductora de Thomas Mann», en Gabriele Beck-Busse, Arno Gimber y Santiago López-Ríos, *Señoritas en Berlín. Fräulein in Madrid. 1918-1939*, Berlín, Hentrich & Hentrich, pp. 93-115.

— [2012], «Introducción», en Carmen Castilla, *Diario de viaje a Estados Unidos: un año en Smith College (1921-1922)*, Valencia, Publicacions de la Universitat de València, pp. 21-68. Edición a cargo de Santiago López-Ríos Moreno.

LÓPEZ-RÍOS MORENO, SANTIAGO y GONZÁLEZ CÁRCELES, JUAN ANTONIO [2009], «Agustín Aguirre López y Manuel García Morente: la arquitectura de un ideal universitario», en Santiago López-Ríos y Juan Antonio González Cárceles (eds.), *La Facultad de Filosofía y Letras de Madrid en la Segunda República: arquitectura y Universidad durante los años 30*, Madrid, Sociedad Estatal de Conmemoraciones Culturales, Ayuntamiento de Madrid, Ediciones de Arquitectura. Fundación Arquitectura COAM, pp. 3-39. Catálogo de exposición.

MAEZTU WHITNEY, MARÍA DE [2020], *Feminismo, literatura y exilio: artículos periodísticos 1937-1945*, Sevilla, Renacimiento. Edición de Carmen de Urioste Azcorra.

MAGALLÓN, CARMEN [2015], «El laboratorio Foster y su papel en la formación de las científicas españolas», en Almudena de la Cueva y Margarita Márquez Padorno (eds.), *Mujeres en vanguardia. La residencia de Señoritas en su centenario*, Madrid, Publicaciones de la Residencia de Estudiantes, pp. 282-296.

— [2016], «Físicas, químicas y biólogas españolas en el primer tercio del siglo xx: redes internacionales de apoyo. El Laboratorio Foster de la Residencia de Señoritas», en Josefina Cuesta, María José Turrión y Rosa María Merino (eds.), *La Residencia de Señoritas y otras redes culturales femeninas*, Salamanca, Ediciones Universidad de Salamanca, p. 33-69.

MANZANERO, DELIA [2023], *Concepción Arenal. Claves de emancipación de la mujer que se halla encarcelada*, Madrid, Tecnos.

MÁRQUEZ PADORNO, MARGARITA [2014], «Feminism as a transatlantic bridge to modernity: María de Maeztu's Residencia de Señoritas and the American International Institute for Girls in Spain (1917–1936)», *Feminist Modernist Studies*, 7 (3), pp. 176–194.

MARTIN, THEODORA PENNY [1987], *The Sound of Our Voices. Women's Study Clubs, 1860-1910*, Boston, Beacon Press.

MARTÍN ZAFORAS, SUSANA [2024], «María Goyri, o el notorio encanto de la discreción», en María Goyri, *El feminismo regeneracionista*, Sevilla, Editorial Renacimiento, pp. 7-113. Edición a cargo de Susana Martín Zaforas.

MARÍAS, JULIÁN [1934, etc.], *Notas de un viaje a Oriente*, Madrid, Páginas de Espuma, 2011.

MARÍAS, JAVIER [2011], «Cruceros hundidos», en Julián Marías, *Notas de un viaje a Oriente*, Madrid, Páginas de Espuma, pp. 155-157.

MENÉNDEZ PELAYO, MARCELINO [1880-1882], H*istoria de los heterodoxos españoles*, vol. 3, Biblioteca Virtual Miguel de Cervantes, 2003.

MILLER, CHARLES WILLIAM [2006], «The Voyage of the Parthian: Life and Religion Aboard a 19th Century Ship Bound for Hawai'i», *Hawaiian Journal of History*, 40, pp. 27-46.

MILLER SOLOMON, BARBARA [1985], *In the Company of Educated Women. A History of Women and Higher Education in America*, New Haven, Yale University Press.

MONTERO JIMÉNEZ, JOSÉ ANTONIO [2011], *El despertar de la gran potencia: las relaciones entre España y los Estados Unidos (1898-1930)*, Madrid, Biblioteca Nueva.

MORENO Y CASANOVA, JUAN JOSÉ [2020], «Fernando de Castro y Concepción Arenal», en María Paz García Rubio y José Francisco Méndez García (eds.), *Concepción Arenal: a conciencia da razón*, Santiago de Compostela, Servicio de publicaciones de la Universidad de Santiago de Compostela.

MUÑOZ DE PABLOS, CARLOS [2009], «Alegoría de las humanidades. La vidriera Art Decó», en Santiago López-Ríos y Juan Antonio González Cárceles (eds.), *La Facultad de Filosofía y Letras de Madrid en la Segunda República: arquitectura y Universidad durante los años 30*, Madrid, Sociedad Estatal de Conmemoraciones Culturales, Ayuntamiento de Madrid, Ediciones de Arquitectura. Fundación Arquitectura COAM, pp. 166-175. Catálogo de exposición.

PACKARD, WYMAN H. [1996], *A Century of U.S. Naval Intelligence*, Washington, DC, Office of Naval Intelligence, Naval Historical Center.

PALMIERI, PATRICIA ANN [1983], «Here Was Fellowship: A Social Portrait of Academic Women at Wellesley College», 1895-1920, History of Education Quarterly, 23 (2), pp. 195-214.

— [1995], *In Adamless Eden: the Community of Women Faculty at Wellesley*, New Haven, Yale University Press.

PARDO BAZÁN, EMILIA [1883], *La Tribuna*, Madrid, Alianza, 2021.

— [2013], *"Miquiño mío". Cartas a Galdós*, Madrid, Turner. Edición de Isabel Parreño y Juan Manuel Hernández.

PARKER, CLARA M. [2020], «The New Poetry and the Conservative American Magazine», *Texas Review*, 6 (1), pp. 44-66.

PEAT, ALEXANDRA [2003], «Modern Pilgrimage and the Authority of Space in Forster's 'A Room with a View' and Woolf's 'The Voyage Out'», *Mosaic: An Interdisciplinary Critical Journal*, 36 (4), pp. 139-153.

PEPCHINSKI, MARY [2010], «Woman's Buildings at European and American World's Fairs, 1893-1939», en Tracey Jean Boisseau y Abigail M. Markwyn, *Gendering the Fair. Histories of Women and Gender at the World's Fairs*, Urbana, University of Illinois Press.

PÉREZ-VILLANUEVA TOVAR, ISABEL [1989], *María de Maeztu: una mujer en el reformismo educativo español*, Madrid, Universidad Nacional de Educación a Distancia.

— [2011], *La Residencia de Estudiantes. 1910-1936. Grupo universitario y Residencia de Señoritas*, Madrid, Consejo Superior de Investigaciones Científicas, Sociedad Estatal de Acción Cultural y Amigos de la Residencia de Estudiantes.

— [2012], «De la Residencia de Señoritas a Smith College. El diario de Carmen Castilla», en Carmen Castilla, *Diario de viaje a Estados Unidos: un año en Smith College (1921-1922)*, Valencia, Publicacions de la Universitat de València, pp. 11-19. Edición a cargo de Santiago López-Ríos Moreno.

— [2015], «La Residencia de Señoritas. Mujeres y universidad», en Josefina Cuesta, María José Turrión y Rosa María Merino (eds.), *La Residencia de Señoritas y otras redes culturales femeninas*, Salamanca, Ediciones Universidad de Salamanca, pp. 131-159.

PIÑÓN, PILAR [2009], «Alumnado extranjero en la facultad. Las estudiantes de Smith College», en Santiago López-Ríos y Juan Antonio González Cárceles (eds.), *La Facultad de Filosofía y Letras de Madrid en la Segunda República: arquitectura y Universidad durante los años 30*, Madrid, Sociedad Estatal de Conmemoraciones Culturales, Ayuntamiento de Madrid, Ediciones de Arquitectura. Fundación Arquitectura COAM, pp. 521-529. Catálogo de exposición.

— [2015], *Go West Young Woman! Redes transatlánticas e internacionalismo cultural. Las mujeres como protagonistas del intercambio académico entre España y los Estados Unidos (1919-1939)*, Universidad Nacional de Educación a Distancia, Tesis doctoral.

PIOTT, STEVEN L. [2014], *Americans in Dissent. Thirteen Influential Social Critics of the Nineteenth Century*, Lanham, Lexington Books.

PLATH, SYLVIA [1963], *La campana de cristal*, Barcelona, Literatura Random House, 2022. Traducción de Eugenia Vázquez Nacarino.

POLLOCK, GRISELDA [1980], *Mary Cassatt. Pintora impresionista*, Madrid, Archivos Vola, 2020. Traducción Joe Phillips.

PONS, SALVADOR [2010], «El perfil de una década (1952-1962). Evocación», en Vicente Cacho Viu, *La Institución Libre de Enseñanza*, Madrid, Fundación Albéniz y Sociedad Estatal de Conmemoraciones Culturales, pp. xxxvii-xlvi. Edición crítica de Octavio Ruiz-Manjón.

— [1998], *Mary Cassatt: Painter of Modern Women*, London, Thames & Hudson.

PUTNAM GORDON, ELIZABETH [1917], *Alice Gordon Gulick. Her Life and Work in Spain*, New York, Fleming H. Revell Co.

PUTNEY, CLIFFORD [2010], *Missionaries in Hawai'I. The Lives of Peter and Fanny Gulick, 1797-1883*. Amherst, University of Massachusetts Press.

RAMOS, CARLOS [2022], «Katharine Lee Bates en la España del 'desastre': Exploraciones culturales y espíritu regeneracionista» en José Manuel del Pino (ed.), *George Ticknor y la fundación del hispanismo en Estados Unidos*, Madrid Iberoamericana-Vervuert, pp. 369-397.

— «Exiliados, creadores y pioneras: Historias de hispanistas en Wellesley College», *Estudios del Observatorio*, Instituto Cervantes at the Faculty of Arts and Sciences of Harvard University.

RIBAGORDA, ÁLVARO [2015], «La vida cultural de la Residencia de Señoritas en el Madrid de la Edad de Plata», en Josefina Cuesta, María José Turrión y Rosa María Merino (eds.), *La Residencia de Señoritas y otras redes culturales femeninas*, Salamanca, Ediciones Universidad de Salamanca, pp. 161-196.

ROMERO LÓPEZ, DOLORES (ed.) [2021], *Archivos, repositorios y bibliotecas digitales. Hacia una historia literaria digital de la Edad de Plata*, Signa: revista de la Asociación Española de Semiótica, 30, pp. 17-162.

ROSE, PHYLLIS [1983], *Vidas paralelas. Cinco matrimonios victorianos*, Barcelona, Gatopardo Ediciones, 2023. Traducción de María Antonia de Miquel.

RUIZ-MANJÓN, OCTAVIO [2010], «De un discreto encanto liberal. Estudio introductorio», en Vicente Cacho Viu, *La Institución Libre de Enseñanza*, Madrid, Fundación Albéniz y Sociedad Estatal de Conmemoraciones Culturales, pp. xiii-xxxv. Edición crítica de Octavio Ruiz-Manjón.

SÁENZ DE LA CALZADA, MARGARITA [2015], «De la Residencia de Señoritas al Colegio Mayor Santa Teresa», en *Mujeres en vanguardia. La residencia de Señoritas en su centenario*, Madrid, Publicaciones de la Residencia de Estudiantes, pp. 330-341.

SALA, GEORGE AUGUSTUS [1878], «Transatlantic Trips», en *Official guide and album of the Cunard Steamship Company*, London, Sutton Sharpe and Co, pp. 91-107.

SALINAS, PEDRO [1933], *La voz a ti debida*, Buenos Aires, Losada, 1990.

— [1967], «Defensa de la carta misiva y de la correspondencia epistolar», en Pedro Salinas, *El defensor*, Madrid, Alianza.

— [1969], *La voz a ti debida y Razón de amor*, Madrid, Clásicos Castalia.

— [2002], *Cartas a Katherine Whitmore: (1932-1947)*, Barcelona, Tusquets. Edición a cargo de Enric Bou.

SÁNCHEZ MADRID, NURIA [2023], *La música callada: El pensamiento social en la Edad de Plata española (1868-1936)*, Madrid, Círculo de Bellas Artes.

SÁNCHEZ RON, JOSÉ M. [2007], «Tomás Navarro Tomás y los orígenes de la fonética experimental de la JAE», *Asclepio. Revista de Historia de la Medicina y de la Ciencia*, LIX (2), pp. 63-86.

SANTO MATAS, JOAQUÍN [2022], *José Iváñez Baldó. Un arquitecto frente al caos urbanístico*, Alicante, Ajuntament de Xixona.

SAN JUAN, VÍCTOR [2019], *Breve historia de los trasatlánticos*, Madrid, Nowtilus.

SHAKESPEARE, WILLIAM, *Hamlet*, Madrid, Compañía Ibero-Americana de Publicaciones. Traducción de Leandro F. de Moratín.

SMITH, MARTHA NELL [1991], «Gender Issues in Textual Editing of Emily Dickinson», *Women's Studies Quarterly*, 19 (3-4), pp. 78-111.

SOLNIT, REBECCA [2005], *Una guía sobre el arte de perderse*, Madrid, Capitán Swing, 2020. Traducción de Clara Ministral.

SPITZER, LEO [1941], «El conceptismo interior de Pedro Salinas», *Revista Hispánica Moderna*, 7 (1-2), pp. 33-69.

STUART MILL, JOHN [1869], *El sometimiento de la mujer*, Madrid, Alianza, 2010. Traducción de Carlos Mellizo.

VÁZQUEZ RAMIL, RAQUEL [2012], *Mujeres y educación en la España contemporánea. La Institución Libre de Enseñanza y la Residencia de Señoritas de Madrid*, Madrid, Akal.

— [2023], «The first university women exchanges between Spain and the United States through the Residencia de Señoritas de Madrid (1917-1936)», *Espacio, Tiempo y Educación*, 10 (1), pp. 7-26.

VEGUEZ, ROBERTO y WOODWARD, TOM [2017], *En las montañas de Vermont: los exiliados en la Escuela Española de Middlebury College 1937-1963*, Middlebury, Middlebury Language Schools.

VERNE, JULIO [1871], *Une ville flottante; Les forceurs de blocus; Aventures de 3 russes et de 3 anglais*, París, J. Hetzel, 1872.

VV. AA. [1869], *Conferencias dominicales sobre la educación de la mujer*, Madrid, Impr. y Estereotipia de M. Rivadeneyra.

WADSWORTH, SARAH y WIEGAND, WAYNE A. [2012], *Right here I see my own Books: the Woman's Building Library at the World's Columbian Exposition*, Amherst, University of Massachusetts Press.

WARDLEY, LYNN [1989], «Woman's Voice, Democracy's Body, and the Bostonians», *ELH*, 56 (3), pp. 639-665.

WARWICK, SAM y ROUSSEL, MIKE [2018], *Shipwrecks of the Cunard line*, Stroud, The History Press.

WILLARD, FRANCES [1889], *Glimpses of Fifty Years: the Autobiography of an American Woman*, Boston, G.M. Smith & Co.

WOOLF, VIRGINIA [1929], *Una habitación propia*, Barcelona, Austral, 2017. Traducción de Laura Pujol.

— [2003], *Diario de una escritora*, Madrid, Ediciones y Talleres de Escritura Creativa Fuentetaja. Traducción de Andrés Bosch.

— *Escritoras*, Palma de Mallorca, José J. de Olañeta, Editor, 2017. Traducción de José Manuel Álvarez-Flórez.

— *Hacia el Sur: viajes por España de Virginia Woolf*, Las Palmas, Itineraria Editorial, 2021. Ilustraciones de Carmen Bueno. Traducción de Adriana Fernández Criado.

ZSCHOCHE, SUE [1989], «Dr. Clarke Revisited: Science, True Womanhood, and Female Collegiate Education», *History of Education Quarterly*, 29 (4), pp. 545-569.

ZULUETA, CARMEN DE [1984], *Misioneras, feministas, educadoras. Historia del Instituto Internacional*, Madrid, Castalia.

— [2004], «José Castillejo Duarte, un arquitecto de ideas», en Zulueta, Carmen de, *Caminos de España y América*, Madrid, Publicaciones de la Residencia de Estudiantes, pp. 65-80.

ZULUETA, CARMEN DE y MORENO, ALICIA [1993], *Ni convento ni college. La Residencia de Señoritas*, Madrid, Consejo Superior de Investigaciones Científicas y Amigos de la Residencia de Estudiantes.

AGRADECIMIENTOS

Estoy muy agradecida a todas las personas que han hecho posible este libro. En primer lugar, a Elena Martínez Bavière, quien creyó en él desde el principio y me animó a encontrar mi propia voz para escribirlo. Muchas gracias a todo el equipo de Penguin Random House por hacer de Taurus el mejor hogar para lo que escribo. *En el jardín de las americanas* le debe mucho al impecable trabajo de edición de Paloma Abad y Julio Fajardo, así como al talento artístico de Nora Grosse y Silja Goetz, con quienes ha vuelto a ser un privilegio contar para el diseño de la cubierta. Gracias también a Cris Torres y Alfonso Monteserín, aliados imprescindibles para que el libro llegue lo más lejos posible.

No habría podido escribir el libro sin el apoyo de la Fundación BBVA, a quien agradezco la beca Leonardo de creación literaria que me concedió para poder sufragar todos los gastos asociados al proyecto.

Gracias de corazón a Menchu Mira, Santiago López-Ríos, Mabel Pérez de Ayala y Mabel Martos, quienes tan amablemente compartieron conmigo los recuerdos que tenían de sus antepasadas. También a Laura y Clara Marías, quienes no solo me ayudaron a encontrar la fotografía de su abuelo Julián con el salacot, sino que también fueron mis mejores asesoras en materia de archivos e historia del Romancero. ¡Gracias!

Muchas gracias a Enrique Vila-Matas y Paula de Parma, a Juan Mayorga, a Estrella de Diego, a Miguel Ángel Hernández y a Lola Larumbe, quienes han respaldado el proyecto en diferentes momentos y son un referente artístico y humano para mí. En la Universidad Complutense de Madrid la ayuda de Isabel Durán, Emilio Peral Vega y Dámaso López-García ha sido muy importante. Muchas gracias también a Raúl Sánchez-Mata, director del Real Colegio Complutense en Harvard University, quien tan amablemente me guio en Cambridge, Massachusetts, y me invitó a impartir un seminario sobre educadoras americanas. También en el Real Colegio Complutense Luis Salgado fue un cómplice decisivo para el desarrollo de mi investigación. ¡Gracias! Muchas gracias a mis estudiantes, de quienes tanto aprendo, así como a mis compañeros y amigos del área de teoría de la literatura y de las facultades de filología y filosofía, especialmente a Ana Rita Soares, amiga y cómplice en tantas aventuras, a Elena Monge, a Rebeca Sanmartín y a Jordi Massó. También a mi querido Fernando Rampérez, por quien leí a Pedro Salinas.

Gracias a mis profesoras de inglés Amy Wallace y Natalie Mountain, quienes me ayudaron a sacar brillo al idioma y me animaron a contar una historia en la que los intercambios lingüísticos tienen tanto protagonismo. Muchas gracias también a todos los participantes de mis clubes de lectura, por su compañía e interlocución durante estos años en los que hemos leído juntos muchos de los libros que aparecen citados en esta obra, y en especial a Juan Rodulfo. Gracias también a las generosas investigadoras que me han guiado con su sabiduría en algunos tramos del camino: Nuria Capdevila-Argüelles, Pura Fernández, Delia Manzanero y Nuria Sánchez Madrid. Gracias a mi querida librería Alberti, mi segunda casa, y a todo su equipo de libreros entusiastas encabezados por Lola, especialmente a Ana, Laura e Iñaki.

Los archivos en los que he trabajado han sido numerosos, así que la lista de instituciones y personas a quienes tengo que agradecer su ayuda también lo es. En primer lugar a la Fundación José Ortega y Gasset-Gregorio Marañón, donde Federico Buyolo, Jorge Magdaleno y Margarita Márquez Padorno siempre me han ayudado con enorme eficacia y no menos cariño. Vaya también un agradecimiento muy especial a Pilar Piñón, directora ejecutiva del Instituto Internacional, y a Jennifer Bird, directora del programa de estudios culturales, quienes han mostrado un gran interés hacia este libro en todo momento. También a mis compañeras del curso sobre retrato norteamericano, especialmente a Cristina Ruiz, con quienes me inicié en la pintura de Mary Cassat. Cuando este libro ya estaba cerrado, supe que se había publicado *Educadoras y feministas entre España y América. Nuevos horizontes pedagógicos 1872-1990*, editado por Elena Gallego y Pilar Piñón en la Fundación Ramón Menéndez Pidal, que sin duda abrirá nuevos horizontes. Aunque no he podido utilizarlo, agradezco a Pilar la invitación que me hizo para asistir a las conferencias con motivo del centenario de María Goyri donde se abordó esta misma temática.

Conocer la Fundación Fernando de Castro- Asociación para la Enseñanza de la Mujer ha sido, sin duda, una de las grandes sorpresas que me deparaba la escritura de este libro. Me siento muy agradecida a su director, Miguel Muñoz-Yuste, y a Juan José Moreno y Casanova, responsable del archivo, quien acabó colándose entre las páginas del libro. ¡Gracias por contarme tantas historias! En el Archivo Municipal de Santander, muchas gracia a Carmen López Bárcena y a Álvaro del Castillo Diez. En los archivos de Estados Unidos y en los de Inglaterra fue imprescindible el apoyo de Nanci Young (Smith College Special Collections), Mikaela Taylor (Middlebury College Special Collections), Deborah Richards (Mount Holyoke Archives and Special Collections), Emily Walhout (Houghton Library, Harvard University) y Hannah Westall (Girton College, Cambridge University). Todavía sigo impresionada por su ayuda y por todos los medios que pusieron a mis disposición durante mis estancias.

En el jardín de las americanas está en deuda con dos actividades que organicé en la Universidad Complutense de Madrid en octubre de 2023 y 2024. El taller de escritura *Ficciones biográficas. Imaginar la vida de nuestras primeras universitarias* y las jornadas *Contaré tu historia. Las mujeres de la Edad de Plata en la investigación y en la creación actuales.* También con la exposición *Motor de igualdad. Residencia de Señoritas (1915-1936)*, comisariada por Margarita Márquez Padorno en la Fundación José Ortega y Gasset-Gregorio Marañón, en la que tuve la suerte de formar parte del comité científico. Muchas gracias por su apoyo a la Fundación José Ortega y Gasset-Gregorio Marañón, al Museo Nacional de Ciencias Naturales y a todas las académicas, escritoras y creadoras que me inspiraron con su trabajo. También a todas las estudiantes que me apoyaron en la organización (Adriana, Agustín, Celia, Ángela, Teresa, Elena, Sofía, Alejandra, Mónica, Mar, Dayana, las alumnas del taller de escritura…).

Este libro tiene un alma viajera, por lo que también debo extender mi agradecimiento a la generosa hospitalidad que recibí de muchas personas mientras lo escribía en distintos lugares del mundo. En Estados Unidos, gracias infinitas a Sara Hormigo, Galia Shokry, Lionel Gellon, Deborah Henson, María Estela Harretche, Nancy Saporta Sternbach, Nieves Romero-Díaz, Carlos Ramos, Patricia López-Gay, Marga Fernández, Marina Calleja, Víctor Rodríguez y, en especial, a Beatriz Cobeta. María Jesús Fuente y Robert Fogelson fueron mis generosos anfitriones en Harvard, así como Gabriel Guillén, Sarah Behm y Dasom Guillén en Middlebury. ¡Muchas gracias! En Inglaterra, gracias a Rodrigo Cacho, Stuart Davis, Isaias Fanlo, María Reyes y Sonia Morcillo por su inmensa ayuda. También a Simone Castello, Mercedes López Salva, Erina Kirisawa y Sang Mi Park por lo bien que lo pasamos aquellas semanas inolvidables en las que por fin salió el sol en Cambridge. En Alicante, gracias a Ester Oñoro, así como a Antonio y a María Teresa Cremades. También a mi querido Mario Obrero, quien parecía estarme esperando en la ciudad como una divinidad poética de buenos augurios. En Santander, vaya mi agradecimiento a María Jesús González, Ana García Negrete y, en especial, a Paz Gil y a Pedro Fernández Lastra, los mejores cicerones de la costa cantábrica que pude soñar. En Ribadeo, gracias a Manuela Busto y a Pepa Alonso, hadas buenas y lectoras de un jardín encantado.

Mis amigos y mi familia se han ilusionado e involucrado en este proyecto de mil maneras, lo que ha supuesto un apoyo enorme: Mariana Sández, Julia Montejo, Natalia Carrero, Silvia Herreros de Tejada, Itziar Miranda, María Folguera, Carmen G. de la Cueva, Mar Gómez-Glez, Marta Pérez-Carbonell, Mercedes Monmany, Amalia Iglesias, Julia Piera, Berta García Faet, Juan Pablo Sánchez Hernández, Daniel Sáez, Ángel Polo, Alberto Rivas, Lourdes Martínez, Pedro Díaz, Bernat Castany Prado, Laura Herrero, Vanesa Lleó, Juan Gaitán, Luis López de Arriba, Nazaret Lázaro de la Merced, Eva Egido, Juan Escudero, Leticia Spiteri, Patricia Giraldo, Lisa Topi, Alejandra Camacho, Stella Ramos, Borja Pérez de Zabalza, Antonio Morillo, Virginia Oñoro, Enrique Otero, Maribel y María Rosa Otero, Antonio Gómez-Crespo, María José López Sagastizabal, Rocío y Antonio Gómez-Crespo jr., José Pérez-Pujazón, Isabel Peinado, Elena Blanco, Camila, Micaela, Josito, Juan, Guille y Martín. Gracias a todos y especialmente a mi hermano Gonzalo Oñoro, y a Leticia González y Rocío Mudarra, mis eternas interlocutoras y fuentes de inspiración.

Gracias a mi madre por leer atentamente el manuscrito antes que nadie, por guardar pacientemente mis cajas en su trastero y por el cuaderno de flores que compramos en Montpellier. Gracias a mi padre por llevarme y traerme a todas partes, por escucharme al otro lado del teléfono y por aquellos días de finales de verano en los que tanto apoyo necesitaba este libro.

Gracias a mis hijos Leonor y Enrique, mis compañeros de viaje favoritos, aunque todavía no sepa muy bien «en qué momento se me ocurrió traeros a Boston». Gracias por navegar conmigo en canoa por el río Charles, en Auburndale, buscando las huellas de Alice Gulick mientras escribíamos nuestra propia épica familiar.

Y gracias a ti, Juanma. Sin tu apoyo, tu compañía y tu entusiasmo estas páginas no serían lo mismo. Gracias por leer el manuscrito hasta el final y por todos los comentarios en la fase de edición. Y gracias sobre todo por creer en este libro de viajes transatlánticos y clases de inglés que tanto me recuerda a nuestra propia historia de amor.

CRÉDITOS DE LAS ILUSTRACIONES

IMÁGENES EN EL TEXTO

Página 21: Fortuny 53 en una imagen de comienzos de siglo. Wikimedia Commons.

Página 22: Jugando al tenis en Fortuny 53, años veinte. © Archivo General de la Administración.

Página 25: Clase del Instituto Internacional de Señoritas. © Instituto del Patrimonio Cultural de España, Ministerio de Cultura y Deporte.

Página 25: Clase de dibujo en el Instituto Internacional de Señoritas. © Instituto del Patrimonio Cultural de España, Ministerio de Cultura y Deporte.

Página 26: Escalera del Instituto Internacional de Señoritas. © Instituto del Patrimonio Cultural de España, Ministerio de Cultura y Deporte.

Página 38: Alice Gulick. © Mount Holyoke Archives and Special Collections.

Página 43: Concepción Arenal. Wikimedia Commons.

Página 44: Conferencias Dominicales sobre la Educación de la Mujer en el Paraninfo de la Universidad. *El Panorama*, 30/08/1869. © Archivo Histórico de la Asociación para la Enseñanza de la Mujer-Fundación Fernando de Castro.

Página 55: Ilustraciones de la novela *Mujercitas*, de Louisa May Alcott. Wikimedia Commons.

Página 56: Catharine Beecher. Wikimedia Commons.

Página 59: Edward H. Clarke. Wikimedia Commons.

Página 62: Mary Lyon. Wikimedia Commons.

Página 70: Fotografía de los hermanos Gulick. Wikimedia Commons.

Página 71: Contribución de diez céntimos para el Morning Star. Wikimedia Commons.

Página 72: Fotografía de Peter y Fanny Gulick. Wikimedia Commons.

Página 79: Dibujo de dos pasajeros en la cubierta de un transatlántico. © Mount Holyoke Archives and Special Collections.

Página 80: Publicidad de la Cunard Line. Wikimedia Commons.

Página 87: Hotel Chatham. Wikimedia Commons.

Página 103: George Borrow. Wikimedia Commons.

Página 107: Libro Registro de Enterramientos del Cementerio Protestante de Santander (1864-1938). © Archivo Municipal de Santander (A.M.S.), Legajo B-309, n.º 7 y n.º 8.

Página 117: Frances Willard. Wikimedia Commons.

Página 118: Ilustración de 1874 de la Ohio Whisky War. Wikimedia Commons.

Página 118: Caricatura de las mujeres del movimiento de la templanza, hacia 1874. Wikimedia Commons.

Página 132: Hoja del Padrón de San Sebastián de 1885. © Archivo Municipal de San Sebastián, DUA-AMSSH-00008-L350 orr.

Página 137: Catharine Barbour. © Mount Holyoke Archives and Special Collections.

Página 139: Arma Smith. © Mount Holyoke Archives and Special Collections.

Página 141: Mary Cassatt, *The Map*, 1890. © Metropolitan Museum of Art.

Página 150: Uno de los poemas manuscritos de Emily Dickinson. © Houghton Library, Harvard University.

Página 163: Imagen del Monte Rigi. Wikimedia Commons.

Página 177: Plano aéreo de la Exposición de Chicago de 1893. Wikimedia Commons.

Página 180: Fachada del Woman's Building de la Exposición de Chicago de 1893. Wikimedia Commons.

Página 181: La escultora Enid Yandell con una de sus cariátides. Wikimedia Commons.

Página 184: Mary Cassatt, *Family Group Reading*, 1898. © Philadelphia Museum of Art.

Página 185: Mary Cassatt, *Modern Woman: Young Women Plucking the Fruits of Knowledge or Science*, 1893. © The Miriam and Ira D. Wallach Division of Art, Prints and Photographs: Art & Architecture Collection, The New York Public Library.

Página 192: Smith College Special Collections.

Página 197: Lista de clase de la escuela de Santander, 1974. © International Institute for Girls in Spain records, Smith College Archives. Smith College Special Collections.

Página 198: Primeras compras del Instituto Internacional. © International Institute for Girls in Spain records, Smith College Archives. Smith College Special Collections.

Página 203: Indicaciones de Enriqueta Martín. © International Institute for Girls in Spain records, Smith College Archives. Smith College Special Collections.

Página 205: Fragmento del papel de pared de la habitación de Emily Dickinson. © Cortesía del Museo Emily Dickinson.

Página 213: Gumersindo de Azcárate. Wikimedia Commons.

Página 239: Prisioneros españoles de la flota del Almirante Cervera en Seavey's Island. Wikimedia Commons.

Página 241: Ilustración de la primera edición de *Goody Santa Claus on a Sleigh Ride* (1889), de Katharine Lee Bates. © Alamy Stock. Public Domain.

Página 242: Katharine Lee Bates. Wikimedia Commons.

Página 249: Publicidad con la imagen icónica de Nellie Bly hacia 1890. © Alamy Stock.

Página 263: Mapa de Santander, hacia 1874. © Gulick Family Papers. Houghton Library, Harvard University.

Página 264: Plano de la casa de Muelle de Calderón 34, hacia 1872. © Gulick Family Papers. Houghton Library, Harvard University.

Página 265: A boat for Ollie. © Gulick Family Papers. Houghton Library, Harvard University.

Página 266: Cousin William. © Gulick Family Papers. Houghton Library, Harvard University.

Página 268: Fotografías de los hermanos Gulick. Wikimedia Commons.

Página 271: Una postal de época del rio Charles, Auburndale, Massachusetts. © Rotograph Company (New York).

Página 283: Susan Huntington. © International Institute for Girls in Spain records, Smith College Archives. Smith College Special Collections.

Página 293: The Sisters' Room en un plano del Instituto Internacional. © International Institute for Girls in Spain records, Smith College Archives. Smith College Special Collections.

Página 293: Plano del jardín de Fortuny. © International Institute for Girls in Spain records, Smith College Archives. Smith College Special Collections.

Página 312: María Goyri y Ramón Menéndez Pidal. © Fundación Menéndez Pidal.

Página 324: Carta de David Ibáñez a María de Maeztu, 1916. © Archivo de la Residencia de Señoritas (Fundación José Ortega y Gasset-Gregorio Marañón).

Páginas 332 y 333: Catherine Bourland a distintas edades. © Caroline Brown Bourland Papers, Smith College Archives. Smith College Special Collections.

Página 346: María de Maeztu. Wikimedia Commons.

Página 367: Escuela de verano de Middlebury College. © Middlebury College Special Collections & Archives.

Página 370: Mary Louise Foster. © Mary Louise Foster Papers, Smith College Archives. Smith College Special Collections.

Página 390: Caricatura de Agnata Frances Ramsay, brillante estudiante de Clásicas en Girton, de George du Maurier. *Punch*, 1887. © Girton College.

Página 398: Fachada de Girton College. © Girton College Archive and Special Collections.

Página 402: Gwen John, *The Convalescent*, hacia 1923-24. Wikimedia Commons.

Página 405: The Fire Brigade. © Girton College Archive and Special Collections.

Página 411: Katherine Whitmore (de soltera Reding). © Faculty and staff biographical files, College Archives. Smith College Special Collections.

Página 414: Folleto de la primera edición de la Universidad de Verano de Santander, 1933.

Página 422: Pedro Salinas. Wikimedia Commons.

Página 430: Inauguración de las clases en la Ciudad Universitaria,1933. © Vidal, Agencia EFE.

Página 433: Julián Marías con el salacot en la exposición Crucero universitario por el Mediterráneo organizada en la Residencia de Estudiantes en 1996. © Residencia de Estudiantes, Madrid.

Página 434: Crucero Universitario por el Mediterráneo, verano de 1933. Carmen y sus hermanas aparecen en el lado derecho de la imagen. © Colección particular de la familia Molina Gil-Díez.

Página 434: Crucero Universitario por el Mediterráneo, verano de 1933. © Colección particular de la familia Molina Gil-Díez.

IMÁGENES DEL ÁLBUM DE FOTOS

Página 1: Publicidad de Cunard Lines. Wikimedia Commons.

Página 2: Emily Dickinson. Wikimedia Commons.

Página 3: Herbario de Emily Dickinson. © Houghton Library, Harvard University.

Página 4: Ilustración de Frank T. Merrill para la edición de 1880 de *Mujercitas*, de Louisa May Alcott. Wikimedia Commons.

Página 5: Cubierta de *Mujercitas* de 1915 con la ilustración de Jessie Willcox Smith. © Alamy/Cordon Press.

Página 6: Ilustración Ordenación de los primeros misioneros. © Shutterstock.

Página 7: Fotografía de la Class Letter. © Mount Holyoke Archive.

Página 7: Fotografía tarjeta de invitación del Instituto Internacional. © International Institute for Girls in Spain records, Smith College Archives. Smith College Special Collections.

Página 8: Fotografía del Sello del Instituto Internacional bordado en un brazalete. © International Institute for Girls in Spain records, Smith College Archives. Smith College Special Collections.

Página 9: Mary Cassatt, *Modern Woman* (fragmento). Wikimedia Commons.

Página 10: Ilustración de Lillian Young de 1896. © Alamy/Cordon Press.

Página 11: Wellesley College, por Miss Goodloe, ilustración de portada de la revista *Scribner* para mayo, c.1897. Wikimedia Commons.

Página 12: Fotografía de programas del Colegio Norteamericano / Instituto Internacional. © International Institute for Girls in Spain records, Smith College Archives. Smith College Special Collections.

Página 13: Fotografía profesora americana en Fortuny. © International Institute for Girls in Spain records, Smith College Archives. Smith College Special Collections.

Página 13: Postal de Mary Louise Foster. © Archivo de la Residencia de Señoritas (Fundación José Ortega y Gasset-Gregorio Marañón).

Página 14: Gwen John, *Dorelia reading about the light bulb*, 1904. Óleo obre lienzo. Wikimedia Commons.

Página 15: Cubierta original de *A Room of One's Own*, de Virginia Woolf, Alamy/ Cordon Press.

Página 16: Fotografía de grupo en el jardín de la Residencia de Señoritas de Fortuny 53 hacia 1930, © Archivo General de la Administración.

Página 16: Felicitación navideña de Ruth Lee Kennedy. © Archivo de la Residencia de Señoritas (Fundación José Ortega y Gasset -Gregorio Marañón).

ÍNDICE ALFABÉTICO